全国船舶工业职业教育教学指导委员会“十三五”重点规划教材

船舶电站组建与调试

主 编 倪依纯
主 审 周 涛

哈尔滨工程大学出版社
Harbin Engineering University Press

内容简介

本教材按照课程教学大纲的要求而编写，力求做到理论联系实际，尽量减少基本原理分析，侧重于船舶电站组建与调试的方法和操作应用，使船舶工程类专业的学生通过学习获得现代船舶电站及电力系统的基本常识，熟悉船舶电站在船舶建造过程中的组建和调试方法，熟悉我国《钢质海船入级规范》的要求。

本教材包括船舶电力系统的认识，船舶发电机的起压、稳压与调试，船舶配电装置的保护与调试，船舶同步发电机的并联及功率转移，船舶电站的调试与交验规范，船舶电站的系泊试验，船舶电站综合自动化系统，船舶电站的航行试验等内容，每章后面都有思考与练习供学生课后巩固复习。

本教材适合高等职业院校教学使用，其他院校船舶电气专业也可参考使用。同时，本教材还适用于船员的考证培训和船厂职工的自学以及其他形式的职业教育。

图书在版编目(CIP)数据

船舶电站组建与调试/倪依纯主编. —哈尔滨：哈尔滨工程大学出版社，2020.8(2025.12 重印)
ISBN 978-7-5661-2633-7

Ⅰ.①船… Ⅱ.①倪… Ⅲ.①船用电站-高等职业教育-教材 Ⅳ.①U665.12

中国版本图书馆 CIP 数据核字(2020)第 137972 号

选题策划 史大伟 薛 力
责任编辑 薛 力 刘海霞
封面设计 李海波

出版发行 哈尔滨工程大学出版社
社　　址 哈尔滨市南岗区南通大街 145 号
邮政编码 150001
电　　话 0451-82519989
经　　销 新华书店
印　　刷 哈尔滨午阳印刷有限公司
开　　本 787 mm×1 092 mm 1/16
印　　张 16.75
字　　数 425 千字
版　　次 2020 年 8 月第 1 版
印　　次 2025 年 12 月第 4 次印刷
定　　价 45.00 元

http://www.hrbeupress.com
E-mail:heupress@hrbeu.edu.cn

船舶行指委“十三五”规划教材编委会

前　言

为深入贯彻落实《国务院关于加快发展现代职业教育的决定》《现代职业教育体系建设规划(2014—2020 年)》《教育部关于深化职业教育教学改革全面提高人才培养质量的若干意见》等重要文件精神,依据《高等职业教育创新发展行动计划(2015—2018 年)》《海洋工程装备制造业中长期发展规划》等关于高等职业教育改革发展要求,全国船舶工业职业教育教学指导委员会(简称船舶行指委)经研究决定开展"十三五"规划教材编写工作。

本教材注重能力培养,面向市场,面向社会,体现了职业教育的特色,努力满足高素质的实用型、技能型船舶技术类专业高等职业人才培养的需要。本教材在组织编写过程中,形成了如下特色:

1. 认真总结了全国设有船舶技术类专业的职业院校多年来的专业教学经验,并吸收了部分企业专家的意见,代表性强,适用性广;

2. 以职业岗位的需求为出发点,适当精简了教学内容,减少了理论描述,具有较强的针对性;

3. 每章前列出了知识目标和能力目标等学习目标要求,每章结尾处编制了大量思考与练习题,便于教师组织教学和学生学习。

本教材适合高等职业院校教学使用,其他院校船舶电气专业也可参考使用。同时,本教材还适用于船员的考证培训和船厂职工的自学以及其他形式的职业教育。

本教材按照课程教学大纲的要求而编写,力求做到理论联系实际,尽量减少基本原理分析,侧重于船舶电站组建与调试的方法和操作应用,使船舶工程类专业的学生通过学习获得现代船舶电站及电力系统的基本常识,熟悉船舶电站在船舶建造过程中的组建和调试方法,熟悉我国《钢质海船入级规范》的要求。

参加本教材编写工作的有:主编江苏省无锡交通高等职业技术学校倪依纯(编写第一章、第二章);参编江苏海事职业技术学院刘强、林永屹(编写第三章、第四章),江苏科技大学庄肖波(编写第五章),江苏省无锡交通高等职业技术学校蒋治国(编写第六章、第七章和第八章)。江苏新时代造船有限公司顾灿虹担任本教材的技术顾问。本教材由江苏海事职业技术学院周涛教授担任主审,在此表示感谢!

限于编者经历和水平,教材内容难免有疏漏和不足,希望各教学单位在积极选用和推广本教材的同时,及时提出修改意见和建议,以便再版修订时改正。

编　者

2019 年 8 月

目　录

第一章　船舶电力系统的认识

【知识目标】

1. 掌握船舶电力系统的构成，主要设备的种类及作用；
2. 掌握船舶电力系统的基本特征和船用条件，船舶电力系统的基本参数；
3. 熟悉船舶电站的主接线及其特点；
4. 了解船舶电站容量计算及发电机台数确定的基本方法和过程；
5. 了解船舶电缆的结构，电缆选择的规定及有关计算。

【能力目标】

1. 具备船舶电力系统主要设备的识别能力，熟悉其安装处所；
2. 初步具备电力负荷表的编制能力、电站容量的估算能力；
3. 基本具备识读电力系统图的能力，初步具备船舶电缆选择、校验的能力。

第一节　序　　言

船舶是人类最早开发利用的交通工具。船在人类文明发展过程中扮演了重要角色，渗透到人类社会生活的方方面面。船舶作为人类的交通工具，由来已久。纵观船舶发展历史，从古代船只到现代船舶，船舶技术大体上经历了三次飞跃性的发展（图 1－1）：一是用钢质材料替代了木质材料；二是在推进方式上由传统的篙、浆、橹、帆等人力或借助自然风力的推进方式发展为机器推进；三是导航方法由初期的海岸观察、天文导航、指南针导航发展为无线电、雷达和卫星导航等现代化导航系统。

图 1－1　船舶的演变

随着经济社会的现代化发展，现代船舶主要有民用运输船舶、工程类船舶和军用船舶等几大类型，如图 1－2 所示。

电气设备的性能优良、功能完备、系列化和高科技是实现船舶安全可靠运行的基本保证。因此，船舶的现代化发展，对船舶电力系统提出了极高的要求。船舶电站有了很大的发展，其发展的突出标志是高容量和自动化。随着技术的不断进步，新一代信息化元器件将不断涌现，从而使船舶电气设备向高可靠性、节能型方向发展，势必会使船舶电气技术发生重大变革。

图 1－2　各类现代船舶

船舶自动化电站目前已发展到全自动无人值守的阶段。现代信息技术为船舶电站综合自动化提供了广阔的发展空间。高可靠性、功能齐全、分布式、多微机网络型的电站自动化系统，将是未来船舶电站自动化的发展方向。

本课程研究的对象是普通民用船舶“发电－配电－用电”这个特定的电力系统及其应用的技术领域，重点是船舶电站的组建与调试的相关技术。

目前，大多数船舶均采用交流电制。考虑接用岸电和使用陆用电器产品的方便，以及安全和技术经济指标等因素，船舶电网的电压等级多为 380 V。但是，随着船舶电力系统的容量不断增大，为了更有效地传输和使用电能，各种中压乃至高压系统也在大型船舶上逐渐普及。本教材主要以船舶低压（380 V）交流电力系统为主要内容，适当介绍部分中压系统。

电力是现代船舶的生命线，安全可靠的供电是船舶电力系统的首要任务。为了确保船舶电力在任何情况下都不中断，船舶电站系统除了主电源外，还配有应急电源。现代船舶电力系统在供配电方式和电网结构，以及继电保护等方面都采取了切实可行的措施来加以保证。

由于船舶特定的环境，电力系统规模有限，用电负载会随工况不同大幅度变化，船舶电力系统要满足这种变化，就带来了发电机组的经常投入和切除的问题，也就是并车和解列的操作。并车需要满足一定的并车条件，需要通过相应的控制装备来实现并车解列及电力负荷的转移分配，这也是船舶电站及系统所要探讨的主要课题。

发电机组在运行过程中，由于负载的波动，会引起电网电压的频繁变化，要维持较高品质的供电质量，必须适时调整发电机的电压以保证电网电压的恒定，而发电机电压的调整与并联机组输出的无功功率又存在着内在的联系，电压调整还应保证并联运行的发电机输出的无功功率是合理分配的。

负载的波动也会引起电网额定频率的变化，对发电机组的频率需要不断地调整以确保电网的频率恒定，而频率的调整则将引起并联运行发电机组输出的有功功率，频率的调整必须满足各发电机组输出有功功率的分配要求。

船舶电力系统由于其特殊的工作环境和方式,会出现系统或发电机过载、短路、负序、欠压等不正常的运行情况。为了保证船舶及船舶电力系统的安全可靠运行,必须配备必要的保护装置。

对新造船舶的电站,必须按照《钢质海船入级规范》及有关主管机关的要求,在系泊试验时进行检测、试验和调整等工作,以保证发电机组及电站各个设备之间参数相互适应。这是一项保证船舶电站质量、关系到船舶安全航行的重要工作,也是船舶电站调试的重要工作。

船舶电站调试的具体要求为:保证发电机组处于最佳状态,各发动机组既能做好单机运行,又能进行并联运行;对发电机组各种保护装置的动作值进行复核整定;保证主开关及各种开关继电器工作正常;使配电板仪表及各种信号装置指示正确;对电力管理系统(PMS)进行测试。

第二节　船舶电力系统的组成

一、船舶电力系统的要求及特征

1. 船舶电力系统的要求

电能是船舶运行与生产的主要能源和动力,虽然其在船舶的整体运营成本中所占的比例不大,但在现代化船舶上却是不可或缺的。如果供电中断,将对船舶运行和生产造成严重的后果。例如,对供电可靠性要求很高的舵机设备,在航行工况下,即使是短时的停电,也会造成重大损失,甚至可能发生灾难性的船毁人亡事故。因此,船舶电力系统对于船舶运行和安全具有十分重要的意义。

船舶电力系统要切实保证全船正常运行和生活用电的需要,必须达到下列基本要求:

①安全:在电能的发送、分配和使用中,不应发生人身事故和设备事故。

②可靠:应满足电能用户对供电可靠性,即连续供电的要求。

③优质:应满足电能用户对电压和频率等质量的要求。

④经济:电力系统的投资要少、运行费用要低,并尽可能地节约船东的建造成本和营运成本,提高船舶建造的竞争力。

因此,确保船舶电力系统安全、可靠、优质和经济地运行,是船舶建造和营运的一项最基本的任务。

2. 船舶电力系统的特征

与陆地电网相比,船舶电力系统有如下特征。

(1)船舶电站容量较小

陆地电网容量一般在几百万至几千万千瓦,单机容量大多在数十万千瓦,如三峡水电站总装机容量为 2 240 万千瓦,单机容量为 70 万千瓦,且陆地上的各电厂是联网运行的。因此,陆地电源可以认为是无限电源系统(任何负载与电源相比都是无足轻重的,任何负载的变化都不足以引起电源的波动)。而一般较大的远洋船舶主电站通常也就装两到三台发电机组,单机容量为 400 ~ 1 000 kW,可见船舶电源容量远远小于陆地电源容量。因此,船舶电源容量较小,只能视为有限电源系统(电源容量与负载功率在一个数量级上,任何较大的负载变化都会引起电源的波动)。

因为船舶电站容量较小,而某些设备的单机容量却比较大,其负载容量与发电机容量处于同一个数量级,所以当这些负载启动或停止时,会对船舶电网造成很大的冲击(电压、频率变化均很大)。局部故障或误操作都容易导致全船断电,威胁船舶安全。因此,对于船舶电力系统的稳定性和可靠性要求较高,如船用发电机调压器的动态特性指标比陆地发电机的要高,还要有强行励磁能力,发电机要有较强的过载能力等。另外,出于船舶工况变动频繁,对自动控制装置的性能也提出了高于陆地电力的要求。

由于船舶电力系统相对独立,且容量小,因此船舶发电机组的电压或频率调节相对较难,调整发电机的电压或原动机的转速将直接影响电网的电压和频率波动。不同于陆地的无穷大电网,调节一台发电机组的电压或频率,无法左右全电网的电压或频率,只能以改变自身有功功率或无功功率的大小来取得平衡。

船舶电力系统容量虽小,但可靠性要求较高。通常船舶只有一个电站工作,任何断电事故都将危及船舶航行的安全。在无人值守的情况下,要求有完善的防范措施。当出现导致全船舶断电的趋势时,备用机组就要自动投入运行,替换故障机组,以保持供电的连续性。即使出现断电现象,也要保证断电时间最短,尽快恢复供电。

(2)传输距离短

与陆地动辄数千千米高压输电网络相比,船舶电网线路显得较短,其电能损失小,因此船舶电网往往不需要采用高压输电来避免较大的电能损失。通常,船舶发电机的端电压、电网电压、负载输入端电压是同一个等级的,无须专门的变压输电。再加之船舶空间有限,电气设备比较集中,电网长度不长(一般不超过数百米),因此船舶电网均采用电缆输电。由于电缆敷设密集,且各种电缆交织在一起,因此电缆敷设的工艺要求高。

(3)工作环境恶劣

船舶电气设备所处的工作条件比陆地恶劣得多,主要表现为:环境温度、相对湿度高,霉菌、盐雾浓度高,船舶的振动、摇摆剧烈等。环境对电气设备的性能和工作寿命有很大影响。当环境温度高时,会造成电机出力不足,绝缘加速老化;相对湿度高则会使电气设备绝缘受潮、膨胀、变形等,导致绝缘性能降低,使金属部件加速腐蚀;空气中的盐雾、油雾、霉菌的生长及灰土黏结都可能使电气设备绝缘下降,影响其工作性能;船舶营运中常常受到严重的冲击而产生振动、倾斜和摇摆,会造成电气设备损坏、接触不良或误动作。

3. 船舶电气设备应满足的主要环境要求

船舶的工作环境恶劣,一般陆用电气设备难以承受,因此船舶的电气设备必须符合船用环境条件的使用要求。其中,电压与频率波动条件就是对船舶电站电能质量的基本要求,其他条件则是船舶电站设备同样要承受的环境条件,具体见表1-1至表1-4。

表1-1 倾斜摇摆角度

设备组件	倾斜角/(°)			
	横骨		纵向	
	纵倾	横摇	横倾	纵摇
应急电气设备、开关设备、电器及电子设备	22.5	22.5	10	10
上列以外的设备、组件	16	22.5	5	7.5

表 1-2　电压与频率波动

设备		参数	稳态	瞬态	
				%	恢复时间/s
一般设备		电压	-10～6 V	±20	1.5
		频率	±5 Hz	±10	5
由蓄电池或半导体变流器供电的设备	充电期间接于蓄电池者	电压	-20～30 V	—	
	充电期间不接于蓄电池者		-25～30 V	—	

表 1-3　环境温度

介质	部位	温度/℃	
		无限航区	除热带外的有限航区
空气	封闭处所内	0～45	0～40
	温度超过 45 ℃和低于 0 ℃的处所	按该处所温度	按该处所温度
	开敞甲板	-25～45	-25～40
水		32	25

注：水是指“初级冷却海水”。

表 1-4　电气设备的防护等级

IP 等级		简要说明	定义
第一位数字	0	无防护	没有专门防护
	1	防 >50 mm 的固体	人体大面积部分如手（对有意识接触无防护），直径超过 50 mm 的固体
	2	防 >12 mm 的固体	手指或类似物，长度不超过 80 mm，直径超过 12 mm 的固体
	3	防 >2.5 mm 的固体	直径或厚度大于 2.5 mm 的工具、电线等，直径超过 2.5 mm 的固体
	4	防 >1.0 mm 的固体	直径大于 1.0 mm 的线或片状物，直径超过 1.0 mm 的固体
	5	防尘	并不防止全部灰进入，但进入量不妨碍设备正常运转
	6	尘密	无灰尘进入
第二位数字	0	无防护	没有专门防护
	1	防滴	垂直滴水应无有害影响
	2	15°防滴	设备与垂直线成 15°角时，滴水应无有害影响
	3	防淋水	与垂直线成 60°角范围的淋水应无有害影响
	4	防溅	任何方向溅水应无有害影响
	5	防冲水	任何方向冲水应无有害影响
	6	防猛烈海浪	猛烈海浪或强烈冲水时进入机壳水量应无有害影响
	7	防浸水	沉浸在规定压力的水中，经规定的时间后，进水量应无有害影响
	8	防潜水	能长期潜水，完全密封，或进水量不产生有害影响

船用电气设备根据安装处所的不同有不同的最低防护等级要求：

①只存在与带电部分接触危险的干燥舱室为 IP20 级；

②存在滴水和(或)中等机械伤害的机器舱、控制室和配膳间等处所为 IP22 级，其附具(开关、分电箱等)为 IP44 级；

③存在水和机械侵害危险较大的机器处所(如机舱花铁板以下)为 IP34 级，其附具为 IP55 级；

④存在水和机械侵害危险较大的压载泵舱、冷藏舱、厨房和洗衣间等处所为 IP44 级，其附具为 IP55 级；

⑤存在喷水、货物粉尘、严重机械伤害、腐蚀性气体的双层底中的轴隧、管隧、干货舱等处所为 IP55 和 IP56 级；

⑥存在大量水浸入危险的露天甲板为 IP56 级；

⑦存在爆炸危险处所，其外壳除具有合格的防爆功能外，还需根据安装处所，有相应的防潮防水等级。

此外，如果相对湿度一般为 95% 并有凝露，盐雾、油雾和霉菌也较严重，则在 2 ~ 3 周就能使绝缘体长毛、膨胀，金属部件生锈腐蚀，导致电气设备绝缘材料的绝缘性能下降。由于潮湿和盐雾在绝缘材料表面易形成漏电薄膜，在湿热条件下霉菌分泌有机酸，加剧了表面的潮湿性。油雾和灰尘黏附于表面会增加表面漏电的概率，而且阻碍散热使温升增高，潮湿的水分子渗入绝缘材料的裂缝和毛细孔中，使漏电流增大导致绝缘电阻的下降。

因此，一般情况下，船舶上安装的电气设备必须经过船舶检验部门的认可。在特殊的情况下，如果某些设备没有专门的船用电气产品，则可考虑采用经三防(防湿热、防盐雾、防霉菌)处理过的陆用产品代替，但需征得有关船舶检验部门的认可。

二、船舶电力系统组成

船舶电力系统主要由电源、配电装置、船舶电力网和电力负载组成。图 1 – 3 为船舶电力系统简图，其反映了船舶电力系统的电源、配电装置、船舶电力网和电力负载之间的关系。

1. 电源

电源是将其他形式的能源(如机械能、化学能等)转变成电能的装置。

船舶电力系统的电源装置通常是柴油发电机组和蓄电池组。主发电机组是船舶的主电源，应急发电机组是应急电源，蓄电池组一般作为小应急电源。主发电机组不能供电时，由应急发电机组或蓄电池组为船舶重要航行设备和应急照明系统供电。直流船舶电力系统采用直流发电机组，交流船舶电力系统采用交流发电机组。

发电机是由原动机带动的，原动机的类型可分为蒸汽机、柴油机、汽轮机和燃气轮机等。由于柴油机热效率较高、启动快、机动性好，因此在民用船舶上主发电机和应急发电机的原动机多采用柴油机。船用柴油发电机组如图 1 – 4 所示。

如果船舶主机为汽轮机，其发电机的原动机一般采用汽轮机，汽轮机需要有配套的燃煤或燃油的蒸汽锅炉装置；而核动力船舶(如有些破冰船和军用舰船)则需要配套的原子能锅炉。核动力船舶电站如图 1 – 5 所示。

有些船舶为达到节能的目的，充分利用船舶主机 10% ~ 15% 的功率储备裕量和主机排出废气的热能，因而出现采用轴带发电机和主机废气透平发电机作为船舶电源。

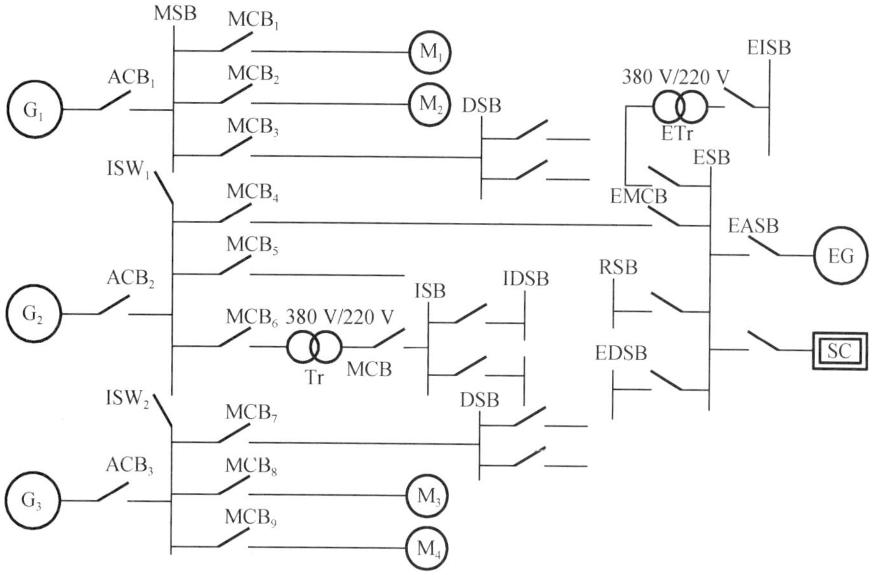

G—主发电机；EG—应急发电机；ACB—发电机主开关；EASB—应急发电机主开关；MSB—主配电板；
ESB—应急配电板；MCB—配电开关；M—电动机；DSB—分配电板；RSB—无线电分配电板；
EMCB—应急配电开关；ISW—隔离开关；ISB—照明配电板；EISB—应急照明配电板；
IDSB—照明分配电板；EDSB—应急分配电板；Tr—照明变压器；ETr—应急照明变压器；SC—岸电箱。

图 1－3　船舶电力系统简图

图 1－4　船用柴油发电机组

2. 配电装置

配电装置是接受和分配电能的装置，也是对电源电力网和负载进行保护、监视、测量和控制的装置。

配电装置包括各种电力开关、互感器、测量仪表、连接母线、保护电器、按钮、控制和转换开关、自动化设备及各种附属设施等。

根据供电范围和对象的不同，配电装置可分为主（总）配电板、应急配电板、分配电板（箱）、充放电板和岸电箱等。船舶主（总）配电板如图 1－6 所示。

3. 船舶电力网

船舶电力网是全船电缆电线的总称。船舶电力网是联系发电机、主（应）配电板、区域配电板、分配电板和负载的中间环节，是将电源的电能传输到负载的网络。船舶电力网按其所连接的负载性质，可分为动力电网、照明电网、应急电网和小应急电网等。

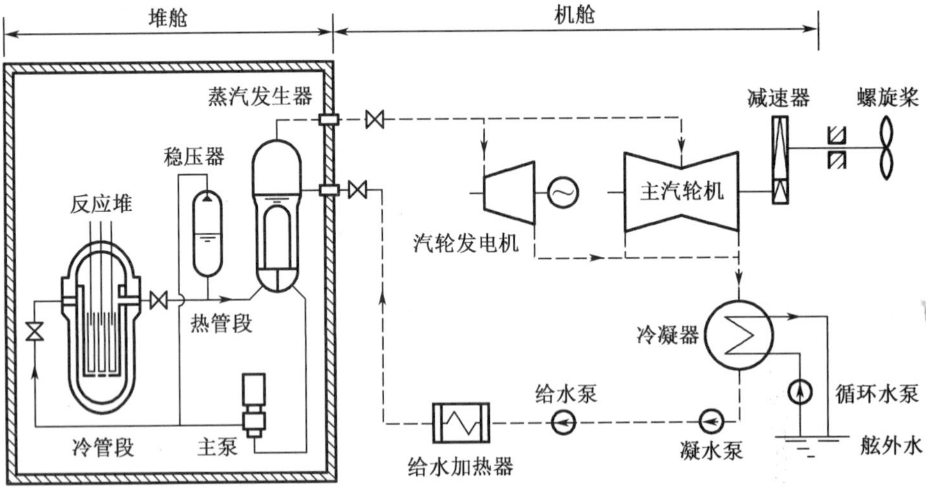

图 1-5　核动力船舶电站

图 1-6　船舶主(总)配电板

4. 电力负载

电力负载又称电力负荷,指耗用电能的各种用电设备,也就是船舶电力系统的服务对象。船上的用电设备形式很多,主要有动力负载(各种电力拖动机械)、照明负载、通信导航设备负载等。其中,动力负载通常占总用电量的 70% 以上。图 1-7 为船舶主要电力负载分布。

(1)船舶各种机械设备的电力拖动

甲板机械——舵机、锚机、绞缆机、起货机、舷梯绞车、吊艇机等。

舱室机械——各类油泵、水泵、空压机、冷冻机、通风机、空调设备等。

电力推进船舶或特种工程船舶所用的推进电动机及电力生产机械等。

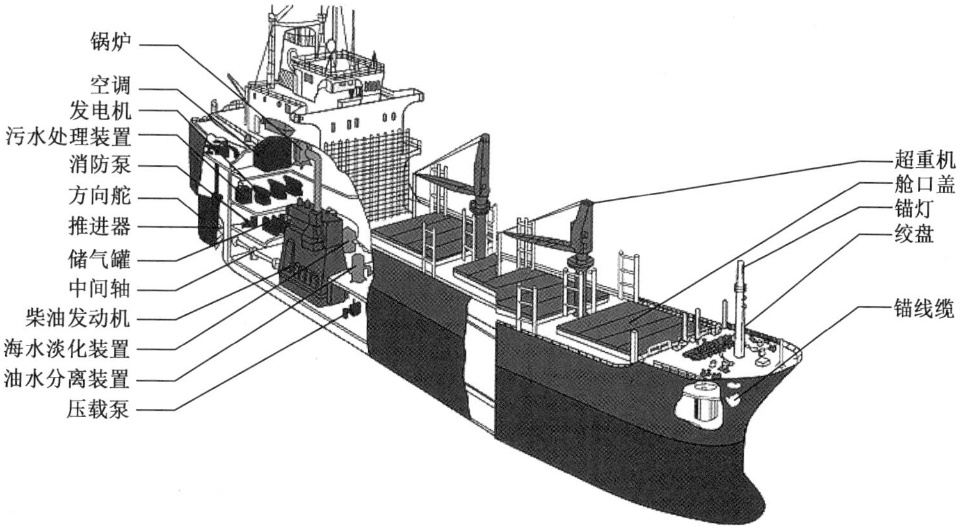

图 1-7 船舶主要电力负载分布

(2)船舶照明

工作场所和生活舱室安装的各种电气照明灯具、各种航行灯和信号灯。

(3)通信导航设备

通信导航设备包括船舶通信设备和导航设备。船舶通信设备有无线电收发报机、电话、广播、声光报警装置,计算机及网络设备等。导航设备有陀螺罗经、雷达、罗兰、无线电测向仪、测深仪和计程仪等。

(4)生活及其他用电设施

如电热器、洗衣机、电视机、空调、厨房设施和影碟机等家用电器。

第三节 船舶电力基本参数

船舶电力系统的基本参数是指电流种类、额定电压、额定频率和线制。船舶电站的基本参数应遵循以下原则:

①船舶电站基本参数原则上应与本国陆用电力参数或船舶运行经常停靠的码头的陆用电力参数一致。

②必须保持船舶电站基本参数的统一。船舶上一般不采用两种不同的基本参数(除了专用的局部电网或变流设备的特殊供电环节之外),以免引起系统管理和电气设备供应上的混乱。次级电网可在基本参数的基础上扩展,并尽可能靠近基本参数,以减少电源参数的种类。

③船舶电站基本参数应与今后可能协同工作的其他船舶的基本参数一致,以保证船舶之间的相互配合,以及在紧急情况下实施救生和相互应急供电的需要。

④船舶电站基本参数应满足船舶机械电力拖动需要的特性、电动机和电器工作的可靠性。

一、电流种类(电制)

按电流种类的不同,船舶电力系统可分为直流电力系统和交流电力系统两种。由于交流电制的优势明显,因此目前船舶电力系统均优先采用交流电制。交流电制已经成为船舶电力系统技术发展的主要电制。

然而,船舶电站的电流种类仍然会受到船舶能源类型或某些条件的限制。例如,有较高调速要求的推进用电力系统往往采用直流电制,小渔船、小快艇和只有少量照明负荷的小船上仍采用蓄电池组做电源。有些工程船舶(如挖泥船等),其工程专用工作机械功率比较大、制动及自动控制要求比较高,而采用直流电又比较适宜时,可以考虑采用交直流混合电制,以交流电供给机舱辅机及一般甲板机械和照明等用电,而以直流电供给工作机械。

二、额定电压

额定电压是电力系统的重要参数之一。确定电力系统及其负载的电压等级是电力系统设计的一项基本内容。船舶电力系统的电压等级一般都尽可能与岸电相同。对于同一电压等级的额定电压,针对电源设备和用电设备其数值有所不同,具体如下。

1. 用电设备的额定电压

因为电力线路在有电流通过时要产生电压降,所以线路上各点的电压都略有不同。但是,用电设备不可能按其设备在电网中安装点处线路的实际电压来制造,只能按电网的额定电压来制造,因此用电设备的额定电压规定与同级电网的额定电压相同。

2. 发电机的额定电压

由于电力线路允许的电压偏差一般为 ±5%,即整个线路允许有 10% 的电压损耗值,因此为了使线路的平均电压维持在额定值,线路首端(电源端)的电压宜较线路额定电压高 5%,而线路末端的电压则较线路额定电压低 5%,所以发电机额定电压规定高于同级电网额定电压的 5%。

目前船舶电力系统最常见的电压等级是:交流 50 Hz,380 V/220 V。发电机的额定电压为 400 V;动力用电设备额定电压为 380 V;照明变压器的一次/二次侧的额定电压为 400 V/230 V;照明用电设备额定电压为 220 V。

我国《钢质海船入级规范》规定:一级交流电网采用 50 Hz,380 V,固定安装的电气设备采用 380 V(三相)或 220 V(单相),可携电气设备选用 24 V。

通常船舶上的生活用电电压为交流 220 V,而陆地某些国家或地区电网的生活用电电压采用对人身较为安全的 100 ~ 110 V 电压,因此某些客船也逐渐开始采用 110 V 生活用电电压。

除了用电的安全之外,110 V 电压用于照明时有较高的发光效率。

需要特别指出的是,随着船舶电站容量的增大,低压系统已不能满足供配电要求。从 20 世纪 60 年代开始,一些大型船舶采用中压电力系统(中压指 1 ~ 35 kV)。其中,有的是某些特定的大功率负载采用的局部中压系统,有的则是大功率负载甚至其电力推进装置、动力电网和照明电网均采用中压系统。随着船舶建造技术的发展和建造规模的不断增大,越来越多的船舶开始采用中压系统供电。

采用中压系统供电,其主要原因有:

①随着船舶电力负荷的不断增加,电力系统容量也随之越来越大,系统的故障(短路)

电流越来越大。常见的低压空气断路器已逐渐无法满足故障保护时的巨大分断电流，需要升高供电电压来降低电路电流，从而降低空气断路器的分断电流，满足电力系统容量的增加要求。

②发电机和电动机的容量和功率不断增加，需要升高电压等级，以降低额定电流，从而有效减小设备体积，减少有色金属用量，降低成本。

③配电系统容量不断增加，电缆截面积也需要不断增加，从而给敷设施工带来困难，且这样也不经济。在输送功率大到一定数值时，电缆的最大标称截面积已不能满足要求，必须提高电压等级。

船舶电力系统是否采用中压，需要综合分析主发电机和大功率负载电动机的容量及电力负载可能达到的实际数量，根据自动空气开关可能需要分断的电力容量来确定。一般而言，短路容量小于 10 MVA 时，采用 380 ~ 440 V 电压等级较为合适；短路容量在 10 ~ 15 MVA时，应采用3 300 V 电压系统；短路容量在 15 ~ 30 MVA 时，应采用6 600 V 电压系统；短路容量超过 30 MVA 时，最好采用 11 000 V 电压系统。

三、额定频率

目前，在世界范围内，船舶的交流电力系统现行的额定频率有 50 Hz 和 60 Hz 两种，我国的民用船舶普遍采用 50 Hz 的额定频率。使用 60 Hz 额定频率的发电机和电动机可获得较高的同步转速，而 50 Hz 额定频率具有较低的电磁损耗，但这些在实际应用中并不能看出它们有显著的差别。因此，究竟应选取何种频率作为船舶交流电力系统的额定频率，取决于各国所在地区电力工业的现行额定频率和其船舶的航线以及相互间开展贸易交往的需要。在船舶电力系统中，船舶的额定频率一般与本国的陆地供电电网频率相一致，不能任意选择。表 1 – 5 为部分国家的船舶和陆地电网频率。

表 1 – 5 部分国家的船舶和陆地电网频率

国家	船舶电力系统频率/Hz	陆地电力系统频率/Hz
中国	50	50
美国、加拿大	60	60
英国及欧洲大陆国家	50	50
日本	60	50(东京电力公司及以北的东部地区各公司) 60(中部电力公司及以西地区各公司)
德国	民船 50、军船 60	50

我国《钢质海船入级规范》对船用电源的频率规定：交流配电系统的标准频率为 50 Hz 或 60 Hz。新设计制造的船舶除出口船舶根据需要采用 60 Hz 的频率外，国内船舶电源与陆用电源一律采用 50 Hz 为标准频率。

四、线制

所谓线制，是指电力网的电源与负载的连线方式。我国船级社的《钢质海船入级规范》和《钢质内河船舶入级与建造规范》规定船舶配电系统可采用以下线制。

1. 直流供电系统

①双线绝缘系统(图 1 –8(a))。

②负极接地的双线系统(图 1 –8(b))。

③利用船体做负极的单线系统(图 1 –8(c))。

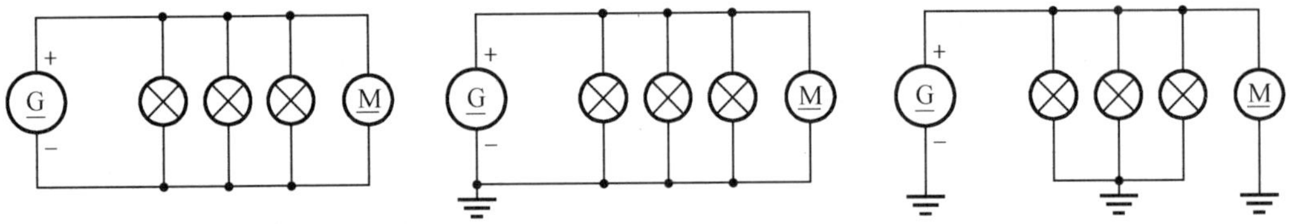

(a) 双线绝缘系统　(b) 负极接地的双线系统　(c) 利用船体做负极的单线系统

图 1 –8　直流供电系统线制

2. 单相交流供电系统(图 1 – 8 中直流电源换成交流电源即为相应的单相交流供电系统)

①双线绝缘系统。

②一线接地的双线系统。

③利用船体做回路的单线系统。

3. 三相交流电供电系统

(1)三相三线制(三线绝缘系统)(图 1 –9)

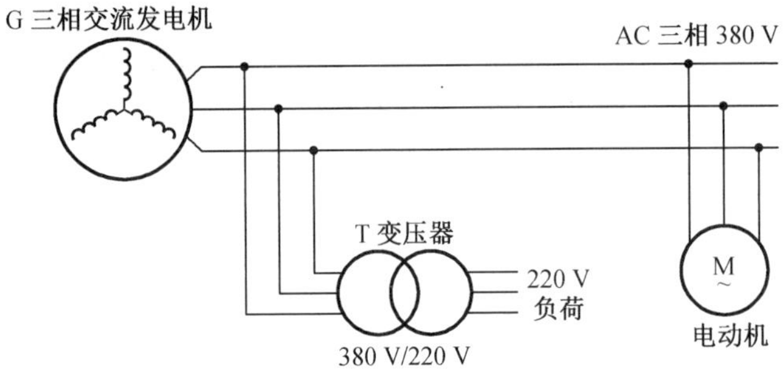

图 1 –9　三相三线制

三相三线制是系统的中性点不接地的线制。其特点之一是 AC 220 V 电源由 AC 380 V 电网经变压器获得。照明系统与动力系统是经过变压器相互联系的,所以在照明与动力两系统间只有磁通的联系,而没有电的直接联系,因而相互间影响小,尤其是易出现绝缘故障的照明系统对动力系统的影响大为减小。

该线制的特点之二是系统中发生单相接地时,不会出现因单相短路而产生短路电流致使保护电器跳闸,最大限度地保证船舶供电的可靠性,从而成为船舶上采用的主要线制。但是,中性点不接地的三相三线制系统一定要有绝缘监视装置的配合,以保证在出现单相接地而导致绝缘下降时,能及时地发出警报,通知人员尽快地处理,找出接地点并排除故障,以防止电力系统演变成破坏性故障。

(2)三相四线制(中性点接地的四线系统)(图 1 –10)

三相四线制是将系统的中性点人为接地的线制。其特点是动力系统和照明系统可由同一电源直接提供两种(380 V 和 220 V)不同的电压,不需要再采用照明变压器变换电压。该系统过电压倍数小,且维护方便,不需要经常检查电网的绝缘电阻。但当单相接地时立刻会形成短路,保护电器将在短路电流作用下,立即切断故障,所以船舶供电的连续性和可靠性难以得到保证。

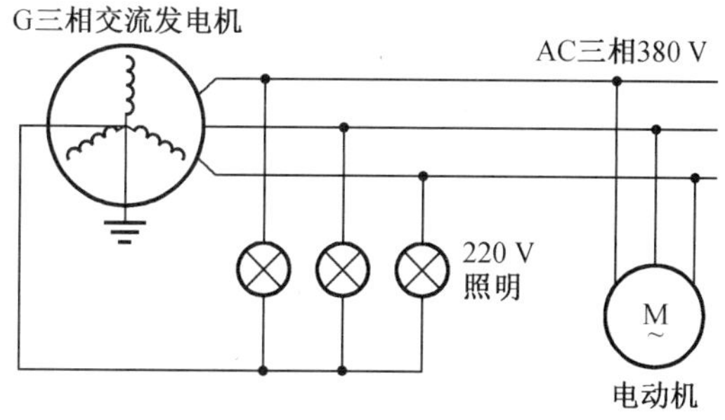

图 1－10　三相四线制

(3)利用船体作为中性线的三线系统(图 1－11)

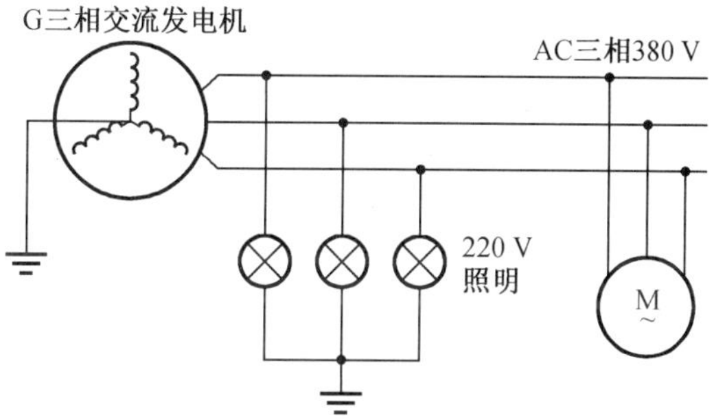

图 1－11　利用船体作为中性线的三线系统

在利用船体作为中性线的三线系统中,由于利用了船体的铁壳作为回路的中性线(实质上依然是三相四线系统),因此节省了大量的电缆、简化了配电装置、减少了配电板和开关的尺寸与质量,从而降低了建造费用。但当导线绝缘损坏时,可造成较大的漏电而引起短路,所以要求随时检查电网的绝缘情况和接地的良好程度,否则当接地松脱或接触不良时,就会产生电弧或局部发热,甚至引起火灾;同时对人体的危害性也相对变大。

现代船舶绝大多数采用交流三相三线制(三线绝缘系统),但也有些船舶使用三相四线制(中性点接地的四线系统)。三相三线制与三相四线制的比较见表 1－6。

表 1－6　三相三线制与三相四线制的比较

比较项目	系统方式	
	三相三线制	三相四线制
一相接地时的接地电流	有少量对地分布电容电流,并随系统容量和线路的增减而增减	均为三相短路电流或更大
一相接地时的后果	系统仍可继续供电	出现单相短路

表 1－6(续)

比较项目	系统方式	
	三相三线制	三相四线制
一相接地时对其他相电压的影响	等于线电压	为相电压
产生电弧接地的可能性	较大	较小
操作过电压	很高	最低
单相接地延续时间	长	最短
单相接地发展到多相短路的可能性	最大	最小
接地故障的排除	困难	方便
绝缘电阻的检测	方便	困难
负载不平衡时中性点位移及负载电压的不对称度	最大	最小
中线电流	无	有(无危险)
发电机并联时的三次谐波环流	无	有
三次谐波对通信的干扰	无	有

从上述各类线制的比较可以看出,实际上,这些线制主要分为中性点对地绝缘和中性点接地两大类。对电力系统有较高可靠性要求的船舶,更适宜采用三相三线制;对于兼有安全性和经济性要求,且允许单相短路又不会造成严重后果的船舶,才可以考虑采用三相四线制,但以船体作为电气回路的接地系统应尽量避免使用这种线制。

五、船舶电站的主接线

我们一般是将船舶电力系统的发电机组和主配电板部分称为电站。船舶电站的主接线就是指发电机通过开关设备和连接导线所组成的受电和配电的电路。把发电机和配电设备等(符号)用单线连接成的电路图称为电气主接线图。

船舶电站的主接线在主配电板中表现为主汇流排(也称为"母线")的连接方式。从母线的数量来区分,有单母线和双母线形式;从母线的分段与否来区分,有母线分段和母线不分段形式。因此,理论上船舶电站的主接线有下列形式:

①单母线不分段;

②单母线分段;

③双母线不分段;

④双母线分段。

实际情况中,船舶电站的主接线通常只采用单母线形式,双母线的形式比较少见。图 1－12 为单母线常见接线方式。

从图 1－12 中,我们可以看到,除了不分段母线方式之外,各段母线可以根据需要,各自分段供电,也可以连接在一起,共同向负载供电。其中,Q_5、Q_6开关是用于母线分段的,也可以说是使几段母线连接或分离的开关,故可以称为母联开关。

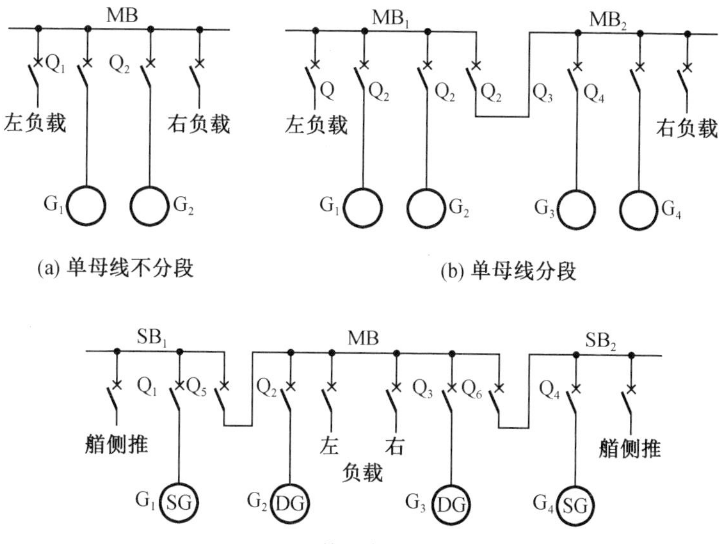

(a) 单母线不分段　(b) 单母线分段

(c) 单母线多分段

图 1－12　单母线常见接线方式

母联开关一般采用如下形式：

①三个各相独立的隔离器；

②三相隔离开关；

③三相断路器。

船舶电站的主接线的母联开关，通常采用隔离开关形式。也就是说，母联开关必须在先断开供电的情况下，才能合闸或分断(不允许带负载操作)。

除了常见的只有一个主电站(单主电站)的船舶之外，在一些特殊用途的船舶(如军舰等)上，为保证特殊工作需要(如作战)，还设有两个或两个以上的主电站(多主电站)。例如，军舰一般都会设有艏电站和艉电站两个主电站。

图 1－13 为两个主电站常见接线方式，Q_5、Q_6 分别为艏、艉电站的母联开关。在军舰上担任联络任务的母联开关通常采用断路器(即可以带负载操作)。

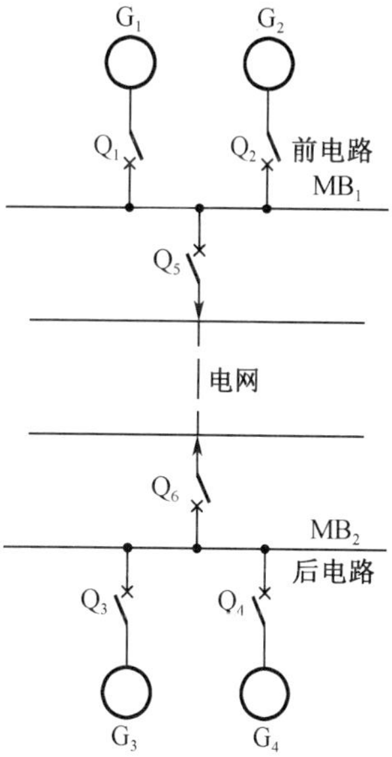

图 1－13　两个主电站常见接线方式

第四节　船舶电站容量及发电机组台数确定

一、正确确定船舶电站容量及发电机组台数的目的和方法

1. 目的

从上一节关于船舶电站主接线的分析中我们可以看到,一个主电站通常是由具备一定容量的多个发电机组共同构成的。图 1－14 为某 15 万吨油轮的多台发电机组,其是由三台机组构成的电站。

图 1－14　某 15 万吨油轮的多台发电机组

船舶建立多大容量的电站、配备几台发电机组,是船舶电站系统所要研究的重要课题。船舶电站容量和发电机组台数是以满足船舶用电的需求,并保证船舶的安全性和经济性而确定的。正确合理地计算船舶电站的容量和选择发电机组的台数,将直接影响船舶运行的可靠性和经济性,具有十分重要的意义。

此外,掌握全船负荷的统计计算及电站容量确定的基本方法,可以帮助相关技术人员深入地了解船舶电站的运行特点,以及对船舶电力系统做出有理论依据的校验和评价;在使用中,根据不同的运行工况,给出最佳运行方式,使电站功能得以充分发挥,保证船舶电力系统始终处在安全、可靠、经济、优质的状态下运行。

在船舶电站组建时,要确定船舶电站的容量和发电机组的台数和单机功率,首先就要计算出船舶在各种工况下电力负荷所需总功率。其中,最大负荷工况下所需总功率,常用来作为选择主发电机组的依据;最小负荷工况下所需总功率,常用以确定主发电机组的单台功率和发电机组的最少台数;以应急工况下所需总功率作为选择应急发电机组的依据;以停泊工况下所需总功率作为选择停泊发电机组的依据。由此选择发电机组的容量和台数,既能满足各种工况的供电要求,又能取得较好的经济效益。

电力负荷计算如果计算不准确、选择发电机组不恰当,将直接影响全船的可靠性、经济性。而电力负荷的计算又是一件较困难的工作,这是因为电站负荷要取决于用电设备的实际使用状况,而这些因素的影响随机性大、动态多变、因素较多,难以精确地掌握。因此,负

荷计算时要与船体、轮机、舾装等专业密切配合，对用电设备的实际情况做周密细致地调查研究，做到科学地分析和合理地预测，这样才能得到比较准确的计算结果。

为了确定船舶电站的总功率和发电机组的台数，首先要知道全船电力负载所需的总功率。需要特别指出的是，这个总功率中不是简单地将各用电设备的额定功率相加，而是要通过负荷计算才能得到。船舶在不同工况下，其计算负荷也不会相等。根据各工况下计算所得的总功率，还需考虑诸如电网损耗、同时系数（即各设备同时工作的情况）等因素的影响，最后才能确定发电机组的功率和数量。

2. 船舶电站容量的负荷计算的主要方法

电站容量的负荷计算方法很多，主要有下列几种：

①需要系数法；

②三类负荷法；

③概率论法；

④昼夜航行图表法；

⑤统计表格法；

⑥计算机仿真法；

⑦算式计算法；

⑧以某项特大负荷为基数的负荷计算法。

这些计算方法的共同特点是：

①以一定的理论为依据，充分考虑船舶电力负荷运行上的随机性；

②计算结果是客观的，避免了计算人员主观因素的影响；

③对计算过程做适当简化，符合实际应用要求即可，而且便于应用计算机计算处理。

选择电力负荷计算方法时，应该充分考虑船舶的运行特点和所具备的原始资料的情况以及精度要求等因素，不应随便套用。

在工程应用中，把全船用电设备的数量、负荷大小、使用情况及计算数据汇总成的表，称为电力负荷计算表，简称负荷表。

二、船舶主要运行工况及主要用电设备

船舶上的用电设备数以百计，分布在全船的各个部位，纷繁复杂。为了使负荷表编制得清晰，在进行负荷统计计算时，需要把全船的用电设备按用途和系统进行分类。

船舶主要用电设备通常分成下列几类：

①甲板机械，包括舵机、起货机、锚机、绞盘机和舷梯起吊机等。

②机舱辅机，包括为主机、锅炉服务的辅机和为全船服务的辅机，如滑油泵、淡水泵、冷却泵、燃油输送泵、鼓风机、空压机、消防泵、压载泵、舱底泵等。

③冷藏通风，包括冷藏货船、伙食冷库和空调装置等用的泵和通风机。

④机修机械，包括机舱起重行车、车床、钻床、刨床和电焊机等。

⑤照明设备，包括机舱照明、舱室照明、航行信号灯、强光灯、探照灯、工作灯以及电风扇等。

⑥弱电设备，包括导航设备、观察显示设备、通信设备、自动控制设备及充电装置等。

⑦武器装备,包括舰上的各种武器,如火炮、鱼雷、火箭、水雷和导弹等的操纵机械、发射机械和计算指挥仪以及消磁装置等。

船舶运行工况是指船舶的运行状态,也称为运行状态。在计算全船电力负荷时,应按各工况进行统计。对于不同类型、不同用途的船舶,运行工况是不同的。在负荷表中应包括哪些工况,需根据船舶实际工作情况而定,但一定要包括可能出现的最大负荷工况和最小负荷工况,这是确定电站总功率和最小容量发电机功率及发电机台数所必需的。

1. 民用船舶的主要运行工况

①航行工况:满载全速的航行状态;

②进出港工况:港内低速航行或机动状态;

③离靠码头工况:包括起锚到主机启动为止的整个备航阶段;

④停泊工况:停泊码头无客、货状态;

⑤装卸货工况:货轮的装卸货或油轮的装卸油状态;

⑥水上作业工况:工程船的作业状态(如疏浚船舶的挖泥拖网);

⑦应急工况:一般考虑船舶发生火灾或船体漏水的状态(计算应急发电机容量)。

各类不同的船舶有着不同的工况,需要具体分析确定。

2. 军舰独有的其他工况

①战斗工况:保证战斗活动所需的电气设备投入工作;

②起锚防空工况:起锚完毕到主机启动的整个备航阶段,同时要进行防空,使用对空武器;

③巡航工况:以经济航速在海区正常航行;

④备战备航工况:在编队航行中做经济航行而处于备战状态;

⑤停泊状态:指舰艇停泊或靠岸时,包括停泊中日常训练所需用电。

3. 各主要工况的用电特征分析

船舶在航行工况下所需的电力负荷,包括主机辅助设备、导航设备、舵帆、通风机、机修设备等,这类负荷的大小常与推进主机的功率有关,而它们在运行过程中的变化都不大。

当船舶处于进出港、离靠码头、备航等工况状态时,包括空压机、主动舵、侧推器、系缆绞盘、应急消防设备以及其他机动设备等,其工作所需的电力负荷一般较大,而且工作的随机性比较大。

当船舶处于停泊状态时,除了靠岸停泊需要开动起货机装卸货外,工作所需的电力负荷是比较低的。靠岸停泊时,可以由岸上电源来提供电力,以节省船舶柴油发电机组的工作时间。

当船舶执行战斗任务时,电子设备和武器特种设备工作所需的电力负荷,包括导弹、火炮、鱼雷、深水炸弹以及雷达、声呐、对抗消磁设备等,往往会构成船舶最大的电力负荷,而且各个设备也都有其特殊的负荷变化规律。

船舶日常生活所需的电力负荷,包括照明、烹调、空调、冷藏、通风设备等负荷功率的变化,都与船舶的性质、季节、气候有密切的关系。

上述分析可知,船舶电力负荷有以下几个基本特点:

①负荷的大小与船舶所处的工况有密切关系。

②船舶的各种设备,尤其是电动机负荷一般均在低于或等于其额定功率的状态下工作。因为设备选用的通常是标准系列的电动机,都会按上限选择并留有适当余量。因此,没有必要将设备的装置功率与实际用电负荷等同起来,计算时,以引入小于1的负荷系数来体现这一点。

③不同类型的船舶,其电力负荷的性质有很大的差别。这是因为担负不同任务的船舶,其配备的装备和运行工况也是不同的。

④船舶电力负荷的工作有很强的系统属性。所谓负荷的系统属性,是指负荷的变化情况与其所在的系统及其运行工况之间的依赖和约束关系。不属于同一系统的电气设备相互间一般没有运行的制约关系,而属于同一系统的电气设备就会因为系统协同动作的要求而相互间产生一定的依赖关系。例如,锚机的工作通常很少会受通风机工作的影响和限制,但同一台柴油机的燃油泵和滑油泵则必须按照柴油机的要求协同工作。

⑤船舶的电力负荷具有一定的随机性。船上的电力负荷虽然种类很多,但大体上可以分为两种:一种是运行功率基本不变,其随机性仅仅表现在工作与不工作之间的随机性;另一种是运行功率的大小有很大的随机性,从而使得电力负荷也带有一定的随机性,这就给电力负荷的计算和确定带来了很大的困难。

三、需要系数法

1. 需要系数法计算电力负荷

需要系数法是计算电力负荷的常用方法,广泛应用于船舶、工厂、车间、建筑等设计过程中电力负荷的计算。

所谓需要系数,是指用电设备实际工作时需要消耗的电功率(实际所需功率)与其额定工作时所需消耗的电功率(额定所需功率)的比值,即

$$K=\frac{P_d}{P_e} \tag{1-1}$$

式中 K——需要系数;

P_d——实际所需功率;

P_e——额定所需功率。

需要系数综合考虑了用电设备的负荷状态、工作制(连续、短时或重复短时使用)和该类设备同时工作情况等方面的因素,一般是根据多年实际经验统计后取平均值所得。表1-7列出了部分设备的需要系数供计算时参考。

表1-7 部分设备的需要系数

负荷名称		需要系数	负荷名称		需要系数
柴油机船用辅机	淡水冷却泵、海水冷却泵	0.85	生活用泵和设备	热水循环泵	0.7
	滑油泵	0.65		冷水循环泵	0.7
	燃油阀冷却水泵	0.85		卫生水泵	0.4
	燃油阀冷却油泵	0.70		淡水泵	0.4

表 1-7(续)

负荷名称		需要系数	负荷名称		需要系数
	燃油离心分油器	0.65		污水泵	0.2
	增压泵	0.65		饮用喷泉	0.3
	辅锅炉鼓风机、给水泵	0.85		蒸馏器海水给水泵	0.75
	辅锅炉燃油喷射泵	0.65		蒸馏器凝水泵	0.6
	废气锅炉循环水泵	0.85		蒸馏器淡水输送泵	0.6
	空气压缩机	0.85		蒸馏器化学给水泵	0.2
	发电机用冷却水泵	0.85		盐水排出泵	0.75
	舱底救火用总泵	0.65		管群疏水泵	0.6
	舱底压载泵	0.2		厨房及餐室设备	0.3
	潜水舱底泵、真空泵	0.1		洗衣设备	0.2
	压载泵	0.2		电热水器	0.5
	洗舱泵	0.85		房舱电热器	0.4
甲板机械	舵机	0.2	照明设备	机舱照明	0.9
	起锚机	0.4		舱室照明	0.6
	起艇机	0.8		货舱灯	0.8
	舷梯绞车	0.8		探照灯	0.8
	绞盘、系泊绞车	0.4		航行灯	0.9
	货油泵	0.8		信号灯	0.8
				电风扇	0.8
冷藏通风	机舱通风机	0.85	弱电设备	舱内通信	0.4
	舱室通风机、泵舱通风机	0.8		航海仪器	0.4
	货舱干燥装置	0.5		电罗经	0.4
	全船用冷藏压缩机、循环泵	0.4		雷达	0.4
	货舱用压缩机	0.6		无线电设备	0.45
	空调用压缩机、送风机	0.75		蓄电池充电	0.2
	空调冷水泵、热水泵	0.75		电工试验板	0.2
	空调凝水循环泵	0.75			

运用需要系数法计算电站容量的基本步骤：

①计算各电动机和其他电气设备的额定所需功率；

②选择计算工况，并确定各工况下所需使用的电气设备；

③确定各用电设备使用功率，了解其使用情况并确定需要系数 K；

④计算各电气设备的所需功率，并计算总功率；

⑤考虑 5% 的网络损耗,计算所需总功率;

⑥选择发电机组,计算各工况下发电机的负荷百分比,一般发电机组应留有 10% ~ 20% 的功率余量,因此发电机的负荷率应不超过 90%。

其中,在步骤①中,电动机的额定所需功率计算公式为

$$P_e = \frac{P_N}{\eta} \quad (kW) \tag{1-2}$$

式中　P_e——额定所需功率;

P_N——电动机额定输出功率;

η——电动机额定效率。

如果有多台相同设备的,则累加额定所需功率即可。

照明和弱电设备则直接采用其标称功率作为额定所需功率。

步骤④确定实际所需功率的计算方式为

$$P_d = KP_e \quad (kW) \tag{1-3}$$

式中　P_d——实际所需功率;

P_e——额定所需功率;

K——需要系数,可查表 1-7 获得。

按照工况分布,将每个工况下的各个用电设备实际所需功率累加即得到每个工况实际所需功率。将每个工况下实际所需功率考虑 5% 的网络损耗,计算出实际所需总功率,将每个工况计算出的实际所需总功率作为确定电站总容量、发电机容量及台数的依据。

2. 负荷表的编制及发电机台数选择

确定电站总容量的基本原则是:

①电站容量应能满足船舶在各种运行工况下的用电量,并有适当的余量,以保证连续可靠的供电。因此,电站容量应以实际用电量最大的运行工况为基础来确定。

②总容量的冗余功率不能太大,以保证其合理的经济性。

发电机组的总容量决定于电站的总容量,发电机组容量和台数选择要遵循如下几个基本原则:

①单机总容量以最高负荷率为 80% 确定为宜。这样既能高效率地经济运行又有适当的功率余量。

②船舶电站必须有备用机组,其容量要能满足船舶各运行工况的用电需求。所以船舶最少要有两台发电机组。民用船舱的备用机组,其容量应等于最大一台机组的容量,当主发电机之一发生故障时,能立即投入供电;军用船舶电站应满足战斗状态的用电量,并保证其备用容量是战斗状态下容量的 100%。

③船舶电站应尽可能减少发电机组的品种。在有条件时,发电机的类型和功率大小尽可能一致,以减少备品和增强发电机组之间的互换件,并联运行也较方便。

④对于民用船舶,要求使用的发电机台数不能太多(一般选 2 ~ 4 台发电机),使维修简单,管理方便。

⑤对于军用船舶,为提高其生命力,应增加发电机台数和电站数量。大型舰艇为3～4个电站,中型船舶(如护卫舰、驱逐舰)的电站不少于两个,小艇可以只装备一个电站。当一艘舰艇建有两个电站时,每一个电站要装备两台发电机组,在战斗时,实施分区供电以提高供电的生命力。

⑥确定单机组容量和机组数量时,要考虑各发电机组的使用寿命应与船舶主机寿命基本相当。

⑦应急发电机的容量应由应急工况的负荷计算功率来决定。其基本要求是保证相关规范规定的各项应急设备的供电和《国际海上人命安全公约》对应急供电持续时间的规定。

当船舶的用电量确定后,电站的发电机组台数可以有不同的选择。如果追求在各工况下都具有较高的负荷率,可选择多台小功率机组,但维修量大,并联操作次数多且复杂;如果追求电站设备的简洁,则可选择较少台数的大功率机组,但在某些工况下负荷率会比较低。若既追求台数少又要有较高的负荷率,则可选择不同功率的机组,但机组的通用性差,备品较多,且不利于并联运行。

所以,发电机组台数的确定要根据船舶运行特点做综合的技术经济比较。一般民用船舶电站设置2～3台(包括备用机组)同型号、同容量的主发电机组为宜。有些船舶在无作业停泊期间用电量很少,可专设一台小容量的停泊发电机。

表1-8给出了某民用船舶运用需要系数法编制的负荷表(部分节选)。

四、三类负荷法

三类负荷法是一种统计全船电力负荷的计算方法。它是将全船各用电负荷按使用时间的长短分成三类,并且考虑负荷系数和同时系数来进行计算的。在电气设备具有较充分的数据时,常采用三类负荷法进行全船电力负荷的计算。由于数据充分,能较准确地求得各用电设备的负荷系数,各用电设备按其使用情况进行分类统计,并按类别考虑其同时系数,因此三类负荷法能求得较精确的计算结果。

采用三类负荷法计算全船电力负荷时,应将设备负荷在某一工况下按使用时间的长短分成三类。

第Ⅰ类负荷——连续使用类负荷,指在船舶某一工况下连续使用的负荷。例如,航行状态时的主机冷却水泵、主机燃油供给泵,离靠码头状态下的锚机,装卸货状态下的起货机的负荷等。

第Ⅱ类负荷——短时或重复短时使用类负荷,指在某一工况下短时或重复短时使用的负荷。例如,航行状态时的燃油输送泵、滑油输送泵、卫生水泵等负荷。

第Ⅲ类负荷——偶然短时使用类负荷,指在某一工况下偶然短时使用的负荷,以及按操作规程可以避开电站尖峰负荷时间使用的负荷。例如,离靠码头状态下电动舷梯起吊机、航行状态下的机修机械等负荷。

负荷类别的划分与船舶运行工况有关,如在航行工况中连续使用的负荷属于第Ⅰ类负荷,使用若干小时、停止使用若干小时的负荷则为第Ⅱ类负荷。在离靠码头工况中,虽然起锚机的工作时间较短(例如,只有30 min左右),但在此过程中起锚机一直在使用,因此此时的起锚机负荷应算作第Ⅰ类负荷。

表 1－8 船舶电力负荷表

电力负荷计算书																		SC4719－601－01JS						页码
No.	名称	电气参数		海上航行工况				进出港工况				装卸货工况				停泊工况				应急				备注
		额定功率/kW	数量	使用系数	实际使用数量	连续负载/kW	间歇负载/kW	使用系数	实际使用数量	连续负载/kW	间歇负载/kW	使用系数	实际使用数量	连续负载/kW	间歇负载/kW	使用系数	实际使用数量	连续负载/kW	间歇负载/kW	使用系数	实际使用数量	连续负载/kW	间歇负载/kW	
	机舱辅机																							
1	压缩空气系统																							
	主空压机	42	2	0.7	1		29.4	0.7	1		29.4													
	应急空压机	6.3	1																	1	1		6.3	
	补气空压机	21	1	0.7	1		14.7	0.7	1		14.7													
	甲板日用空压机	18.5	1	0.7	1		13									0.7	1		13					
2	冷却水系统																							
	冷却海水泵	30	3	0.7	2	42		0.7	2	42		0.6	1	18		0.3	1	9						
	主机缸套冷却淡水泵	22	2	0.7	1	15.4		0.7	1	15.4														
	低温冷却淡水泵	30	3	0.7	2	42		0.7	2	42		0.8	1	22.5		0.7	1	21						
	主机缸套水预加热泵	2.2	1													0.7	1		1.54					
	主机空冷器化学清洗泵	1.5	1	0.7	1	1.05										0.7	1	1.05						
3	锅炉	24	1	0.6	1	14.4		0.6	1	14.4		0.7	1	16.8		0.7	1	16.8						
4	燃油系统																							
	燃油供油单元	10	2	0.7	1	7		0.7	1	7		0.2	1	2										

表 1-8(续 1)

电力负荷计算书																				SC4719-601-01JS				页码
No.	名称	电气参数		海上航行工况				进出港工况				装卸货工况				停泊工况				应急				备注
		额定功率/kW	数量	使用系数	实际使用数量	连续负载/kW	间歇负载/kW	使用系数	实际使用数量	连续负载/kW	间歇负载/kW	使用系数	实际使用数量	连续负载/kW	间歇负载/kW	使用系数	实际使用数量	连续负载/kW	间歇负载/kW	使用系数	实际使用数量	连续负载/kW	间歇负载/kW	
	柴油泵	0.9	1																	0.8	1	0.72		
	燃油输送泵	18.5	1	0.7	1		13	0.7	1		13	0.2	1	3.7										
	船用柴油输送泵	18.5	1													0.3	1		5.55					
	燃油分油机	6.4	2	0.7	1	4.48		0.7	1	4.48		0.2	1	1.28										
	汽油输送泵	11	1													0.3	1		3.3					
5	滑油系统																							
	主滑油泵	75	2	0.7	1	52.5		0.7	1	52.5														
	滑油输送泵	2.2	1	0.5	1		1.1	0.5	1		1.1													
	艉管滑油泵	0.75	1	0.5	1		0.38	0.5	1		0.38													
	气缸油输送泵	0.75	1	0.5	1		0.38	0.5	1		0.38													
	滑油分油机	4.8	2	0.5	1	2.4		0.5	1	2.4		0.2	1	0.96										
	消防总用泵	45	1	0.6	1		27	0.6	1		27													
	舱底总用泵	45	1					0.5	1		22.5	0.8	1		33.8									
	日用舱底泵	2.2	1	0.6	1		1.32	0.6	1		1.32	0.5	1		1.1	0.5	1		1.1					
	油渣泵	2.2	1	0.6	1		1.32	0.6	1		1.32	0.6	1		1.32	0.5	1		1.1					

表 1-8(续 2)

电力负荷计算书																		SC4719-601-01JS						页码
No.	名称	电气参数		海上航行二况				进出港工况				装卸货工况				停泊工况				应急				备注
		额定功率/kW	数量	使用系数	实际使用数量	连续负载/kW	间歇负载/kW	使用系数	实际使用数量	连续负载/kW	间歇负载/kW	使用系数	实际使用数量	连续负载/kW	间歇负载/kW	使用系数	实际使用数量	连续负载/kW	间歇负载/kW	使用系数	实际使用数量	连续负载/kW	间歇负载/kW	
	应急消防泵	30	1																	1	1	30		
	压载泵	110	2	0.4	1	44		0.6	2	132		0.6	2	132										
6	淡水日用系统																							
	淡水泵	3.7	2	0.6	1		2.22	0.6	1		2.22	0.5	1		1.85	0.5	1		1.85					
	甲板机械																							
1	舵机	58	2	0.4	1	23.2		0.6	1	34.8										0.6	1	34.8		
2	锚机	60	2					0.7	1		42													
3	艉绞机	60	2					0.7	1		42													
4	艉抛救生艇架	15	1																					
5	救助艇吊架	10.3	1																					
6	单轨粮食吊	28	1													0.6	1		16.8					
7	舷梯绞车	4	4													0.6	1		2.4					
	连续负载					422				542				936				179				92.2		
	间断负载						332				412				202				177				6.3	
	间断负载使用系数						0.4				0.4				0.4				0.4				0.4	

表 1 - 8(续 3)

电力负荷计算书																SC4719 - 601 - 01JS								页码
No.	名称	电气参数		海上航行工况				进出港工况				装卸货工况				停泊工况				应急				备注
		额定功率/kW	数量	使用系数	实际使用数量	连续负载/kW	间歇负载/kW	使用系数	实际使用数量	连续负载/kW	间歇负载/kW	使用系数	实际使用数量	连续负载/kW	间歇负载/kW	使用系数	实际使用数量	连续负载/kW	间歇负载/kW	使用系数	实际使用数量	连续负载/kW	间歇负载/kW	
	间断负载需要功率						133				165				80.7				70.7				2.52	
	总计需要功率/kW					555				707				1017				249				94.7		
	运行发电机/(kW×SET)			650×1				650×2				650×2				650×1				120×1				
	备用发电机/(kW×SET)			650×2				650×1				650×1				650×2								
	使用系数/%			85.37				54.38				78.23				38.35				78.91				

注:该负荷表限于篇幅,并未列出全部负荷,有节选。

表 1－9 为某万吨远洋货轮的三类负荷分类。

表 1－9　某万吨远洋货轮的三类负荷分类

第Ⅰ类负荷		第Ⅱ类负荷		第Ⅲ类负荷
舵机	救火泵	燃油离心分油器	主空气压缩机	主机盘车机
起货机	货油泵	轻柴油离心分油器	油灶鼓风机	机舱起吊机
起锚机	冷藏货舱压缩机	滑油离心分油器	空调压缩机	车床
绞盘	冷却泵	燃料油驳运泵	空调淡水泵	砂轮
主机淡水泵	盐水接力泵	轻柴油输送泵	伙食冷库压缩机	钻床
主机海水泵	货舱通风机	舱底泵	电动锅炉给水泵	电焊机
主机滑油使用泵	机舱通风机	压载泵	电动锅炉强制循环泵	救生艇吊艇机
主机喷油嘴冷却泵	CO_2 室抽风机	日用淡水泵	充电机组	舷梯起吊机
排气涡轮滑油泵	冷藏机舱送风、抽风泵	卫生水泵	雷达	探照灯
主机燃料油循环泵	厨房送风、抽风机	饮水泵	空调送风机	
透平发电机凝水泵	浴室、厕所抽风机	滑油输送泵		
锅炉燃油泵	照明设备	热水循环泵		
锅炉给水泵	助航、通信用变流机	蒸发器凝水泵		
锅炉鼓风泵		蒸发器给水泵		
救火总用泵				

1. 三类负荷法需要用到的各类系数

(1)电动机利用系数 K_1

电动机驱动的机械在配置电动机时,需要按机械轴上的最大功率选取电动机,而这个最大机械轴功率是小于所选用电动机的额定功率的。因此,电动机利用系数 K_1 为

$$K_1=\frac{P_M}{P_N} \tag{1-4}$$

式中　P_M——最大机械轴功率,可查表获得;

P_N——电动机额定功率。

(2)机械负荷系数 K_2(可查表 1－10 获得)

机械负荷系数 K_2 是指某一机械实际使用轴功率 P_2 与最大机械轴功率 P_M 之比,即

$$K_2=\frac{P_2}{P_M} \tag{1-5}$$

(3)电动机负荷系数 K_3

$$K_3=K_1K_2=\frac{P_2}{P_N} \tag{1-6}$$

可见,电动机负荷系数 K_3 反映的是实际使用轴功率与电动机额定功率之比。

表 1-10　部分机械的机械负荷系数

用电设备	负荷系数	附注	用电设备	负荷系数	附注
主机冷却(淡水、海水)泵	0.65 ~ 0.9	柴油机船	滑油驳运泵	0.65 ~ 1.0	
主机滑油循环泵	0.65 ~ 0.9		淡水泵	0.6 ~ 1.0	
排气涡轮滑油泵	0.7 ~ 1.0		卫生水泵	0.8 ~ 1.0	
喷油嘴冷却泵	0.7 ~ 1.0		热水循环泵	0.8 ~ 1.0	
辅锅炉给水泵	0.85 ~ 1.0		主机盘车机	0.8 ~ 1.0	
辅锅炉燃油泵	0.65 ~ 0.9		货油泵	0.6 ~ 0.85	
辅锅炉鼓风机	0.6 ~ 0.85		机修设备	0.5 ~ 0.7	
主空气压缩机	0.75 ~ 1.0		机舱通风机	0.6 ~ 0.1	
燃油离心分油器	0.65 ~ 1.0		泵舱通风机	0.7 ~ 0.9	
滑油离心分油器	0.65 ~ 1.0		货舱通风机	0.6 ~ 0.8	
轻柴油输送泵	0.65 ~ 1.0		电热器	0.5 ~ 0.9	
重柴油输送泵	0.7 ~ 1.0		电灶	0.5 ~ 0.9	

(4)同时使用系数 K_0

在某一工况时,同类机械并不一定都会同时使用,所以,可以用同类相同功率的用电设备的同时使用系数 K_0 来反映它的影响。

$$K_0 = \frac{n}{m} \tag{1-7}$$

式中　n——该组设备同时工作的台数;

m——该组设备的总台数。

例如,液压舵机的驱动电动机有 2 台,而工作时只需要 1 台即可,则其 K_0 就等于 0.5。

(5)第Ⅰ、Ⅱ类负荷的总同时使用系数 $K_{0\,\mathrm{I}}$ 和 $K_{0\,\mathrm{II}}$

全船所有用电设备不可能在某一工况下同时工作。因此,在每个工况下,采用第Ⅰ、Ⅱ类负荷的总同时使用系数来反映这样的情况。总同时使用系数定义为:该类负荷同时使用的总功率与该类负荷总功率之比。

通常,第Ⅰ、Ⅱ类负荷总同时使用系数的取值范围为

$$K_{0\,\mathrm{I}}:0.8 \sim 0.9$$

$$K_{0\,\mathrm{II}}:0.3 \sim 0.5$$

具体选定时,对于较大的船舶,由于负荷的数量较多,同时工作的可能性比较小,因此同时使用系数可取小些;船舶的工作和作业比较频繁紧张的,同时使用系数取得大一些。

2. 三类负荷法所需供电功率计算

(1)额定所需有功功率

在额定工作状态下,一台电动机需要电网供给的额定功率 P_4 为

$$P_4 = \frac{P_N}{\eta} \quad (\mathrm{kW}) \tag{1-8}$$

一组同类电动机的额定所需有功功率 P_5 为

$$P_5 = mP_4 \quad (\mathrm{kW}) \tag{1-9}$$

式中,m 为同类电动机的台数。

对于照明及弱电设备来说,额定所需功率就等于其装置功率。

(2)实际所需有功功率

一组同类电动机实际所需有功功率 P 按如下公式计算

$$P = mK_0K_1K_2P_4 = mK_0K_3P_4 = K_0K_3P_5 = \frac{mK_0K_3P_N}{\eta} \tag{1-10}$$

(3)额定所需无功功率

对于交流设备,其无功功率可以通过有功功率,并考虑功率因数来获得。

$$Q = P\tan\varphi \quad (\mathrm{kvar}) \tag{1-11}$$

其中,φ 是功率因数角,由实际负荷的功率因数 $\cos\varphi$ 换算而得,而 $\cos\varphi$ 可以根据实际负荷的 P_N、n_N 以及负荷程度查表获得,见表 1-11。

表 1-11　电动机的功率因数

转速/(r·min⁻¹)	功率/kW	负荷程度(负载率)								
		0.3	0.4	0.5	0.6	0.7	0.8	0.9	1.0	1.1
3 000	1.5	0.73	0.76	0.79	0.81	0.85	0.86	0.87	0.87	0.87
	2.2									
3 000	3									
	4	0.67	0.72	0.78	0.82	0.84	0.86	0.88	0.89	0.90
	5.5									
	7.5									
	10	0.76	0.80	0.82	0.84	0.85	0.86	0.87	0.88	0.88
	13	0.77	0.82	0.85	0.86	0.87	0.87	0.89	0.89	0.89
	15									
	17	0.77	0.79	0.81	0.81	0.87	0.89	0.90	0.91	0.91
	22	0.79	0.82	0.84	0.87	0.89	0.90	0.91	0.91	0.91
	30									
	40									

(4)各工况下实际所需总功率

在考虑线路损耗 0.5% 的情况下,实际所需的有功功率和无功功率计算公式如式(1-12)所示。

$$\begin{aligned} P_\Sigma &= (K_{0\,\mathrm{I}}P_{\mathrm{I}} + K_{0\,\mathrm{II}}P_{\mathrm{II}}) \times 1.05 \\ Q_\Sigma &= (K_{0\,\mathrm{I}}Q_{\mathrm{I}} + K_{0\,\mathrm{II}}Q_{\mathrm{II}}) \times 1.05 \end{aligned} \tag{1-12}$$

式中,P_{I}、P_{II} 和 Q_{I}、Q_{II} 分别为第Ⅰ、Ⅱ类负荷的实际所需总有功功率和总无功功率,分别按照式(1-10)和式(1-11)进行计算。计算所得的结果就是船舶在某一工况下,需要发电机供给的总功率,这个总功率是该工况下选择发电机功率和台数的依据。根据最大工况下负荷的总有功功率,再加上 10%~20% 的储备容量,即可确定船舶电站的容量。

3. 负荷表的编制

负荷表的编制基本原则与需要系数法基本一致,要注意以下几点:

(1)根据轮机专业提供的数据,确定全船电气设备,并计算各电动机和电气设备的额定输入功率。

(2)根据船舶类型,选定所需计算的工况,按照第Ⅰ、Ⅱ、Ⅲ类负载分类确定各工况下所需使用的电动机等负载,见表 1-12。

表 1－12　沿海某客货轮全船电力负荷计算书

序号	用电设备名称	数量	最大机械轴功率/kW	电动机数据					电动机利用系数 K_1
				功率/kW	转速/($r \cdot min^{-1}$)	效率/%	功率因数 $\cos\varphi$	所需功率/kW	
一	机舱辅机								
1	备用滑油压力泵	2	6.5	7.5	930	86	0.81	8.73	0.87
2	滑油离心分油器	1	2.4	3	1 430	83.5	0.84	3.6	0.8
3	主机备用海淡水泵	1	8	10	2 930	87.5	0.89	11.4	0.8
4	辅助锅炉给水泵	1	2.4	3	1 430	83.5	0.84	3.6	0.8
5	辅助锅炉鼓风机	1	1.5	1.5	2 860	81	0.87	1.85	1
6	消防总用泵	1	13.4	17	2 940	88.5	0.9	19.2	0.79
7	空气压缩机	2	5.5	5.5	930	85	0.8	6.47	1
8	备用舱底泵	1	8.15	10	1 450	87.5	0.87	11.4	0.81
9	燃油输送泵	1	0.8	1.5	1 410	80.5	0.81	1.86	0.54
10	燃油离心分油器	1	2.4	3	1 430	83.5	0.84	3.6	0.8
11	压载总用泵	1	13.4	17	2 940	88.5	0.9	19.2	0.79
12	生活淡水泵	1	8	10	1 450	87.5	0.87	11.4	0.8
13	卫生水泵	2	8	10	1 450	87.5	0.87	11.4	0.8
14	热水循环泵	1	1.2	1.51	2 860	81	0.87	1.85	0.8
二	甲板机械								
1	舵机	2		4	1 000	84	0.79	4.7	1
2	锚机	1		30/30/22	1 500/750/58	75/76/58	0.91/0.81/0.5	40/39.5/38	1
3	起艇机	6		5	1 000	74	0.77	6.75	1
4	绞盘	1		22/22/16	1 340/640/268	73/74/56	0.91/0.81/0.5	30.2/29.8/28.6	1
5	起货机	4		26/26/5.5	1 500/750/214	82.5/81.7/44.2	0.81/0.56/0.31	31.5/31.8/12.4	1
三	冷藏通风								
1	粮食库风机	1	0.24	0.4	2 900	74	0.84	0.54	0.6
2	机舱通风机	4	3	3	1 500	80	0.8	3.75	1
3	艏艉货舱通风机	2	0.8	0.8	3 000	80	0.8	1	1
4	厕浴洗脸室通风机	2	0.53	0.8	2 810	77.5	0.85	1.03	0.66
5	应急发电机室通风机	1	0.4	0.4	3 000	80	0.8	0.5	1
6	变流机室通风机	1	0.4	0.4	3 000	80	0.8	0.5	1
7	蓄电池室通风机	2	0.4	0.4	3 000	80	0.8	0.5	1
8	旅客舱通风机	4	1.64	2.2	1 450	82	0.83	2.68	0.75
9	厨房通风机	2	0.96	1.5	1 450	80	0.81	1.88	0.64
10	浴厕通风机	2	0.24	0.4	2 900	74	0.84	0.54	0.6
11	冷藏机	2	3.2	4	1 440	85	0.85	4.7	0.8
12	CO_2 室通风机	1	0.4	0.4	3 000	80	0.8	0.5	1
13	舵机舱通风机	1	0.4	0.4	3 000	80	0.8	0.5	1
14	旅客舱通风机	2	3	3	1 500	80	0.8	3.75	1
15	会议室通风机	2	0.96	1.5	1 450	80	0.81	1.88	0.64
四	机修设备								
1	砂轮机	1		0.25	1 400	70	0.74	0.36	1
2	车床	1		3	1 430	84	0.84	3.6	1
3	钻床	1		0.8	1 380	76.5	0.77	1.05	1
五	无线电设备								
1	航海雷达	1						1.5	
2	无线电设备							0.5	
3	导航设备							1.5	
六	照明及其他								
1	机舱照明							1.2	
2	房舱及室外照明							10	
3	工作灯及货舱照明							4.2	
4	航行灯且信号灯							1	
5	探照灯							2	
6	电风扇							4	
7	燃油沸水器、燃油炉灶	5			2 500			0.4	
第Ⅰ类负荷总功率/(kW,kvar)									
第Ⅱ类负荷总功率/(kW,kvar)									
第Ⅲ类负荷总功率/(kW,kvar)									
第Ⅰ类负荷总同时使用系数/$K_{0Ⅰ}$=0.85 时总功率/(kW,kvar)									
第Ⅱ类负荷总同时使用系数 $K_{0Ⅱ}$=0.4 时总功率/(kW,kvar)									
第Ⅰ、Ⅱ类负荷总功率/(kW,kvar)									
考虑网络损失 5% 时的所需功率/(kW,kvar)									
平均功率因数 $\cos\varphi$									
运行发电机台数及功率/(台×kW)									
发电机负荷率/%									
备用发电机台数及功率/(台×kW)									

注:(1)船上安装 100 kW 主发电机 3 台,40 kW 应急发电机 1 台;(2)括号内的数值为备用辅机负荷。

表 1－12(续 1)

航行状态								进出港状态							
机械负荷系数 K_2	电动机负荷系数 K_3	效率 /%	功率因数 $\cos\varphi$	同时工作的台数 n/台	所需有功功率 /kW	所需无功功率 /kvar	负荷类别	机械负荷系数 K_2	电动机负荷系数 K_3	效率 /%	功率因数 $\cos\varphi$	同时工作的台数 n/台	所需有功功率 /kW	所需无功功率 /kvar	负荷类别
1	0.87	86	0.8	1	7.55	5.65	(Ⅰ)								
1	0.8	83	0.8	1	2.9	2.17	Ⅱ								
1	0.8	87.5	0.87	1	9.15	5.18	(Ⅰ)								
1	0.8	83	0.8	1	2.9	2.17	Ⅱ	1	0.8	83	0.8	1	2.9	2.17	Ⅱ
								1	1	81	0.87	1	1.85	1.05	Ⅰ
								0.4	0.32	81.5	0.75	1	6.68	5.88	Ⅰ
								1	1	85	0.8	1	6.47	4.85	Ⅱ
1	0.81	87.5	0.87	1	9.26	5.52	(Ⅱ)	1	0.81	87.5	0.87	1	9.26	5.25	(Ⅱ)
1	0.54	79	0.67	1	1.02	1.12	Ⅱ	1	0.54	79	0.67	1	1.02	1.12	Ⅱ
1	0.8	83	0.8	1	2.9	2.17	Ⅱ	1	0.8	83	0.8	1	2.9	2.17	Ⅱ
								1	0.79	87	0.86	1	15.5	9.15	Ⅱ
1	0.8	87.5	0.85	1	9.15	5.68	Ⅱ	1	0.8	87.5	0.85	1	9.15	5.68	Ⅱ
1	0.8	87.5	0.85	1	9.15	5.68	Ⅱ	1	0.8	87.5	0.85	1	9.15	5.68	Ⅱ
1	0.8	81	0.86	1	1.48	0.88	Ⅱ	1	0.8	81	0.86	1	1.48	0.88	Ⅱ
0.4	0.4	80	0.55	2	4	6.06	Ⅰ	0.6	0.6	83	0.67	2	5.7	6.27	Ⅰ
								0.8	0.8	76	0.79	1	31.6	24.5	Ⅰ
								0.6	0.6	74	0.73	1	17.9	16.8	Ⅰ
1	0.6	70	0.76	1	0.34	0.29	Ⅰ	1	0.6	70	0.76	1	0.34	0.29	Ⅰ
1	1	80	0.8	4	15	11.2	Ⅰ	1	1	80	0.8	4	15	11.2	Ⅰ
1	1	80	0.8	2	2	1.5	Ⅰ	1	1	80	0.8	2	2	1.5	Ⅰ
1	0.66	72	0.78	2	1.47	1.18	Ⅰ	1	0.66	72	0.78	2	1.47	1.18	Ⅰ
1	1	80	0.8	1	0.5	0.38	Ⅰ								
1	1	80	0.8	1	0.5	0.38	Ⅰ	1	1	80	0.8	1	0.5	0.38	Ⅰ
1	1	80	0.8	2	1	0.76	Ⅰ	1	1	80	0.8	2	1	0.76	Ⅰ
1	0.75	81.5	0.79	4	8.1	6.3	Ⅰ	1	0.75	81.5	0.79	4	8.1	6.3	Ⅰ
1	0.64	79	0.75	2	2.43	2.19	Ⅰ	1	0.64	79	0.75	2	2.43	2.14	Ⅰ
1	0.6	70	0.76	2	0.68	0.59	Ⅰ	1	0.6	70	0.76	2	0.68	0.59	Ⅰ
1	0.8	85	0.82	2	7.55	5.26	Ⅱ	1	0.8	85	0.82	2	7.55	5.26	Ⅱ
1	1	80	0.8	1	0.5	0.38	Ⅰ	1	1	80	0.8	1	0.5	0.38	Ⅰ
1	1	80	0.8	1	0.5	0.38	Ⅰ	1	1	80	0.8	2	7.5	5.6	Ⅰ
1	1	80	0.8	2	7.5	5.6	Ⅰ	1	0.64	79	0.75	2	2.43	2.14	Ⅰ
1	0.64	79	0.75	2	2.43	2.14	Ⅰ								
0.8	0.8	69	0.68	1	0.29	0.32	Ⅲ	0.8	0.8	69	0.68	1	0.29	0.32	Ⅲ
0.8	0.8	84	0.8	1	2.86	2.12	Ⅲ	0.8	0.8	84	0.8	1	2.86	2.12	Ⅲ
0.8	0.8	75.5	0.71	1	0.85	0.84	Ⅲ	0.8	0.8	75.5	0.71	1	0.85	0.84	Ⅲ
			0.8		1.5	1.12	Ⅱ				0.8		1.5	1.12	Ⅱ
			0.8		0.5	0.37	Ⅱ				0.8		0.5	0.37	Ⅱ
			0.8		1.5	1.12	Ⅰ				0.8		1.5	1.12	Ⅰ
				0.8	0.96		Ⅰ					0.8	0.96		Ⅰ
				0.8	8		Ⅰ					0.8	8		Ⅰ
				0.5	0.5		Ⅰ					0.7	0.7		Ⅰ
				0.3	0.6		Ⅲ					0.3	0.6		Ⅲ
				0.8	3.2		Ⅰ					0.8	3.2		Ⅰ
				1	0.4		Ⅱ					1	0.4		Ⅱ
$P=61.11(16.7)$				$Q=40.5(10.83)$				$P=120.04$				$Q=88.08$			
$P=39.45(9.26)$				$Q=26.62(5.25)$				$P=58.52(9.26)$				$Q=38.43(5.25)$			
$P=4.6$				$Q=3.28$				$P=4.6$				$Q=3.28$			
$P=52$				$Q=34.4$				$P=102$				$Q=75$			
$P=15.8$				$Q=10.7$				$P=23.5$				$Q=15.4$			
$P=67.8$				$Q=45.1$				$P=125.5$				$Q=90.4$			
$P=71$				$Q=47.4$				$P=132$				$Q=95$			
			0.83								0.81				
			1×100								2×100				
			71								66				
			2×100								1×100				

表 1-12(续 2)

序号	用电设备名称	数量	电动机功率/kW	电动机利用系数 K_1	停泊状态 机械负荷系数 K_2	电动机负荷系数 K_3	效率/%	功率因数 $\cos\varphi$	同时工作的台数 n/台	所需有功功率/kW	所需无功功率/kvar	负荷类别
一	机舱辅机											
1	备用滑油压力泵	2	6.5	7.5								
2	滑油离心分油器	1	2.4	3								
3	主机备用海淡水泵	1	8	10								
4	辅助锅炉给水泵	1	2.4	3	1	0.8	83	0.8	1	2.9	2.17	Ⅱ
5	辅助锅炉鼓风机	1	1.5	1.5	1	1	81	0.87	1	1.85	1.05	Ⅰ
6	消防总用泵	1	13.4	17								
7	空气压缩机	2	5.5	5.5								
8	备用舱底泵	1	8.15	10								
9	燃油输送泵	1	0.8	1.5								
10	燃油离心分袖器	1	2.4	3								
11	压载总用泵	1	13.4	17								
12	生活淡水泵	1	8	10	1	0.8	87.5	0.85	1	9.15	5.68	Ⅱ
13	卫生水泵	2	8	10	1	0.8	87.5	0.85	1	9.15	5.68	Ⅱ
14	热水循环泵	1	1.2	1.51	1	0.8	81	0.86	1	1.48	0.88	Ⅱ
二	甲板机械											
1	舵机	2		4								
2	锚机	1		30/30/22								
3	起艇机	6		5	0.6	0.6	70	0.64	1	4.28	5.14	Ⅱ
4	绞盘	1		22/22/16								
5	起货机	4		26/26/5.5								
三	冷藏通风											
1	粮食库风机	1	0.24	0.4	1	0.6	70	0.76	1	0.34	0.29	Ⅰ
2	机舱通风机	4	3	3								
3	艏尾货舱通风机	2	0.8	0.8								
4	厕浴洗脸室通风机	2	0.53	0.8	1	0.66	72	0.78	2	1.47	1.18	Ⅰ
5	应急发电机室通风机	1	0.4	0.4								
6	变流机室通风机	1	0.4	0.4	1	1	80	0.8	1	0.5	0.38	Ⅰ
7	蓄电池室通风机	2	0.4	0.4	1	1	80	0.8	2	1	0.76	Ⅰ
8	旅客舱通风机	4	1.64	2.2	1	0.75	81.5	0.79	2	4.05	3.15	Ⅰ
9	厨房通风机	2	0.96	1.5	1	0.64	79	0.75	1	1.21	1.07	Ⅰ
10	浴厕通风机	2	0.24	0.4	1	0.6	70	0.76	2	0.68	0.59	Ⅰ
11	冷藏机	2	3.2	4	1	0.8	85	0.82	2	7.55	5.26	Ⅱ
12	CO_2 室通风机	1	0.4	0.4								
13	舵机舱通风机	1	0.4	0.4								
14	旅客舱通风机	2	3	3	1	1	80	0.8	2	7.5	5.6	Ⅰ
15	会议室通风机	2	0.96	1.5	1	0.64	79	0.75	1	1.21	1.07	Ⅰ
四	机修设备											
1	砂轮机	1		0.25	0.8	0.8	69	0.68	1	0.29	0.32	Ⅲ
2	车床	1		3	0.8	0.8	84	0.8	1	2.86	2.12	Ⅲ
3	钻床	1		0.8	0.8	0.8	75.5	0.71	1	0.85	0.84	Ⅲ
五	无线电设备											
1	航海雷达	1										
2	无线电设备											
3	导航设备											
六	照明及其他											
1	机舱照明								0.8	0.96		Ⅰ
2	房舱及室外照明								0.3	3		Ⅰ
3	工作灯及货舱照明											
4	航行灯及信号灯											
5	探照灯											
6	电风扇								0.3	1.2		Ⅰ
7	燃油沸水器、燃油炉灶	5							0.6	0.24		Ⅱ
第Ⅰ类负荷总功率/(kW,kvar)					P=24.97					Q=15.14		
第Ⅱ类负荷总功率/(kW,kvar)					P=30.47					Q=19.67		
第Ⅲ类负荷总功率/(kW. kvar)					P=8.28					Q=8.42		
第Ⅰ类负荷总同时使用系数 $K_{0\,Ⅰ}$=0.85 时总功率/(kW,kvar)					P=21.2					Q=12.9		
第Ⅱ类负荷总同时使用系数 $K_{0\,Ⅱ}$=0.4 时总功率/(kW,kvar)					P=12.2					Q=7.9		
第Ⅰ、Ⅱ类负荷总功率/(kW,kvar)					P=33.4					Q=20.8		
考虑网络损失 5% 时的所需功率/(kW,kvar)					P=35					Q=21.8		
平均功率因数 $\cos\varphi$					0.85							
运行发电机台数及功率/(台×kW)					1×100							
发电机负荷率/%					35							
备用发电机台数及功率/(台×kW)					2×100							

表 1-12(续 3)

装卸货状态								应急状态							
机械负荷系数 K_2	电动机负荷系数 K_3	效率 /%	功率因数 $\cos\varphi$	同时工作的台数 n/台	所需有功功率 /kW	所需无功功率 /kvar	负荷类别	机械负荷系数 K_2	电动机负荷系数 K_3	效率 /%	功率因数 $\cos\varphi$	同时工作的台数 n/台	所需有功功率 /kW	所需无功功率 /kvar	负荷类别
1	0.8	83	0.8	1	2.9	2.17	Ⅱ								
1	1	81	0.87	1	1.85	1.05	Ⅰ								
								1	0.79	87	0.86	1	15.5	9.15	Ⅰ
								1	0.8	87.5	0.87	1	9.26	5.25	(Ⅱ)
1	0.54	79	0.67	1	1.02	1.12	Ⅱ								
1	0.8	83	0.8	1	2.9	2.17	Ⅱ								
1	0.79	87	0.86	1	15.5	9.15	Ⅱ								
1	0.8	87.5	0.85	1	9.15	5.68	Ⅱ								
1	0.8	87.5	0.85	1	9.15	5.68	Ⅱ								
1	0.8	81	0.86	1	1.48	0.88	Ⅱ								
								0.4	0.4	80	0.55	2	4	6.06	Ⅰ
								0.6	0.6	70	0.64	3	12.8	15.4	Ⅲ
0.7	0.7	81.7	0.56	3	66.8	98.5	Ⅰ								
1	0.6	70	0.76	1	0.34	0.29	Ⅰ								
1	1	80	0.8	1	3.75	2.8	Ⅰ								
1	1	80	0.8	2	2	1.5	Ⅰ								
1	0.66	72	0.78	2	1.47	1.18	Ⅰ								
								1	1	80	0.8	1	0.5	0.38	Ⅰ
1	1	80	0.8	2	1	0.76	Ⅰ								
1	0.75	81.5	0.79	4	8.1	6.3	Ⅰ								
1	0.64	79	0.75	2	2.43	2.14	Ⅰ								
1	0.6	70	0.76	2	0.68	0.59	Ⅰ								
1	1	80	0.8	2	7.5	5.6	Ⅰ								
1	0.64	79	0.75	2	2.43	2.14	Ⅰ								
											0.8		1.5	1.12	Ⅱ
											0.8		0.5	0.37	Ⅱ
											0.8		1.5	1.12	Ⅰ
				0.8	0.96		Ⅰ					0.8	0.96		Ⅰ
				0.3	3		Ⅰ					0.8	8		Ⅰ
				0.5	2.1		Ⅰ					0.5	2.1		Ⅰ
												0.5	0.5		Ⅰ
												0.5	1		Ⅲ
				0.3	1.2		Ⅰ								
				0.6	0.24		Ⅱ								
$P=105.61$				$Q=122.85$				$P=33.06$				$Q=16.71$			
$P=42.34$				$Q=26.85$				$P=2(9.26)$				$Q=1.49(5.25)$			
								$P=13.8$				$Q=15.4$			
$P=89.8$				$Q=104$				$P=29$				$Q=14.2$			
$P=17$				$Q=10.8$				$P=0.8$				$Q=0.6$			
$P=106.8$				$Q=114.8$				$P=29.8$				$Q=14.8$			
$P=112$				$Q=121$				$P=31.3$				$Q=15.6$			
				0.68								0.88			
				2×100								1×40			
				56								78.3			
				1×100											

(3)计算各负载系数,并计算各用电设备在各工况下的实际使用电功率。

(4)计算各工况下,各类负载实际使用的所需要的总电功率。

(5)选定同时系数,计算各工况下的所需要的总电功率。必要时,要计算无功功率和平均功率因数。

(6)考虑5%的线路损耗,计算各工况所需总电功率。

(7)依据上述总电功率,确定电站容量和发电机台数,并校验各工况下的负荷率。

第五节　船 舶 电 缆

电力网承担着输送和分配电能的重要作用。电缆具有受外界影响小、供电可靠性高、占用空间小、安全性高等特点。因此,在船舶上,绝大部分采用的是电缆,而电线仅用作电气设备的内部接线和一部分生活舱室的照明线路。

电缆与常见的电线在结构和用途上是有区别的,电线的芯线外层只覆有保证电气绝缘用的绝缘层,电缆则除了电气绝缘层外还有用以防止外界各种因素(火、油、水、机械力等)危害的防护层。

一、电缆的结构和性能

电缆在结构上主要由导电芯线、电气绝缘层和防护套等部分组成,如图1-15所示。

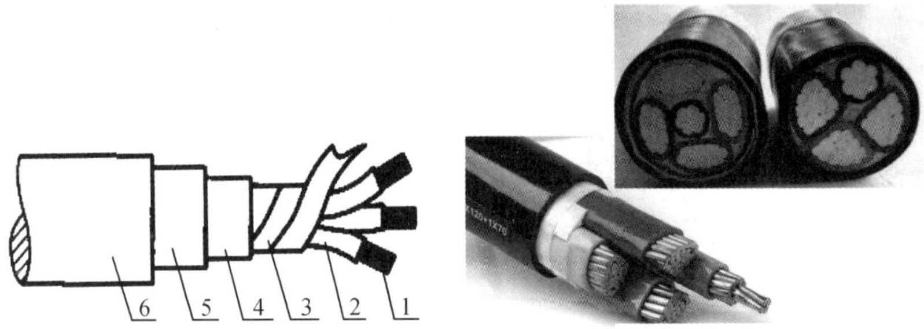

(a)示意图　　(b)实物图

1—导电芯线;2—芯线绝缘;3—胶带;4—电气绝缘层;5—防护套;6—铠装层。

图1-15　电缆结构

导电芯线用于传导电流,一般是由不少于7根的圆形软铜丝绞合而成(电力电缆不允许单股形式)的。绝缘层用于将各导电芯线进行电气绝缘,防止芯线间短路或接地。防护套层的作用是保护电缆免受油水、化学腐蚀和机械损伤。

在船舶上,由于电力电缆所处的工作环境非常恶劣,为了增强机械强度和抗干扰能力,在防护层外一般还要再加一层铠装层。铠装层由金属制成,除了增强防护能力之外,铠装层可靠接地后,能有效地增强船舶电力系统的抗干扰能力。铠装电缆如图1-16所示。

船舶电力系统中,使用最多的是双芯和三芯电缆。双芯电缆用于直流和单相交流线路,三芯电缆多用于三相交流线路。控制或通信用的电缆的芯数较多,可多达数十根芯线,信息化通信和控制装备还可以采用光纤电缆。

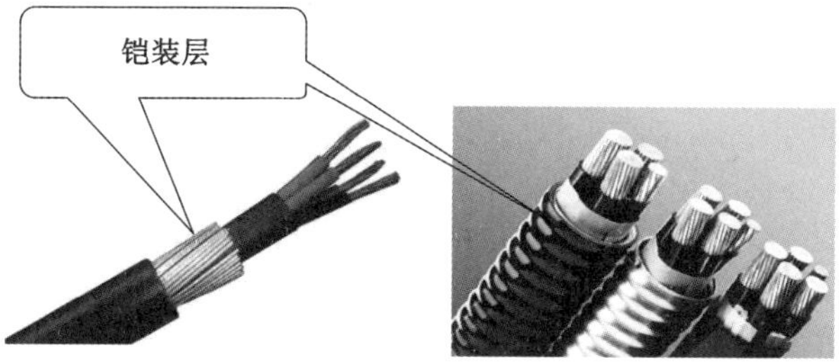

图 1-16 铠装电缆

电缆芯线截面积是指其中一根芯线的截面积,以平方毫米(mm^2)为单位。船用电力电缆的最小截面积为 1 mm^2,大的可达 300 mm^2以上,但是,截面积大了不便于安装敷设,因此实际中常用较细的电缆并联来代替截面积过大的电缆。

电缆的芯线绝缘材料有橡胶类、塑料类和矿物类,例如乙丙橡胶(EPR)、硅橡胶(SR)、聚氯乙烯(PVC)、交联聚乙烯(XLPE)、天然—丁苯橡胶(NR-SBR)等。

电缆还有填料层、包带、护套、编织层和外护套等。

填料层采用纤维质(麻、石棉、玻璃纤维)或类橡胶物质(再生胶、非硫化胶、塑料)充填。包带用来紧固芯线,以避免安装过程中芯线间错位太大。

护套有铅合金类护套、铜护套及非金属护套。后者又分氯丁橡胶(PCP)护套、聚氯乙烯护套(PVC)及氯磺化聚乙烯(CSP)护套。

编织层采用镀锡钢丝、镀锌钢丝或其他金属丝,用作铠装防护及电气屏蔽;也有采用非金属纤维编织铠装的,非金属纤维编织层有滞燃作用。

外护套常用聚氯乙烯(PVC)材料。

二、船舶电缆的选择

船舶电缆选用的执行标准主要有:IEC 60092 系列,GB/T 9331、GB/T 9334 系列,NEK 606,JISC 3410 系列等。

船用电缆主要参数有型号、芯数、标称截面积、燃烧特性、额定电压、允许长期工作温度等主要参数。

船用电缆的选择主要包括两个方面:一是电缆型号的选择,二是电缆截面积的选择。

1. 船舶电力系统中各电缆的型号选择步骤和原则

首先,要根据电缆的用途、敷设位置和工作条件选择合适的电缆型号。船用电缆型号的选择应考虑下述因素:

电缆的用途——用于动力、照明和信号传输等。

电缆敷设位置——是否长期浸水、低温和是否要求屏蔽等。

工作条件——固定敷设、穿管敷设和是否可移动等。

选择电缆外护层时,应着重考虑对每根电缆在安装和使用时可能受到的机械作用。对于易受机械损害处的电缆,需采用钢带铠装的电缆;对于承受较大纵向拉力的电缆,应采用钢丝铠装的电缆。

对于固定敷设在露天甲板、浴室、货舱、冷藏舱等处所,以及其他可能产生有凝结水或有害气体(例如,油蒸气)等处所的电缆应该有金属不透性护套。

在永久性潮湿处所，应采用不吸潮绝缘材料的电缆或者采用金属护套。

如果认为外护层的机械强度还不够，则可考虑将电缆安装在管道、电缆槽内或采取其他防护措施。

船用电缆至少应该为滞燃型电缆。在失火状况下，必须维持工作的重要设备的电缆，如连接应急消防系统应急配电板的电缆安全。如果要穿过较大失火危险区域时，则应采用耐火型电缆（符合 IEC 331 号出版物《电缆的耐火特性》规定试验）。

对于绝缘材料的选择，在导体材质和截面积一定时，电缆载流量的大小主要取决于电缆绝缘材料的耐温等级，即导体长期允许工作温度。在同样的敷设条件下，耐温等级越高，其载流量越大。如果环境温度较高，而选择的电缆绝缘材料耐温等级又较低，将导致载流量的下降。因此，《钢质海船入级规范》规定：绝缘材料的最高工作温度，应至少比电缆安装场所可能出现的最高环境温度高 10 ℃。电缆绝缘材料根据可能出现的最高环境温度按照表 1－13 来选取。

表 1－13　绝缘材料及其最高允许温度　　单位：℃

绝缘材料	导体长期允许工作温度	允许最高环境温度
乙丙橡皮	85	75
交联聚氯乙烯	85	75
硅橡皮	95	85
聚氯乙烯	60	50
矿物	95	85

表 1－14 列出了典型的乙丙绝缘船用电力电缆的常用型号。

表 1－14　乙丙绝缘船用电力电缆常用型号

产品型号	产品名称
CEF/DA/SA/NA	乙丙绝缘氯丁护套船用电力电缆，DA 型/SA 型/NA 型
CEF80/DA/SA/NA	乙丙绝缘氯丁内套裸铜丝编织铠装船用电力电缆，DA 型/SA 型/NA 型
CEF82/DA/SA/NA	乙丙绝缘氯丁内套铜丝编织铠装聚氯乙烯外套船用电力电缆，DA 型/SA 型/NA 型
CEF90/DA/SA/NA	乙丙绝缘氯丁内套裸钢丝编织铠装船用电力电缆，DA 型/SA 型/NA 型
CEF92/DA/SA/NA	乙丙绝缘氯丁内套钢丝编织铠装聚氯乙烯外套船用电力电缆，DA 型/SA 型/NA 型
CEFR/DA/SA/NA	乙丙绝缘氯丁护套船用电力软电缆，DA 型/SA 型/NA 型
CEH/DA/SA/NA	乙丙绝缘氯磺化聚乙烯护套船用电力电缆，DA 型/SA 型/NA 型
CEH80/DA/SA/NA	乙丙绝缘氯磺化聚乙烯内套裸铜丝编织铠装船用电力电缆，DA 型/SA 型/NA 型

表 1-14(续)

产品型号	产品名称
CEH90/DA/SA/NA	乙丙绝缘氯磺化聚乙烯内套裸钢丝编织铠装船用电力电缆,DA 型/SA 型/NA 型
CEH82/DA/SA/NA	乙丙绝缘氯磺化聚乙烯内套铜丝编织铠装聚氯乙烯外套船用电力电缆,DA 型/SA 型/NA 型
CEH92/DA/SA/NA	乙丙绝缘氯磺化聚乙烯内套钢丝编织铠装聚氯乙烯外套船用电力电缆,DA 型/SA 型/NA 型
CEHR/DA/SA/NA	乙丙绝缘氯磺化聚乙烯护套船用电力软电缆,DA 型/SA 型/NA 型

2. 电缆截面积选择的基本要求

根据用电设备的工作制、电源种类、电缆线芯和负载电流选择合适的电缆截面积。电缆的额定电压应不低于它所在电路的最高工作电压。中压电力系统,额定电压在 3 ~ 11 kV,则应选用对应的中压电缆。

电缆芯数由电网的线制及用电设备情况决定。对于电力电缆按其实际使用芯数选取,船用电缆不允许使用铝芯材质,导线必须采用铜芯电缆。

对于船舶电力系统,选择导线和电缆截面积时必须满足发热条件、电压损耗和机械强度三个条件。

①所谓发热条件,是指电流通过导线时会发热,导致温度过高。绝缘导线和电线的温度过高时,可使绝缘损坏,甚至引起火灾,为保证电路安全可靠,导线和电缆的正常发热温度不能超过其允许值。电缆和导线在通过正常最大负荷电流(计算电流)时产生的发热温度,不应超过其正常运行时的最大允许温度,或者说通过电缆和导线的正常最大负荷电流(计算电流)应小于它的允许载流量,即

$$I_{al} \geqslant I_{max} \tag{1-13}$$

式中 I_{al}——允许载流量;

I_{max}——通过电缆和导线的正常最大负荷电流(计算电流)。

②电压损耗条件是指电流通过导线时,除产生电能损耗外,由于电路中存在着电阻和电抗,就会产生电压损耗。当电压损耗超过一定范围时,用电设备端的电压就会不足,会严重影响用电设备的正常运行,为了保证用电设备端的电能质量,电缆和导线在通过正常最大负荷电流时产生的电压损耗,不应超过正常运行时允许的电压损耗。

我国《钢质海船入级规范》规定:当电缆在正常工作条件下承载电气设备所需的最大电流时,从主配电板或应急配电板的汇流排到任何安装点的电压降,应不大于额定电压的 6%。由蓄电池供电,其电压不大于 50 V 者,馈电线路的电压降应不大于标称电压的 10%,对于航行灯、信号灯的电压降应不大于蓄电池标称电压的 6%。

③机械强度条件是指电缆和导线截面积不应小于其最小允许截面积。

我国《钢质海船入级规范》规定:船用电力及照明电缆的最小截面积应该不小于 1.0 mm^2。船用电讯电缆及用于自动控制的信号电缆应具有足够的机械强度,最小截面积应不小于 0.5 mm^2。

3. 船舶电缆截面积确定的有关规定

根据我国有关船舶建造规范，归纳总结电缆截面积的确定应遵循的有关规定如下：

①发电机至主配电板（或应急配电板）的连接电缆，其允许载流量按发电机额定电流的100%来选择。电动机的连接电缆包括启动器在内，其截面积一般按电动机额定电流的100%来选择。

②直流发电机均压线选用截面积应不小于正负极电源电缆截面积的50%。相复励自励恒压交流发电机采用直流均压线时，均压线的截面积应不小于励磁回路连接电线截面积的50%；采用交流均压线时，其截面积要根据发电机容量大小来选择，但不能小于2.5 mm^2。

③三相四线制的中性线截面积应与相线相同。

④交流三相三线系统一般采用三芯电缆，如果电缆截面积较大，可用两根三芯电缆并联使用。

⑤导体截面积大于或等于10 mm^2时，才允许做并联使用。进行并联使用的所有电缆应为相同的阻抗、截面积和导体最高工作温度，其电流定额应为所有并联导体的定额之和。

⑥交流系统中应避免采用单芯电线，当线路电流超过20 A且必须用单芯电缆时，要采取一定的预防感应电流的措施，如选用非金属铠装或非磁性材料铠装的电线。

⑦进入蓄电池室的蓄电池连接线应选用单芯电缆，以便于接线。

⑧在确定照明电路的电流定额时，每一灯头必须依照能与它连接的最大负载计算，但最小不得小于60 W。每个照明插座应按两个灯头容量计算。

⑨敷设在冷藏舱内的电缆应具有水密性或不透性的护套，而且应有防止机械损伤的保护措施，聚氯乙烯绝缘或护套的电缆不得在冷藏舱内使用，除非该种聚氯乙烯混合物适合于低温条件下使用。如果铠装是由不耐腐蚀材料制成的，则应采用耐潮和耐低温覆盖层，以防止铠装被腐蚀。

⑩所有电线和电气设备的外接线至少应为滞燃型。

⑪如电缆敷设在有热源的场所，应采用耐高温的电缆，且与热源的空间距离应不小于100 mm。

⑫如电缆敷设在有油污的场所，应采用耐油电缆。电缆与油舱（柜）壁的空间距离应不小于50 mm。

⑬对于航行灯，线路应有较小的电压损失，以保持其有足够的亮度和颜色。

⑭电缆及其绝缘导电线芯应能耐受最大短路电流所产生的机械应力和热效应。

还有一点需要指出，当负载（如分配电箱）有多个用电设备时（图1－17），其干线上最大长期工作电流 I 的计算，在汇总了各负载的计算电流后，需要考虑各个负载的同时工作系数，而后确定干线总工作电流，并且要考虑预留备份电缆的需要。

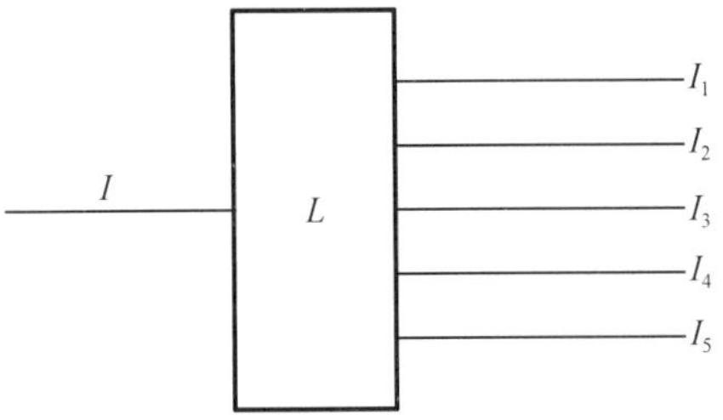

图1－17　分配电箱的多负载

4. 按载流量确定电缆截面积

①根据线路上用电设备的计算电流，并以此为载流量初步选定电缆截面积。电缆截面积与载流量的相应关系见表1－15。

表 1－15　电缆截面积与载流量的相应关系

芯数	1	2	3 或 4	芯数	1	2	3 或 4
截面积/mm^2	载流量/A			截面积/mm^2	载流量/A		
1	13	11	9	50	150	128	105
1.5	17	14	13	70	190	162	133
2.5	24	20	17	95	230	196	161
4	32	27	22	120	270	230	189
6	41	35	28	150	310	264	217
10	57	48	40	185	350	298	245
16	76	65	53	240	415	353	291
25	100	85	70	300	475	404	332
35	125	106	88				

②根据环境温度对电缆的额定载流量进行修正。根据国家标准规定，载流量对应的电缆截面积是在额定环境温度为 45 ℃的条件下获得的，因此需要根据电缆实际处所的环境温度对载流量进行必要的修正，然后再判断电缆的允许电流是否大于负载电流。

具体的修正方法是：将标准条件下的载流量乘以一个修正系数，作为确定截面积的载流量。环境温度修正系数见表 1－16。

表 1－16　环境温度修正系数

导体长期允许工作温度/℃	不同环境温度/℃										
	35	40	45	50	55	60	65	70	75	80	85
60	1.29	1.15	1.00	0.82							
65	1.22	1.12	1.00	0.87	0.71						
70	1.18	1.10	1.00	0.89	0.77	0.63					
75	1.15	1.08	1.00	0.91	0.82	0.71	0.58				
80	1.13	1.07	1.00	0.93	0.85	0.76	0.65	0.53			
85	1.12	1.06	1.00	0.94	0.87	0.79	0.71	0.61	0.50		
90	1.10	1.05	1.00	0.94	0.88	0.82	0.74	0.67	0.58	0.47	
95	1.10	1.05	1.00	0.95	0.89	0.84	0.77	0.71	0.63	0.55	0.45

③根据集束敷设的修正。船舶电缆数量惊人，空间有限，因此电缆都是集束敷设的。同时，为了增强电缆的防护，电缆大多敷设在管道或电缆槽内。

无论是集束敷设，还是穿管（槽）敷设，电缆的散热条件都大为恶化。因此，必须对标准条件下的载流量进行修正，乘以相应修正系数，将修正后的载流量作为选择电缆截面积的依据。集束（穿管）敷设的修正系数见表 1－17。

表 1-17　集束(穿管)敷设的修正系数

芯数	修正系数
5~6	0.56
7~24	0.49
25~42	0.42
43 及以上	0.35

④非连续工作制的修正。由于载流量是按照用电设备连续工作制的情况选定的,如果电缆连接的用电设备为非连续工作制(短时工作制、断续周期性工作制),则要对载流量乘以一个修正系数,将修正后的载流量作为选择电缆截面积的依据。

短时工作制修正系数和断续周期性工作制修正系数见表 1-18 和表 1-19。

表 1-18　短时工作制修正系数

截面积/mm^2	0.5 h 工作制			1 h 工作制		
	1 芯	2 芯	3 芯	1 芯	2 芯	3 芯
1	1.06	1.08	1.08	1.06	1.06	1.06
1.5	1.06	1.08	1.08	1.06	1.06	1.06
2.5	1.06	1.08	1.08	1.06	1.06	1.06
4	1.06	1.08	1.08	1.06	1.06	1.06
6	1.06	1.08	1.10	1.06	1.06	1.07
10	1.06	1.10	1.10	1.06	1.07	1.07
16	1.08	1.10	1.10	1.07	1.07	1.07
25	1.08	1.16	1.16	1.07	1.08	1.08
35	1.08	1.16	1.22	1.07	1.08	1.10
50	1.10	1.22	1.30	1.07	1.10	1.13
70	1.10	1.30	1.38	1.07	1.13	1.16
95	1.16	1.38	1.38	1.08	1.16	1.16
120	1.16	1.49	1.49	1.08	1.22	1.22
150	1.16		1.49	1.08		1.22
185	1.22		1.64	1.10		1.30
240	1.22			1.10		
300	1.30			1.15		

表 1-19　断续周期性工作制修正系数

芯数	1	2	3 或 4	芯数	1	2	3 或 4
截面积/mm^2	修正系数			截面积/mm^2	修正系数		
1	1.18	1.33	1.33	50	1.41	1.48	1.50
1.5	1.18	1.33	1.33	70	1.41	1.52	1.52
2.5	1.18	1.33	1.33	95	1.45	1.52	1.53
4	1.18	1.33	1.41	120	1.45	1.53	1.53
6	1.18	1.41	1.41	150	1.45		1.54
10	1.18	1.41	1.41	185	1.48		1.54
16	1.33	1.41	1.45	240	1.48		
25	1.33	1.45	1.48	300	1.50		
35	1.33	1.48	1.48				

⑤校核线路电压损耗，判断线路电压降是否小于规定值。由于线路存在阻抗，因此电流流过电缆时也必然会引起电压损耗。如果线路电压损耗过大，则用电设备端的电压将达不到需要的电压值，从而影响用电设备工作。

这里讲的电压损耗，是指线路的始端电压与终端电压有效值的代数差 ΔU：

$$\Delta U=\frac{U_1-U_2}{U_N}\times 100\% \tag{1-14}$$

式中　U_1——始端电压；

U_2——终端电压；

U_N——额定电压。

线路的电压损耗根据用电设备的电压偏移允许值要求不超过一定的允许值。如果线路上电压损耗超过了允许值，那么将影响用电设备的正常运行。为了保证电压损耗在允许值范围内，可以用增大导线或电缆的截面积来解决。

⑥根据保护装置的整定值，判断电缆与保护装置是否协调。如果不协调，判断是否可以改变合适的保护装置或整定值，否则应重新选择合适的电缆截面积。

思考与练习：

1. 船舶电站调试的具体要求是什么？
2. 船舶电力系统的基本要求有哪些？
3. 船舶电力系统的特征有哪些？
4. 怎么理解陆地电网是无限电源系统？为什么船舶电力网不是无限电源系统？
5. 为什么陆地电力系统常采用中高压输电？船舶电力系统引进中压供电的目的是什么？
6. 请简要说明下列防护等级：IP22 级、IP44 级、IP34 级的主要防护内容。
7. 船舶电力系统的主要组成部分是什么，主要的配电装置有哪些？
8. 查阅资料，简要说明核动力船舶电站的基本工作原理。

9. 简要论述船舶电力负载的主要种类和主要设备。

10. 船舶电力系统的基本参数有哪些?

11. 三相交流电制的船舶电力系统主要有哪几种线制?它们分别有哪些特点?

12. 简要分析习题图 1－1 所示为何种船舶电站接线系统?简要分析其系统构成。

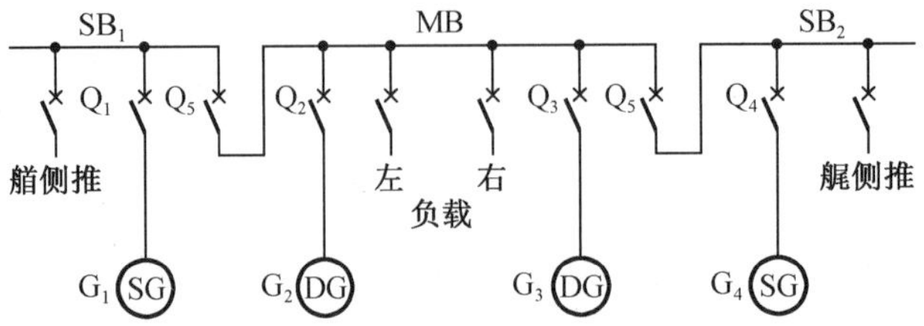

习题图 1－1

13. 学习船舶电站容量计算及发电机台数确定方法的主要目的是什么?

14. 船舶电站容量计算的主要方法有哪些?船舶主要工况有哪几种,对应的电力负荷特点是什么?

15. 某船舶三个工况下,按照需要系数法计算结果见习题表 1－1。请分析下列电力负荷表编制是否合理?如何改进并说明理由?

习题表 1－1

总功率/kW	15.35	28.25	59.91
考虑 5% 网络损失时的总功率/kW	16.12	29.66	62.90
使用发电机/(台数 × kW)	1 × 35	1 × 35	2 × 35
发电机负荷率/%	46.1	84.7	89.9
备用发电机/(台数 × kW)	1 × 35	1 × 35	

16. 按照三类负荷法计算电站容量时,应如何定义和划分三类负荷?

17. 船舶电缆的结构主要由哪几部分构成,分别有什么作用?

18 船用电缆截面积的含义是什么?计算、确定电缆截面积的主要依据是什么?

19. 根据有关规范,电缆截面积确定应遵循的有关规定主要有哪些?

20. 计算电缆截面积需要经过哪些步骤?修正计算要考虑哪些需修正的因素?

第二章　船舶发电机的起压、稳压与调试

【知识目标】

1. 熟悉三相交流同步发电机的基本工作原理和主要特性，以及自励起压的条件；
2. 熟悉三相交流同步发电机的输出电压稳定原理及相关规范的要求；
3. 熟悉三相交流同步发电机的几类主要恒压装置的工作过程；
4. 了解无刷同步发电机的构成与原理。

【能力目标】

1. 能区分三相交流同步发电机结构的各组成部分；
2. 初步具备分析三相交流同步发电机自励起压困难的原因并进行调试的能力；
3. 基本具备按照相关规范的要求，测量三相交流同步发电机输出电压的能力；
4. 初步具备分析三相交流同步发电机输出电压偏移的原因并进行调试的能力。

第一节　船舶三相交流同步发电机原理及构成

电能是现代社会最主要的能源之一。发电机是将其他形式的能源转换成电能的机械设备，它由水轮机、汽轮机、柴油机或其他动力机械驱动，将水流、气流、燃料燃烧或原子核裂变产生的能量转化为机械能传给发电机，再由发电机转换为电能。发电机在工、农业生产，国防，科技及日常生活中有广泛的用途。

交流供电的船舶电力系统主要采用三相交流同步发电机作为主电站的电力源。图2－1为400 kW船舶柴油发电机组。

图2－1　400 kW船舶柴油发电机组

一、三相交流同步发电机的原理

发电机的形式很多，但其工作原理都基于电磁感应定律和电磁力定律。因此，其构造的一般原则是：用适当的导磁和导电材料构成互相进行电磁感应的磁路和电路，以产生电

磁功率,达到能量转换的目的。

三相交流同步发电机就是转子转速始终与定子旋转磁场的转速相同的交流发电机。三相交流同步发电机有旋转电枢式和旋转磁极式两种。旋转电枢式应用在小容量发电机中,而旋转磁极式用于大容量发电机中。图 2-2 为旋转磁极式同步发电机原理,这种同步发电机是目前船舶电站主要使用的发电机。

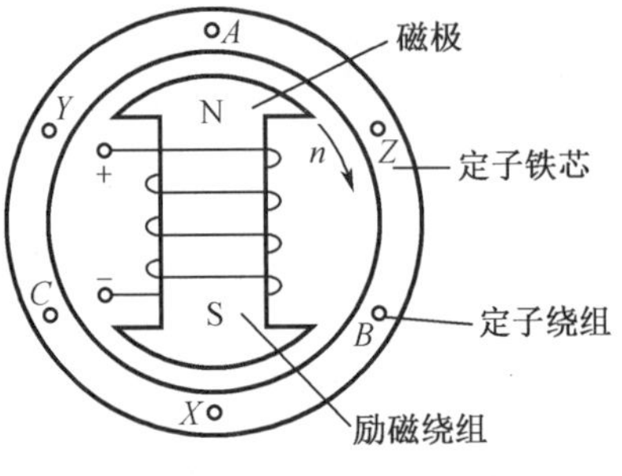

图 2-2　旋转磁极式同步发电机原理

三相交流同步发电机的基本原理是:转子通入直流励磁电流,在发电机内部形成恒定磁场。当转子被原动机带动并以同步转速旋转时,转子形成的磁场将成为一个“旋转磁场”,该磁场被以三相形式分布于定子(图 2-3)的绕组(电枢绕组)所切割,从而在定子绕组(电枢绕组)中产生对称的三相交流电。

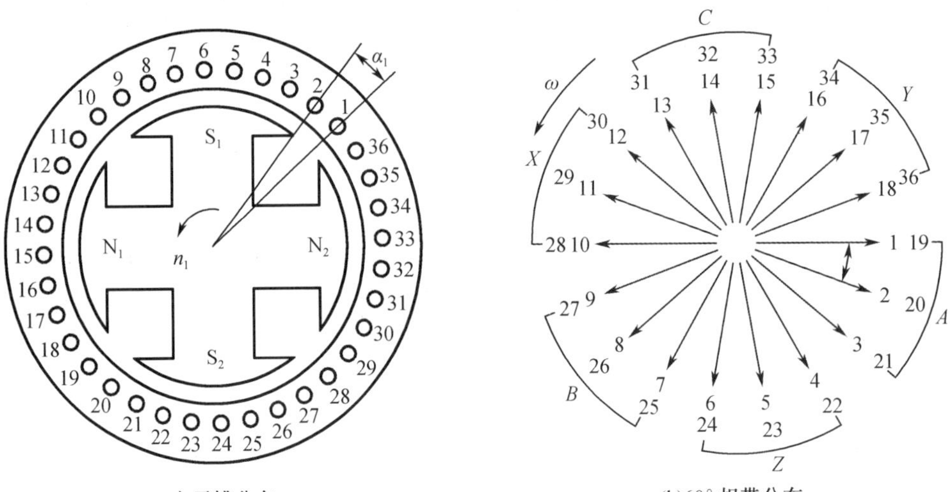

(a) 定子槽分布　　(b)60°相带分布

图 2-3　36 槽定子绕组(电枢绕组)分布及对应相带分布

三相交流同步发电机的同步转速为

$$n = \frac{60f}{P} \tag{2-1}$$

式中　n——发电机转速;

f——输出电压频率,我国规定的工频为 50 Hz,也有的国家规定的工频为 60 Hz,如欧美国家、日本等;

P——发电机转子磁极对数。

图 2-3 为 36 槽定子绕组(电枢绕组)分布及对应相带分布。从图中可以看出,$A-X$ 为 A 相绕组的首尾端,$B-Y$ 为 B 相绕组的首尾端,$C-Z$ 为 C 相绕组的首尾端。

三相交流同步发电机的电枢绕组通常采用星形连接,即“X、Y、Z”连接在一起形成中性点,三相交流电由“A、B、C”端输出。

二、三相交流同步发电机的构造

三相交流同步发电机的基本构造和结构组成如图 2 - 4 和图 2 - 5 所示。

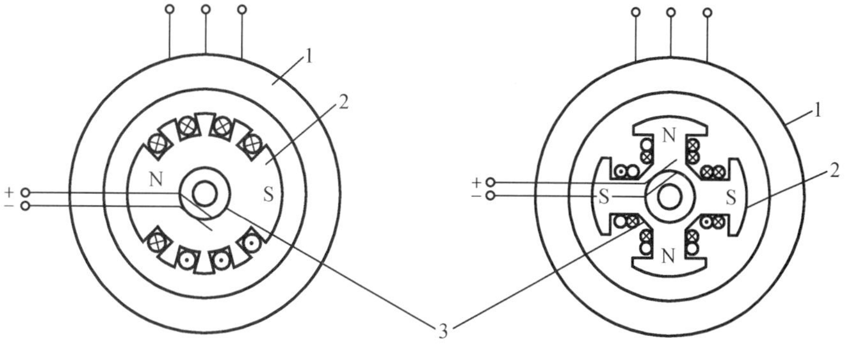

(a) 隐极式　　(b) 凸极式

1—定子;2—转子;3—集电环(滑环)。

图 2 - 4　三相交流同步发电机的基本构造

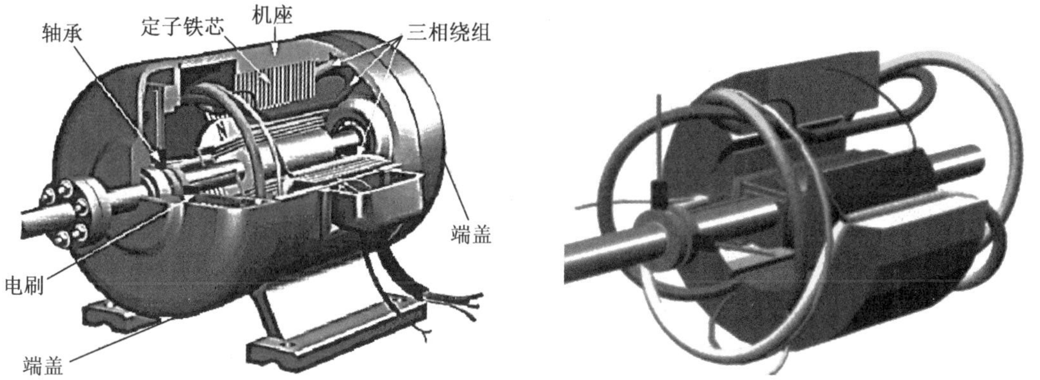

(a) 三相交流同步发电机构造　　(b) 发电机定、转子绕组与铁芯

图 2 - 5　三相交流同步发电机的结构组成

1. 定子

同步发电机定子与异步发电机定子结构基本相同,也是由铁芯、电枢绕组、电刷、轴承、机座和端盖等部分组成的。定子铁芯一般用 0. 35 ~0. 5 mm 厚的硅钢片叠成,冲成一定的形状,每张硅钢片都涂有绝缘漆以减小铁芯的涡流损耗。为了防止在运转中硅钢片受到磁极磁场的交变吸引力影响发生交变移动,同时避免因硅钢片松动在运行中产生振动而将片间绝缘破坏引起铁芯发热和影响电枢绕组绝缘,所以在制造电机时,电枢铁芯通过端部压板在底座上进行轴向固定。

电枢铁芯为一空圆柱体,在其内圆周上冲有放置定子绕组的槽。为了将绕组嵌入槽中并减小气隙磁阻,中小型容量发电机的定子槽一般采用半开口槽。

发电机的电枢绕组由线圈组成。线圈的导线都采用高强度漆包线,线圈按一定的规律连接而成,嵌入定子铁芯槽中。绕组的连接方式一般都采用三相双层短距迭绕组。

机座用来固定定子铁芯,并和发电机两端盖形成通风道,但不作为磁路,因此要求它有足够的强度和刚度,以承受加工、运输及运行中各种力的作用,两端的端盖可支承转子,保护电枢绕组的端部。发电机的机座和端盖大都采用铸铁制成。

2. 转子

同步发电机转子与异步电机转子有所不同,它的转子有固定的磁极,由通过电刷和集电环送入的直流电流励磁,产生固定极性的磁极。

转子主要由铁芯、励磁绕组、集电环(也称为滑环)、轴和风扇等部分组成。铁芯由硅钢片叠成。同步发电机转子的结构有两种类型,即隐极式和凸极式(图 2-4)。

发电机的转子铁芯(磁极铁芯)一般采用 1~1.5 mm 厚的钢板冲片叠压而成,然后用螺杆固定在转子磁轭上。励磁绕组套在磁极铁芯上,各个磁极的励磁绕组一般串联起来,两个出线头通过螺钉与转轴上的两个互相绝缘的集电环相接。

集电环是用黄铜环与塑料(如环氧玻璃)加热压制而成的一个坚固整体,然后压紧在电机轴上。整个转子由装在前后端盖上的轴承支撑。励磁电流通过电刷和集电环引入励磁绕组,电刷装置一般装在端盖上。

需要特别指出的是,早期的同步发电机,是通过静止的电刷和高速转动的集电环配合,将直流励磁电流送入高速转动的励磁绕组,也称为有刷发电机。由于电刷与集电环的高速摩擦,会导致电刷与集电环之间频繁产生电火花而烧灼电刷和集电环表面,从而导致导电性能下降,维护工作量较大。同时,也将产生高次谐波的电磁干扰,因此现代船舶使用的三相交流同步发电机一般均为无刷同步发电机。

3. 无刷同步发电机

无刷同步发电机,采用不需要电刷和集电环的旋转整流器励磁系统。主励磁机是旋转电枢式三相交流同步发电机,旋转电枢的交流电流经与主轴一起旋转的硅整流器整流后,直接送到主发电机的转子励磁绕组。交流主励磁机的励磁电流由同轴的交流副励磁机经静止的晶闸管整流器整流后供给。也就是说,无刷同步发电机内部有两个发电机,一个是主发电机;另一个是为主发电机提供励磁电流的励磁发电机,励磁发电机是采用旋转电枢式,该电枢与主发电机磁极同轴,经旋转整流,提供主发电机的直流励磁电流,从而起到取消电刷和集电环的作用。

无刷同步发电机结构及原理如图 2-6 所示,其结构分静止和转动两大部分。静止部分包括机座、定子铁芯、定子绕组、交流励磁机定子和端盖等;转动部分包括转子铁芯、磁极绕组、电机轴(转轴)、轴承、交流励磁机的电枢、旋转整流器和风扇等。

定子由机座、定子铁芯和定子绕组所组成。定子铁芯及定子绕组是产生感应电势和感应电流的部分,故亦称其为电枢。

机座是三相交流同步发电机的整体支架,用来固定电枢并和前后两端盖一起支承转子。机座下部铸有底脚,以便将发电机固定。机座上一般有电源出线盒以便引出交流电源。出线盒一般均装有励磁调节器,用于调节励磁电压。

定子铁芯是三相交流同步发电机磁路的一部分。为了减小旋转磁场在定子铁芯中所引起的涡流损耗和磁滞损耗,定子铁芯采用导磁性能较好的 0.5 mm 厚、两面涂有绝缘漆的硅钢片叠压而成。较大容量发电机的铁芯,为了增加散热面积,通常沿轴向长度上留有数道通风沟。

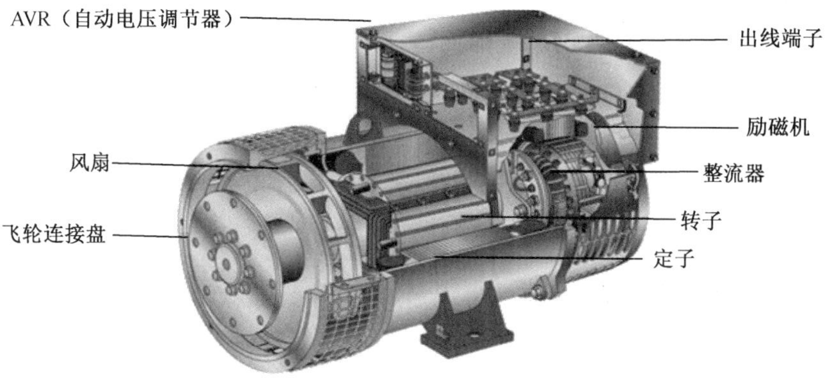

(a) 结构图

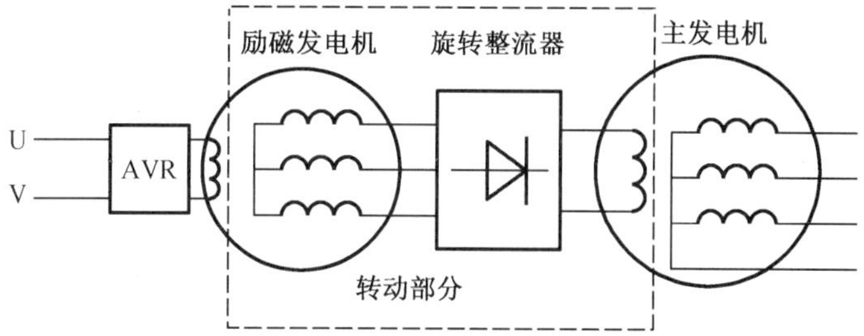

(b) 原理示意图

图 2-6　无刷同步发电机结构及原理

定子绕组是三相交流同步发电机定子部分的电路。定子绕组由线圈组成，线圈采用高强度聚酯漆包圆铜线绕制，并按一定方式连接，嵌入铁芯槽中。线圈必须坚固，一般用玻璃布板做槽楔在槽内压紧线圈，并且在两端部用玻璃纤维带扎紧，然后把整个电枢进行绝缘处理，使电枢成为一个坚固的整体。

交流励磁机定子是励磁机的励磁部分，而转子为电枢。产生的交流电经旋转整流器整流后，供主发电机励磁使用。为了便于起励，有的励磁机励磁的定子铁芯里埋设有永久磁钢。为防止漏磁，磁钢与定子铁芯之间用厚绝缘纸板进行磁隔离。

无刷同步发电机的转子部分，增加了其本身的交流励磁机电枢和旋转整流器。

交流励磁机的电枢产生的交流电，经旋转整流器整流变为直流电，供三相交流同步发电机励磁用。交流励磁机电枢铁芯用硅钢片叠压而成，然后嵌以三相交流绕组，并经绝缘处理形成电枢。

旋转整流器是与交流励磁机、主发电机转子同轴旋转的装置。其主要作用是将交流励磁机电枢输出的三相交流励磁电流，通过整流器上的二极管转换成直流电流，供给主发电机转子绕组作为提供励磁电流的电源。正是由于旋转整流器的应用，才使得三相交流同步发电机摆脱了电刷的束缚，不再有频繁维修、更换零件的麻烦，也使得三相交流同步发电机的应用更加广泛。有些三相交流同步发电机的旋转整流器安装在交流励磁机的外侧，用螺钉固定在转轴上，以便安装与维修。有些发电机的旋转整流器则安装在后端盖的内侧，直接固定于励磁机电枢铁芯伸出的螺栓上，使结构更为紧凑。

旋转整流器电路有三相半波和三相桥式整流电路两种。若采用三相桥式整流电路，为便于安装，减小整流元件之间的连接线，提高发电机运行的可靠性，其整流二极管用正、反向两种管型，两者正、负极正好相反，便于接线。

随着材料技术的发展，有的三相交流同步发电机采用永磁体作为发电机的励磁磁极，复杂的励磁系统被大大简化，从而进一步简化了发电机的构造，提高了性能。

四、自励起压及发电机特性

1. 三相交流同步发电机自励起压条件

三相交流同步发电机，按照其励磁电流来源的不同，可以分为他励和自励两种。所谓他励，是指有外部独立的直流电源为其提供励磁的励磁方式；所谓自励，是指由发电机自身产生的电流，经过整流和控制，再输入到发电机励磁绕组，提供励磁的方式。如图 2 – 7 所示，电枢绕组发出的三相交流电，其中一部分经整流装置和调节装置，返回励磁绕组，提供励磁。船舶交流发电机大多采用自励发电机。

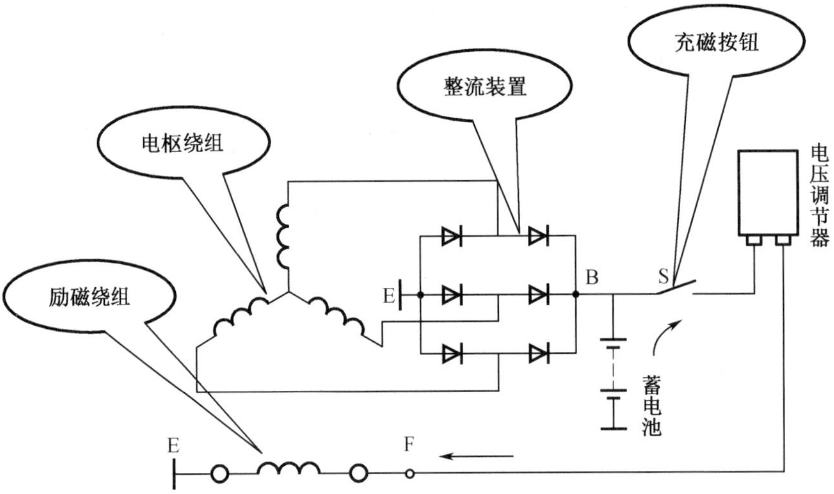

图 2 – 7　自励发电机

由于采用自励方式励磁，因此如何在发电机还没有产生电流的时候，能够在自励同步交流发电机运转后稳定地建立电压，就需要满足一定的条件。

三相交流同步发电机自励起压条件：

①有足够的剩磁，如果剩磁不足，则需要按下充磁按钮，利用蓄电池的电流，为励磁绕组充磁。

②励磁线路接线正确，保证在起压的过程中，自励过程构成正反馈，使励磁电流随着发电机电压的升高而不断增加。

③有适当的励磁线路阻抗，使发电机电压在励磁磁极进入临界饱和状态时，能够得以稳定。

2. 三相交流同步发电机的相关特性及分析

分析三相交流同步发电机性能的特性曲线有很多，根据船舶电力系统的需要，我们简要介绍同步发电机的负载特性、外特性和调整特性。

(1)负载特性

三相交流同步发电机的负载特性是在额定转速、励磁电流为常数、cos φ 为特定常数的条件下，端电压与励磁电流之间的关系曲线 $U=f(I_L)$，如图 2－8 所示。其中以零功率因数负载特性最有实用价值。图 2－9 所示的空载特性是负载特性的特例，U_0 表示由剩磁建立的剩磁电压；a 点就是稳定电压点。

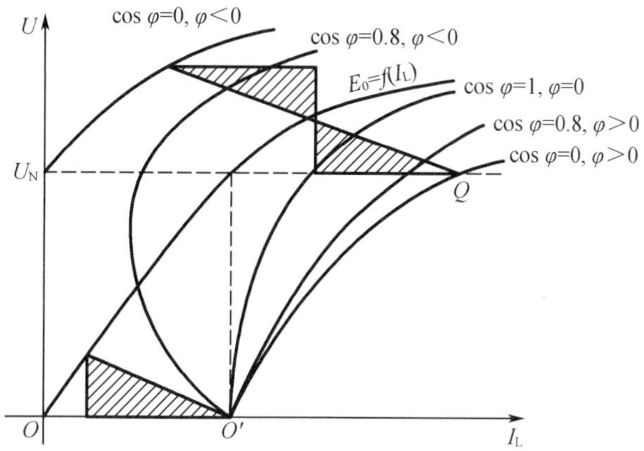

图 2－8　三相交流同步发电机负载特性

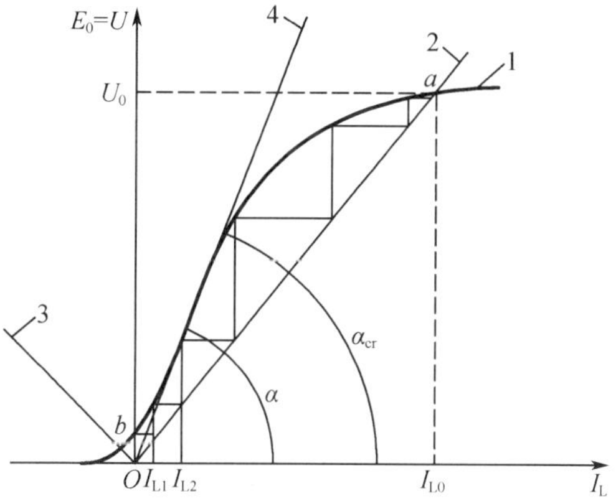

1—空载特性线；2，3—场阻线；4—临界线。

图 2－9　三相交流同步发电机空载特性

从负载特性和发电机感应电动势 $E=4.44fwk_w\varphi_m$ 计算公式，我们可以看出，三相交流同步发电机的端电压由励磁电流确定，励磁电流增加或减小，将引起端电压的上升和下降。因此，要调整和稳定发电机电压，必须使得励磁电流跟随电压的变化而做相应变化。

(2)外特性

外特性是发电机在额定转速、励磁电流恒定、cos φ 为特定常数的条件下，端电压与负载电流之间的关系曲线 $U=f(I)$，如图 2－10 所示。

从外特性可以看出，当励磁电流恒定时，发电机的端电压将随着负载的大小及cos φ 的变化而产生变化。由于船舶电力负载绝大部分为感性或阻性负载，因此当负载电流增加或 cos φ 下降时，将引起发电机电压的下降，反之，将引起发电机电压的升高。

(3)调整特性

当发电机负载电流变化时,为保持端电压不变,必须调节发电机的励磁电流。调整特性是当额定转速、$\cos\varphi$ 为特定常数时,发电机励磁电流与电枢电流的关系曲线 $I_L=f(I)$,如图2－11所示。三相交流同步发电机的调整特性是构成船舶发电机电压调整和稳定装置的基础。

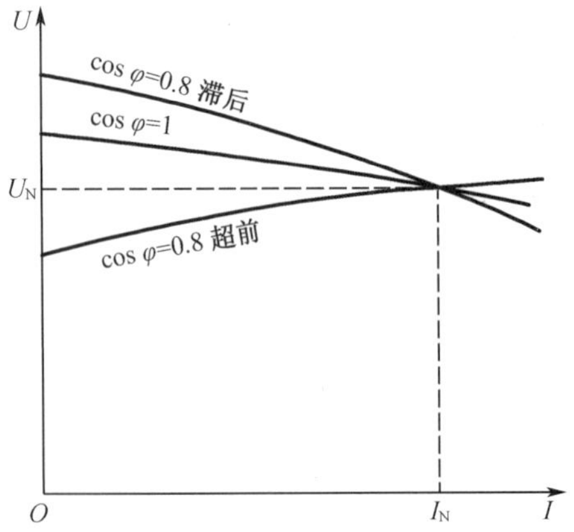

图2－10　三相交流同步发电机外特性

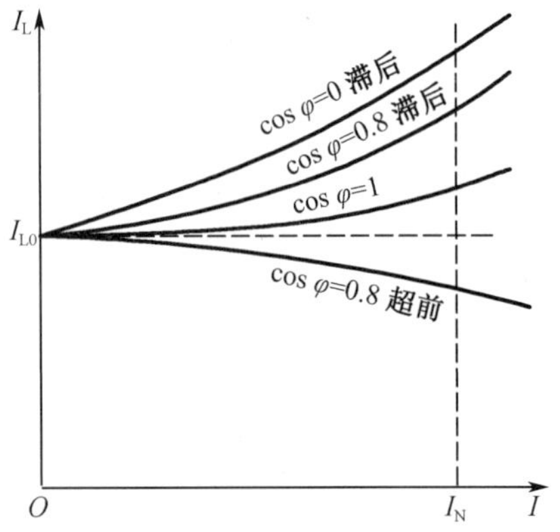

图2－11　三相交流同步发电机调整特性

第二节　发电机电压的调节及稳定

各种电气设备都必须在额定电压下运行,因此保持一定的电压水平,是供电质量的重要指标之一。但是,实际运行中,电力系统的电压是会随着负载的不断变化而发生变动的。由于船舶电源容量较小,而负载单台设备容量却较大,因此船舶电力系统的电源——三相交流同步发电机的端电压变动尤为重要。所以,船舶三相交流同步发电机必须有电压自动调整装置或自励恒压装置(能自励起压,并在负载变化时自动维持电压恒定的装置)来调整发电机的端电压,避免电压的剧烈变化影响电气设备的正常工作。

一、电压自动调整装置的基本功能及要求

为了维持发电机的端电压基本不变,发电机的励磁电流必须由励磁自动调整装置(又称励磁自动调压装置)实时进行相应的调整。

为了保障发电机组并联运行的稳定,各发电机间无功功率就必须合理地进行分配。这个任务也是由励磁自动调压装置来完成的。

在船舶电网发生短路故障时,为了保证船舶运行的安全,要求励磁系统必须具备强行励磁能力,适时地进行强行励磁。

根据有关规范,船舶同步发电机的励磁自动调整的任务及功能如下:

①在正常情况下,维持系统母线电压在允许范围内;

②在船舶发电机并联运行时,使发电机间无功功率合理分配;

③在短路事故情况下,实行强行励磁,防止系统母线电压深度下降;

④保证发电机电压的静态和动态调整指标在允许范围内;

⑤提高同步发电机运行的稳定性。

1. 励磁自动调压装置的技术指标

在电网电压发生变动时，自励恒压装置维持电压恒定有一个调整过程，如图 2－12 所示。在 t_0 时，电压瞬时下降，由于恒压装置的作用，使端电压在 t_F 时基本恢复到接近额定电压的数值 U_{min}，稳定工作；在 t'_0 时，电压瞬时上升，由于恒压装置的调节作用，在 t'_F 时，电压恢复到 U_{max}，稳定工作。

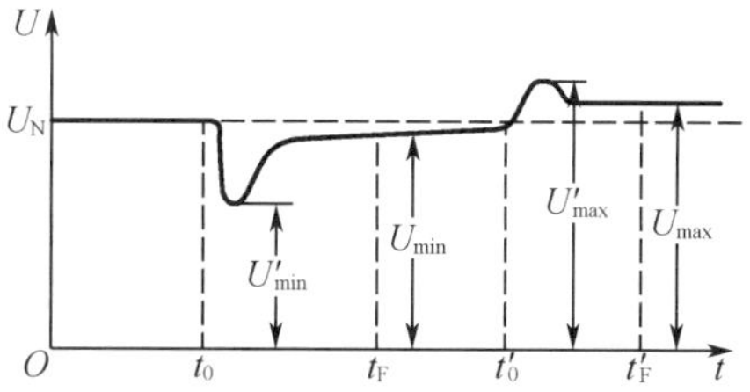

图 2－12　电压的调整过程

由图 2－12 可见，励磁自动调压装置对电压的调整是需要一定时间的，而且调整后的电压值与理想的额定电压会有一定的误差。这就涉及励磁自动调压装置的两个重要技术指标，静态（稳态）指标和动态（瞬态）指标。

(1) 电压调整的静态指标

电压调装的静态指标即发电机稳态电压变化率。我国《钢质海船入级规范》中对电压静态指标的规定为：交流发电机连同其励磁系统，应能在负载自空载至额定负载范围内，且其功率因数为额定值的情况下，保持其稳态电压的变化值在额定电压的 ±2.5% 以内。应急发电机可允许在额定电压的 ±3.5% 以内。

发电机稳态电压变化率计算公式如下：

$$\Delta U = \frac{U_{min}\text{或}U_{max} - U_N}{U_N} \times 100\% \quad (2-2)$$

式中　U_{min}——规定的允许范围内发电机最小电压；

U_{max}——规定的允许范围内发电机最大电压；

U_N——发电机额定电压。

(2) 电压调整的动态指标

电压调整动态指标主要有瞬态电压调整率和电压波动恢复时间。瞬态电压调整率是指当电网负载突变后电压的最大波动值；电压波动恢复时间是指自负载突变时，从电压发生波动开始到电压恢复到稳定值的一定容许差值内所需要的时间。

我国《钢质海船入级规范》对电压动态指标的规定为：交流发电机在负载为空载、转速为额定转速、电压接近额定值的状态，突加和突卸 60% 额定电流及功率因数不超过 0.4（滞后）的对称负载下，当电压跌落时，其瞬态电压值应不低于额定电压的 85%；当电压上升时，其瞬态电压值应不超过额定电压的 120%；而电压恢复到与最后稳定值相差 3% 以内所需的时间，则不应超过 1.5 s。

发电机动态电压变化率计算公式如下：

$$\Delta U_d = \frac{U'_{min}\text{或}U'_{max} - U_0}{U_N} \times 100\% \quad (2-3)$$

式中 U'_{min}——动态过程最小电压；

U'_{max}——动态过程最大电压；

U_0——突加或突卸负载前的电压；

U_N——额定电压。

(3)无功分配

船舶电力系统的负载随着工况的不同及工作内容的变化是经常会有变化的，为了适应负载的变化，合理地降低运行成本，船舶电站是由多台发电机构成的。这些发电机经常会进行并联运行，并联运行发电机组间的无功功率应合理分配(具体内容见有关章节)。

并联运行的发电机组之间无功功率的分配、转移是由励磁自动调压装置完成的。按照有关规定，励磁自动调压装置应使得并联运行发电机组之间的无功功率满足下列要求：

“对于同容量发电机组并联运行时，各自实际分担的无功功率与应分担的无功功率误差应小于±10%；对于不同容量的发电机组并联运行时，最大机组实际分担的无功功率与应分担的无功功率误差应小于±10%；对于不同容量的发电机组并联运行时，最小机组实际分担的无功功率与应分担的无功功率误差应小于±25%。”

(4)强行励磁

船舶电力系统的特点之一是过渡过程非常快，当负载突变或发生短路时，电压会突然下降很大。这将给电力系统的运行带来许多问题，甚至使船舶电力系统不能保持稳定，从而给船舶运行带来巨大的危害。

从提高发电机运行稳定性等的角度看，要求调压装置的动作要迅速强励起压，因此励磁自动调压装置要有强行励磁能力。强行励磁能力通常用强行励磁倍数和发电机电势最大上升变化率来描述。

从短路保护的选择条件要求看，一旦发生外部短路，发电机在短路瞬间应有足够的短路电流，以使保护电器能够快速跳闸。中国船级社(CCS)有关规定要求：当接线端在三相短路时，稳态短路电流应不小于3倍也不大于8倍的额定电流，发电机及其励磁机必须能承受此稳态短路电流2 s而无损坏。

2. 励磁自动调压装置的基本形式

船舶三相交流同步发电机的电压自动控制装置，按其被测量的不同，可以分为负载电流扰动、端电压偏差和负载电流扰动与端电压偏差相结合三类。

①负载电流扰动型电压自动控制，是按发电机负载电流 I_g 的大小和功率因数 $\cos\varphi$ 进行励磁电流调整的调节器装置，属于按扰动控制的相复励调压装置，即不可控相复励调压装置，其原理如图2-13所示。

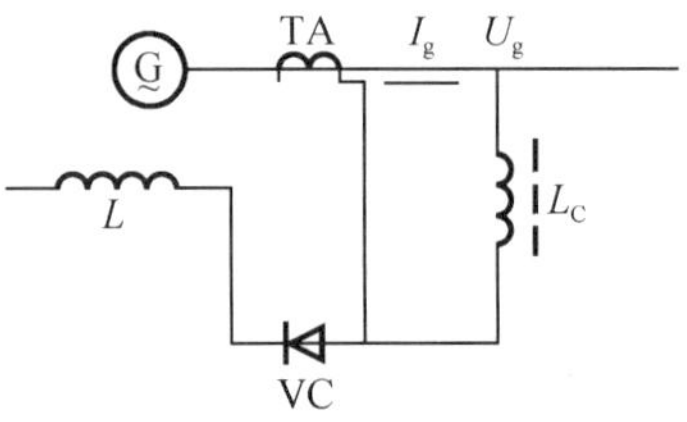

图2-13　不可控相复励调压装置原理

该类型装置的被控制量是发电机端电压，控制信号是励磁电流，扰动量是发电机的负载电流。当发电机负载电流的大小与性质改变时，根据同步发电机的外特性分析，发电机的端电压会发生变化，而与此同时，扰动量 I_g 和 $\cos\varphi$ 的变化输入到励磁调节器中，使其控制的励磁电流随之做出相应的改变去补偿 I_g 和 $\cos\varphi$ 的扰动所造成的电压变化，使电压尽可能保持原有水平。

该类型系统没有直接对输出量(发电机输出电压)进行准确的测量。输出量对控制信号没有作用,即没有被控量的反馈比较,控制过程不构成闭合环路,调压精度不高。但是,由于其结构简单、操作可靠、动态指标好和易于调整等优点,在船上仍然得到广泛应用。电流叠加的恒压装置、电磁叠加的谐振式恒压装置、电磁叠加带曲折绕组的恒压装置和电势叠加的恒压装置都属于这种类型。

②按端电压偏差 ΔU 控制的励磁自动调压装置,是指按发电机输出实际电压 U_g 与发电机额定电压 U_N 的差值,即端电压偏差 ΔU 的大小调整励磁电流的自动装置。如图 2-14 所示的晶闸管励磁自动调压装置即是该类型。

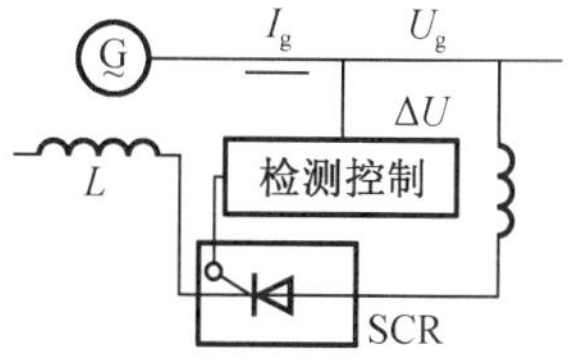

图 2-14 晶闸管励磁自动调压装置

该励磁调压装置主要由三部分组成:电压检测环节、移相触发控制环节和励磁主回路环节。电压检测环节将发电机实际电压 U_g 与基准电压 U_N 进行比较,获得电压偏差信号,去改变晶闸管的导通角,从而实现调整励磁电流的目的。这种自动控制装置在控制过程中,始终将输出量(端电压)与目标值做比较,获得偏差信号,根据偏差信号的大小及时地调节控制信号即励磁电流,去消除这种偏差,控制系统构成闭合的环路,其调压精度很高。

③负载电流扰动与端电压偏差相结合的励磁调压装置,是指复合(按 ΔU、I_g 和 $\cos\varphi$)控制的励磁自动调压装置,即可控相复励系统,如图 2-15 所示。

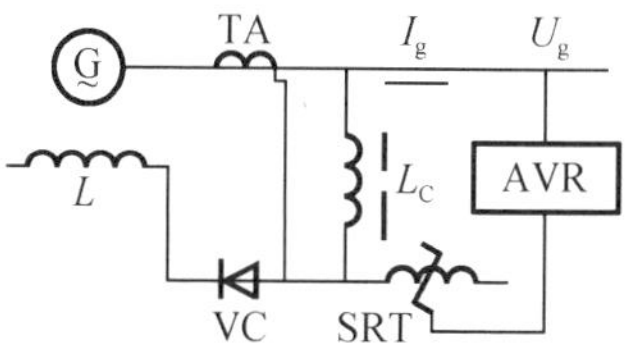

图 2-15 可控相复励原理

该系统实现了按负载电流的大小及性质和按电压偏差综合调整励磁电流,以维持发电机输出电压恒定的目的。因其具有上述两种类型自动励磁调节器的优点,所以在船舶上获得广泛应用。

该系统主要由两大部分构成,即相复励部分和自动电压调节器(AVR)部分。前者按负载电流和功率因数的扰动控制励磁(不可控相复励);后者按电压的偏差来校正,其中 AVR 输出与 ΔU 成比例。

二、不可控相复励恒压装置

根据发电机负载特性可知,当励磁磁路不饱和时,发电机的感应电动势 $\dot{E}$ 与励磁电流 $\dot{I}_L$ 成正比。有如下电势平衡方程:

$$\dot{E} = \dot{U}_g + jX_d\dot{I}_g = k\dot{I}_L \tag{2-4}$$

式中 X_d——发电机内部等效阻抗。

由此,可以演绎推导如下表达式:

$$\dot{I}_L = \frac{\dot{U}_g + jX_d\dot{I}_g}{k} = \frac{\dot{U}_g}{k} + \frac{jX_d\dot{I}_g}{k} = \dot{I}_{Lu} + \dot{I}_{Li} \tag{2-5}$$

式中 $\dot{I}_{Lu}$——励磁电流的电压分量,又称自励分量;

$\dot{I}_{Li}$——励磁电流的电流分量,又称复励分量。

从式(2-5)可知,同步发电机的励磁电流 $\dot{I}_L$ 是由其电压分量 $\dot{I}_{Lu}$ 和电流分量 $\dot{I}_{Li}$ 矢量叠加而成的。如果要求电压稳定,可视为励磁电流的电压分量维持不变,则其电流分量应随着负载电流和功率因数的变化而做相应调整,从而调节励磁电流来维持电压的恒定,这就是相复励的基本原理。

按自控原理,我们把带有自动电压(偏差)调整器的励磁装置称为可控相复励恒压装置,把不带自动电压(偏差)调整器的励磁装置称为不可控相复励恒压装置。

一般来说,可控相复励恒压装置是在不可控相复励的基础上,加上电压偏差调整组成。

不可控相复励恒压装置中,励磁电流由电压和电流两个励磁分量叠加而成,叠加是在交流侧进行向量合成。按电压分量和电流分量在交流侧相加的形式不同,相复励可分为常见的三种类型,即电流叠加、电势叠加、电磁叠加,如图 2－16 所示。其中,电势叠加相复励应用很少,应用比较多的是电流叠加相复励恒压装置和电磁叠加相复励恒压装置。

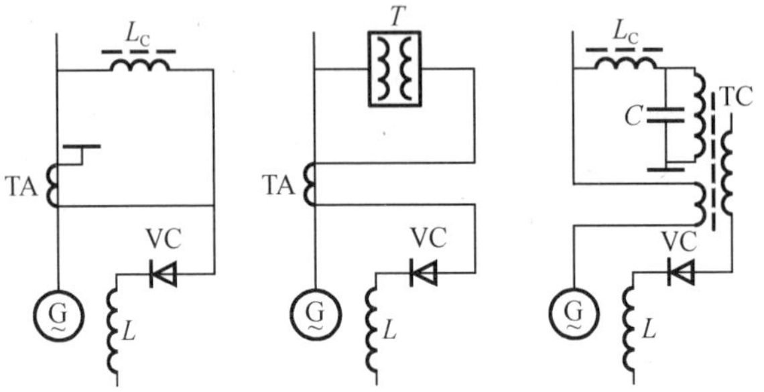

(a) 电流叠加　(b) 电势叠加　(c) 电磁叠加

图 2－16　不可控相复励原理

1. 电流叠加不可控相复励恒压装置

电流叠加不可控相复励恒压装置是按扰动控制原理实现自励恒压的典型励磁系统。其电路接线原理如图 2－17 所示。

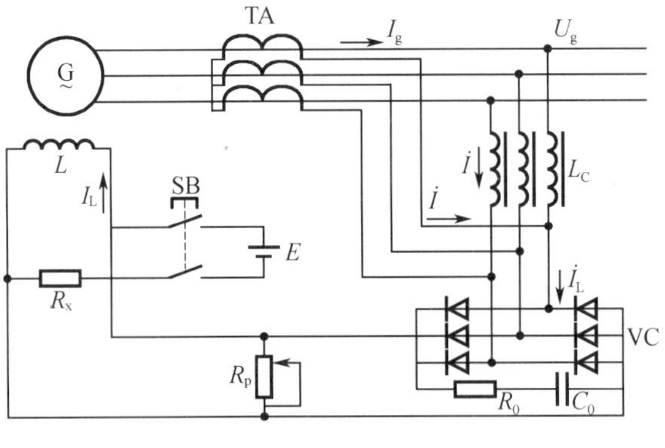

图 2－17　电流叠加不可控相复励电路接线原理图

图 2－17 中,TA 是电流互感器,主要作用是提取励磁电流的电流分量 $\dot{I}_{Li}$;L_C 是移相电抗器,主要作用是提取励磁电流的电压分量 $\dot{I}_{Lu}$;VC 为励磁整流装置,提取直流励磁电流;SB 为充磁按钮。从图中可见,励磁电流由发电机输出电流经电流互感器、移相电抗器分别

形成$\dot{I}_{Li}$和$\dot{I}_{Lu}$，在交流侧叠加后经整流，直流励磁电流 I_L输入发电机励磁绕组，符合式(2－5)所示。

经分析，得到了发电机端电压$\dot{U}_g$、励磁电流及其各分量的矢量关系，如图 2－18 所示。其中，$\dot{I}_{Lu}$经电抗器移相而得，故而滞后电压$\dot{U}_g$ 90°。$\dot{I}_{Li}$的大小和相位，由发电机的负载电流决定，也就是说$\dot{I}_{Li}$反映了发电机负载的变化情况。

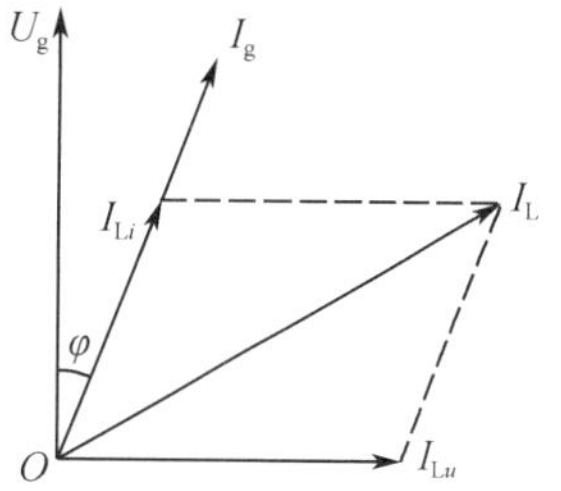

图 2－18　相复励矢量图

①当负载电流发生变化时(电流增加)，其矢量变化如图 2－19(a)所示。跟随负载电流变化的电流分量由 $\dot{I}_{Li1}$增大至$\dot{I}_{Li2}$。由于发电机端电压基本不变，因此可以认为励磁电流的电压分量 $\dot{I}_{Lu}$恒定。

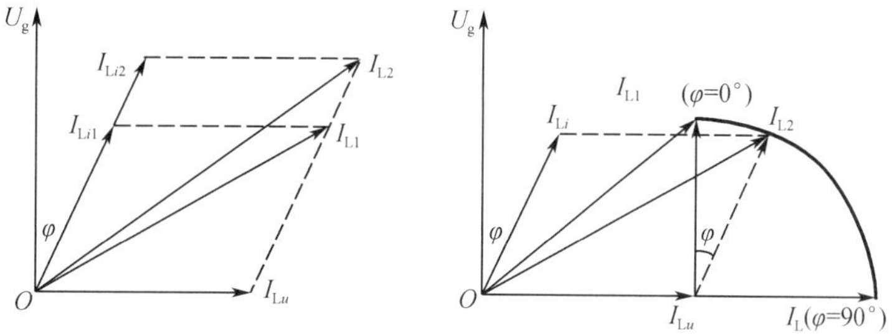

(a) 负载电流变化时　　(b) 负载功率因数变化时

图 2－19　电流叠加不可控相复励负载变化时矢量图

负载电流增加时，根据发电机外特性，发电机端电压将呈现下降趋势，从图 2－19(a)中我们可以看出，当负载电流的功率因数恒定时，负载电流上升将引起励磁电流分量增加，导致总的励磁电流增加，从而使发电机端电压上升，抑制了发电机电压的下降趋势，起到了稳定电压的作用。

负载电流减少时，该装置同样能抑制发电机端电压上升的趋势，起到稳定电压的作用。

②当负载的功率因数发生变化(变小)时，其矢量变化如图 2　19(b)所示。根据发电机外特性，发电机端电压将呈现下降趋势，从图 2－19(b)中我们可以看出，当负载电流的大小恒定时，由于功率因数角 $\varphi=0°$增加，导致功率因数下降，将引起总的励磁电流叠加，电流分量由 I_{L1}增加到 I_{L2}，从而使发电机端电压上升，抑制了发电机电压的下降趋势，起到了稳定电压的作用。

功率因数增大时，该装置同样能抑制发电机端电压上升的趋势，起到稳定电压的作用。

2. 电磁叠加不可控相复励恒压装置

电磁叠加不可控相复励恒压装置电路比较简单，但是对于励磁绕组电压较低的同步发电机，必须增设降压变压器，以便把端电压降低供励磁用。电磁叠加相复励恒压装置，在励磁绕组电压较低的条件下具有一定的优势。线路只用一个变压器，输入和输出绕组共用同一铁芯，就可实现励磁电流的叠加，并获得合适的输出电压与励磁绕组匹配，因此该装置显得既简单又经济。

电磁叠加不可控相复励系统又可分为三绕组谐振式电磁叠加不可控相复励恒压和曲折连接的四绕组谐振式电磁叠加不可控相复励恒压两类。三绕组谐振式电磁叠加不可控相复励恒压装置是采用谐振法确保起压的电磁叠加相复励自动励磁调压装置的一种典型电路,也是一种按扰动控制实现的不可控相复励恒压装置,如图 2－20 所示。

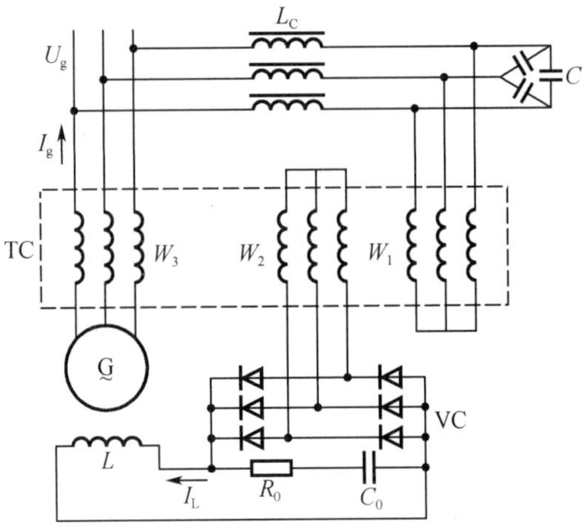

图 2－20　三绕组谐振式电磁叠加不可控相复励系统

图 2－20 中,TC 是相复励三绕组变压器。它有三套绕组:

W_1称电压绕组,与 L_C串联后接发电机端电压,引入自励分量(其作用类似于 $\dot{I}_{Lu}$);

W_3称电流绕组,串接在发电机主回路中,负载电流 $\dot{I}_g$直接流过该绕组,引入复励分量(其作用类似于 $\dot{I}_{Li}$);

W_2称输出绕组,将 W_1引入的自励分量与 W_3引入的复励分量进行电磁叠加(磁势叠加)后供 VC 整流以输出励磁电流。

该系统各分量之间通过变压器耦合叠加生成,彼此之间没有电的联系,只有磁的耦合,形成磁势矢量叠加,如图 2－21 所示,可见,其原理与电流叠加相复励有很大的相似性。

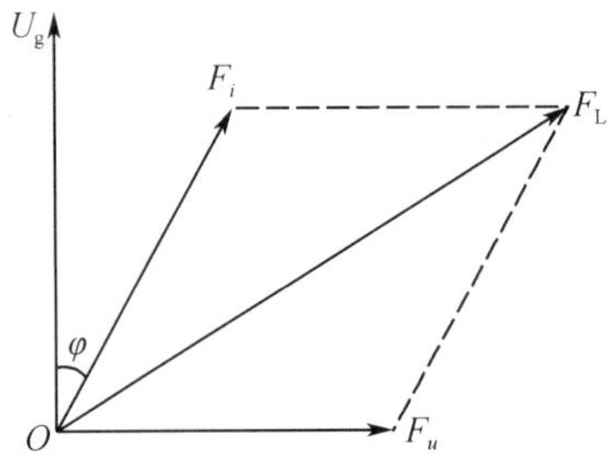

图 2－21　电磁叠加相复励的磁势叠加

C 为谐振起压电容,一般作三角形连接,外接于 L_C。其作用是,在起压时与 L_C 发生串联谐振,易于自励起压。

当该串联回路元件参数合适时,即使剩磁电势很低,仍会在该串联谐振回路中产生很大的电流,通过电容器将在电容器两端产生很高的电压,这个高电压比剩磁电压高得多,该高电压加在电压绕组 W_1并耦合到输出绕组 W_2中,强迫整流器 VC 导通,使发电机迅速自励起压,这将大大改善发电机的励磁特性。

三相移相电抗器 L_C、三相桥式硅整流器 VC 及其他器件的作用与电流叠加相复励中所述相同。

由图 2－19 和上述分析中可以看出，该系统发电机的励磁电流 $\dot{I}_L$ 也是从两个分量（$\dot{I}_{Li}$ 和 $\dot{I}_{Lu}$）叠加而生成的，与电流叠加相复励所不同的是彼此是通过变压器磁耦合叠加而成。因此，其励磁电流 $\dot{I}_L$ 跟随负载电流的大小和功率因数变化，从而补偿电压的变化，保持电压恒定的原理是类似的，此处可以参考图 2－18 自行分析，不再赘述。

3. 四绕组电磁叠加不可控相复励恒压装置

评价调压器的重要技术指标之一是调压器的静态特性精度，而上述两种相复励恒压装置的静态电压调整率一般在 ±3% 左右，难以达到相关规范要求的 ±2.5% 以内。究其原因，主要是同步发电机多数为凸极机，由于电枢反应和发电机磁路饱和的因素，$\cos\varphi$ 越低时，实际所需励磁电流 $\dot{I}_L$ 就越大，因此发电机励磁电流实际所要求的补偿矢量的轨迹，应当如图 2－22 中实线所示，而不应当是图 2－22 中的虚线（上述两种相复励装置能达到的轨迹），因此需要改进调压器。

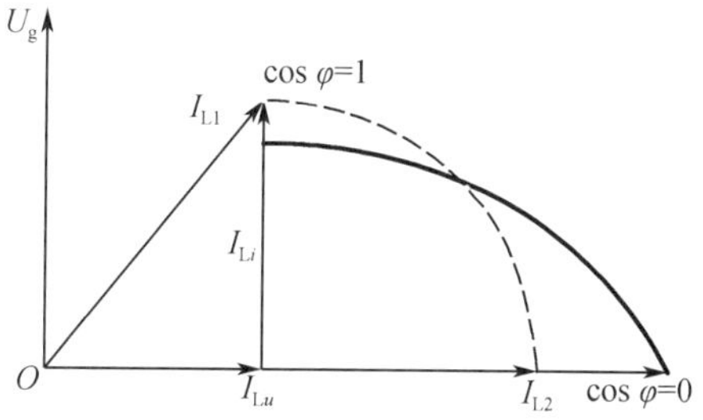

图 2－22　理想的励磁电流补偿

图 2－23 为四绕组电磁叠加不可控相复励系统，比三绕组电磁叠加不可控相复励增加了一个电压绕组 W_4 和一个电容绕组 W_C。W_C 的作用是与 C 构成串联谐振，改善起压特性，由于单独设置 W_C，因此比较易于调试。W_4 的作用是引入另一个电压分量与 W_1 产生的电压分量叠加，合成新的电压分量，用以改善相复励的补偿特性。

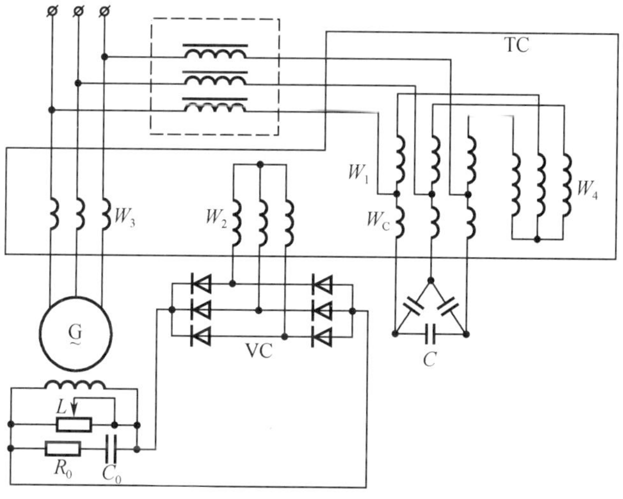

图 2－23　四绕组电磁叠加不可控相复励系统

由图 2－23 可以看出，与三绕组电磁叠加不可控相复励（图 2－20）相比，四绕组电磁叠加不可控相复励系统多了一个 W_4 绕组。W_1 绕组与 W_4 绕组有反向串联，因此每相铁芯上的电压绕组有两个用不同相电压供电的线圈产生的磁势叠加（注意是磁的叠加），从而改变了励磁电流的电压分量与电流分量的矢量叠加关系，实现相复励补偿特性的改善。此装置接近于图 2－22 所示的补偿要求，比前述两种相复励装置提高了励磁系统的静态电压变化率。

电压绕组（或电流绕组）曲折连接的方案，线路简单可靠，静态电压变化率可达 ±1%，高于相关规范的要求。

四绕组电磁叠加不可控相复励的矢量分析如图 2－24 所示。从图中矢量的分析可知，由于在构成电压分量的 W_1 串联了一个反向连接的绕组 W_4，因此励磁电流的电压分量就由 W_1 产生的 $\dot{I}_{21}$ 和由 W_4 产生的 $-\dot{I}_{24}$ 构成，形成新的电压分量 $\dot{I}'_{21}$。

由图 2－24 我们可以看到，三绕组时，随着负载电流或 cos φ 的变化，励磁电流 I_2 的调整轨迹是圆形的；而在四绕组时，励磁电流 I'_{21} 的调整轨迹是椭圆形的，这更加接近图 2－22 所示的发电机励磁电流的补偿要求，因而能够有效地提升电压调节的精度。

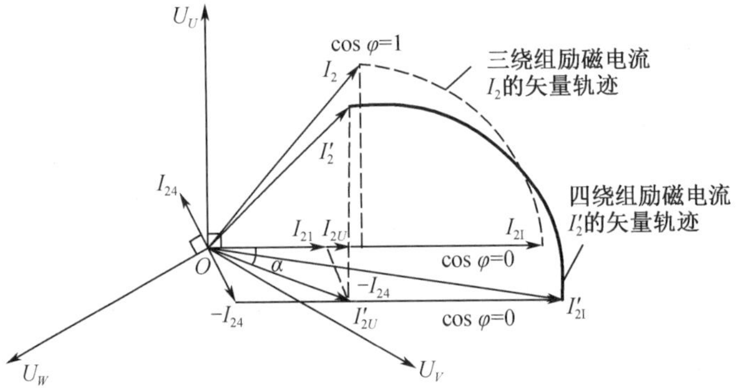

图 2－24 四绕组电磁叠加不可控相复励的矢量分析

上述三种不带自动电压调整器的不可控相复励调压装置，其主要优点是动态特性比较好，并有一定的强励磁能力，即强励磁电流大于额定工况（发电机 cos φ >0.8，满载）时励磁电流的两倍，如果能解决静态电压精度低的不足，其优势就更为明显。所以，在实船中，四绕组（带有电压曲折绕组）电磁叠加不可控相复励恒压装置采用较多。而精度更高的相复励恒压装置就是带自动电压调整的可控相复励恒压装置。

4. 不可控相复励自励恒压装置安装调试

在船舶电站的建造维护中，相复励恒压装置需要进行参数调整才能满足使用要求。下面就简要地讨论一下相复励恒压装置的安装调试及故障维护问题。

（1）安装时的注意事项

①电流互感器原、副边同名端必须对应。

②移相电抗器的对应相必须一一对应，否则达不到相复励的目的。

③电磁叠加相复励系统的变压器电压绕组和电流绕组对应的同名端及对应相不能接错。

④电压曲折绕组产生的磁通与本相柱所产生磁通方向相反（即接异名端）。否则，失去改善作用，反而比三绕组更加剧“高功率因数过激，低功率因数欠激”缺陷。

⑤电压曲折绕组 W_4 应与超前相的 W_1 相串联。否则,也不能起到改善作用。若与本相 W_1 反相串联,只能减小自励分量,使起压更加困难。若与滞后相 W_1 反相串联,同样会加剧“高功率因数过励,低功率因数欠励”的缺陷,造成调压精度降低。

(2)调试

相复励系统参数调整可分电压分量与电流分量两个方面进行调整。

空载时调整电压分量,使之能起压到额定值。当空载电压偏低时,需减小移相电抗器电抗值或增加 W_1(变压器原边)的匝数。一般移相电抗器的气隙是可调的,其绕组匝数也可调,可增加气隙或减少匝数使电抗值减小。

当空载电压低于正常空载电压时:

①粗调为减少移相电抗器 L_C 的匝数,以降低其电抗值 X_{LC};

②细调为增大移相电抗器 L_C 的气隙,以减小 X_{LC};

③在电磁叠加系统中,也可以增加相复励变压器 W_1 匝数,以增加电压分量的磁势。

当空载电压高于正常空载电压时,与上述调节相反。

当发电机的负载电流接通后可调整电流分量,如果此时电压偏低,说明复励作用太弱,需要增加 W_3(或电流互感器原边)的匝数,但往往因 W_3(或电流互感器原边)的匝数较少,甚至没有抽头可调,此时可调整 W_2(或电流互感器副边)的匝数。但是对于电磁叠加的系统,W_2 的变化会同时影响空载电压分量的变化,必须重新调整电压分量。根据磁势平衡关系,要增加励磁电流必须减少 W_2 的匝数,反之亦然。这与一般变压器的调节方式刚好相反。

当发电机电压低于发电机额定电压时:

①增加电流互感器原边或相复励变压器 W_3 匝数,以增加电流分量的磁势;

②减少电流互感器副边或相复励变压器 W_2 匝数,以提高励磁电流,当调整 W_2 时,空载电压还需要重调。

当发电机电压高于发电机额定电压时,调节过程与上述相反。

③相复励变压器具有 W_4(曲折连接)时,$\cos\varphi$ 在较大范围内变化,若精度太低,可适当调整 W_4。

需要注意的是,由于发电机的外特性不是一根直线,在调整时应注意使整个负载变化范围内的电压偏差都在允许范围内。

不可控相复励恒压系统常见问题及处理方式见表 2-1。

表 2-1　不可控相复励恒压系统常见问题及处理方式

现象	产生原因	处理方式
发电机转速已达到额定值,但不能建立起电压	1. 没有剩磁或剩磁能量不足 2. 励磁回路开路	1. 用外电源进行充磁 2. 检查从整流器至励磁绕组的连接是否有松动或断线,励磁绕组本身是否断线

表 2－1(续 1)

现象	产生原因	处理方式
	3. 集电环锈蚀、发黑、电刷弹力不足等,造成接触电阻大 4. 电刷卡在握中或刷辫线断开 5. 线性移相电抗器元气隙或气隙太小,形成电抗 XLC(增大,破坏了谐振,不能谐振起压,同时也减小自励分量) 6. 调压器整流二极管被击穿,形成输出短路 7. 调压器整流元件断路 8. 接线错误 9. 发电机剩磁电压与整流器输出电压极性相反 10. 移相电抗器、谐振电容器和相复励变压器之间的连接断开 11. W_1、W_2 绕组开路 12. 谐振电容器短路	3. 用“00”号细砂布打磨集电环,清洁、调整电刷压力 4. 检查、修理电刷、刷握及刷辫 5. 调整气隙到适当大小 6. 检查、更换击穿的整流二极管,注意应检查每一个整流元件 7. 检查、更换断路的整流二极管 8. 认真检查接线、更正接错的地方 9. 调换励磁绕组的连接 10. 检查连线,重新接好 11. 检查、修理或更新绕组 12. 更换电容器
发电机电压低于额定电压	1. 移相电抗器气隙太小,造成自盛分量减少 2. 移相电抗器、整流器或相复励变压器有一相开路 3. 整定分流电阻太小,引起分流分量大,造成电压下降 4. 转速太低 5. 发电机励磁绕组有断路或局部匝间短路 6. 移相电抗器或相复励变压器抽头有变动 7. 电压表有误差	1. 调整增大气隙 2. 检查三者之间接线是否有松动或断线,本身有无开路故障,查出后接好紧固或修复 3. 调大整定分流电阻 4. 提高转速到额定值,并校核频率 5. 检查励磁绕组,修复或换新 6. 检查并校核电压,重新进行抽头接线 7. 校对电压表
发电机电压高于额定电压	1. 移相电抗器气隙太大,自励分量增加 2. 整定电阻的滑动触头烧坏、锈蚀、接触不良,或电阻烧断 3. 移相电抗器、相复励变压器抽头变动 4. 电压表有误差	1. 按需要调小气隙 2. 检查、修复或更新电阻 3. 按需要重新进行抽头接线 4. 校正电压表

表 2 – 1(续 2)

现象	产生原因	处理方式
发电机在运行中突然不发电	1. 整流器击穿 2. 励磁回路开路 3. 电刷卡在刷握中或刷辫线断开 4. 移相电抗器铁芯松动,以致气隙减小,自励分量减小,使端电压下降,失压保护而跳闸 5. 电抗器或相复励变压器线圈短路 6. 谐振电容器被击穿 7. 当负载比较重时,整流器、相复励变压器有一相开路,形成欠压	1. 检查硅整流器,更换击穿的整流元件 2. 检查从整流器至励磁绕组的连线是否松动或断线,励磁绕组是否开路 3. 检查、修理电刷、刷握及刷辫 4. 将电抗器气隙调到所要求的数值,并固紧铁芯 5. 检查、修理或换新线圈 6. 更换击穿的电容 7. 检查整流器、相复励变压器,更换或修复

三、可控相复励恒压装置

可控相复励磁装置是以不可控相复励为励磁恒压装置的主体,再加上根据电压偏差信号实现调节的电压调节器(automatic voltage regulator, AVR),就构成了可控相复励恒压装置。

不可控相复励部分保证了发电机的自励起压及强励性能,保证动态性能的良好,当电压偏差尚未形成时,其装置根据负载电流的变化对励磁电流做出调整,因此其调节作用先于 AVR。但相复励调节精度不太高(静态性能不佳),因此需要 AVR 发挥作用,按照电压偏差 ΔU 对发电机端电压做进一步调节,来提高调压精度。

可控相复励恒压装置原理如图 2 – 25 所示,其中,虚线框部分为电压调节器(AVR)。

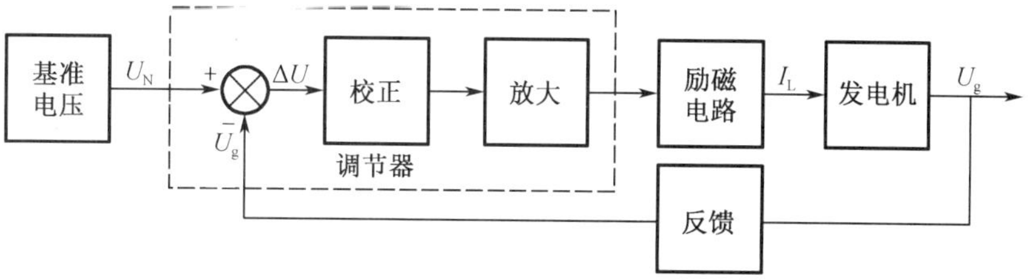

图 2 – 25　可控相复励恒压装置原理

按电压调节器与相复励部分组合形式的不同,可控相复励系统常见的有可控移相电抗器形式、可控电流互感器形式、可控饱和电抗器分流形式、晶闸管分流形式等几种可控相复励恒压装置。

1. 可控移相电抗器形式

可控移相电抗器形式如图 2－26 所示。移相电抗器的电抗值可变。由 AVR 输出的直流信号控制电抗器磁路的饱和程度，改变其电抗值，从而改变励磁电流电压分量的大小，起到校正电压的作用。

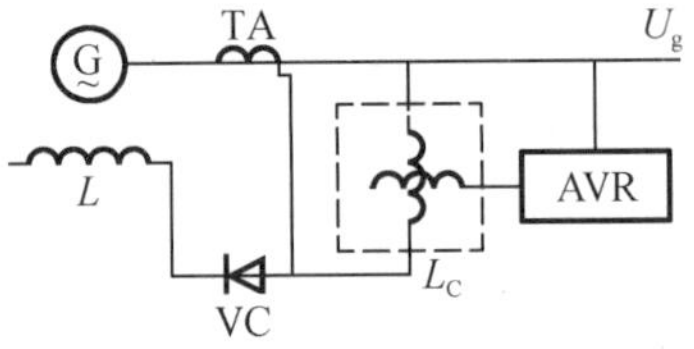

图 2－26　可控移相电抗器形式

2. 可控电流互感器形式

可控电流互感器形式如图 2－27 所示。它是在三绕组交流电流互感器加上一个直流控制绕组构成的可控电流互感器。由 AVR 输出的直流信号控制互感器铁芯的磁化程度，使电流互感器的变比发生变化（不再等于互感器的匝数比），从而改变副边输出电流，即励磁电流的大小，起到校正电压的作用。

3. 可控饱和电抗器分流形式

可控饱和电抗器分流形式如图 2－28 所示。电流叠加相复励输出励磁电流呈过励状态，由饱和电抗器 L_{sat} 适当分流来控制发电机端电压恒定。AVR 输出的直流信号控制 L_{sat} 的铁芯磁化程度，即控制 L_{sat} 的电抗值大小，从而改变其分流大小。

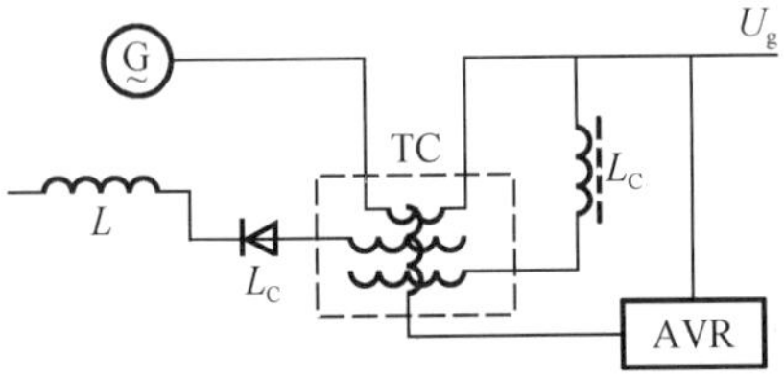

图 2－27　可控电流互感器形式

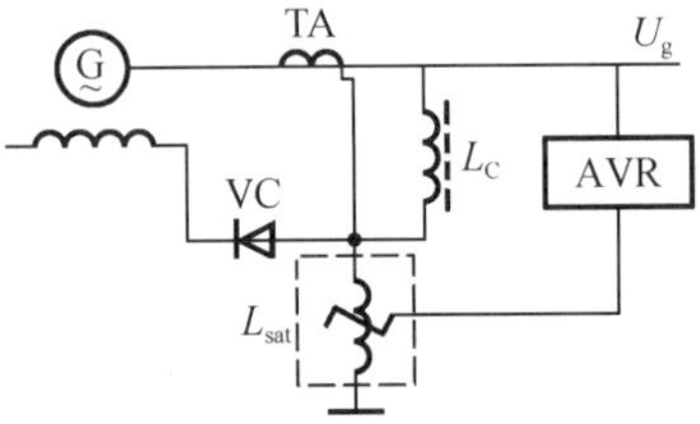

图 2－28　可控饱和电抗器分流形式

以上三种装置虽形式不同，但应用原理相同，即利用磁路的非线性磁化特性来实现控制。

根据磁路的特性，不饱和时，磁势与磁通呈线性关系。对互感器来说，原、副边电压信号比（即变比）等于原、副边的匝数比。对于单线圈的电抗器来说，其磁化曲线斜率基本不变，即电感为常数。但磁路进入饱和（非线性段）后，互感器的变比不再等于其匝数比，电抗器的电感值不再是常数，它们都受到直流磁势的控制。换言之，直流磁势变化时，将改变互感器的变比或电抗器的电抗值。

图 2－29 所示为各种安装在发电机内部或配电柜控制屏的电压调节器。

4. 晶闸管分流形式

在不可控相复励装置上，加装分流晶闸管，就构成了晶闸管分流的可控相复励恒压装置。由系统的 AVR 控制晶闸管的导通角，从而改变励磁电路的分流大小，以达到电压偏差 ΔU 的可控调节，提升励磁恒压装置的静态性能（调压精度）。

晶闸管分流形式有交流侧分流、直流侧分流和半波分流三种，如图 2－30 所示。

（1）交流侧分流

交流侧分流类似于可控饱和电抗器分流形式，所不同的是，可控饱和电抗器分流是连续分流，且体积大、质量大；而晶闸管交流侧分流是断续分流，且有三组分别触发的三相晶闸管。晶闸管的触发控制需要同步电源，由于调节对象为交流侧的励磁电流，它本身的相位相对于端电压有一定的变化范围,因此要求同步电源能在励磁电流相位变化时,保证有足够宽的触发脉冲移相范围。

图 2-29 各种电压调节器

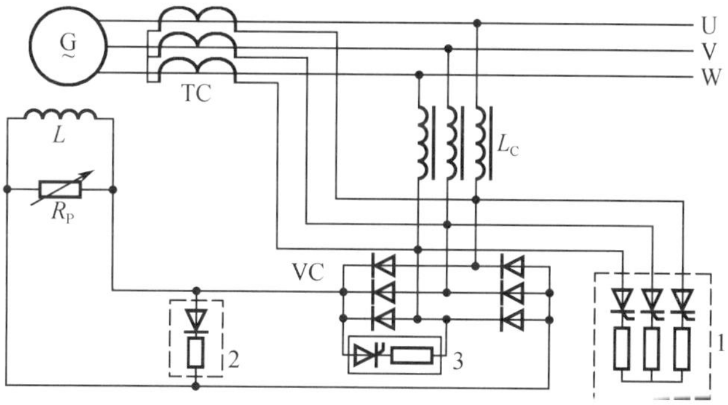

1—交流侧分流;2—直流侧分流;3—半波分流。

图 2-30 晶闸管分流形式

(2)直流侧分流

直流侧分流只需一组晶闸管元件。因为是直流侧调节励磁电流,所以触发脉冲的同步电源也较简单。但直流侧分流也有特别要求,晶闸管一旦被触发导通,自身无法关断,所以,必须附加辅助关断电路。

(3)半波分流

半波分流兼有上述两种形式的优点,既如同直流侧分流形式那样,只有一组晶闸管元件,且同步电源较简单,又如同交流侧分流那样,晶闸管能自然关断。

四、晶闸管自动恒压装置

随着电力电子器件、数字化控制器件的发展,为了减少励磁装置的质量、尺寸,提高调压性能，船舶同步发电机可采用晶闸管励磁自动调整装置。晶闸管恒压装置是与相复励恒压装置不同的另一种调压器。它是按照负反馈原理设计制造的，该装置的被测量与被调量是同一个发电机的端电压，构成恒压控制的闭环调节系统。

1. 晶闸管励磁恒压装置的基本原理

晶闸管励磁恒压装置的基本原理如图2－31所示。该装置由三大部分组成：测量比较电路、同步移相触发控制电路和晶闸管主电路。

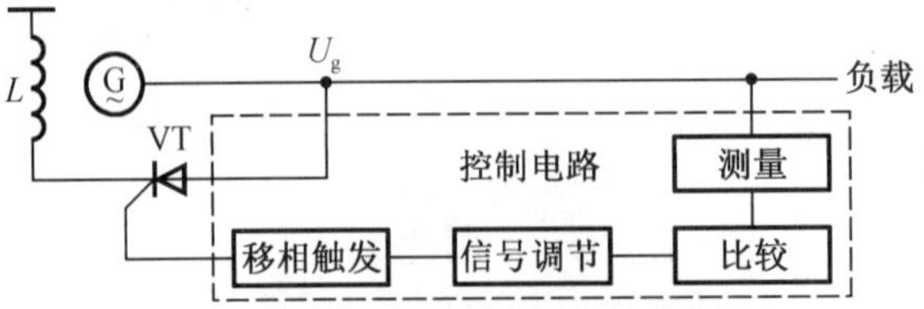

图2－31 晶闸管励磁恒压装置的基本原理

从图2－31中可以看出，该装置通过测量环节，将发电机实际端电压转化为测量信号，与设定的额定电压值进行比较，如果实际电压过低，则通过信号调节环节，将晶闸管VT的出发脉冲前移，增大导通角，使发电机励磁电流上升，从而稳定发电机端电压。

如果实际电压过高，则通过信号调节环节，将晶闸管VT的出发脉冲后移，减小导通角，使发电机励磁电流下降，从而稳定发电机端电压。

2. 测量环节

测量环节一般采用三相变压器降压、整流、滤波来获取发电机端电压信号，也可以直接将发电机端电压经电阻分压、整流、滤波来获得发电机端电压信号。为减少电磁干扰，一般采用变压器降压方式来获得发电机端电压信号。调节装置的测量环节如图2－32所示。

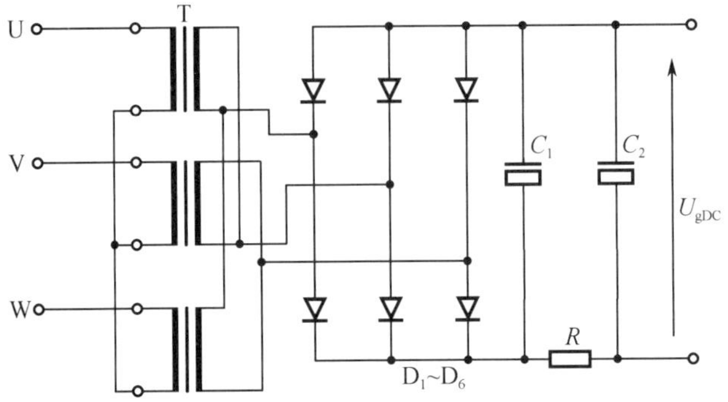

图2－32 调压装置的测量环节

3. 比较环节

以常见的双稳压管桥式电路为例，如图2－33所示，稳压管D_Z稳压参数一致，温度系数相同，电阻阻值一致，保证输出的信号只和电压偏差有关。

在输出开路的条件下，当输入电压U_{gDC}小于稳压管D_Z稳压值时，D_Z不导通，A点电位为0 V，B点电位等于输入电压

$$U_e = -U_{gDC} \tag{2-6}$$

当输入信号大于稳压管的稳压值时，此时比较环节的输出电压

$$U_e = U_R - U_Z = U_{gDC} - 2U_Z \quad (2-7)$$

根据式(2-6)和式(2-7)，比较环节的输出特性如图2-34曲线1所示。

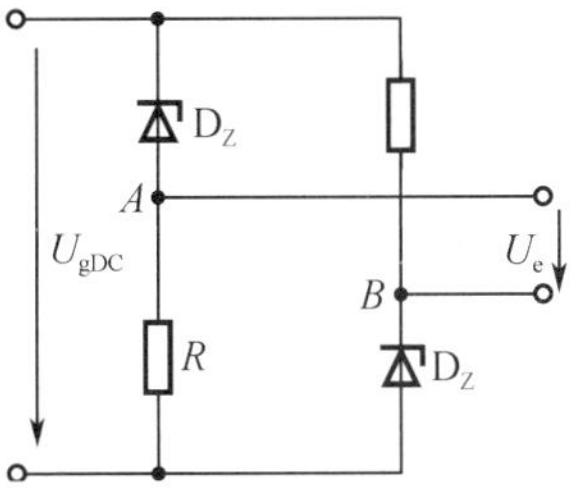

图2-33　调压装置的比较环节

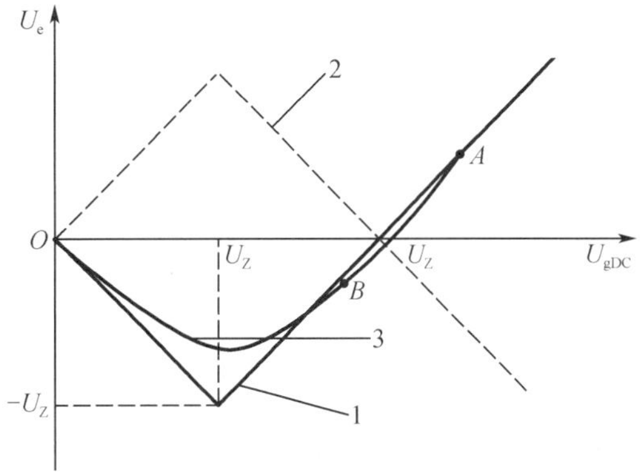

图2-34　比较环节的输出特性

如果该环节输出信号采用反相输出，其特性曲线如图2-34曲线2所示。

实际的输出特性如图2-34曲线3所示。

后续调压装置一般在"*B*"点(电压降低)和"*A*"点(电压升高)之间工作，以维持电压的恒定。

4. 误差调节环节

该环节的作用是将微弱的比较环节输出信号，对其经过比例、微分和积分运算(PID调节)并放大后，去控制晶闸管的触发脉冲产生时刻。

图2-35中给出了由运算放大器电路构成的PID调节器，实际电路还需要有其他电子元器件。

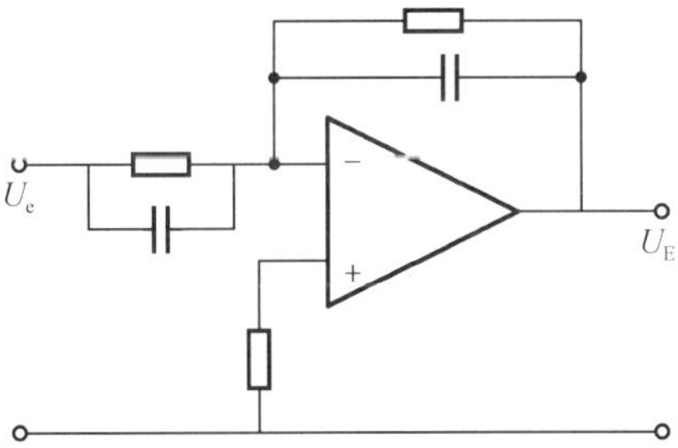

图2-35　PID调节器

5. 移相触发环节

晶闸管触发脉冲形成的电路是多种多样的，基本可分为模拟式触发电路和计数式触发电路两大类。

触发脉冲电路主要有触发脉冲的产生和脉冲放大两大部分。常见的触发脉冲电路有单结晶体管组成的自激振荡器、阻塞振荡器、阈值电路、脉冲变压器、光电耦合触发电路等。

图2-36为可控电阻移相单晶管自激振荡器。当电容 C_{10} 上的电压 U_{C10} 超过单晶管 Q_5

的峰值电压后，单晶管将瞬间导通，使得 C_{10} 迅速放电，形成脉冲。该脉冲通过变压器 T_3 放大后加到晶闸管的触发极（门极），触发晶闸管导通。

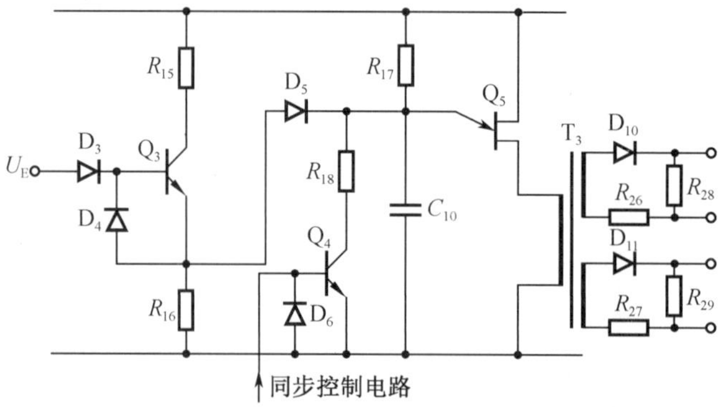

图 2-36　可控电阻移相单晶管自激振荡器

控制 U_{C10} 到达单晶管峰值电压的时间，就可以控制晶闸管导通角大小，从而控制励磁电流的大小，起到调节发电机电压的作用。

U_{C10} 到达单晶管峰值电压的时间控制原理如下：

来自误差调节的信号 U_E 加到三极管 Q_3 的基极，起到控制 Q_3 到同程度的作用。当来自同步控制电路的信号为“1”时，Q_4 饱和导通，使得 R_{16} 和 R_{18} 形成并联，其电压 U_{R16} 被限制在较低的数值上，C_{10} 充电电流小，无法形成单晶管峰值电压，单晶管处于不导通状态，晶闸管也无法导通。

当来自同步控制电路的信号为“0”时，Q_4 截止，电压 U_{R16} 受 Q_3 导通程度影响（也就是受 U_E 影响），对 C_{10} 充电，达到单晶管峰值电压，单晶管瞬间导通，产生晶闸管触发脉冲。

从上述分析可见，C_{10} 充电时间受 U_E 控制，也就是说，发电机电压误差值增大（电压下降幅度增大），则 U_E 增加，导致 C_{10} 充电时间减小，到达单晶管的峰值电压时间缩短，晶闸管的触发提前，导通角增大，导致发电机励磁电流增加，减小发电机电压误差。

当发电机电压升高导致电压误差增加时，U_E 将逐渐向“反相”变化，导致 C_{10} 充电电流减小，晶闸管导通角也随之减小，从而减小励磁电流，将发电机下降至规定范围。

6. 其他环节

除了上述环节外，晶闸管自动恒压装置还有晶闸管整流环节、同步信号产生环节、直流工作电源等。

7. 晶闸管励磁恒压装置的强励措施

为保证船舶电力系统的可靠性，相关规范规定励磁系统应具有在短路时能维持三倍的额定电流，时间不小于 2 s 的能力。这主要是为了防止母线电压深度下降和保障发电机的选择性保护及切除故障后再起励的要求。

晶闸管励磁恒压装置与相复励恒压装置比较，具有体积小、质量小、反应迅速、调压指标高等优点。但是由于没有电流复合分量，当系统在发电机端附近短路时，端电压接近于零，尽管此时晶闸管完全导通，由于晶闸管励磁系统的励磁电流来源于发电机的端电压，则励磁电流仍然很小，没有能力调整发电机端电压回升。这样就不能对发电机供给足够的短路电流使自动开关有选择性地动作，甚至在发生短路后，端电压下降至剩磁电压，这对船舶电力系统的可靠性是极为不利的。

为了弥补晶闸管励磁恒压系统本身无强励性能的致命缺陷，可增加电流复合分量，其单相原理电路如图 2－37 所示。

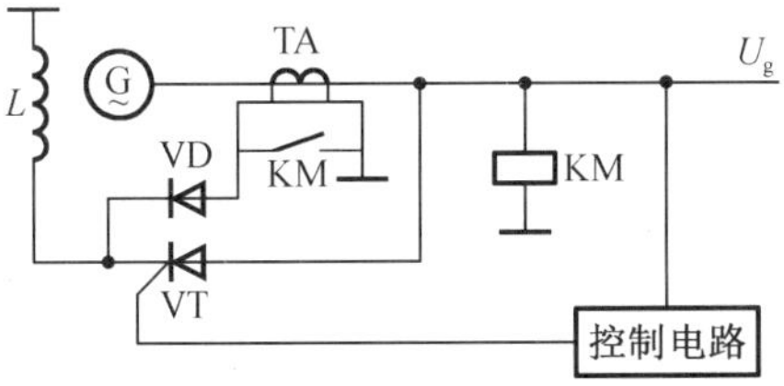

图 2－37　晶闸管恒压励磁系统单相原理电路

这种线路含有短路补偿回路。在正常的情况下，因 U_g 正常使接触器 KM 吸合，常开触头闭合，电流互感器 TA 次级被短路，短路补偿回路不起作用，由晶闸管 VT 电路供给励磁电流。在短路时，晶闸管 VT 供给的励磁电流接近于零，但由于接触器 KM 线圈因欠压复位，其常开触点打开，引入电流复合分量，短路补偿回路起作用，电流互感器供给的励磁电流会很大，发电机能维持有足够的端电压，使其具有与相复励相似的强励性能，满足使用功能的实际要求。

8. 晶闸管励磁恒压系统的改进

随着信息化控制技术的发展，船舶同步发电机的电压稳定和调节装置也在原有的晶闸管励磁恒压系统的基础上日益信息化。某船舶晶闸管励磁恒压系统的示意图如图 2－38 所示。

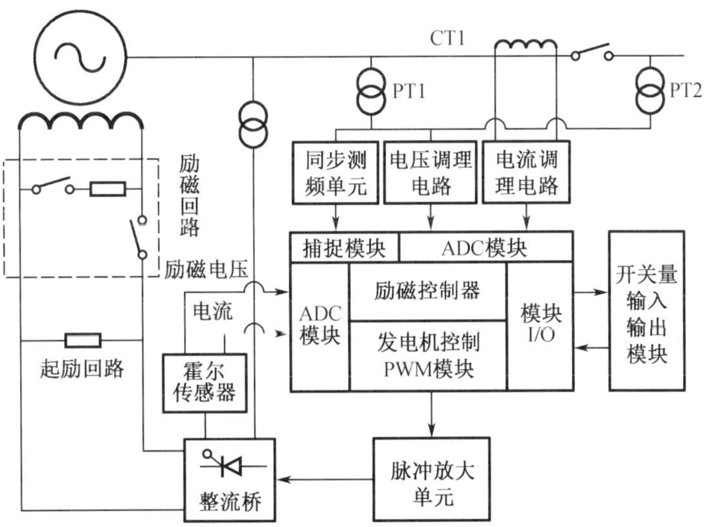

图 2－38　运用信息化技术的晶闸管励磁恒压系统示意图

从图 2－38 中可见，该系统由电压互感器 PT 和电流互感器 CT，以及电压调理电路和电流调理电路构成了晶闸管励磁恒压系统的信号采集和信号比较环节；由核心计算机的 ADC 模块、同步测频单元、励磁控制器和发电机控制 PWM 等模块构成了晶闸管励磁恒压系统的误差调节和移相触发环节。

由于计算机系统的输出信号较弱，该系统通过触发脉冲的放大环节，将触发脉冲输出到晶闸管，控制晶闸管导通角和发电机励磁电流，从而起到调压和稳压作用。

由于系统引入了电流复合分量，因此具备一定的强励作用。

思考与练习：

1. 三相交流同步发电机的基本原理是什么，有哪些主要部分构成？

2. 三相交流同步发电机发出的交流电频率如何计算？根据我国对于交流电频率的规定，4 极和 6 极的发电机对应的转速分别是多少？

3. 无刷同步发电机是如何既消除电刷和滑环，又保证发电机正常工作的？

4. 分别简要叙述同步交流发电机的负载特性、外特性及调整特性。

5. 简述自励式同步交流发电机自励起压的条件。

6. 船舶同步发电机的励磁自动调整的任务及功能是什么？

7. 什么是励磁自动调整装置的静态（稳态）指标和动态（瞬态）指标？按照有关规范，指出其指标范围？

8. 什么是船舶同步交流发电机的无功功率分配？什么工作情形下，需要进行无功功率分配？

9. 船舶同步交流发电机自励稳压的主要方式有哪几种？

10. 请简要分析电流叠加不可控相复励自动稳压的过程。

11. 请简要分析电磁叠加不可控相复励自动稳压的过程，为什么有的装置需要四绕组？

12. 可控相复励系统是怎样构成和工作的？根据调压装置的不同，其可分为哪些主要类型？

13. 晶闸管可控相复励恒压装置中，发电机励磁电流的分流方式有哪几种类型？与其他形式的分流环节相比，晶闸管分流有什么优势？

14. 晶闸管自励恒压装置的基本构成环节有哪些？基本的恒压工作原理是什么？各基本环节的工作原理是什么？

第三章　船舶配电装置的保护与调试

【知识目标】

1. 能简单叙述船舶各配电装置的原理；
2. 能正确理解和掌握各配电装置的设计要求和安装特点；
3. 能掌握船用蓄电池维护的方法和充电原理。

【能力目标】

1. 会进行船舶配电装置的简单设计；
2. 能进行船舶配电装置的安装调试和检修维护；
3. 能对船用蓄电池进行维护和充电。

第一节　船舶配电装置的认知

船舶配电装置是用来接收和分配船舶电能，并能对船舶发电机、船舶电网及各种船舶用电设备进行切换、控制、保护、测量和调整等工作的设备。它是由各种开关、自动控制与保护装置、测量仪表及互感器、调节和信号指示等电气设备按一定要求组合而成的一个整体。因此，船舶配电装置的功能是集中、分配和控制电能。

一、船舶配电装置的功能

①接收船舶发电机输出的电能并对负载分配电能。

②正常运行时接通和断开电路（手动或自动）。

③电力系统发生故障或处于不正常运行状态时，保护装置动作，切断故障电路或发出报警信号。

④测量和显示电力系统运行中的各种电气参数，例如电压、频率、电流、功率、功率因数、绝缘电阻等。

⑤进行参数的调整，如电压、频率的调整。

⑥对电路状态、开关状态以及偏离正常工作状态进行信号指示。

二、按照配电装置在船上不同的用途分类

1. 主配电板（main switch board，MSB）

主配电板又称为总配电板，它是开关设备和控制设备的组合装置，用于控制、监视和保护主发电机的工作，并对全船正常使用的电能进行分配。

主配电板是船舶电力系统中最主要的配电装置。一般来说，其总是装设于电源（发电机组）不远处。为了避免油水的污染，大多装于机舱平台上。在自动化程度较高的船上则与主操纵台一起都装在带空调并隔音的集控室中。它由多个金属结构的落地式箱、盘或柜组装而成，每一箱柜称为一个屏，屏与屏之间以螺钉固紧，每一屏的面板上装有各种必需的

配电电器和测量仪表。

主配电板主要由发电机控制屏、并车屏、负载屏组成。

2. 应急配电板(emergency switch board,ESB)

用于控制由应急发电机发出的电功率,并在船舶应急状态下,对有关旅客和船员安全所必需的电力负载进行配电的开关设备和控制设备的组合装置,称为应急配电板。它包括应急发电机自动启动装置(自动化程度较高的船舶)和船用蓄电池的充放电装置等。

应急配电板通常包括发电机控制屏及负载屏。发电机控制屏上的电器及仪表与主配电板上的发电机控制屏相似,只是因为不需要并联运行而无须整步表及逆功率继电器等。负载屏因馈电回路较少而将动力负载与照明负载组装在一块屏上。

对装有自动启动装置的应急发电机,当主电网失电,经一定的延时确认后,应急发电机自动启动并合闸向全船应急电网供电;一旦主电源恢复供电,应急发电机组便自动脱离电网并自动停车。

应急配电板的接线应该反映出主发电机、应急发电机和岸电开关之间的电气联锁,以防非同期合闸。

3. 充放电板(charging & discharging panel,CDP)

充放电板是用来控制和监视充电电源的工作状态和蓄电池组的充电与放电情况,并将蓄电池组的电能分配给船上的低压用电设备的装置。

4. 分配电盘(distribution switch board,DSB)和区域配电盘(section switch board,SSB)

分配电盘和区域配电盘都是开关设备和控制设备的组合装置,属于次级配电盘。

5. 岸电箱(shore connection box,SCB)

在船舶停靠码头时,如果需要将岸上或其他外来电源接入船内,可通过岸电箱很方便地与岸电的电缆连接,将岸电电能送至主配电板进行配电,岸电箱至主配电板之间应设有足够容量的固定电缆。使用岸电前,应检查岸电电压、频率是否与本船电网一致,若频率相同、电压不同,可通过岸电调压装置将岸电电压变成与本船电压相等后,再接至船舶电网。

岸电箱上设有相序测定器或负序继电器,用于检测岸电相序,保证使用岸电时和船电的相序一致。另外,岸电箱还需清楚标出船舶电源系统的参数。当接至中性点接地的三相四线制岸电时,岸电箱应设置一个接地端,以便将船体与岸上的接地装置相连接。

在船舶主配电板上的岸电接线,应装有指示灯,以便指示外来岸电电源的电缆是否已经带电。接通岸电之后,不允许再启动船上主发电机和应急发电机,因此船舶电站均设有与岸电的联锁保护,使两者不可能同时合闸。

6. 电工试验板(test panel,TP)

电工试验板装于电工间,接有全船各种电源和必要的检测仪表,专供船上检修和校验各种用电设备使用。

7. 停泊配电板(port duty switch board,PSB)

用于控制和监视停泊发电机的工作状况,并对停泊状态下的负载进行配电。

8. 驾驶台集控板(wheel house group control panel,WHC)

驾驶台集控板用来在驾驶台集中控制某些电气设备,例如探照灯、雾笛、航行灯、信号灯、闪光灯、电铃、广播、声力电话、自动电话、甚高频电话、火警报警、风油切断按钮、遇难报警、总动员按钮、遥控按钮等。

知识链接

互感器(mutual inductor)

互感器是按一定的比例和精度变换电压或电流大小的变换器，分为电压互感器(potential transformer，PT)和电流互感器(current transformer，CT)两种，变换电压的叫电压互感器，变换电流的叫电流互感器。就其基本结构和原理来说，互感器就是一种特殊变压器。在电站配电系统中，测量电路参数经常要用到电流互感器和电压互感器。互感器的主要作用如下：将大电压、大电流按比例变换成小电压、小电流，使测量仪表消耗的功率大幅减少；使仪表、继电保护装置生产标准化，且扩大了仪表的使用范围。电压互感器副边额定电压为 100 V、电流互感器副边额定电流为 5 A(或 1 A)。测量仪表、保护及自动装置都接在互感器的副边，只要改变互感器的变比，同一块电压表或电流表便可以测量任意数值的高电压或大电流，使仪表、保护和自动装置通过互感器与原边的高电压和大电流隔离。这样既可避免主电路的高压直接引入仪表、继电器的电路中，又可避免仪表、继电器的故障影响主电路，提高了主电路和控制、测量及保护电路工作的安全性和可靠性，从而也保证了操作人员的人身安全。

使用电压互感器应注意以下事项：

电压互感器在连接时，要注意其一、二次线圈接线端子的极性，使用时要按照接线标志正确接线，注意同名端。

电压互感器原、副边线圈都不允许短路，否则互感器将通过很大短路电流而烧毁，因此在电压互感器原、副边都装设熔断器做短路保护。

电压互感器的铁芯和二次侧的一端必须接地，这也是为了防止一、二次线圈绝缘击穿时，一次侧高压串入二次侧，危及人身和设备的安全。

为保证测量的准确性，接在电压互感器副边的负载功率不应太大，即接在同一互感器副边的仪表或自动装置不允许太多，否则会使测量误差增大。

电压互感器应按一次电压、二次电压(通常为 100 V)和精确度级别等条件进行选择。

使用电流互感器应注意以下事项：

电流互感器在连接时，要注意一、二次线圈端子的极性。

电流互感器的二次侧在工作时不得开路。二次线圈在开路时会感应危险的高电势，危及人身和设备安全，电流互感器二次侧工作时绝对不允许开路。安装时，二次侧接线一定要可靠连接，形成良好的电气通路，且不允许设置熔断器保护。因此，通过转换开关测量不同相电流的转换过程中或安装拆卸时，都应保证电流互感器的次级回路处于通路状态。

电流互感器的铁芯和二次侧线圈有一端必须接地。这样做的目的是为了防止其一、二次线圈绝缘击穿时，一次侧的高压串入二次侧，危及人身和设备安全。

为了保证精度，副边所接负载阻抗不应超出其额定容量。

电流互感器应按一次电流、二次电流(一般为 5 A 或 1 A)和精确度级别等条件进行选择使用。

第二节　船舶配电装置的操作

一、主配电板的认知

船舶主配电板如图 3 – 1 所示。

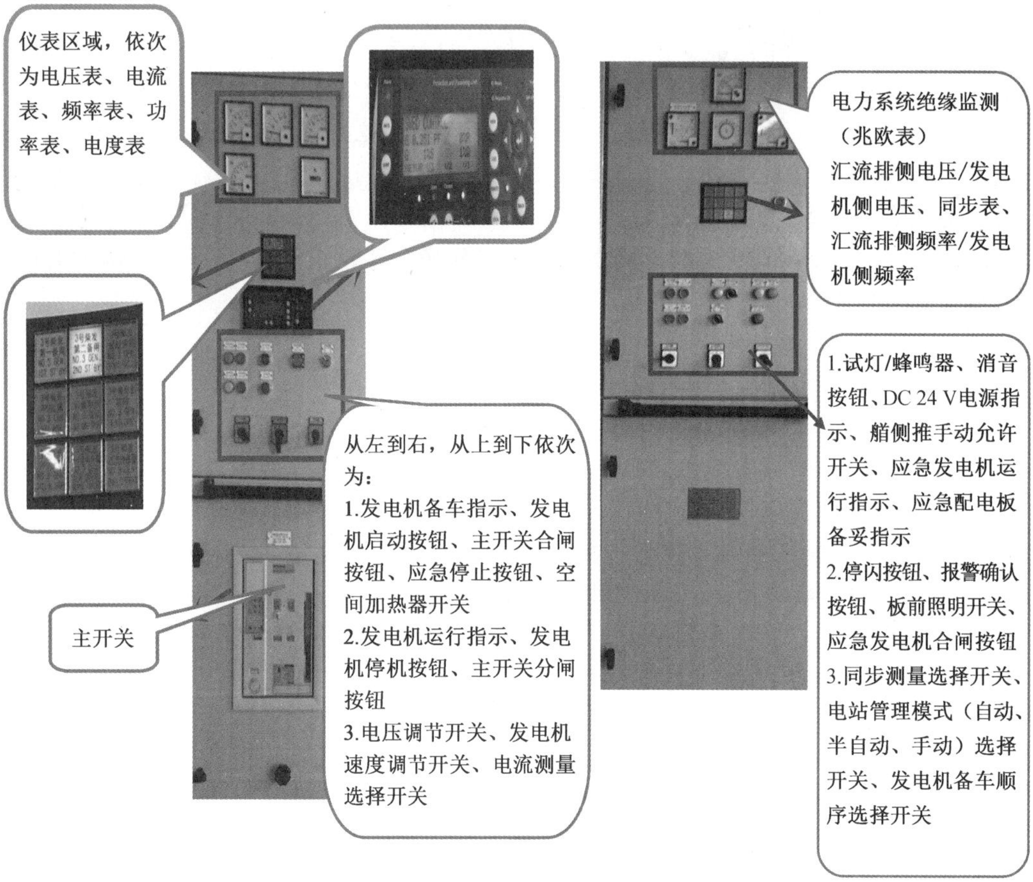

图 3 – 1　船舶主配电板

二、应急配电板的认知

船舶应急配电板如图 3 – 2 所示。

三、应急配电板的功能试验

1. 手动启停试验

启动：将应急发电机控制方式开关“MODE”转至“MANUAL”位，按启动“START”按钮，发电机启动运转。启动后应检查发电机电压表指示 450 V，频率表指示 60 Hz。

停机：可按停机按钮，发电机停车。

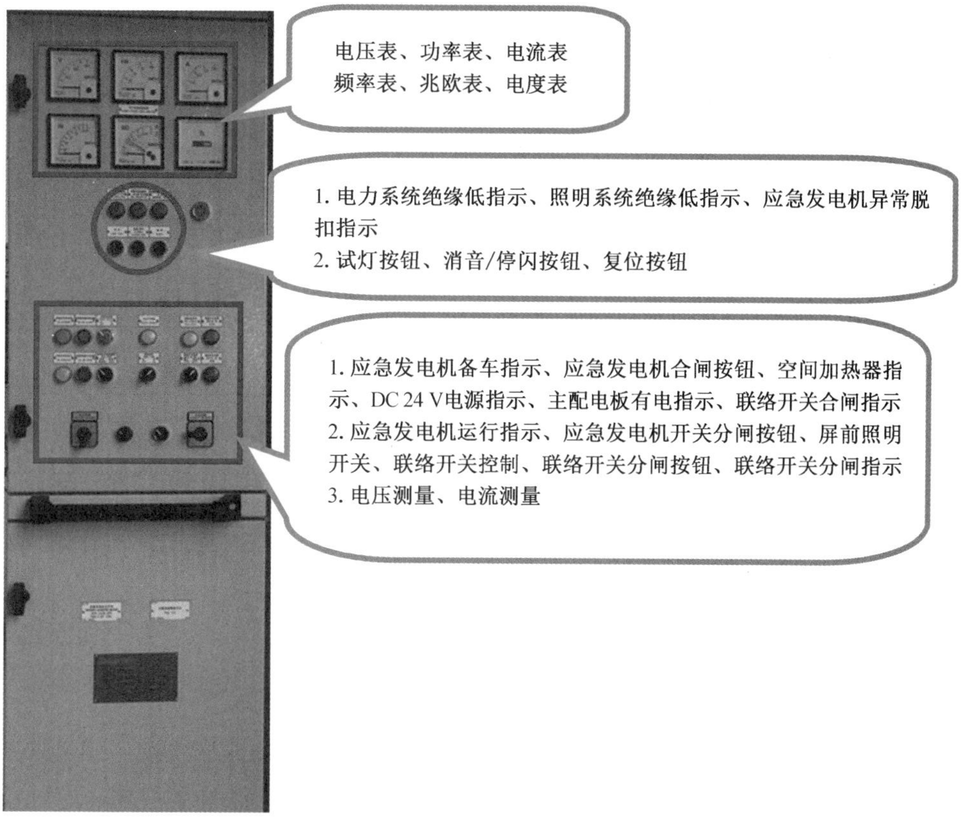

图 3－2 船舶应急配电板

2. 手动启停供电试验

启动：将应急发电机控制方式开关"MODE"转至"MANUAL"位，按启动"START"按钮，发电机启动运转。启动后应检查发电机电压表指示 450 V，频率表指示 60 Hz。

在主配电板拉下至应急配电板的联络开关，建压 3 s 后应急发电机自动供电。

停机：按停机"STOP"按钮，发电机停车。合上主配电板至应急发电机联络开关，切换至主配电板供电。

3. 自动启动合闸、分闸试验

应急发电机备妥状态，将应急发电机控制方式开关"MODE"转至"AUTO"位，转动试验开关"E/G SEQ TEST"至"ENG"位置。延时后应急发电机自动启动。如果主配电板失电，应急发电机自动供电。如果主配电板有电，应急发电机延时后自动停机。

应急发电机备妥状态，将应急发电机控制方式开关"MODE"转至"AUTO"位，转动试验开关至"ENG & ACB"位置。应急配电板自动断电，应急发电机自动启动，建压 3 s 后应急发电机自动向应急配电盘供电。

试验结束后，将试验开关放回"NORMAL"位。应急配电板自动切换至主配电板供电。延时后，应急发电机自动停机。应急配电板试验方式开关放至正常位置。

四、供电方式转换操作——接岸电操作

初始状态:电站由主发电机正常供电,主发电机、应急发电机与岸电三者之间是联锁的。主发电机开关、应急发电机开关中任一开关闭合时,可使岸电开关无法合闸。

接岸电操作步骤:

①岸电箱前的操作:

将应急发电机的控制方式选择开关置于手动"MANU"位置。

检查岸电是否正常、三相电压是否对称,或检查岸电指示灯、熔断器。

在岸电箱上选择相序1(SEQUENCE 1)或相序2(SEQUENCE 2)。若相序正确,"PHASE SEQU CORRECT"灯亮,则将岸电箱上的开关合闸;若相序错误,"PHASE SEQU WRONG"灯亮,则更换相序选择,待相序正确后再接通岸电。

②主配电板前的操作:

将主发电机开关分闸。

在确认船电已断开后,将主配电板上的岸电供电开关合闸,观察并车屏上的电压表、频率表指示(已是岸电参数)。

③在岸电接通的情况下,将刚分闸的一台主发电机合闸,观察合闸及供电情况(能合上闸)。

④将应急发电机控制方式选择开关置于自动"AUTO"位置,然后将主发电机开关分闸,重复①②的操作,观察合闸及供电情况。

岸电箱使用注意事项:

①接岸电时岸电与船电的电流种类应一致。

②接岸电时岸电的额定频率、额定电压应与船电相一致。

③合上岸电箱上开关,只有当岸电箱与船电相序一致时才可到主配电板前进行转接岸电操作。

④接岸电时严禁船舶发电机合闸供电,只有在岸电切除后发电机才可合闸供电(发电机主开关与岸电开关有互锁)。

第三节　船舶电力系统保护装置使用与维护

船舶电力系统在运行中可能会出现各种不正常运行状态和故障,不正常运行状态主要有过载、欠压、过压、欠频、过频以及中性点绝缘系统发生的单向接地等。这些不正常状态发展到一定程度就演变成故障,最常见且最严重的故障就是各种形式的短路,有三相短路、两相短路、两相接地短路、三相四线制系统单相接地短路。另外,还可能发生发电机或变压器绕组匝间短路和线路的断线等故障。

上述不正常运行状态和故障发生后,往往会引起严重后果。例如,当发生短路故障时,负载被短接,短路电流很大,将产生很大的电动力和热效应,并使电压大幅度下降,可能造成重要设备的损坏或使供电中断,从而带来极大的损失。严重的故障若不及时切除,就有可能使并联运行的发电机失步,破坏并联运行的稳定性,使船舶电站解列,扩大成为系统性事故,以致整个船舶电网失电而影响船舶安全。

因此在船舶电力系统的设计和运行中,都要采取切实有效的措施,尽量避免不正常运

行状态和故障的发生。尽管如此，由于各种原因仍不免会发生不正常运行状态和故障。因此，还必须有相应的措施来防止不正常运行状态的发生和限制故障的破坏作用，其中最有效的办法之一，就是在船舶电力系统中装设保护装置。当船舶电力系统出现故障时，保护装置能自动、迅速地切除故障。

一、船舶电力系统保护的任务

船舶电力系统保护的任务是预防事故发生，阻止事故蔓延，增加船舶电力系统的安全性、可靠性和经济性，任务可归纳如下：

①船舶电力系统发生故障或有将导致故障的趋势时，保护装置能准确、自动地检测出其信号，并迅速及时地将故障电路从系统中切除，以保证船舶电力系统电路和设备的正常安全运行。

②当船舶电力系统出现不正常运行状态且短时还不足以造成破坏时，保护装置应自动发出报警信号，警示值班人员及时进行处理，以防不正常运行状态继续发展和导致事故的发生。

③配合自动控制装置，自动消除或减少事故的发生。

可见，船舶电力系统保护的任务就是监视电力系统运行状态，提高电力系统运行的安全可靠性，同时它还是船舶电力系统自动化的重要组成部分。

二、船舶电力系统保护的内容

1. 船舶发电机的保护

根据我国最新《钢质海船入级规范》规定，针对船舶低压同步发电机不正常运行或故障情况，船舶同步发电机主要应设置过载、短路、欠压和逆功率四种保护。

(1)发电机的过载保护

我国最新《钢质海船入级规范》规定，过载 10% ~50%，经少于 2 min 的延时断路器应分断，建议整定在发电机额定电流的 125% ~135%，延时 15 ~30 s 断路器分断。

以上所说发电机过载保护的整定值，只就一般情况而言，对于具体的发电机组，应当根据设计制造和使用情况，特别是原动机的情况、环境条件和具体要求等做具体的分析，定出实际可行的过载保护装置整定值。

船舶同步发电机的过载保护装置主要由自动分级卸载装置、万能式自动空气断路器中的过电流脱扣器和综合保护装置等担当，后面将做单独介绍。

船舶自动化电站一般当单机功率达到其额定功率的 70% ~80%，就发出启动备用机组的指令，备用机组启动成功，自动进行并车，自动平均分配负荷，确保单机不过载。当方式选择开关在手动位置或无备用机组使用时，随着负载的增加，有自动分级卸载装置的船舶电站将自动进行发电机分级卸载，以确保重要负荷的运行。当发电机发生持续过载时，经长延时发电机过载保护动作，使发电机跳闸。

发电机自动分级卸载(automatic unload)，又称优先脱扣(preferential trip)，是发电机过载保护的一种形式。当发电机发生持续过载时，经延时，发电机过载保护动作将造成发电机跳闸。要使发电机不中断供电且避免过载，当出现过载信号时，必须在长延时脱扣器的延时时间内，切除电网中正在运行的一些次要负载，使发电机脱离过载状态，从而保证电站对重要负载的连续供电，这就是发电机自动卸载。船舶电站一般将负载按重要程度及工作特点的不同，分成一级或多级次要负载，从而实现一次或多次自动卸载，这称为发电机自动分级卸载。显然，发电机自动分级卸载保护必须与发电机过载保护的延时特性相互配合。

优先脱扣保护的整定值包括动作电流和延时时间两个方面：

①动作电流的整定。

动作电流的整定通常是以发电机过载保护的长延时整定电流为基础。例如，某集装箱船发电机的额定电流为 770 A，长延时整定电流为发电机额定电流的 1.1 倍，优先脱扣保护整定值设计标准为长延时整定值的 82% ~96% 可调，优先脱扣保护现整定为 0.9 倍的长延时脱扣器整定电流，则

$$长延时整定电流 = 770 \times 1.1 = 847\ \text{A}$$

$$优先脱扣保护整定电流 = 847 \times 0.9 = 762\ \text{A}$$

优先脱扣保护整定电流为发电机额定电流的 99%。如果是三级延时脱扣，建议保护整定值整定为：

第一级整定值为 1.05 倍发电机额定电流；

第二级整定值为 1.2 倍发电机额定电流；

第三级整定值为 1.3 倍发电机额定电流。

②延时时间的整定。

延时时间的整定不仅要求优先脱扣保护的动作电流整定值与发电机过载保护的长延时整定电流相协调，而且延时时间的整定也应很好协调。在实际设计中，长延时脱扣器的延时通常整定为 15 ~30 s，所以，优先脱扣保护的延时，通常整定值应小于 15 s，有关公司标准为 5 ~10 s 和 5 ~12 s。

根据船舶电站发电机的容量和台数，考虑非重要负载的性能和大小，也可以采用分级脱扣卸载，以求最大限度地给重要负载供电。各级脱扣是利用延时的时间差来实现的。例如，长延时脱扣器的延时为 30 s，若分三级脱扣时，建议延时时间整定为：

第一级脱扣延时：5 s；

第二级脱扣延时：10 s；

第三级脱扣延时：15 s。

(2)船舶同步发电机外部短路保护

船舶同步发电机发生短路故障所造成的后果是严重的。发生短路时，由于外部电路负载被短接，发电机定子绕组中将产生极大的短路电流，电网电压也急剧下降。例如，当发电机端部发生三相短路时，短路电流可达额定电流的 10 倍以上，此电流产生的热量和机械力可比正常值大 100 倍以上，对发电机有很大的破坏作用。电压的下降，会使电动机停转，甚至发电机主开关全部断开，导致全船停电。

船舶同步发电机发生短路的原因可能是电缆绝缘老化或受机械损伤，误操作，停电检修时导电物品放在裸导体上以及动物触电等。

因为发电机外部短路时，从发电机到短路点，必将出现很大的过电流，所以可利用这一特点，来检测发电机之外部短路。

处理发电机外部短路的措施：原则是既要保护发电机，又要保证不中断供电。因此，要着重兼顾到保护的选择性和快速性问题，视短路点的远近而分别处理。

采用过电流保护，按时间原则保证选择性时，越靠近电源处，动作时限越大，而越靠近电源，短路电流越大，则要求保护动作越快，这是一个矛盾。为此，要用电流速断器保护来

加以补充，并联运行的发电机，在发电机侧短路时，短路电流可能很大，为保证选择性，可采用电流速断保护。

电流速断是电流保护的一种，但它和过电流保护不同，过电流保护的启动电流的整定值是以躲开最大允许工作电流来整定的，而电流速断的启动电流的整定值，则是按躲开其外部短路电流来整定的。

电流速断保护的优点是快速，比较简单、可靠。考虑到在发电机近端短路时，对保护动作快速性的要求，故可以加装瞬时动作的电流速断装置来做保护。

对于船舶发电机外部短路保护，我国《钢质海船入级规范》规定：

①过电流大于50%，但小于发电机的稳态短路电流，经与系统选择性保护所要求的短暂延时后断路器应分断。断路器的短延时脱扣器建议按下列规定进行整定：始动值为发电机额定电流的200%～250%，延时时间最长为0.6 s。

②在可能有3台及以上发电机并联连接的情况下，还应设有瞬时脱扣器，并应整定在稍大于其所保护发电机的最大短路电流下断路器瞬时分断。目前，实船上一般短路瞬时保护的启动电流整定为5～10倍的发电机额定电流，瞬时动作于发电机跳闸。

船舶发电机的外部短路保护装置是由万能式自动空气断路器中的过电流脱扣器或综合保护装置等承担的，后面将做单独介绍。

(3)船舶同步发电机的欠压保护

当发生调压器失灵或由于发电机外部发生持续性短路故障等原因时，都将出现发电机电压下降的现象。

发电机在欠压情况下运行将引起发电机过热，绝缘损坏，照明变暗，电动机的电流增加、转矩下降，严重时导致电网失电，这对发电机本身和异步电动机的运行等都是很不利的。

发电机欠压保护的任务就是当发电机在低压时，保证发电机合不上闸或从电网上自动断开。发电机欠压保护，还可作为发电机外部短路的后备保护，因为发电机外部短路时，必定要出现欠压故障；也可利用失压保护作为发电机定子绕组相间短路保护。

对于船舶发电机的欠压保护的整定，我国《钢质海船入级规范》规定：

①用于避免发电机不发电时闭合断路器时应瞬时动作；

②当电压降低至额定电压的70%～35%时，应经系统选择性保护要求的延时后动作。显然，此规范对带时限的发电机欠压保护的时限未做规定，具有良好性能快速动作的调压器在1.5 s之内可把暂时性的电压变化恢复到接近额定电压值的±3%之内。若电压下降不多，欠压保护动作时限的整定值t应大于1.5 s，一般取$t \approx 1.5 \sim 3$ s动作跳闸。若电压下降很低，欠压可能是短路造成的，所以要按短路选择性考虑延时。

船舶发电机的欠压保护装置由万能式自动空气断路器中的失压脱扣器或综合保护装置等所承担，以后介绍。

(4)逆功率保护及逆功率继电器

船舶同步发电机的逆功率运行，是指该同步发电机不是发出有功功率，而是从电网吸收有功功率。当几台同步发电机并联运行时，若其中一台发电机的原动机工作失常，例如，原动机燃油供给中断或发电机与原动机的联轴器损坏等，便使该发电机不但不能发出有功功率，反而要从系统吸收有功功率，即变为同步电动机运行。另外，并车不正确，比如当待并机组的频率小于运行机组(或电网)的频率时并车，也会造成待并发电机组逆功率运行。

同步发电机在逆功率状态下运行,对系统是不利的。如果船舶同步发电机长期处于逆功率运行状态,对原动机不利,易损坏原动机。此外,还可能造成正在并联工作的另一台发电机过载,以致造成其过载跳闸,全船供电中断。因此,出现这种情况时,应采取保护措施。

2. 船舶电力系统电网的保护

(1)船舶电网的过载保护

由于船舶电网多为单侧电源、辐射形线路,线路导线截面又都是与发电机及用电设备的容量相配合的,因此对船舶电网的过载保护,一般不需要特殊考虑和装设专门的保护装置。因为发电机出线到主配电盘这一段线路导线的截面,是按发电机额定容量选择的,所以这段线路的过载保护,可与发电机共用一套保护装置,如图 3 - 3 所示,DW 中的过载保护装置,既保护发电机,又保护该段线路。再如,由主配电板直接接到用电设备 M 这段线路,由于其导线截面积是根据用电设备选择的,故 DZ 开关中的热脱扣器既是用电设备又是该段线路的过载保护装置。

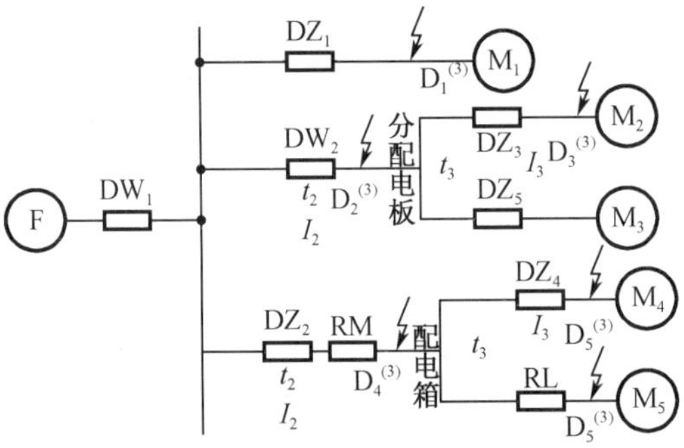

图 3 - 3　船舶电网的保护

由主配电板到分配电板或配电箱的线路,可用万能式自动开关 DW_2 或装置式自动开关 DZ_2 中的保护装置做过载保护。保护的动作值,根据用电设备组的最大负荷电流整定。这段线路过载的可能性很小,因为该用电设备组中大部分用电设备同时过载的可能性是很小的。

由分配电板或配电箱到各用电设备线路的过载保护,与用电设备的过载保护,共用一套保护装置,如采用 DZ 开关或 RL 熔断器。对于给舵机供电的线路,不论是舵机本身还是线路,都不装过载保护装置,只有过载报警。

(2)船舶电网的短路保护

由于船舶电力系统中发电机和用电设备的短路保护装置,都尽量设在靠近电源侧的出线端,因此对电网的短路保护,也不需要装设专门的保护装置。

对电网的短路保护,由于保护选择性的要求,需要考虑各段线路保护装置动作时限的相互配合问题。下面结合图 3 - 3 说明各段线路的短路保护装置及如何实现选择性。

由于从发电机端部到 DW_1 开关这段线路较短,故障可能性不大,因此可不设短路保护。从主配电板直接接到用电设备 M_1 的线路,可与用电设备共用一套短路保护装置,装在出线端。短路保护装置可由 DZ_1 开关中的电磁脱扣器来担当。因为 DZ_1 的动作时间为 0.01 ~ 0.05 s,而 DW_1 的最小瞬时动作时间约为 0.1 s,所以 DZ_1 与 DW_1 配合,是可以按时间原则来实现选择保护的。

从分配电板或配电箱直接到用电设备 $M_2 \sim M_5$ 的线路，同理，其短路保护装置与用电设备共用一套，可采用 DZ 开关中电磁脱扣器或熔断器 RL。

从主配电板到分配电板或配电箱的线路，其短路保护装置可用万能式开关 DW_2 或熔断器 RM。若采用 DW_2，则 DW_1 需延时 0.2～0.6 s。这样，DZ_3、DW_2、DW_1 中的短路保护装置，可按时间原则实现三段选择性保护。若采用 RM，则 DZ_4、RM、DW_1 或 RL、RM、DW_1，也可按时间原则实现三段选择性保护，这时 DZ_2 是用来做过载保护的。若以 DZ_2 做短路保护，则 DZ_4、DZ_2 或 RL、DZ_2 只能按电流原则实现选择性保护。

为了保证船舶电网继电保护具有选择性，除了以时间和电流原则，合理选择和整定保护装置之外，还应尽力减少从主配电板到用电设备之间分段保护的级数，否则，快速性将受到限制，而整个系统实现选择性保护也是有困难的。因为船舶电网线路较短，按电流原则实现选择性保护很困难，所以对于电动机的线路，自主配电板开始，分段保护一般不多于 4 级。对于照明线路，自主配电板开始，分段保护一般不多于 5 级。

3. 船舶电力系统用电设备的保护

船舶负载大体上可分为照明类负载和电动机类负载两大类。船舶负载通常要求设过载和短路保护装置。

(1) 照明类负载的保护

照明类负载包括电热器负载等。为防止照明类负载及供电线路因短路和过载引起过电流，导致温升过高而使电缆绝缘损坏或引起火灾，照明类负载都设有过电流保护装置。照明类负载基本上是电阻性负载，其功率因数接近于 1，其保护装置比较简单，可采用装置式断路器或熔断器来实现过电流保护。

在船舶照明类负载保护中，通常 16 A 以下的分支电路多采用熔断器。对于一般回路，熔断器的额定电流应选择与负荷电流一致。考虑到不同光源的启动电流不同，因此保护电器的动作电流也有所区别，由于高压汞灯和高压钠灯的起燃电流持续时间长，所以保护电器的额定值选择应稍大一些。对于船舶照明线路，按规定，实际负载电流不应超过保护电器整定值的 80%。

(2) 电动机类负载的保护

电动机类负载是船舶电力系统中的主要负载，且很多属于重要负载，因此我国《钢质海船入级规范》对其保护的要求较明确。例如，容量大于 0.5 kW 的电动机和所有重要设备的电动机均应设有独立的过载保护、短路保护和欠电压保护；对于高压大容量的电动机，应设专门的继电保护装置。通常这些继电保护装置设置在配套的电气控制柜中，由设备制造厂成套供给。

三、船舶电力系统保护装置的基本构成

现代船舶电力系统保护装置通常包括以下几部分：

①电路参数的监测部分：用以对系统的电气参数，如电流、电压、频率等的变化做出准确、迅速的反应，以便为系统保护提供各种原始的信息。监测部分应该非常灵敏，能够检测系统参数的瞬息变化，而检测的误差要小，以避免影响保护的选择性、可靠性和灵敏性。

②逻辑判断部分：现代的保护系统应具有区分电力系统正常和不正常状态，并做出决定的功能。它应该知道电力系统在发生故障前能够经受多长时间的不正常状态，能够从系统参数上鉴别正常和不正常的状态，并做出是否需要发出限制或防止故障发生的动作命令

的逻辑判断。

③不正常状态的预警和报警部分:用以及时向操作人员警告可能发生的故障,以便采取适当的措施。

④故障保护动作部分:用来对超过允许极限的故障采取紧急保护措施,并尽可能做到最小范围的故障切除。

目前新建自动化船舶上,一般把电站的综合保护装置与电站的其他自动控制装置合成一个整体,形成船舶电站的自动化系统。如丹麦 DEIF 公司生产的发电机并车及保护核心控制器 PPU,日本 TERASAKI 公司生产的 GAC－5C 型船舶电站自动控制系统都是集自动控制与综合保护为一体的船舶电站自动化系统。

四、对保护装置的基本要求

根据船舶电力系统保护装置所承担的基本任务和作用,一般对保护装置有四项基本要求。

1. 选择性

船舶电力系统保护的选择性是指当电力系统发生故障时,保护装置应仅把故障电路切除,使停电范围尽量缩小,从而保证船舶电力系统中其他非故障部分仍然能够继续安全运行。图 3－4 为船舶电力系统供电保护选择示意图,其中 ACB_1 是发电机的主开关,MCB_1、MCB_2、MCB_3、MCB_4、MCB_5 是各负载开关。

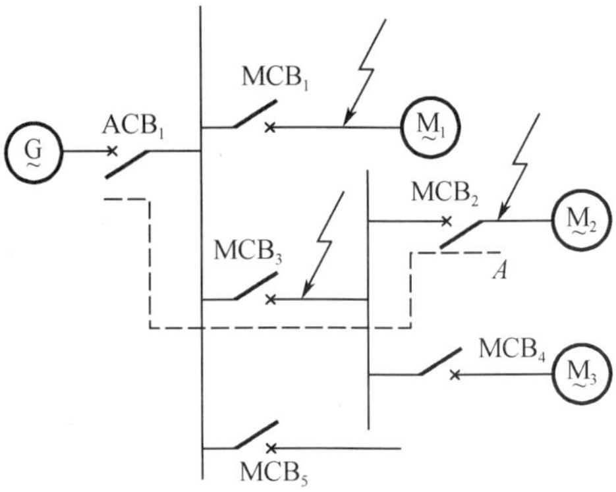

图 3－4 保护选择示意图

当 A 点发生短路时,这时短路电流将流过发电机主开关 ACB_1 和负载开关 MCB_2、MCB_3(图 3－4 中虚线)。保护装置应仅使离故障点 A 最近的负载开关 MCB_2 动作,将 MCB_2 开关自动断开,这时,MCB_3 和 ACB_1 开关中的保护装置都不应动作,这样仅对有故障的电路停止供电而对其他无故障的电路仍然继续供电,这就是保护的选择性。若保护装置无选择性,ACB_1 或 MCB_3 动作,就要扩大停电范围,甚至引起全船停电,可能造成更大的事故。

在选择性保护中,若前一级保护装置拒绝动作,则后一级保护装置动作。如图 3－4 所示,当 A 点短路时,若 MCB_2 开关由于某种原因没有断开,故障不能切除,则 MCB_3 开关中的保护装置应动作。在这种情况下,称后一级保护 MCB_3 是前一级保护 MCB_2 的后备保护。显然,MCB_3 断开,造成了 M_3 失电。因此,这种情况是部分地失掉了选择性,扩大了停电范围,或者说保护装置具有部分选择性。如果 MCB_2、MCB_3 均拒绝动作,而是 ACB_1 动作跳闸,将造成全船电力系统失电，称完全无选择性进行保护。由于保护装置或开关拒绝动作的现象还是可能发生的，因此后备保护是完全必要的，否则，故障部分将无法消除或使事故扩大。

实现保护选择性有两个基本原则：时间原则和电流原则。

①时间原则是指以保护装置动作时限的不同，来保证选择性。一般由负载至电源端，逐级加大整定各级保护的延时。如图 3－4 所示的船舶电力系统，ACB_1、MCB_3和 MCB_2的过电流保护的动作时限分别为 t_1、t_3 和 t_2，则 $t_1 > t_3 > t_2$。一般 $t_3 = t_2 + \Delta t$，$t_1 = t_3 + \Delta t = t_2 + 2\Delta t$，其中 Δt 是相邻两级保护动作时限之差。

由此可见，实现保护选择性的时间原则，确定 Δt 是关键问题。因为 Δt 太大，动作慢，影响速动性原则，所以应使 Δt 尽量小。但由于受限于目前保护装置的灵敏度，Δt 也不能太小，否则保护装置无法满足这样高的灵敏度的要求，不易分辨。另外，保护的级数不能太多(一般 3～5 级)，否则也不利于保护的快速性要求。

②电流原则是指依次整定各级保护装置动作的电流值的不同，来保证选择性。从负载至电源端，逐级加大各级保护的动作电流整定值。如图 3－4 所示，设 ACB_1 的过电流保护的启动电流为 I_1，MCB_3 的过电流保护的启动电流为 I_3，MCB_2的过电流保护的启动电流为 I_2，则按电流原则进行选择性保护要求：

$$I_1 > I_3 > I_2$$

从原理上讲，按时间原则或电流原则都能实现保护的选择性。但由于船舶输电线路较短，线路阻抗较小，电网各段短路电流都很大，因此按电流原则实现选择性保护往往是有困难的。而按时间原则实现选择性保护，则整定比较容易，而且比较可靠。但是，完全按时间原则实现选择性，往往影响保护快速性并且保护装置十分复杂。因此，在船舶电力系统中，最好采用时间原则和电流原则相结合的方法，来满足保护选择性和快速性的要求。

2. 速动性

速动性就是保护装置的动作时限应力求短。迅速消除故障可减轻被保护设备的损坏程度，防止故障蔓延，并减少对非故障电路的影响。要求快速切除短路故障的理由主要有以下两方面。

(1)热效应方面

通过电气元件的短路电流产生的热量 Q 与短路电流 I_K 的平方和时间 t 成正比，即

$$Q = KI_K^2 t \tag{3-1}$$

式中　K——比例系数。

由此可见，短路切除得越快，产生的热量越小，设备越不易烧坏。

(2)对负荷的影响方面

短路对异步电动机的影响最明显，由于异步电动机的转矩 M 是和电压的平方成正比的，即

$$M = KU^2 \tag{3-2}$$

式中　K——比例常数。

由式(3－2)可见，若电压 U 下降较大，转矩 M 下降更大，这会使电动机停止运作。若短路故障很快被切除，非故障部分的电压可迅速恢复。因为电动机有一定的惯性，所以可使非故障部分的电动机仍然正常工作。若切除得慢，非故障部分的电动机也都要停下来，其中包括重要负荷，这是很不利的。

3. 灵敏性

继电保护装置的灵敏性是指对于其保护范围内的故障或不正常工作状态的反应能力。也就是说，不管运行情况、短路性质和位置如何，对属于自己保护范围之内的故障，都要反应灵敏，灵敏性越高，故障发觉和切除得就越早，对系统的影响和设备的破坏就越小。灵敏性是指保护装置反应故障的能力，一般以灵敏系数的大小来衡量。例如，某一线路电流保护中的电流继电器的整定值为 5 A，短路时输入电流为 10 A，则它的灵敏系数等于 2。

4. 可靠性

保护装置的可靠性是指装置本身要能可靠地工作。对它保护范围之内的故障，不应拒绝动作；在船舶电力系统正常运行或发生了不属于保护装置保护范围内的故障时，它不应误动作，否则，保护装置本身就可能成为产生和扩大事故的根源。因此，保证保护装置的可靠性是很重要的。保护装置的可靠性主要取决于保护方式的选择，装置本身的质量，整定计算和调试，安装、维护和检修质量等。

从对保护装置的上述基本要求中可以看出，这四个方面是互相联系、互相制约的。例如，若速动性很高，则选择性就要差些；反之亦然。若可靠性很高，则灵敏性就要差些；反之亦然。在应用中对于具体问题需结合实际，具体分析和解决。例如，对于过载保护，主要是考虑它的可靠性，并不要求它的速动性，而对于短路保护，则要尽量考虑它的速动性。

第四节　自动空气断路器的使用与维护

自动空气断路器是船舶电力系统中常用的一种配电保护电器，集控制与多种保护功能于一体，在正常情况下可用于不频繁地接通和断开电路，当电路中发生短路等故障时，能自动切断故障电路，保证线路和电气设备的安全，所以，船舶电流系统自动空气断路器既是一种开关电器，又是一种保护电器。

自动空气断路器具有操作安全、安装使用方便、工作可靠、动作值可调、通断能力高及使用寿命长等特点，在船舶电力系统中得到广泛应用。

一、船用自动空气断路器分类及功能

船用自动空气断路器可分为万能式自动空气断路器（air circuit breaker，ACB）和装置式自动空气断路器（moulded case circuit breaker，MCB）。万能式自动空气断路器也称框架式自动空气断路器，而装置式自动空气断路器又称塑壳式自动空气断路器。

1. 船用万能式自动空气断路器

船用万能式自动空气断路器一般装设在配电装置内，也可安装在墙上或支架上，因此又称框架式自动空气断路器。其所有的组件，如触头系统、灭弧室、脱扣器和操作机构均装在一个绝缘的金属框架内。

船用万能式自动空气断路器具有多种操作方式和保护方案，它既可采用手柄手动操作，又可使用按钮手动遥控操作，也可采用自动操作。它能切断很大的短路电流，通、断电流的能力相当大。它既可作为发电机主电路通、断用，可带负荷通断电路，又可作为发电机的保护装置用，在发电机发生短路、过载、欠压和逆功率故障时自动跳闸。万能式自动空气断路器的保护有热脱扣器、电磁式脱扣器、电子式及智能化脱扣器等保护装置。智能化脱扣器可实现选择性断开，并具有动作显示、记录和报警等功能，整定电流和故障电流（过载

电流和短路电流）可在脱扣器面板上显示出来。

船用万能式自动空气断路器是具有短路、过载、欠压多种保护的非频繁操作的开关装置，常用作发电机的主开关、供电总开关，通常简称为船舶发电机主开关，所以，它是船舶电站中一个十分重要的电器。

2. 船用装置式自动空气断路器

船用装置式自动空气断路器一般安装在低压配电装置之内，又称塑壳式自动空气断路器。装置式自动空气断路器为封闭式结构，除操作手柄及接线端子外露外，其余部件（触头、灭弧室、脱扣器和操作机构）均装在塑料外壳之内。

装置式自动空气断路器是一种容量相对小的自动空气断路器，具有安全、美观、体积小、质量小等特点，主配电板及分配电板上的配电开关大量地使用这种断路器。在电路正常运行时，可用于不频繁地接通和断开电路，当电路不正常运行和故障情况下，能自动切断电路，保证线路和电气设备的安全，具有保护装置的作用。装置式自动空气断路器一般具有过载和短路保护的功能，用以保护电力系统线路及电机、电气设备等，常简称为船舶负载开关。常用的船用装置式自动空气断路器主要有 DZ 等系列（图 3－5）。

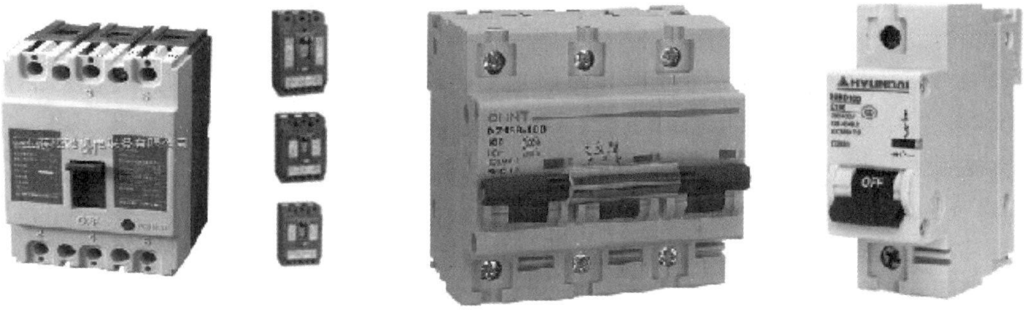

图 3－5　各种类型的装置式断路器

装置式自动空气断路器除具有过载、短路保护功能外，特殊的还具有失压等保护功能，因此，当发电机功率小于 50 kW 时，也可用作发电机主开关。装置式自动空气断路器有如下特点：

①操作方式主要为手柄操作，容量较大的配有电动操作。

②主要有热脱扣器、电磁式脱扣器及电子式脱扣器等保护装置。

③电流容量和通、断电流能力均相对较小，但其分断速度较快，断路时间（含灭弧时间）一般不超过 0.02 s。

④结构尺寸较小，质量较小，广泛用作容量较小的配电开关、电动机控制开关、照明控制开关等。

二、自动空气断路器电气参数

①额定电压：在规定条件下，自动空气断路器在长期工作中能承受的最高电压。

②额定电流：在规定条件下，自动空气断路器在合闸位置允许长期通过的最大工作电流。自动空气断路器的额定电流一般在几十至 4 000 A。

③短路接通能力：当发生短路故障时，自动空气断路器能承受的最大短路电流值。

短路接通能力应大于其工作电路的最大计算短路电流。自动空气断路器的短路接通能力一般从几十千安到150 kA。

④短路分断能力：当发生短路故障时，自动空气断路器分断电流（或电弧）的能力。短路分断能力应大于其工作电路短路后的对称交流短路电流的有效值。一般从几十千安到100 kA。

⑤机械寿命：自动空气断路器在需要修理或更换机械零件前所能承受的无载操作次数称为机械寿命。

⑥电寿命：在规定的正常工作条件下，自动空气断路器不需修理或更换零件情况下，带负荷操作的次数称为电寿命。

三、万能式自动空气断路器结构

万能式自动空气断路器形式很多，在结构上也不尽相同，但基本组成及工作原理大同小异，一般由触头系统、灭弧装置、操作机构和保护机构等组成。

1. 触头系统

船用万能式自动空气断路器的触头系统一般由2～3组触头以及多组辅助触头组成。触头一般包括主触头、副触头（又称预接触头）和弧触头。

主触头、副触头、弧触头用于通断主电路。在电路闭合时通过的额定电流是由主触头承担的，为避免主触头在接通和断开电路时被大电流产生的电弧灼伤，还设有弧触头。有些大容量断路器还设有一组副触头，它们的逻辑动作顺序是：在合闸时，先接通弧触头，然后接通副触头，最后才接通主触头；在分闸时，先断开主触头，然后是副触头，最后才是弧触头，这样，电弧主要产生在弧触头上。因此，弧触头要采用耐电弧、抗熔焊的材料制成，如铜或铜钨合金，而主触头要求采用良好的导电材料，如银钨合金，副触头则采用紫铜材料。触头系统的设计，应具有足够的电动稳定性，具有电动力补偿，即短路电流所产生的电动力不是减弱而是加强触头的压力。

另外，船用万能式自动空气断路器还包括多组辅助触头（多组常开、常闭触头），用在控制电路中，以指示空气断路器的通、断状态。

万能式自动空气断路器的主触头系统常用的有对接式触头、桥式触头和插入式触头。对接式触头在大、小容量中均常使用，它配合栅片式灭弧装置，既可拉长电弧，又可利用灭弧栅片将电弧分割成短弧，获得较好的灭弧效果。

桥式触头具有双断口触头系统，为了防止触头接触处温升过高，需要加大接触压力，要求具有较高的闭合力和较贵的触头材料。

插入式触头只用于不产生电弧的接触处，这种触头的特点本身具有电动补偿作用，当通过巨大短路电流时，能防止触头弹开。

2. 灭弧装置

船用万能式自动空气断路器的灭弧装置随断路器的结构而异，采用较多的是灭弧罩加磁吹线圈结构。要想提高空气断路器的断流容量，必须具有强灭弧性能，通常采用复式灭弧原理，即具有去离子栅片和灭弧栅，以减小断开断路器时的飞弧区域。当开关断开时，强大的电流以电弧的形式进入灭弧栅，利用复式灭弧栅片将长弧隔离成多端短弧缩小飞弧距离，使电弧迅速降温熄灭。

船用万能式自动空气断路器有三个灭弧罩，内部分别是断路器的三相动、静触头，这样设计的作用是使灭弧罩内的电弧迅速熄灭，以保护触头不被电弧灼伤或熔焊，同时各相电弧在各自的灭弧罩内，不会产生三相弧光短路，提高了断路器的使用寿命和工作的可靠性。

3. 操作机构

万能式自动空气断路器的操作机构可分为合闸操作机构和合闸脱扣机构。

目前船舶采用的空气断路器有三种合闸操作方式，即手柄合闸、电动机合闸和电磁铁合闸方式。船用万能式自动空气断路器大多采用按钮合闸操作，其内部实际合闸操作机构不是电磁铁形式就是电动机形式，但均要保留有手柄操作方式。手柄操作合闸方式一般只在检查和特殊情况下使用。一般较大容量的开关是采用电合闸，以减少操作强度，并能满足自动控制和遥控操作的需要。不论哪一种操作方式，均要首先使储能弹簧储能，并使自由脱扣机构“再扣”，然后利用弹簧的储能快速合闸，使合闸的时间与操作无关，仅与断路器内部机构有关。目前万能式自动空气断路器，采用电磁铁合闸操作机构的合闸时间在 0.1 s 左右，采用电动机合闸操作机构的合闸时间为 0.3 ~ 0.4 s。

手柄合闸操作依照主开关类型不同，其操作方法也不一样。有的先将合闸手柄逆时针转动 120°左右，然后顺时针转动 120°左右来实现合闸；有的先将合闸手柄向下扳动，然后向上扳动来实现合闸；也有先将手柄摇转 38 圈左右使储能弹簧储能（也有发电机建压后主开关自行使储能弹簧储能的，因此不需要摇动），使自由脱扣机构达“再扣”位置，然后将手柄再摇转 2 ~ 4 圈，使储能弹簧释放，实现合闸。

①DW95 自动断路器采用电磁操作，弹簧储能合闸，其电磁合闸操作的控制电路原理，如图 3 – 6 所示。当发电机建压后，电源经合闸操作按钮 A 的常闭接点、整流二极管 D_1、限流电阻 R、中间继电器 ZJ 的常闭接点 ZJ/1 和 ZJ/2，对电容 C 进行充电，做好合闸准备时，按下合闸操作自动复位按钮 A，其常闭接点断开，常开接点闭合，C 的充电回路被断开，已充电的 C 经常开接点（现已闭合）、主开关的常闭辅助触头 DF_1 立即对 ZJ 放电。

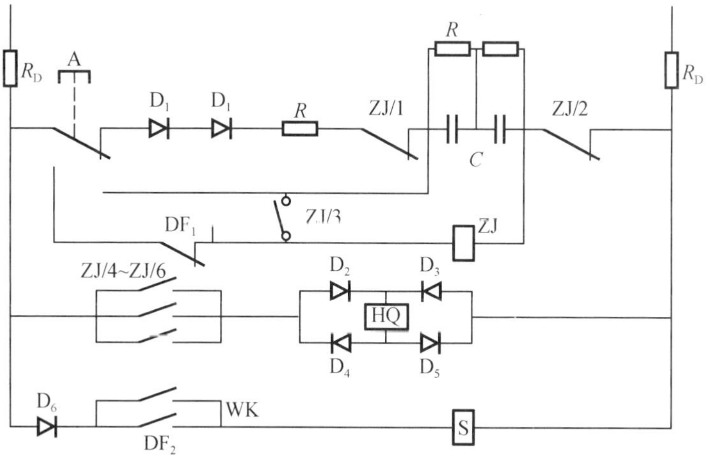

图 3 – 6　DW95 自动断路器电磁合闸操作控制电路原理图

ZJ 获电后立即动作，ZJ/1 和 ZJ/2 断开，使 C 的充电回路保持断开。ZJ 的常开触头 ZJ/3 闭合，使 ZJ 自保。ZJ 的常开触头 ZJ/4 ~ ZJ/6 闭合，使操作电源经 ZJ/4 ~ ZJ/6 和桥式整流器 D_2 ~ D_5，对合闸操作电磁铁线圈 HQ 供电。HQ 获电后动作，立即将储能弹簧拉长，使弹簧储能，此时自由脱扣机构处于“再扣”位置。

由于 C 很快放电结束，因此经很短时间后，C 的电压降低至 ZJ 的释放电压，ZJ 释放，于是 ZJ/4～ZJ/6 断开，使 HQ 断电，已储有位能的储能弹簧被突然释放，带动主开关合闸。

由于 ZJ 释放，ZJ/1 和 ZJ/2 闭合，C 又被充电；ZJ/3 断开，使 C 对 ZJ 的放电回路断开，这就为下次合闸做好了准备。当开关合闸后，因为 DF_1 已断开，所以这时即使重按 A，也不会有任何动作。

在 DW95 自动断路器开关未合闸之前，当 HQ 通电吸动衔铁使储能弹簧储能的同时，压下微动开关 WK，使 WK 闭合，给失压脱扣线圈 S 通电。当合闸后，WK 又断开，但此时 DW95 自动断路器开关的常开辅助触头 DF_2 已闭合，故仍可保持 S 有电。

②AH 型万能式自动空气断路器的合闸操作采用电磁铁直推式合闸，电路原理如图 3－7 所示。发电机建立电压后，合上电磁控制开关，继电器 KA_1 通电，其常开触头 KA_1 闭合后继电器 KA_2 有电，其常开触头 KA_2 闭合，合闸线圈 HQ 通电，快速将动衔铁吸上，利用动衔铁的质量和速度，通过电磁合闸柱销，对四连杆机构产生一个较大的冲击，推动合闸机构合闸。合闸后，自动开关的辅助常开触头 DF_1 闭合，继电器 KA_3 通电，其常闭触头 KA_3 断开，继电器 KA_1 断电，其常开触头 KA_1 断开，控制继电器 KA_2 失电，触头 KA_2 断开，从而使合闸线圈 HQ 断电，电磁吸力消失，合闸动衔铁在自身重力和复位弹簧作用下掉落，恢复原样，准备下次合闸。

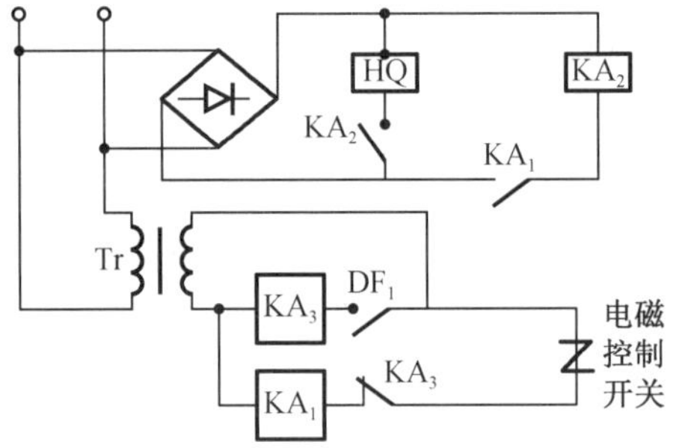

图 3－7　AH 型万能式自动空气断路器合闸操作电路原理图

万能式自动空气断路器有手动机械分闸和电磁分闸两种分闸操作方式，一般由自由脱扣机构实现分闸操作。所谓“自由脱扣”是指在主电路中出现故障电流时，不论操作手柄在什么位置，图 3－7 中 AH 型万能式自动空气断路器合闸操作电路原理图触头均能迅速分断电路。

自由脱扣机构的作用是使触头保持闭合或迅速分断。它是触头系统和操作传动装置之间的联系机构。自由脱扣机构功能：将手柄或电动合闸部分的操作传递给触头系统；完成合闸操作后，维持触头系统处于接通位置；保护部分动作能够使它自由脱扣。

4. 保护机构

保护机构由各种脱扣器组成。脱扣器是自动空气断路器的感受元件，当电路发生故障时，脱扣器接到信号后动作，经过断路器自身的自由脱扣机构使自动空气断路器分闸。万能式自动空气断路器的脱扣器主要分为过电流脱扣器、失压脱扣器、分励脱扣器等。各种船用自动空气断路器可按需要装设不同的脱扣器。过流、失压、分励脱扣器原理示意图如图 3－8 所示。

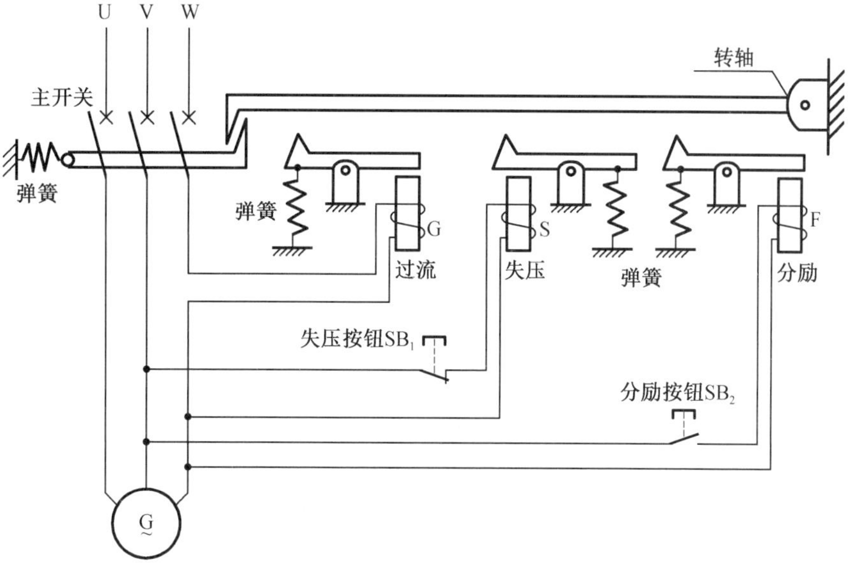

图 3-8 过流、失压、分励脱扣器原理示意图

过流脱扣器用于短路、过载保护。过电流脱扣器分为双金属片热脱扣器和电磁式过流脱扣器。双金属片热脱扣器具有反时限特性，当电路发生过载时，双金属片弯曲，使自动开关跳闸。电磁式过流脱扣器的电磁线圈，当通过电流大于一定数值时，脱扣器动作，使开关跳闸切断电路，可作为短路、过载保护之用。保护特性采用过载长延时（包括定时限和反时限两种）、短路短延时及特大短路瞬时脱扣的三段保护特性。反时限就是指过载越大，要求开关动作的时间越短；过载越小，要求开关动作的时间越长，也就是要求开关动作的时间和过载电流成反比关系。

失压脱扣器用于欠压、失压保护，欠压保护可在 35% ~70% 额定电压范围内整定。为了避免在电网电压瞬时波动下产生误动作（如较大异步电动机启动等），要求在欠压情况下可带有一定的延时。

分励脱扣器可用于远距离遥控断路器迅速分闸，分励脱扣器的作用原理与失压脱扣器相似。但是，它是由操作人员或保护装置发出指令后执行断路器跳闸的。失压脱扣器电磁线圈是串联在电源电路中，正常情况下失压脱扣器电磁线圈有电，而分励脱扣器的电磁线圈正常情况下不通电，当需要自动空气断路器分闸操作时，才给分励脱扣器一个控制电压，使其瞬间动作跳闸。

四、船用万能式自动空气断路器保护功能原理分析

万能式自动空气断路器跳闸有三种方法：第一种是备用的手动机械脱扣跳闸；第二种是常用的手动按钮电磁脱扣跳闸；第三种是由保护装置动作，自动控制脱扣器使断路器自动跳闸。上面介绍了前两种方法，以下重点分析保护装置动作，自动控制脱扣器使断路器自动跳闸的方法。

1. DW98 型自动空气断路器保护功能原理分析

DW98 型自动空气断路器采用半导体脱扣器作为保护装置，其原理图如图 3-9 所示。

半导体脱扣器能实现欠压延时跳闸保护、特大短路瞬时跳闸保护、短路短延时跳闸保护以及过载长延时跳闸保护。

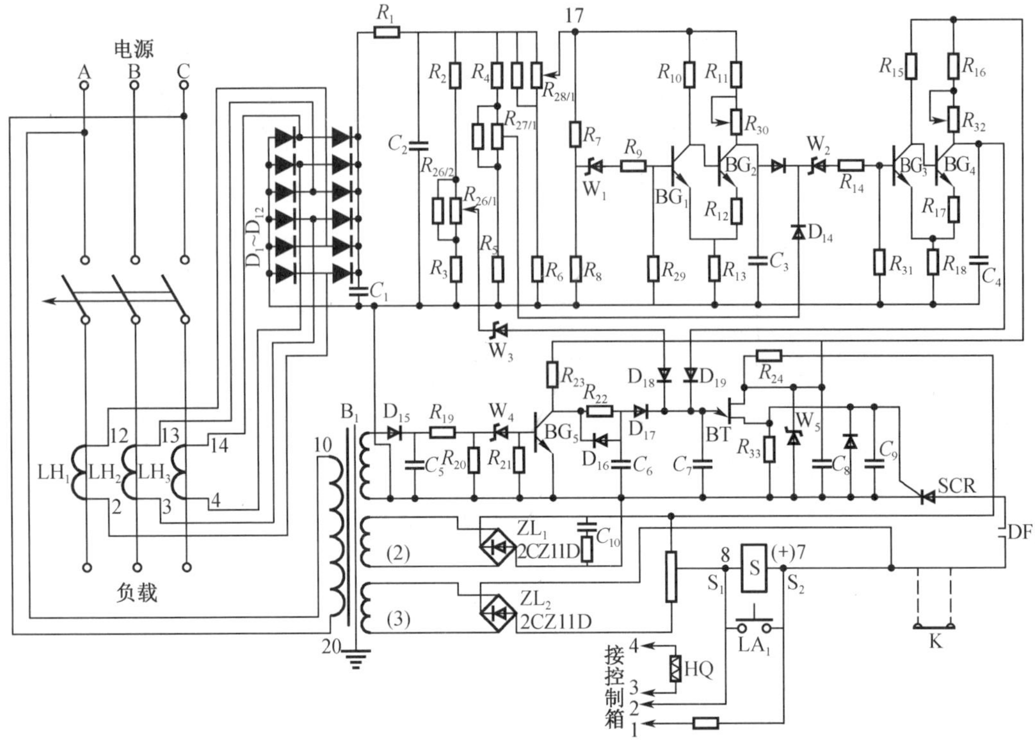

图 3－9　DW98 型自动空气断路器半导体脱扣器电路原理图

(1)欠压延时跳闸保护

发电机电压经变压器 B_1 的第二个副边绕组降压，并经 ZL_1 桥式整流，R_{24}、C_8 阻容滤波，稳压管 W_5 稳压之后，作为晶体管直流稳压工作电源。

欠压保护的电压形成和整流滤波回路：由图 3－9 中可见，发电机电压 U_{AC}，由变压器 B_1 的第一个副边绕组降压到 15 V。经二极管 D_{15} 半波整流，电容 C_5 滤波，电阻 R_{19}、R_{20} 分压后，在 R_{20} 上取出弱电直流电压控制信号，该电压信号与发电机电压成正比，加到后面的启动电路上。

欠压保护的启动电路和时限电路，由稳压管 W_4 击穿，晶体管 BG_5 和充电延时电容 C_6、C_7 等组成。

当发电机工作于正常电压时，R_{20} 上的电压可以使稳压管 W_4 击穿，晶体管 BG_5 处于饱和导通状态，因而其时限电路的延时电容 C_6 被短路。BG_5 集电极电位约 0.3 V，故 D_{17} 不能导通。此时，出口电路不输出欠压信号。

当发电机电压低于欠压保护启动电压整定值，例如达 65% U_e 时，R_{20} 上的电压低到不足以击穿稳压管 W_4，晶体管 BG_5 截止，工作电源通过电阻 R_{22}、R_{23} 对 C_6 和 C_7 并联充电，电容充电达单结晶体管 BT 的峰值电压所需的时间，就是欠压保护的延时时间。DW98 型自动空气断路器半导体脱扣器的欠压延时分 0.5 s、1 s、3 s、5 s 四种可供选择，延时完毕，通过出口电路，发出欠压延时保护跳闸信号，使开关跳闸，实现发电机欠压延时跳闸保护。

半导体脱扣器总的出口电路由单结晶体管 BT 和可控硅 SCR 组成无触头出口电路。欠压延时、特大短路瞬时、短路短延时和过载长延时跳闸保护的动作信号，分别通过二极管 D17、D18 和 D19 来启动这同一出口电路，故该出口电路是由 D17、D18 和 D19 组成的三端“或门”控制着，只要上述保护其中之一动作时，就会使触发器发出脉冲，触发 SCR 导通，即通过该出口电路发出跳闸控制信号。

晶体管保护装置都是间接动作式的，因此其出口电路的输出信号，要去控制一个跳闸操作机构。由前所述，自动空气断路器的失压脱扣器 S 就是一个跳闸操作机构，当 S 有电时，开关才有可能合上闸，而当 S 失电时，开关就会自动跳闸，故可使出口电路的输出通过控制 S，来操作自动跳闸。

正常情况下，发电机电压经变压器 B_1 的第三个副边绕组降压，ZL_2 整流后，对 S 供电，其电流方向由 7 点到 8 点。当保护装置出口电路的可控硅 SCR 导通时，使电源(2)通过 SCR 给 S 又加上一个方向由 8 点到 7 点的电压，此电压与电源(3)对 S 所加电压的方向相反，相互抵消，因此使 S 失压，开关自动跳闸。

(2)过电流保护

①过电流保护的电压形成和整流滤波回路。

发电机的三相电流分别经三个电流互感器 $LH_1 \sim LH_3$ 进行检测，经三个单相桥式整流器 $D_1 \sim D_{12}$ 进行整流，由 C_1、C_2、R_1 滤波之后，通过三组并联的分压器，将电流信号最后变换成弱电直流电压控制信号。显然，分压器输出电阻上的弱电直流电压控制信号与发电机的强电交流电流信号成正比。在图 3-9 中，从左至右，第一组分压器 R_2、R_{26}、R_3 为特大短路瞬时跳闸保护的信号检测电路；第二组分压器 R_4、R_{27}、R_5 为短路短延时保护的信号检测电路；第三组分压器 R_{28}、R_6 为过载长延时保护的信号检测电路。

②特大短路瞬时跳闸保护的启动电路。

所谓“特大短路”，在这里是指接近电源处发生短路。因为短路路径特别短，阻抗很小，故短路电流特别大。由于要求快速性，因此采用电流速断保护，瞬时动作跳闸。

特大短路保护的启动电路由稳压管 W_3 和二极管 D_{18} 构成。正常情况下 W_3 截止，保护不动作。当发生特大短路时，由 R_{26} 整定的电压足以使 W_3 击穿。通过 D_{18}，使 C_7 迅速充电，BT 几乎立即发出脉冲，触发 SCR 导通，使 S 失电，开关瞬时动作跳闸，实现特大短路瞬时跳闸保护。

调整 $R_{26/1}$，可以在$(5 \sim 10)I_{tk.e}$的范围内整定启动电流值。这里 $I_{tk.e}$ 是指断路器脱扣器的额定电流，而不是开关或发电机的额定电流。例如，DW98-400 型开关的脱扣器额定电流的规格为 100 A、150 A、250 A、300 A、400 A，DW98-600 型的为 500 A、600 A，因而在选择断路器时，要考虑到断路器脱扣器的额定电流与发电机额定电流的相互配合。

③短路短延时跳闸保护的启动和时限电路。

短路短延时跳闸保护的启动和时限电路，主要由稳压管 W_2、晶体管 BG_3 及 BG_4 构成的射极耦合触发器式启动电路及充电延时电容 C_4 组成。短路短延时保护的控制信号从检测环节的 R_{27}、R_5 输出，经 D_{14}、W_2，R_{14}加到作为监控器 BG_3 的基极上。在正常情况下，电流小于短路短延时的启动电流整定值，由分压器输出的电压低于稳压管 W_2 的击穿电压值，W_2 截止，BG_3 无基极电流，亦截止，BG_4 饱和导通，C_4 上电压甚低，D_{19}截止，故出口电路不工作。

当发生短路时，电流增大，由 R_5，整定输出的直流控制电压使 W_2 击穿，于是 BG_3 导通，BG_4 截止。由 BG_4 的工作电源经电阻 R_{16}、R_{32}对 C_4 充电。当 C_4 上的电压使 D_{19}正向导通后，C_4 与 C_7 并联而被充电。电容被充电达 BT 峰点电压的时间，即为时限电路的延时时间。当充电达 BT 峰点电压时，BT 发出脉冲，触发 SCR 导通，使 S 失压，开关跳闸，从而实现了短路短延时跳闸保护。

对短路短延时保护，调整 $R_{27/1}$ 的动触头，可在规定的范围内整定启动电流值。调整 R_{32} 的大小，可在 0.2 ~0.6 s 范围内整定延时时限，保护具有定时限特性。

④过载长延时跳闸保护的启动电路和时限电路。

过载长延时跳闸保护的启动电路和时限电路，主要由稳压管 W_1，晶体管 BG_1、BG_2 构成的射极耦合触发器式启动电路及电阻 R_{11}、R_{30}、电容 C_3 构成的充电延时电路组成。

发电机过载信号，由电位器 $R_{28/1}$ 整定的电压取得。这一电压，一方面作为 BG_1、BG_2 直流工作电源，另一方面又经电阻 R_7 和 R_8 进行分压并从 R_8 上取出电压信号加到启动电路的 W_1 和 BG_1 基极上。

在发电机正常工作时，R_8 上的电压较低，稳压管 W_1 是截止的，BG_1 无基极电流，也处于截止状态，BG_2 饱和导通，保护装置不动作。

当出现过载时，R_8 上的电压升高，使 W_1 击穿，BG_1 饱和导通，BG_2 截止。这时，从 $R_{28/1}$ 上取得的电压信号，经 R_{11}、R_{30} 直接对 C_3 充电。C_3 上的电压按指数规律上升，进行延时。当 C_3 上的电压上升到足以击穿 W_2 时，延时完毕。W_2 被击穿后，同短路短延时保护动作过程一样，开关跳闸，从而实现了过载长延时保护。

在分析这一部分电路时，应注意两点：

a. 长延时的信号是经过短延时信号的通道送出去的，但由于长延时的时间远大于短延时的时间，因此长延时的时间主要决定于 C_3 充电电路的时间常数。

b. 对 C_3 充电的电源电压是由过电流信号变换过来的，是随过载的大小而成正比变化的电压，因此虽然充电电路的时间常数不变，但延时不是定时限的，过载小时延时时间长，过载大时延时时间短，这就使过载长延时保护具有反时限特性。

对过载长延时保护，调整 $R_{28/1}$ 的动触头，可以在(1.0 ~2.5)$I_{tk.e}$ 的范围内整定过载启动值。当启动值整定在 1.2$I_{tk.e}$ 时，调整 R_{30} 的动触头，可在 5 ~30 s 整定长延时的时间。

E 系列万能式空气断路器配有微处理(电子式)脱扣器过电流保护装置，提供过载保护(L)、选择性短路保护(S)，瞬时短路保护(I)等保护功能，功能说明如下：

L(长延时过流保护)：

当通过断路器的电流达到启动电流时，保护装置延时启动，其动作时间较长，为反时限特性。这一段过电流保护用于过负荷保护。

S(短延时速断保护)：

当电路中的电流达到很大数值，亦即达到速断保护的启动电流时，断路器经过一个很短的延时(0.1 ~0.4 s)立即跳闸。这一段保护适用于发生短路保护电流时的动作跳闸之用，一般称为短路短延时保护。

I(瞬动速断保护)：

当短路电流足够大时，这一段保护瞬时动作使断路器立即跳闸，其跳闸时间一般只有 0.015 ~0.016 s。

G(接地保护)：

当电路中发生接地故障，故障电流达到设定的启动数值时，保护装置动作，断路器跳闸。

五、自动空气断路器的拆装与维护

1. 自动空气断路器的拆装（抽出、装复）

断路器的型号、规格不同，抽出型框架式自动空气断路器的抽出手柄形式也不同，有手摇式、U形杠杆式等，抽出的具体操作也有差异，但原理基本相同。

框架式自动空气断路器的抽出位置——“断开”位置，断路器有“连接”“试验”和“断开”三个位置，面板上有断路器抽出位置指示。

“连接”位置，是断路器正常工作位置，断路器固定部分与可抽出部分之间的主电路、控制电路连接器均处于连接状态。

“试验”位置，断路器固定部分与可抽出部分之间的控制电路连接器处于连接状态，主电路连接器处于断开状态。控制电路接通，可试验合闸、分闸和各种脱扣等控制功能，合闸试验时，即使断路器触头闭合，也不会接通断开的主电路。

“断开”位置，断路器固定部分与可抽出部分之间的主电路、控制电路等的连接器均处于断开状态，整个断路器完全无电，可安全地维护、保养、检修断路器。若把断路器从“断开”位置继续沿轨道拉出，可把断路器从轨道移下，放置到比较方便的地方或车间维护、保养或检修。

2. 注意事项

抽出和装复自动空气断路器注意事项介绍如下。

（1）联锁机构

断路器都设有联锁机构，可能包括：

合闸状态不能抽出断路器或不能插入抽出手柄，只有分闸状态才可抽出断路器或插入抽出手柄。

需根据说明书要求压下相应联锁杠杆才能开始抽出操作，否则不能插入抽出手柄或不能抽出断路器。

大部分断路器（一些早期产品除外），抽出或装复到某一个位置时联锁杠杆会自动复位，表示已到位。若需继续进行抽出或装复操作，需再一次压下相应的联锁杠杆。

某些型号的断路器，插入抽出手柄时，需按下面板上的“TRIP”按钮。

某些型号的断路器，在“连接”位有紧固螺丝固定，需先松开紧固螺丝才能开始抽出操作；检修完毕要把紧固螺丝紧固到位。

装复断路器，若未安装到“连接”位，机械联锁机构将使主开关不能合闸。

（2）断路器抽出检查的次数

断路器的抽出检查次数不宜过于频繁。

为了保证主电路导体、控制电路连接器等在整个船舶使用寿命内连接的可靠性，有的厂家在说明书中规定断路器抽出次数的上限值（约100次）。

3. 自动空气断路器的日常维护

自动开关是一种比较复杂的电器，需要妥善地维护才能保证其正常工作。

自动开关在使用前必须擦净电磁铁工作面上的防锈油脂，否则会影响其动作值。操作机构在使用一定次数后（1/4机械寿命），在转动机构部分应加润滑油。

每经过一段时间（如定期检修时）清除落在断路器上的灰尘，以免降低其绝缘性能。

灭弧室在因短路分断后或较长时间使用后，应清除灭弧室内壁和栅片上的金属颗粒和烟垢。长期未使用的灭弧室(如配件),在使用前应先烘一次,以保证良好的绝缘。

自动开关在使用一定次数后或触头表面发现有毛刺、颗粒等应清理,以保持接触良好,当触头磨损至原来厚度的1/3时,应予更换。

定期检查各脱扣器的整定值和延时,特别是半导体脱扣器,应定期用试验按钮检查其动作情况。

4. 自动空气断路器的故障判断及原因分析

面对故障,应先判断是断路器自身机械机构故障,还是断路器外部的控制电路故障,然后再进一步分析。

断路器自身的机械机构故障,往往是断路器内部螺丝松动/脱落、元件变形、断路器检修后装复不到位等所致,需要一边操作一边仔细观察。

断路器外部的控制电路故障比较简单,一般只要分析电路图即可排除,但也要考虑到断路器内部电路例如断路器的一些辅助触点等可能出现的故障。

寻找故障点的过程中可能需要合闸、分闸试验,所以最好把断路器拉出到“试验”位操作。

自动空气断路器的常见故障主要有断路器不能储能、合不上闸、脱不开闸、误跳闸等。以下是这些常见故障的检查与排除。

(1)自动空气断路器不能储能的故障判断及原因分析

船舶发电机的自动空气断路器有手动和电动两种合闸方式。通常采用电动合闸方式,但一般都还保留有手动合闸方式作为备用。

无论手动还是电动,都是利用储能弹簧释放的力量,在自由脱扣机构再扣时使自动空气断路器合闸,所以自动空气断路器合闸前必须先使储能弹簧储能。

故障排查与合闸方式有关:

①电动机储能方式:电动机储能时,能明显听到电动机转动的声音,且断路器面板上有储能弹簧是否储能到位的指示。

若合闸完成后听不到电动机转动的声音,或断路器面板上储能指示不显示,就是主开关不储能。

可进一步检查用手动储能手柄是否可以储能:若是,则故障点在控制电路;若否,则故障点在储能机构。

②电磁铁储能方式:电磁铁合闸方式,无论合闸成功与否,均可听到弹簧力作用下储能、电磁铁合闸的较大声响。

若电动合闸时断路器无反应,则是电磁铁不储能、合闸,可进一步用手动合闸手柄操作,检查储能、合闸机械机构是否动作:若是,则故障点在控制电路,可用万用表测量合闸信号是否到达断路器的相应接线端子来确认,若合闸信号到达断路器的接线端子,则可能是断路器内部控制电路故障;若否,则故障点在机械机构,电动合闸时有时会听到合闸电磁铁稍微动作的声音。

(2)自动空气断路器合不上闸的故障判断及原因分析

若配电板有电,但空气开关合不上闸,则主要原因有:

①空气开关的自由脱扣机构的脱扣钮腐蚀严重,钩不住。

②失压脱扣器无电压或线圈烧坏,空气开关辅助触头或中间继电器触头接触不良。

③储能弹簧变形,导致闭合力减小,或反作用弹簧力太小。

④脱扣机构不能复位再扣。

⑤控制线路熔丝烧断,不能发出合闸信号。

⑥逆功率继电器的电压线圈和电流线圈通电后作用与要求相反,接正常负载后产生逆功率等。

故障判断:

断路器合闸操作时,可明显听到内部机构动作和触头闭合的声音。在断路器的前面板和配电板上有主开关合闸的指示。

①电动合闸,按下按钮后主开关毫无反应而手动方式合闸正常,则可认为故障点在合闸控制电路。可一边按合闸按钮,一边用万用表测量合闸信号是否到达断路器的相应接线端子来确认。若合闸信号到达断路器接线端子,则是断路器内部控制电路故障。

②电动和手动合闸,均能听到开关内部机构动作,但合不上闸,则可能是:故障点在主开关机械机构,需进一步检查;保护装置、电气联锁等在起作用。发电机的保护跳闸装置误动作或动作后未复位、与岸电互锁等,都会使主开关处于脱扣状态。保护跳闸、电气联锁等,一般通过使断路器的欠压脱扣器线圈断电或分励脱扣器线圈通电来实现,可用万用表测量欠压脱扣器线圈和分励脱扣器线圈的外部接线端子有无跳闸信号来确认。

(3)自动空气断路器跳不开闸的故障判断及原因分析

自动空气断路器跳不开闸,其主要原因有:

①失压脱扣不能使自动开关跳闸可能是反力弹簧弹力变小、机构卡死。

②分励脱扣器不能使自动开关跳闸可能是分励脱扣器线圈短路、电源电压太低、再扣接触面太大、螺丝松动等。

故障判断:

框架式自动空气断路器的跳闸也有电动和手动两种方式。通常使用电动方式,即用配电板上的分闸按钮(或旋钮)或来自自动控制系统的信号,通过分闸控制电路使断路器跳闸。作为备用,一般主开关都保留手动分闸方式,通过断路器面板上的按钮直接驱动主开关的机械装置跳闸。

①若用电动和手动方式均不能分闸,则需进一步检查主开关机械机构。

②若可手动分闸而不能电动分闸,则故障点在分闸控制电路。电动分闸控制也是通过使开关的欠压脱扣器线圈断电或使分励脱扣器线圈通电来实现,可按住配电板上分闸按钮,用万用表测量欠压脱扣器线圈和分励脱扣器线圈的外部接线端子来确认。

分不开闸机械故障较少,多数是控制电路故障。

(4)自动空气断路器误跳闸的故障判断及原因分析

自动空气断路器误跳闸是指发电机带正常负载,在启动电动机时自动开关立即分闸,其可能原因是过电流脱扣器瞬时动作整定电流太小;或自动开关闭合后(1 h)自动分闸,可能原因是过电流脱扣器长延时整定值不正确、热元件或半导体延时电路元件性能不稳。

六、自动空气断路器的拆装与维护案例

①ABB－SACE 系列主开关外罩,松开四个固定螺钉,从开关上取下外罩(图 3－10)。

②三个线圈通常包括合闸、分闸、失压,也可能是合闸、分闸、分闸。通过控制线圈动作实现电动控制开关分合(图 3－11)。

图 3 – 10　主开关外罩

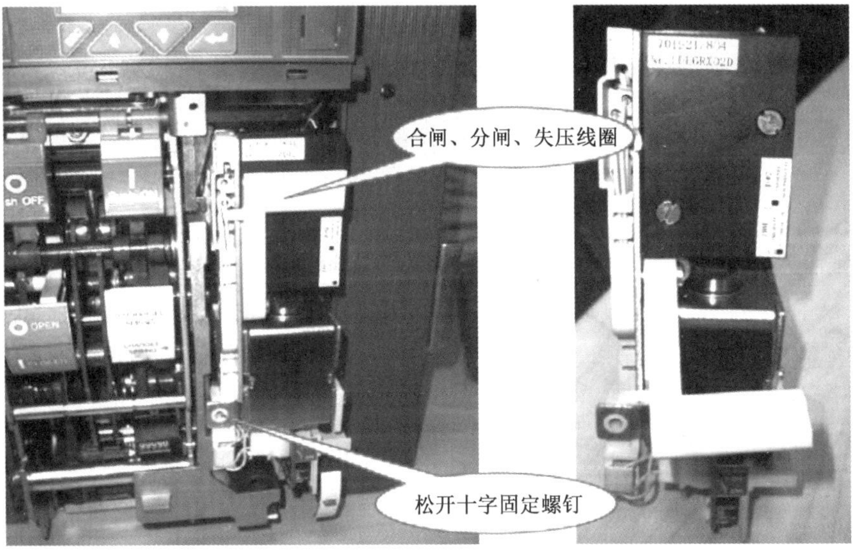

图 3 – 11　主开关的控制线圈

③使用储能电机对操作机构电动储能，拆装使用 5 号内六角，储能电机保险容易损坏（图 3 – 12）。

④固定销保证储能电机和齿轮紧密联结，防止滑脱。如果储能电机持续工作但不能实现储能，就是固定销子损坏了（图 3 – 13）。

⑤电子保护器设定保护类型和限制值，能够安装可选的保护插件（图 3 – 14）。

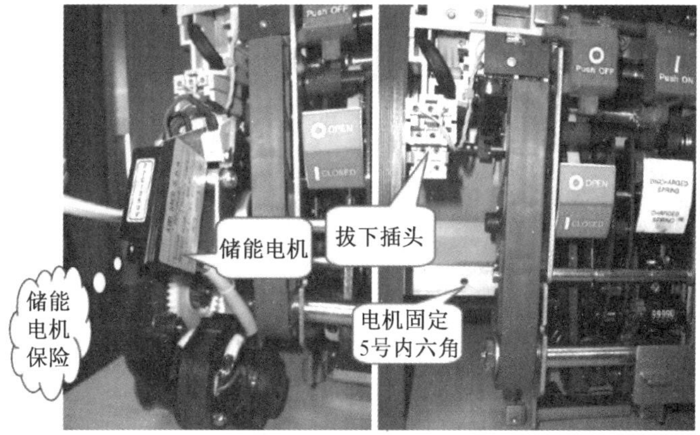

图 3-12　主开关的储能电机

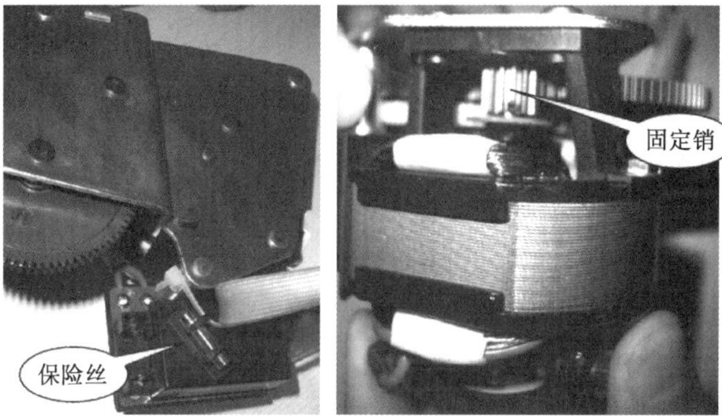

图 3-13　主开关的固定销

图 3-14　主开关的电子保护器(1)

⑥使用 8 个套筒拆掉电子保护器，注意信号线和电源线与保护器的连接，防止拆下装不上(图 3-15)。

⑦设定 PR122 保护器需要使用 SD-TESTBUS 适配器(图 3-16)，适配器里的电池供给适配器和 SACE 开关液晶显示器工作。图 3-16 中的适配器可以通过蓝牙与电脑通信。

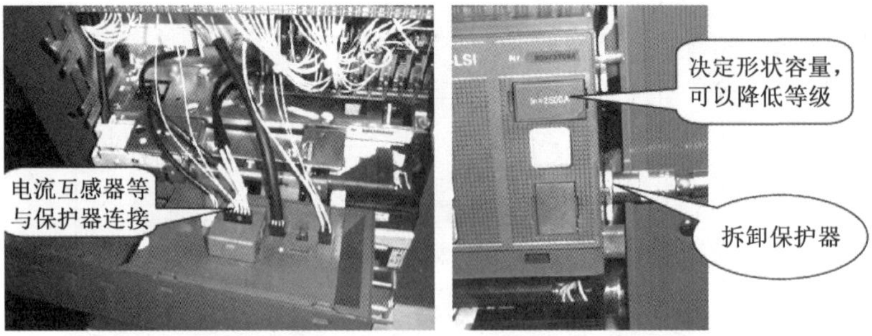

图 3－15　主开关的电子保护器(2)

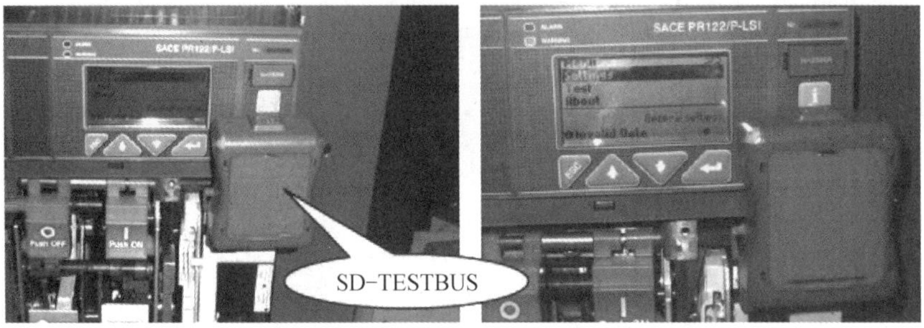

图 3－16　主开关的 SD－TESTBUS 适配器

⑧PR122 保护器具有 DATALOGGER 记录功能，能够记录最近的 20 次故障(图 3－17)。

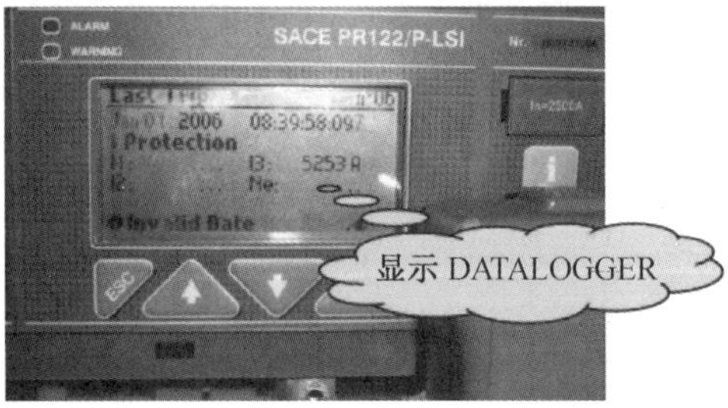

图 3－17　主开关的 PR122 保护器

⑨SACE E3 开关背面有 3 个电流互感器，E4 和 E6 有 6 个电流互感器，电流互感器输出两组线。1 组电流输出，也就是主回路电流感应出的弱电信号，作为保护电源的供电；2 组为电压输出，是主回路电流测量信号，是毫伏级输出。所以对于风电来说，客户想利用这个信号参与网侧功率计算是不能实现的，电网侧需要另外加装电流互感器(图 3－18)。

⑩为了消除主触头在吸合、分断时拉弧，使用灭弧器进行灭弧，具体方法是切断弧光(图 3－19)。

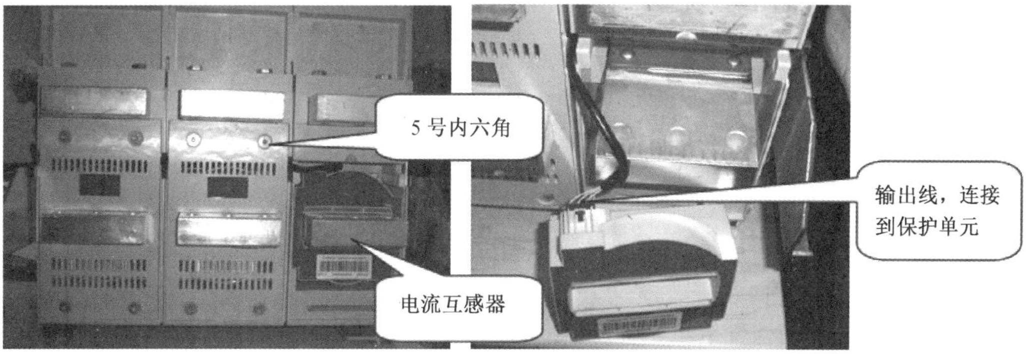

图 3-18　主开关的电流互感器

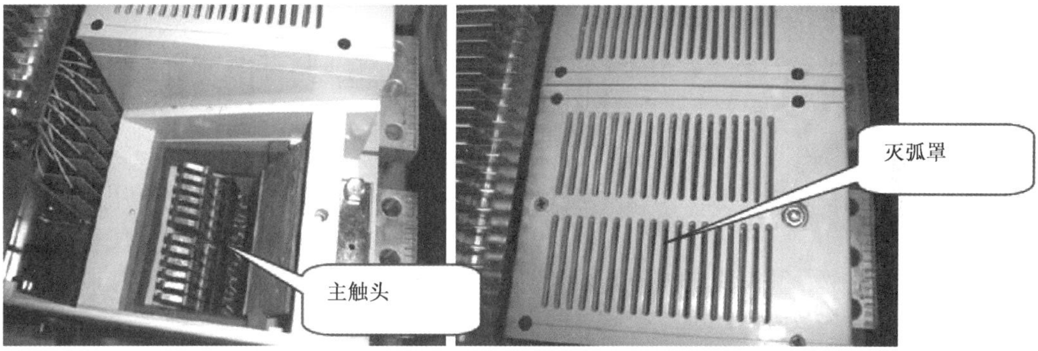

图 3-19　主开关的主触头及灭弧罩

第五节　逆功率继电器的使用与维护

逆功率保护:船舶同步发电机的逆功率运行,是指该同步发电机不是发出有功功率,而是从电网吸收有功功率。当几台同步发电机并联运行时,若其中一台发电机的原动机工作失常,例如,原动机燃油供给中断或发电机与原动机的联轴节损坏等,便使该发电机不但不能发出有功功率,反而要从系统吸收有功功率,即变为同步电动机运行。另外,并车不正确,比如当待并机组的频率小于运行机组(或电网)的频率时并车,也会造成待并发电机组逆功率运行。

同步发电机在逆功率状态下运行,对系统是不利的。如果船舶同步发电机长期处于逆功率运行状态,对原动机不利,易损坏原动机。此外,还可能造成正在并联工作的另一台发电机过载,以致造成其过载跳闸,全船供电中断。因此,出现这种情况时,应采取保护措施。

当同步发电机变为同步电动机运行时,要从系统吸收有功功率,即其有功功率的流向发生了改变,称为逆功率。因此,可以利用出现有功功率方向改变的现象,采取保护措施,即进行逆功率保护。

逆功率保护的任务是将处于逆功率运行的发电机从系统切除。逆功率保护应具有一定的时限。

逆功率保护启动值和延时时间的整定,《钢质海船入级规范》规定,并联运行的交流发电机的逆功率(或逆电流)保护启动值可整定为发电机额定功率(电流)的8% ~15%,延时时间为3 ~10 s。当供电电压下降至额定电压的50%时,逆功率或逆电流保护不应失效,但其动作值可以有所改变。

这些整定值是靠调整逆功率继电器的动作值来达到的。逆功率保护的信号检测是由逆功率继电器来完成的。

船舶同步发电机逆功率保护用的逆功率继电器是一个有功功率方向元件。它反映同步发电机有功功率的方向和吸收有功功率的数值,当同步发电机出现逆功率并达启动值时,逆功率继电器动作,使发电机主开关跳闸,将该发电机从电网切除。

一、GG -21 型逆功率继电器的结构

GG -21 型逆功率继电器如图3 -20 所示,有两个磁路系统。在一个可以转动的铝质圆盘上方,有一个"上磁路系统"。由发电机的输出电流(例如 I_C)经电流互感器接入电流线圈 W_i形成激磁,所产生的磁通在中间经空气隙到圆盘分左右两路,再次穿过空气隙折回而闭合。圆盘的下方是"下磁路系统",发电机的电压(对应 I_C时应为 U_{CB})经电压互感器接入电压线圈 W_u形成激磁,它所产生的磁通穿过铝盘又折回而闭合。铝盘被固定在一根可以转动的轴上,轴的上方经齿轮对与动触头相连。在轴的上方尚有一个建立反作用力矩的游丝弹簧。当发电机出现逆功率时,铝盘就按逆时针方向转动,通过轴上的齿轮使动触头按顺时针转动,使两个静触头经动触头接通,结果输出发电机逆功率跳闸信号。

(a) 外形图

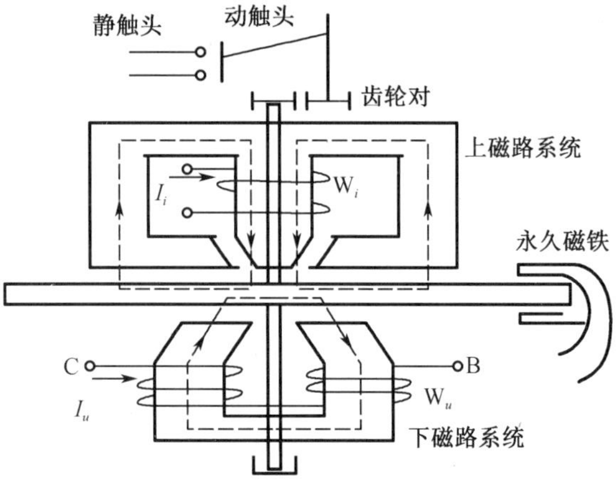

(b) 结构图

图3 -20 GG -21 型逆功率继电器

此外,跨接在铝盘上还装有永久磁铁,其作用是产生阻尼力矩,使铝盘转动均匀。

二、GG -21 型逆功率继电器的参数整定

在继电器上还装有调整逆功率动作值的插座。它是靠改变电流线圈的匝数来实现的,可分别调整在6.4%、9.6%、12.8%的额定功率时动作。此外还有一块止挡块,其作用是当发电机输出功率时,能挡住动触头使之不能向反向转动,改变止挡块的位置,就可以调整动触头的行程,以整定延时的时间,所以它可在2 s、3 s、5 s、7 s、9 s、12 s 内整定。

三、GG－21 型逆功率继电器的接线

当电压线圈加上电压 $\dot{U}_{CB}$，在线圈中产生电流 $\dot{I}_u$，$\dot{I}_u$与 $\dot{U}_{CB}$之间的夹角决定于电压线圈的阻抗。如阻抗角为 γ，则由 $\dot{I}_u$产生的磁通 $\dot{\Phi}_u$与电压 $\dot{U}_{CB}$的夹角也是 γ（忽略磁滞损耗）。电流线圈的电流 $\dot{I}_i$（$\dot{I}_C$）产生磁通 $\dot{\Phi}_i$，$\dot{\Phi}_i$和 $\dot{I}_i$是同相位的，而 $\dot{I}_i$与电压 $\dot{U}_C$之间的夹角则决定于负载的性质，即功率因数角 φ。因而，$\dot{\Phi}_i$与 $\dot{U}_{CB}$之间的夹角为 $\varphi_1 = \varphi - 30°$，其向量图如图 3－21所示。

从图 3－21 中我们可以看到两个磁通 $\dot{\Phi}_u$及 $\dot{\Phi}_i$均穿过铝盘，在空间上这两个磁能间叉开了一个角度，在时间上则相差为 $\theta/\omega = (\gamma - \varphi_1)/\omega$（$\omega$ 为系统的角频率）。这两个磁通分别在铝盘中感应出涡流 $\dot{I}_{uw}$和 $\dot{I}_{iw}$，电压线圈的磁通所产生的涡流 $\dot{I}_{uw}$和电流线圈的磁场 $\dot{\Phi}_i$相互作用产生转矩；电流线圈的磁通所产生的涡流 $\dot{I}_{iw}$和电压线圈的磁场 $\dot{\Phi}_u$相互作用也产生转矩，这两个转矩的合成转矩使铝盘转动。合成转矩 M 的大小及方向由下式决定：

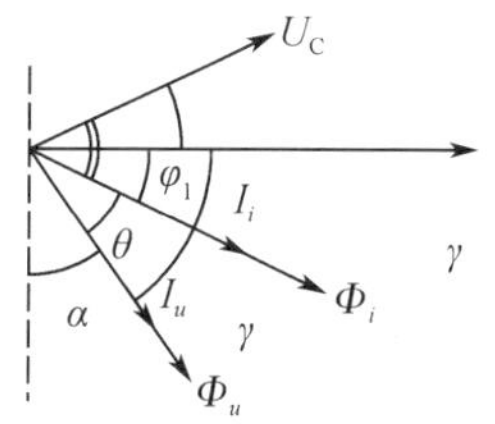

图 3－21　GG－21 型逆功率继电器向量图

$$M = K_1 \dot{\Phi}_u \dot{\Phi}_i \sin\theta \tag{3-3}$$

式中　θ——$\dot{\Phi}_u$与 $\dot{\Phi}_i$之间的夹角；

K_1——比例常数。

由于有气隙存在，磁路不饱和，因此 $\dot{\Phi}_u$与 $\dot{I}_u$成正比（而 $\dot{I}_u$又与外加电压 $\dot{U}_{CB}$和 $\dot{U}_C$成正比），$\dot{\Phi}_i$与 $\dot{I}_i$（即 $\dot{I}_C$）成正比，从而上式可变换为

$$\begin{aligned} M &= K\dot{U}_C\dot{I}_C\sin\theta = K\dot{U}_C\dot{I}_C\sin(90° - \varphi_1 - \alpha) = K\dot{U}_C\dot{I}_C\cos(\varphi_1 + \alpha) \\ &= K\dot{U}_C\dot{I}_C\cos\varphi \end{aligned} \tag{3-4}$$

式中，$\alpha = 90° - \gamma$，α 通常称为继电器的内角，是一个定值。对 GG－21 型逆功率继电器来说，$\alpha = 30°$，因此 $\cos(\varphi_1 + \alpha) = \cos\varphi$。

从公式 $M = K\dot{U}_C\dot{I}_C\cos\varphi$ 中可以看出，继电器的转动力矩正比于发电机输出的有功功率。又因为 $M \propto \cos\varphi$，所以转动力矩又具有方向性，它取决于 φ 角的大小。当发电机输出功率时，圆盘要向顺时针方向转动，但被止挡块挡住而不能转动。当发电机处于逆功率状态时，由于电流方向改变 180°，φ 角也相差 180°，使转矩 M 变为负值，结果圆盘逆时针方向旋转，经过整定的时间后，触头闭合，送出逆功率信号而使主开关跳闸，从而达到逆功率保护的目的。

由于逆功率继电器反映功率取决于线圈输入的电压、电流及其相位，故要求继电器电压和电流两个线圈的极性一定要接正确，不然要引起误动作。GG－21 型逆功率继电器的实际接线图及向量图如图 3－22 所示。这种继电器通常是按 30°接线方式。所谓 30°接线

是指当负载的 $\cos\varphi=1$ 时，加到继电器上的电流和电压之间的相角差恰恰为 30°。所以电流绕组接 C 相电流 $\dot{I}_C$，电压绕组接 CB 相线电压 $\dot{U}_{CB}$时刚好能符合此要求。此时要求 $\dot{U}_{CB}$所产生的磁通 $\dot{\Phi}_u$要滞后 $\dot{U}_{CB}$60°。同样接 $\dot{U}_{BA}$与 $\dot{I}_B$或 $\ddot{U}_{AC}$与 $\dot{I}_A$也均是 30°的接线方式。

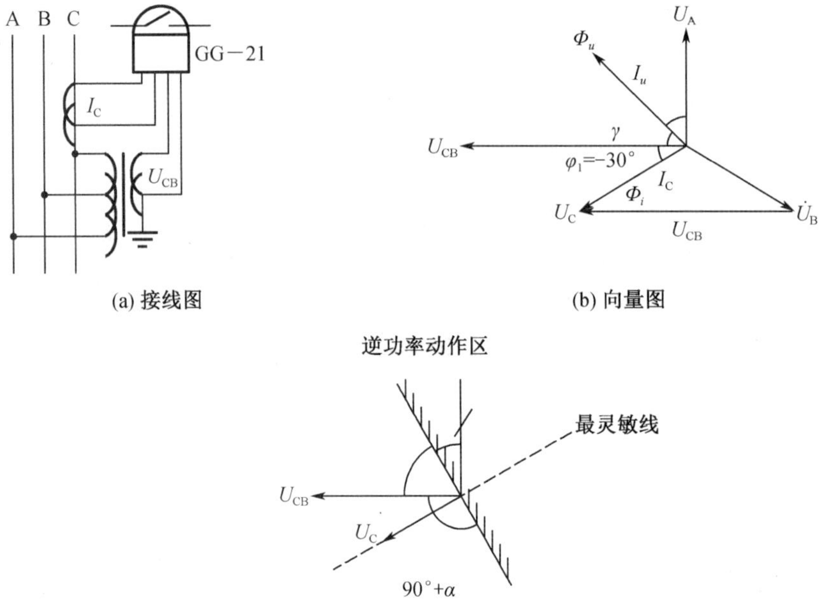

(a) 接线图　(b) 向量图

(c) 动作区域

图 3－22　GG－21 逆功率继电器的实际接线图及向量图

四、BG－11 型晶体管逆功率继电器

一、基本结构

BG－11 型晶体管逆功率继电器主要由四部分组成，如图 3－23 所示。

1. 测量部分

由电流互感器 T_1，电抗变换器 T_2，电压互感器 T_3，整流器 U_1、U_2、U_3，比较器 R_4、R_5，分压器 R_2、R_6和滤波器 C_2、C_3、C_4等组成。

它的输入信号包括电流 $\dot{I}_P$及电压 $\dot{U}_P$。输出信号采用绝对值比较原理构成的直流反串电压值 U_{BA}（或 U_{AB}）。发电机正常运行时，输出有功功率，通过本测量比较电路以后，使 B 点电位高于 A 点电位，主开关不跳闸。当发电机工作于逆功率状态时，因功率反向，使 B 点电位低于 A 点电位，则主开关将自动跳闸，实现对发电机的保护。

（1）电流信号测量

电抗变换器 T_2的初级电流 $\dot{I}_P$与发电机负载电流 $\dot{I}_f$成正比变化。$\dot{I}_P$在相位上落后初级电压近 90°。因此次级侧输出电压信号 $\dot{U}_{T1}$的大小正比于 $\dot{I}_P$，而相位也超前 $\dot{I}_P$近 90°。

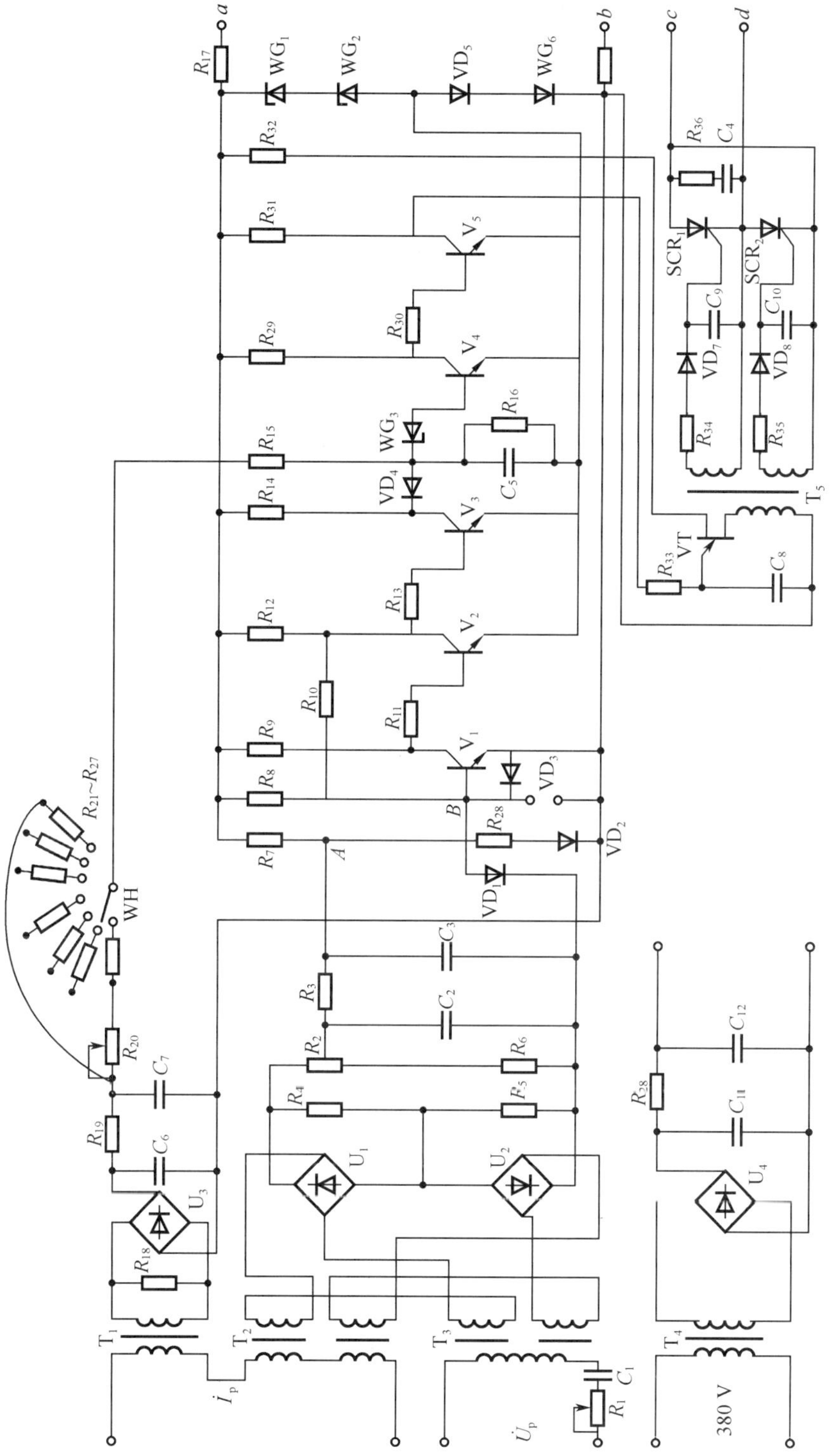

图 3-23 BG-11 型晶体管逆功率继电器

（2）电压信号测量

电压互感器 T_3 的初级电路中，串联接入电阻 R_1，电容 C_1。电压 $\dot{U}_P$ 的大小与发电机电压 $\dot{U}_f$ 大小成正比变化。经 R_1C_1 移相后，使次级侧输出电压信号 $\dot{U}_{T2}$ 的大小正比于 $\dot{U}_P$，而 $\dot{U}_{T2}$ 的相位则超前 $\dot{U}_P(90^\circ+\alpha)$。

（3）输出电压信号

T_2 和 T_3 的次级绕组分别都有两个参数相同的绕组。由图 3－22 可以看出，上边的绕组采用反接串联，经整流后在 R_4 上形成直流电压，极性为上正下负。下边的绕组采用正接串联，经整流后在 R_5 上形成直流电压，极性为下正上负。然后，将 R_4 和 R_5 上的直流电压进行反串比较，电压差加在由 R_2、R_6 组成的分压电路两端，再由分压电阻 R_2 引出。

由 $\dot{I}_P$ 和 $\dot{U}_P$ 组成的功率信号，经变换成 U_{AB}（或 U_{BA}）后，由 V_1 基极和发射极输入。当发电机输出有功功率时，B 点电位比 A 点高，V_1 依靠自给偏压而导通，使 V_3、V_5 导通，V_2、V_4 截止。脉冲形成电容 C_8 两端电压接近零伏，VT 无信号电压输出，主开关不跳闸。当发电机输入有功功率即逆功率时，A 点电位比 B 点高，由 A 点经 R_{28}、VD_2、VD_3 至 B 点，形成通点回路，使 V_1 变为截止，V_2 导通，V_3 截止，V_4 延时导通后使 V_5 截止，C_8 被充电，形成充电电压，导致主开关自动跳闸。

2. 延时电路监控

发电机输出有功功率时，V_3 导通，充电电容 C_5 两端电压接近于零伏，此时由 R_{20}、R_{21}、R_{15}、C_5 组成的充电电路失效。发电机输入有功功率时，V_3 截止，上述充电电路开始工作，对 C_5 充电，只要 C_5 充电电位低于 WG_3 的击穿电压时，V_4 将继续截止，V_5 仍导通。经预定充电延时后，WG_3 被击穿，V_4 导通，V_5 截止，即输出跳闸信号。

由于充电电压正比于 $\dot{I}_P$，因此该延时电路属于反时限延时电路。转动电阻调整开关 WH 的位置，可以改变 C_5 两端充电时间的长短。

3. 执行部分

由单结晶体管 VT，可控硅 SCR_1、SCR_2 和跳闸电磁线圈（图中未给出）等组成。

发电机输出有功功率时，C_8 两端电压接近零伏，SCR_1 与 SCR_2 都截止，c 与 d 两点间不通，主开关不跳闸。发电机输入有功功率时，C_8 两端充电电压很快超过 VT 管的峰值电压，VT 有脉冲信号由脉冲变压器 T_5 输出，使 SCR_1 和 SCR_2 都导通，相当于把 c 与 d 两点接通，短接交流失压脱扣线圈的两端，使其失压、失磁，使主开关跳闸（c 与 d 两点相当于一个常开触点与失压脱扣器线圈并联）。

4. 电源部分

由降压变压器 T_4、整流器 U_4、滤波器 C_{11}、C_{12}、R_{28} 等组成。

降压后的交流电压经 U_4 整流后，再经滤波器 C_{11}、C_{12}、R_{28} 滤波，由 a、b 两点输出。为了使晶体管工作稳定，采用 WG_1 与 WG_2 串联稳压电源。为防止 B 点处于高电位时，经 V_1、WG_1、WG_2、R_7 形成干扰回路，故用二极管 VD_5、VD_6 进行阻断，并做温度补偿。

二、工作原理

1. 基本矢量分析

(1)基本接线方法

本保护装置也是采用30°方式接线。例如在图3-24中的 $\dot{I}_P$由C相取出,$\dot{U}_P$由$\dot{U}_{CB}$线电压取出。即构成$\dot{I}_P$导前$\dot{U}_P$30°的接法。采用30°接法后,如调节得当,可使$\alpha=30°$。此时继电器具有最大的灵敏度。

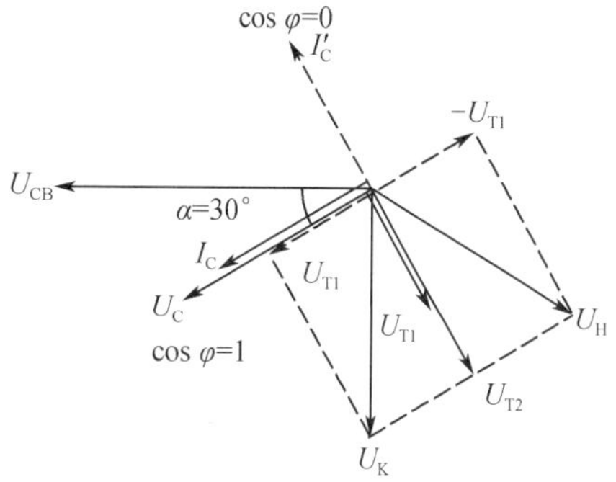

图3-24　α=30°接法矢量图

(2)矢量运算及作图

$\dot{U}_{T1}$与$\dot{U}_{T2}$之间的信号电压串联分正串、反串两种,其表达式为

$$\dot{U}_H=\dot{U}_{T2}-\dot{U}_{T1} \tag{3-5}$$

$$\dot{U}_K=\dot{U}_{T2}+\dot{U}_{T1} \tag{3-6}$$

前已说明,$\dot{U}_{T1}$超前$\dot{I}_P$($\dot{I}_C$)近90°,$\dot{U}_{T2}$超前$\dot{U}_P$($\dot{U}_{CB}$)近(90°+α)。

当发电机输出有功功率且$\cos\varphi=1$时,$\dot{I}_C$与$\dot{U}_C$同相位,$\dot{U}_{T1}$超前$\dot{I}_C$90°;$\dot{U}_{T2}$超前$\dot{U}_{CB}$(90°+α)。令$\alpha=30°$,则由图3-24所示,$\dot{U}_{T1}$与$\dot{U}_{T2}$处在同相位,直接进行代数相加减。$U_K>U_H$,B点电位高于A点电位。

当发电机输出有功功率,但$\cos\varphi$由1变至0时,$\dot{I}_C$将落后$\dot{U}_C$90°,$\dot{U}_{T1}$将移至与$\dot{U}_C$同相位处,由图3-23可知,矢量$\dot{U}_{T1}$与$\dot{U}_{T2}$合成后,造成$\dot{U}_K$与$\dot{U}_H$在相位上不相同,但绝对值却相等。因此整流后进行绝对值比较之后,输出电压$\dot{U}_{AB}$始终为零。这说明$\dot{U}_{AB}$只反应有功功率而不反应无功功率。

当发电机输入有功功率即逆功率且逆功率因数$\cos\varphi=1$时,$\dot{I}_C$反相,$\dot{U}_{T1}$也反相,则$U_H>U_K$,B点电位低于A点电位,导致主开关跳闸。

2. 整机工作原理

发电机输出有功功率且$\cos\varphi$由1至0间变化时,$U_K>U_H$,$U_{BA}>0$,V_1、V_3、V_4导通,VT无信号输出,SCR_1和SCR_2截止,主开关不跳闸。

发电机输入有功功率并且逆功率因数$\cos\varphi$由1至0间变化时,$U_H>U_K$,$U_{BA}<0$,V_1、V_3截止,V_5经C_5充电延时后也截止,导致VT有脉冲信号输出,SCR_1和SCR_2导通,主开关自动跳闸。

$U_{BA}\geqslant 0$时,由于VD_1的阻断作用,实际上由V_1自身的电路特点决定其工作状态,即工作在导通状态。

第六节　绝缘监测系统的使用

一、绝缘监测系统

船舶电网和电气设备绝缘性能降低或损坏会造成漏电，是触电、火灾及电气设备损坏等事故的重要原因。对于油船和运载可燃性气体或化学物品的船舶来说，电气绝缘更需要严格监测。

船舶交流三相电力系统，通常都采用中性点绝缘的三相三线制，船舶电网如果发生单相接地虽然不影响三相电压的对称性也不影响动力用电设备的正常工作，但存在两种危险性隐患：一是增加了人体触电的危险性，当人体触及带电体时，使人体通过接地相直接与线电压构成导电回路；二是存在如果另外一相再发生接地便造成线间短路的危险性。中性点绝缘的三相三线制船舶电网发生单相接地故障为潜伏性故障，必须及时发现予以消除。

另外，为了保障电网的正常运行，对电网的绝缘电阻也有一定要求，电网对地绝缘电阻的检测，按《钢质海船入级规范》要求，应不得低于 1 MΩ。通常用绝缘指示灯(俗称地气灯)监视单相接地，用专用配电板式兆欧表或绝缘监视仪监视电网绝缘电阻。

1. 地气灯法

地气灯原理如图 3－25 所示，地气灯法仅适合三相绝缘系统。当电网工作正常时，A、B、C 三灯构成一星形连接的对称三相负载，O'点为人工中性点。此时，三灯所承受的电压均为相电压，所以三灯亮度相同。

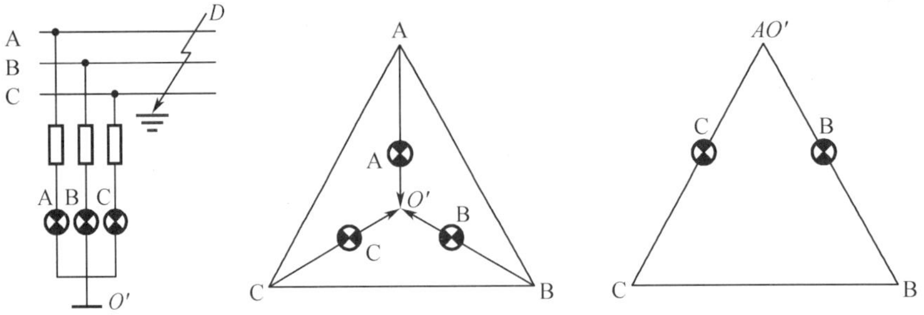

图 3－25　地气灯原理图

若 A 相线路上某点 D 接地(船体)，则 A 灯被接地线短接，O'点电位与 A 点电位一致，故 A 灯将熄灭，而 B、C 灯所受的电压从相电压上升为线电压，将特别亮，应立即采取措施检查排除。若 A 相线路漏电，虽然 A 灯还能发光，但与 B、C 灯亮度有明显区别，从而可指示出线路绝缘。

接地故障出现时，要分析判断故障点可能发生在何处，如考虑最近是否有新安装的电气设备，因接线碰壳而形成接地，或者本船运行中有哪些薄弱环节易于形成接地等，必要时，可以用分区域断电的方法检查，分级逐个去检查直到找出故障点。

2. 绝缘监测

为了保障电网的正常运行，对电网的绝缘电阻也有一定要求。我国《钢质海船入级规范》规定，用于电力、电热和照明的绝缘配电系统，不论是一次系统还是二次系统，均应设有连续监测绝缘电阻，且能在绝缘电阻异常低时发出听觉或视觉报警信号的绝缘电阻监测报警器。在电网不带电情况下可用摇表来测量绝缘电阻，而船舶电网对地绝缘电阻的监测，要求能带电进行。一般采用专门的配电板式兆欧表来测量，它安装在主配电板上，其接线图如图 3－26 所示。

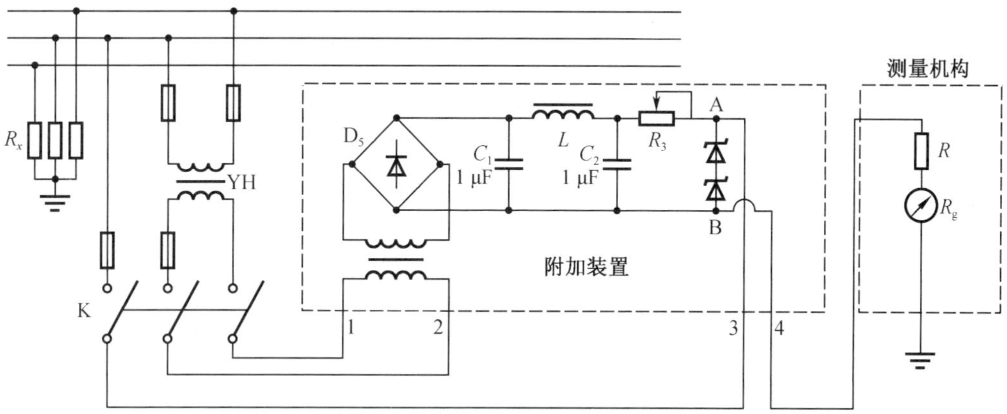

图 3－26　兆欧表接线图

兆欧表包括两个部分：测量机构（表头）和附加装置（整流电源）。表头是磁电仪表，当有直流电通过动圈时，此电流与永久磁铁在气隙中所产生的恒定磁场相互作用，使仪表可动部分发生偏转。当这个作用力矩与游丝产生的反作用力矩平衡时，就指示了一定的数值。从图 3－36 中可以看到，流过表头的电流仅与电源电压 U 及被测的绝缘电阻 R_x 有关。由于通过发电机的定子绕组可形成通路，故测得的 R_x 是三相分别对地绝缘电阻的并联电阻值。

流过表头的电流 $I=\frac{U}{R+R_g+R_x}$。当 $R_x=\infty$（理想绝缘时），$I=0$；当 $R_x=0$（有一相对地短路时），$I=\frac{U}{R+R_g}$此时电流为最大；当 R_x 为某一值时，也就有不同的电流值，从而指示出绝缘电阻 R_x 的数值。

兆欧表的附加装置提供直流电源，漏电流由整流电源正端流出来，经过接线柱 3、开关 K 到电网，再经绝缘电阻到地，进入测量机构正端，经测量机构流回端 4 到整流电源负端。漏电流越大，测量机构表头指针偏转越大，说明绝缘电阻越小。表上刻度直接用绝缘电阻值标注，因此绝缘电阻值可以由表头上直接获得。电压 U 是由附加装置中的直流稳压电源产生的。

二、船舶电网绝缘能力降低和单相接地故障的查找

船舶电网接地故障大多发生在照明电网，一般在机舱值班巡视中，通过配电板上的兆欧表，机舱值班员可以知道船舶电网发生了接地故障，应及时找到接地故障点，排除接地故障，消除隐患。船舶电网接地故障点的查找步骤如下：

①打开配电板式兆欧表（或接地灯），兆欧表指示为 0（接地灯中有一个灯熄灭），说明发生了电网接地故障。

轮机值班人员应至少每班一次检查船舶电网的绝缘情况，采用接地灯时，检测电网绝

缘时按下按钮:若三个灯一样亮,说明电网三相线路对地绝缘是相同的;若其中一个灯不亮,另两个灯比原来亮,说明不亮的一相已发生接地故障;若其中一个指示灯的亮度比其他两个灯的亮度暗,说明较暗的指示灯那一相对地绝缘比其他两相对地绝缘要低。采用配电板式兆欧表时,若每伏电压绝缘电阻低于 100 Ω,就必须查找故障点并排除。

②若照明电网发生绝缘能力降低或单相接地故障时,在查找中,先在主配电板前,逐个拉掉照明配电开关,查看兆欧表指示是否恢复正常值(接地灯三个灯是否同样亮)。拉掉开关后绝缘恢复正常,则故障点在该开关下面的配电线路中。

③拉开关的区域次序应为:船员居住区—甲板照明区—机舱照明区—驾驶室通、导设施。

④找到发生接地故障分配电开关后,切断该路供电,并在该开关处悬挂"电路维修"的警告牌。关上兆欧表(接地灯)开关。

⑤在分配电箱前,运用便携式兆欧表来查找二次配电网络,逐个测量分支电路对地绝缘状况。注意应提前将此分配电箱内所有配电开关分断。

⑥找到接地的分支电路后,拉掉这一路分配电开关,挂警告牌,并合上其余开关。在主配电板前取下警告牌,合上这一路配电开关向其供电。

⑦在查找具体接地点时,应从中间接线盒(如两个房间中间的)断开,来测量判断是哪一小区域(如房间)接地的。

⑧由于小区域(房间)中只有有限的几个供电点,一般不超过 5 个点,应逐一检查每个供电点。主要检查灯头、插头、开关部分引线,检查灯头、插头、开关内部状况,经过这些检查仍找不到接地点时,应检查接线盒至用电器间电缆直至找到接地故障点。

值得注意的是,三相绝缘系统的船舶电站,一旦换接三相四线制的岸电后,此时船舶电网已不是绝缘系统,故应关闭电网绝缘监测设备,以免误报警。若测动力电网对地绝缘,绝缘电阻值必定为零。

三、电网绝缘检测的注意事项

①测量前必须将被测设备电源切断,并对地短路放电。决不能让设备带电进行测量,以保证人身和设备的安全。对可能感应出高压电的设备,必须消除这种可能性后,才能进行测量。

②被测物表面要清洁、减少接触电阻,确保测量结果的正确性。

③测量前应将兆欧表进行一次开路和短路试验,检查兆欧表是否良好。即在兆欧表未接上被测物之前,摇动手柄使发电机达到额定转速(120 r/min),观察指针是否指在标尺的"∞"位置。将接线柱"线(L)和地(E)"短接,缓慢摇动手柄,观察指针是否指在标尺的"0"位。如指针不能指到该指的位置,表明兆欧表有故障,应检修后再用。

④兆欧表使用时应放在平稳、牢固的地方,且远离大的外电流导体和外磁场。

⑤必须正确接线。兆欧表上一般有三个接线柱,其中 L 接在被测物和大地绝缘的导体部分,E 接被测物的外壳或大地。G 接在被测物的屏蔽上或不需要测量的部分。测量绝缘电阻时,一般只用"L"和"E"端。但在测量电缆对地的绝缘电阻或被测设备的漏电流较严重时,就要使用"G"端,并将"G"端接屏蔽层或外壳。线路接好后,可按顺时针方向转动摇把,摇动的速度应由慢而快,当转速达到 120 r/min 左右时(ZC - 25 型),保持匀速转动,1 min 后读数,并且要边摇边读数,不能停下来读数。

⑥摇测时将兆欧表置于水平位置,摇把转动时其端钮间不许短路。摇动手柄应由慢渐快,若发现指针指零说明被测绝缘物可能发生了短路,这时就不能继续摇动手柄以防表内线圈发热损坏。

第七节　船舶蓄电池维护

一、船舶蓄电池的基本知识

蓄电池是一种能够储存电能的设备,它能把电能转变为化学能储存起来,使用时,又可把化学能转变为电能通过外电路释放出来,这种可逆的变换过程可以重复循环进行。

蓄电池是最可靠的应急电源,它不仅在以蓄电池组为主要电源的小型船舶上的地位重要,而且在采用交流电力系统的大型船舶上的地位也日趋重要。例如,一般规范均规定客船和500总吨以上的货船要设置独立的应急电源,应急电源可以是发电机组,也可以是蓄电池组,并规定当应急电源为应急发电机时,还应设置一蓄电池组作为临时应急电源。因此,每条船上都备有蓄电池组,与充、放电板一起构成了一个独立的电力系统——蓄电池充放电系统。蓄电池在船上的主要用途:作为临时应急电源或备用电源,应满足向应急负载供电至少30 min的要求,用作柴油应急发电机组的启动电源、报警系统电源、船内通信系统电源、主发电机充磁电源等。图3－27为常用蓄电池的外形结构图。

图3－27　常用蓄电池的外形结构图

1.船用蓄电池的类型

船用蓄电池可分为酸性蓄电池(又称铅酸蓄电池)和碱性蓄电池两大类。酸性蓄电池在船上使用历史悠久,用途广泛,价格低廉,船用蓄电池多为酸性蓄电池。碱性蓄电池有镉－镍蓄电池、铁－镍蓄电池、锌－银蓄电池和镉－银蓄电池等品种。碱性蓄电池具有工作电压平稳,可以大电流放电,机械强度高和使用寿命长等优点,但价格较高,所以民用船舶使用较少,目前民用船舶上多以酸性蓄电池为主。蓄电池的工作原理是利用电池极板上的活性物质的电化学反应实现电能与化学能之间的相互转换。蓄电池放电时消耗活性物质,将化学能转换为电能,充电时活性物质得以恢复,将电能转换为化学能,它具有储能特性。

2.酸性蓄电池的结构和工作原理

(1)酸性蓄电池结构

酸性蓄电池负极板上的活性物质为海绵状铅(Pb),正极板上的活性物质为二氧化铅(PbO_2),电解液是密度为1.20～1.29的稀硫酸溶液(H_2SO_4),放电时两极活性物质逐渐变

成硫酸铅,而电解液的硫酸减少、水增多,因此电解液密度下降;充电时则相反,反应方程式表示如下:

$$\underset{(正极)}{PbO_2} + \underset{(电解液)}{2H_2SO_4} + \underset{(负极)}{Pb} \underset{放电}{\overset{充电}{\rightleftharpoons}} \underset{(正极)}{PbSO_4} + \underset{(电解液)}{2H_2O} + \underset{(负极)}{PbSO_4}$$

酸性蓄电池组的单体蓄电池的额定电压为 2.1 V,蓄电池组额定电压有 6 V 和 12 V 两种类型,额定容量为 40 ~ 150 A · h,充放电循环数为 100 ~400 次。6 V 和 12 V 酸性蓄电池的放电终止电压为 5.25 V、10.5 V,其单体蓄电池的放电终止电压为 1.75 V。

通常,酸性蓄电池的充、放电标志是:

放电时,电解液的相对密度降低到 1.15 为限,单体蓄电电压降低到 1.7 V 为限;充电后,电解液的相对密度增加到 1.28 为限,单体蓄电流电压上升到 2.4 ~2.6 V 为限。

(2)酸性蓄电池的容量

蓄电池的容量就是蓄电池的蓄电能力。蓄电池容量等于放电电流与放电时间的乘积,以安培 · 小时(A · h)为单位表示,即蓄电池的容量

$$Q = I \cdot t \tag{3-7}$$

式中 Q——蓄电池容量,A · h;

I——放电电流,A;

t——放电时间,h。

酸性蓄电池以 10 h 放电率的安时数表示其标称容量。例如,150 A · h 的酸性蓄电池能以 15 A 的电流放电 10 h。但同一酸性蓄电池在 1 h 放电率时不能给出 150 A 的电流放电容量,事实上,将小于 150 A。另外,酸性蓄电池也不允许以这么大的电流放电,否则对酸性蓄电池影响太大,酸性蓄电池的寿命将大大降低。

3. 碱性蓄电池的结构和工作原理

船上主要使用镉—镍碱性蓄电池,化学反应方程式如下:

$$\underset{(正极)}{Cd} + \underset{(电解液)}{2KOH} + \underset{(负极)}{2Ni(OH)_3} \underset{放电}{\overset{充电}{\rightleftharpoons}} \underset{(正极)}{Cd(OH)_4} + \underset{(电解液)}{2KOH} + \underset{(负极)}{2Ni(OH)_2}$$

从上式可以看出,电解液只作电流的传导体,其浓度不起变化,因而碱性蓄电池不能根据电解液的相对密度来判断蓄电池充放电的程度,只能根据电压的变化来判断蓄电池充放电的程度。碱性蓄电池容量是以 8 h 放电率的安时数表示其标称容量。碱性蓄电池的单体额定电压为 1.25 V,按 8 h 放电率放电,碱性蓄电池终止电压为 1.1 V;按 5 h 放电率放电,终止电压为 1.0 V;按 1 h 放电率放电,终止电压为 0.5 V。

通常,碱性蓄电池的充放电标志是:放电时,碱性蓄电池单体电压降低到 1.1 V 为限,尽管碱性蓄电池可以大电流放电,但通常应保证电压降的极限不低于 0.7 V;充电后,碱性蓄电池单体电压上升到 1.4 ~1.8 V 为限。

二、船舶蓄电池的维护

1. 酸性蓄电池电解液配制(1 000 mL,相对密度 1.30)

(1)工具

防护眼镜、胶皮手套、蒸馏水、玻璃容器、玻璃棒、比重计。

(2)操作步骤

①准备好配制所需用具,戴好防护眼镜和胶皮手套。

②先把 639 mL 的蒸馏水倒入玻璃容器内。

③后把 361 mL 的纯硫酸缓慢地注入容器中,同时用玻璃棒不断地搅动,使之均匀。

④待电解液冷却后(约 20 ℃)用比重计检测电解液相对密度。

⑤若相对密度不符合要求则做相应调整。

2. 酸性蓄电池的充电操作(分段恒流法)

①第一阶段充电电流调整在 1/10 额定容量值上进行充电,充电 10 h 左右,单个电池电压上升至 2.4 V 左右时(蓄电池可能会发出气泡),应转入第二阶段充电。

②第二阶段充电电流应调整在 1/20 额定容量值上进行充电,充电 3 ~ 5 h,调整电解液相对密度,使其达到 1.285 左右。

③再按第二阶段充电电流充电 1 h,至此即完成了整个充电过程。

④对需要过充电的蓄电池,过充电的方法是:

在正常充电之后,停止 1 h,再以 10 h 放电率的 1/2 或 3/4 的电流进行充电,至冒气泡后停止,1 h 后再充,如此反复进行,直到充电装置刚一合闸蓄电池就发出强烈气泡为止。

3. 测定蓄电池电压和电解液相对密度,判别蓄电池是否充满电和放完电

(1)蓄电池充满电的判断标准

①电解液的相对密度上升为 1.275 ~ 1.310。

②单个电池电压变化:

a. 刚充电时电压即上升至 2.1 V;

b. 随着充电时间的增长,电压缓缓增至 2.3 V;

c. 再充电几个小时后,电压升至 2.6 V 左右基本维持不变,说明此时电池已充满电。

(2)蓄电池放完电的判断标准

①电解液的相对密度下降至 1.13 ~ 1.18。

②单个电池电压的变化:

a. 刚放电时电压即降至 2.0 ~ 1.95 V;

b. 随着放电时间的增加,电压缓缓降至 1.9 V;

c. 再放电时电压很快降至 1.8 ~ 1.7 V,说明此时电池已放完电。

三、蓄电池的充电方法

蓄电池的充电方法主要有充放电制和浮充电制两大类方法。

1. 充放电制方法

充放电制方法包括:

(1)恒流充电法

在充电过程中充电电流始终保持不变。由于充电过程中电池电压逐渐升高,为保持充电电流不至于减少,电源电压也必须相应增高,这种方法由于充电电流大,所以充电时间可以缩短。但在充电末期充电电流仍不变,大部分电流用在分解水上,冒出很多气泡,这不仅损失电力,而且容易使极板上的活性物质过量脱落并使极板弯曲。

(2)恒压充电法

在充电过程中充电电压始终保持不变。采用此法在刚开始充电时,电流大大超过正常

充电电流,随着蓄电池端电压的上升,电流逐渐减小,当电池电压与电源电压相等时,充电电流为零,所以采用这种充电方法可以避免蓄电池过量充电。但缺点是充电初期电流大,易使极板弯曲,活性物质脱落,充电末期电流小,使极板深处的硫酸铅不易还原。

(3)分段恒流充电法

在充电初期,蓄电池用较大电流充电,当蓄电池发生气泡,电压上升到2.4 V左右时,改用第二阶段较小电流充电。此法既不浪费电力,又较省时间,对延长电池寿命也有利,是目前船舶上常用的充电方法。

2. 浮充电制方法

采用此法时,整流设备(充电机或整流器)处于工作状态,它与蓄电池并联供电,一方面向蓄电池组充电,以补充蓄电池组已放出的容量及自放电的消耗,另一方面还给直流负载供电。采用这种方法充电,蓄电池的寿命比充放电制长,蓄电池容量与充放电制比也可选用较小些,整个设备使用效率高,但这种方法所供给的电流中有脉动交流成分,电路内要装滤波装置,并需自配电压调整器以限制高于负载允许的电压。

思考与练习

1. 简述船舶电力系统保护的基本要求及保护的主要内容。
2. 试述船舶同步发电机保护的主要目的是什么?
3. 论述船舶同步发电机各种主要保护的作用、如何整定及实现保护所采用的主要器件?
4. 简述万能式自动空气断路器的用途和结构,并结合实例加以说明。
5. 试述自动分级卸载装置的优先脱扣特性和适用的故障?
6. 试述GG-21型逆功率继电器的基本工作原理,在接线时为什么要采用30°接线法?

第四章　船舶同步发电机的并联及功率转移

【知识目标】

1. 能正确叙述和理解船舶同步发电机的并联运行条件；
2. 能正确理解和掌握船舶同步发电机的并联运行方法；
3. 能简单叙述同步发电机的无功功率调整的基本原理；
4. 能正确理解和掌握同步发电机的频率及有功功率的自动调整原理及工作特点。

【能力目标】

1. 会进行船舶同步发电机的手动和自动并车；
2. 会进行船舶同步发电机的同步调整；
3. 会进行船舶同步发电机的功率、频率调整；
4. 会进行并联运行机组间有功功率的转移和分配。

第一节　同步并车条件及方法

为了满足船舶供电的可靠性和经济性，船舶电站一般均装设有两台或两台以上的同步发电机组作为主电源，我国《钢质海船入级规范》亦要求至少设置两台船舶主发电机。两台或两台以上的发电机通过公用母线向全船负荷供电，这就是通常所说的船舶发电机的并联运行。把船舶发电机投入并联运行的操作过程称为并车。

通常有三种情况需要并车：

①满足电网负荷的需求。当单机负荷达到其80%左右额定容量时，且负荷仍有可能增加，这时就要考虑并联另一台发电机。

②当船舶处于进出港、靠离码头或进出狭窄水道等的机动航行状态时，为了航行的安全，需要两台或更多发电机并联运行。

③当准备用备用机组替换运行机组时，为了保证不中断供电，需要通过并车进行替换。

一、同步发电机并联运行的条件

为了使并联运行的交流同步发电机保持稳定地工作，每台并联运行的发电机必须满足如下条件：

①各发电机电压的相序应该一致。

②各发电机的电压大小（有效值）应该相等。

③各发电机电压的相位应该一致。

④各发电机电压的频率应该一致。

由于船舶电站在建造时，三相相序已正确接好，各机组的三相相序已分别通过主开关与电网或汇流排的三相相序分别对应接好，只要不是人为的错误换接，那么船舶发电机并联时要求相序相同的条件，事实上已经得到满足，因此三相发电机的三相电流相序一旦接好后，不得改动。

当发电机并联运行时，必须同时满足上述四个条件。其中任何一个条件不满足时，将产生电压差，形成环流。这个环流可能是短路环流，可能是无功环流，也可能是无功和有功环流，并包括动能。如果根据发电机的承受能力，限制环流变化范围，则能自动将各并联机组拉入同步运行。如果并联条件超过允许范围后（即 $\Delta U > 10\% U_e$；$\Delta\delta > 15\%$；$\Delta f > 1\% f_e$），过大的冲击电流和能量，可能导致并联失败或使电网电压突然下降而跳闸及损坏机组等事故，这都应该设法避免，以保证并联供电安全。

二、同步发电机的并车方式

同步发电机的并车方式分为自同步并车方式和准同步并车方式两大类。

1. 自同步并车

自同步并车是一种简单的并车方式，它的操作过程是：原动机将未经励磁的待并发电机的转速带到接近同步转速时，将发电机主开关合闸，并立即给发电机加上励磁，依靠机组间自整步作用而拉入同步，使待并发电机与电力系统并联运行。自同步并车操作的主要优点是过程简单，发生事故时合闸迅速，但由于待并发电机的定子是在无电压下与电网并联，实际上是一个感性负载，因此合闸时冲击电流、冲击转矩和母线电压的下降都很大。由于船舶电力系统容量小，采用自同步并车不能保证电能质量，因此船舶电力系统一般不采用自同步并车方式，这种方式仅在陆地电力系统中使用。

2. 准同步并车

准同步并车方式是目前船舶上普遍采用的一种并车方式，要求待并发电机组和运行发电机组两者的电压、频率和相位都调整到十分接近的时候，才允许合上待并发电机主开关。采用这一方式进行并车引起的冲击电流、冲击转矩和母线电压的下降都很小，对船舶电力系统不会产生不利的影响。但是，采用此方法并车时，对操作者的素质要求较高，因为某种原因造成非同步并车时，则冲击电流很大，最严重时其冲击电流与机端三相短路电流相同，所以并车操作应严格而细心，这也是准同步并车方式的不足。

目前，船上采用的准同步并车方法主要有手动准同步并车、粗同步电抗器并车、半自动准同步并车、自动准同步并车。

第二节　准同步并车操作

通过手动操作实现准同步并车称为手动准同步并车。当待并发电机启动并建压后，其电压是否与电网电压相等，可以通过配电板上的电压表来检测。目前船用自励恒压发电机的调压器完全能够满足电压差在允许偏差之内的要求，通常无须特别调整。仅需要注意的是，当船舶电力系统中有较大容量的电动机负载启、停时，可能造成电压的瞬间波动较大，此时不应并车，否则可能不但并不上车，甚至造成全船停电。因此，应尽可能在负荷较平稳时进行并车操作。频率是否一致，可以通过配电板上的频率表进行初步检测，若相差太大，则可通过配电板上的调速开关调节发电机组中原动机的调速器，从而改变原动机的转速，即调整了频率。当电压差与频率差基本调整完毕后,就应合上同步表转换开关,将其转换到待并发电机位置。通过同步表的检测,获得合闸并车的时刻,进行合闸操作。

目前船上常用的检测频差、相位差获得同步合闸时刻的方法一般是同步表法和同步指示灯法。

一、同步表法

用同步表来指示待并发电机与电网的电压相位差、频率差及频差方向。同步表又叫整步表或同步指示器,目前实船采用指针式和指示灯式同步表。

1. 指针式同步表

指针式同步表又叫电磁式同步表,是通过指针的转动情况,检测待并发电机与电网间的相位差和频率差。其结构及原理图如图 4 - 1 所示,它的定子上绕有三相绕组,中间是转子励磁线圈,固定在底盘上,最中央是转轴,转轴上下各有一块同样大小的扇形铁片组成的 Z 形铁芯,转轴的上端有指针,转轴上无线圈,它的两头是通过宝石轴承加以固定的,可以自由转动。由于同步表无游丝和导电片,因此无反作用弹簧,不产生反作用力矩,指针可以 360°自由转动。工作时,定子绕组接待并发电机的 U、V、W 三相电压,产生一个径向旋转磁场,其大小是固定的,其方向随着时间的推移按逆时针方向做旋转运动。转子铁芯的励磁线圈接在电网的 U_1、V_1 相上。这样在铁芯励磁线圈中就通过由电网电压 U_1、V_1 所产生的单相交流电,从而产生一个脉动磁场。其脉动频率由电网频率所决定,脉动磁场的方向原是沿着转轴的轴向磁场,但因扇形铁片的磁导率很高,绝大部分磁力线都被改变为径向脉动磁场,如图 4 - 1(a)所示。

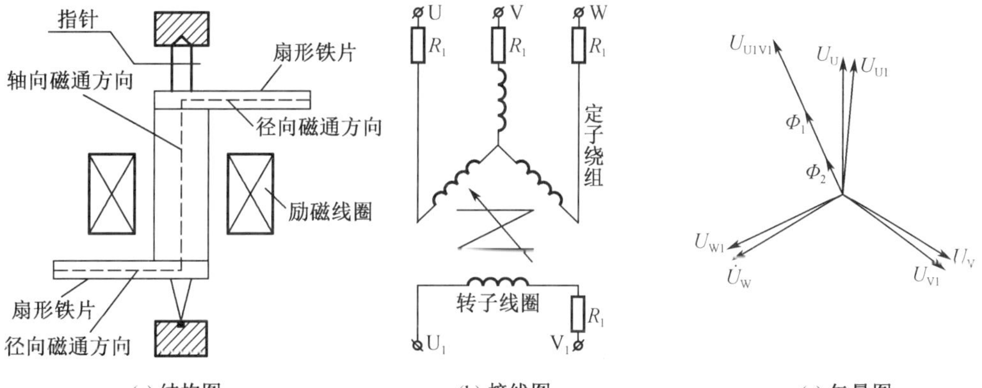

(a) 结构图　　(b) 接线图　　(c) 矢量图

图 4 - 1　指针式同步表结构及原理图

这样,在同步表的空间就有一个铁芯励磁线圈产生的径向脉动磁场 Φ_1 和一个定子三相绕组产生的径向旋转磁场 Φ_2,它们的频率分别为电网频率和待并发电机的频率,此两磁场的合成磁场吸引着扇形铁片,使扇形铁片停留在合成磁场的最大位置上,决定着指针的位置。由图 4 - 1(b)可见,同步表的定子、转子电路中均串有较大的电阻 R_1 和 R_2,这样,就可以把电路看作电阻性电路,其电压与电流同相。

当待并发电机的频率 f_F 与电网的频率 f_W 相等,相位也相同时,则合成磁场的最大值位置总是固定在某一空间位置上,这一位置即为 U_{U1V1} 的相量位置,如图 4 - 1(c)所示,由图可知，这一位置在U相绕组轴线前30°处，也即滞后 U_W90°，因为每当 Φ_2 旋转磁场转至此位置时，Φ_1 脉动磁场出现最大值，合成磁场最强，扇形铁片及指针也就停留在此位置，刻度盘上一般用一根红线表示，称同步点或12点(对应时钟12点位置)。

当频率相同但待并发电机电压的相位滞后时，设待并发电机的电压 U_{UV} 在相位上滞后电网电压 U_{U1V1} 的角度为 δ，作用扇形铁片的交变磁场出现最大值与旋转场相遇的时间将提前，这时指针的位置与同步点时相比，向逆时针方向移动了 δ 角度，即待并发电机比电网滞后 δ 角度。

同理，当频率相同，但待并发电机电压的相位超前时，设超前角为 δ，则此时指针的位置与同步点时相比，将向顺时针方向移动 δ 角度，即待并发电机比电网超前 δ 角度。

当待并发电机的频率 f_F 高于电网频率 f_W 时，则电网的脉动磁场 Φ_1 达到最大值，旋转磁场 Φ_2 在空间位置每转一周要多转一个角度，即同步表指针将不断地向“快”的方向转动。同理，当待并发电机的频率 f_F 低于电网频率时，同步表指针将不断地向“慢”的方向转动。

①频差观测。同步表指针的旋转速度，反映了频差的大小，旋转速度越快，频差越大；反之则小。指针旋转方向，则反映了频差的方向，指针向“快”的方向旋转(顺时针旋转)，表明待并发电机的频率大于运行发电机的频率，若指针向“慢”的方向旋转(逆时针旋转)，表明待并发电机的频率小于运行发电机的频率。指针旋转一圈的时间就是频差的一个周期($T=1/\Delta f$)。

②相位差观测。指针偏离“同相点”的角度，即为相位差角 δ。

在同步表接线中，其转子励磁线圈一定要接电网的U、V相，如果接错，同步表的指示将不正确，即使 $f_F=f_W$，且相位一致，指针也不指示同步点，而是固定偏转某一角度。

同步表属于短时工作制，工作时间不大于15 min。

2. 指示灯式同步表

指示灯式同步表是没有指针的同步指示器，是采用发光二极管指示方式，同样用于指示待并发电机与运行发电机的频率差和相位差。图4-2为F96-S型指示灯式同步表，它的表盘圆圈均匀分布有36个指示灯，每灯代表10°电角度，上方12点钟处指示灯是360°，其中SYNC绿色指示灯与12点钟处指示灯同步。

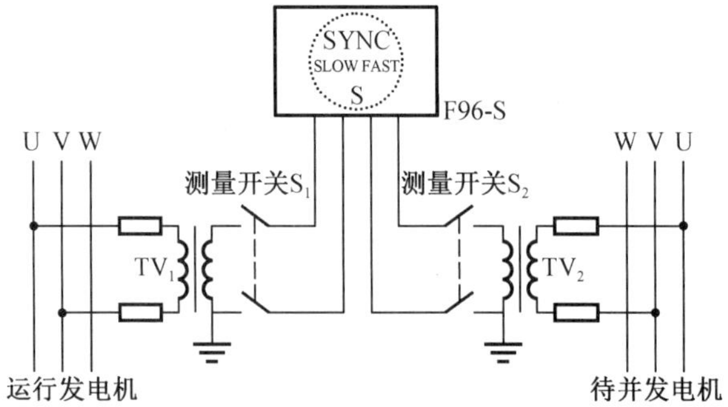

图4-2　F96-S型指示灯式同步表

这种同步指示器的接线图如图4-2所示，并车时，必须首先合上运行发电机测量开关 S_1，此时表面36个指示灯为随机状态，然后合上待并发电机测量开关 S_2，同步表的指示灯开始旋转，其旋转速度和位置即表示两台发电机的频率差、相位差及方向，判断方法与上述指针式同步表判断两台发电机的频率差、相位差及方向的方法完全一致。当运行发电机组与待并发电机组频差小于0.2 Hz,且相位差在350°~360°时,上方SYNC绿色指示灯亮,此时待并发电机组即可并车投入运行。

二、同步指示灯法

用指示灯检测准同步并车条件有两种接线方式,一种叫灯光明暗法,一种叫灯光旋转法。

1.灯光明暗法

图4-3所示为灯光明暗法接线及相量图,实际上电压都是经互感器降压后再与指示灯相连,这里为简化而将互感器省略了。将三个(也可以只用两个)指示灯 L_1、L_2、L_3 的两端分别接待并发电机与电网的对应相上。这样,每个指示灯两端的电压就是每一对应相之间的电压差 ΔU,在并车条件的讨论中已说明过,当存在电压差、频率差和相位差时,在发电机主开关两端都会出现电压差,三个指示灯都会发亮。因为灯泡上所加电压的大小是随相位差而变的,所以三个指示灯随着相位差的变化而同时忽亮忽暗。

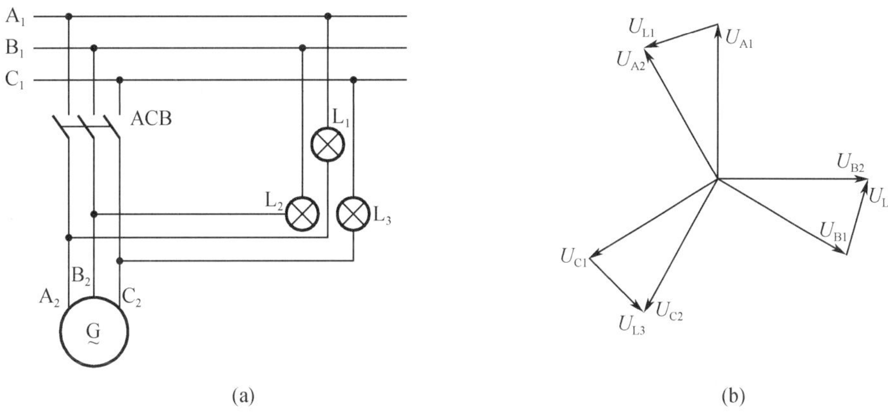

图4-3　灯光明暗法接线及相量图

每盏灯两端的电压差 ΔU 由零到最大 $\Delta U=2U$ 周期性的变化,这样,决定了三盏灯同时由暗到最亮的周期性变化。灯泡明暗的快慢取决于频差的大小,明暗一周期所需的时间 T_s($T_s=1/\Delta f$)为频差周期,频差越大,灯泡亮、暗变化越快;频差较小时,灯泡亮、暗变化变慢。灯光明暗法检测同步标志:当灯光亮、暗变化较慢,并且灯泡完全熄灭时,恰好是相位完全一致的时候,也就是并车操作中需要捕捉的合闸时刻。灯光明暗法只能辨别频差的大小,但无法辨别频差的方向,这是灯光明暗法的不足。

2.灯光旋转法

图4-4给出了灯光旋转法接线和相量图,L_1 灯跨接在同名相(如A相)两端,另外两盏灯 L_2、L_3 分别交叉跨接在异名相两端。当待并发电机的频率 f_F 高于电网频率 f_W 时,它们之间相对运动的角速度为 $2\pi(f_F-f_W)$。

若令电网电压相量静止,则待并发电机电压相量以频差角速度 $W_s=2\pi(f_F-f_W)$ 反时针方向旋转,三个灯泡的熄灭顺序为:$L_1-L_2-L_3-L_1$;反之,当待并发电机的频率 f_F 低于电网频率 f_W 时,三个灯泡的熄灭顺序则为:$L_1-L_3-L_2-L_1$。当频差越大,灯光旋转得越快,当频差改变方向时，灯光旋转的方向也改变。因此，可以根据灯光旋转的方向和快慢，辨别频差的方向（正负）和大小，从而进行正确的频率预调，以便选择适当的时机进行并车。两机进入同步的标志是灯光停止旋转，L_1 灯完全熄灭，L_2、L_3 灯亮度相同。

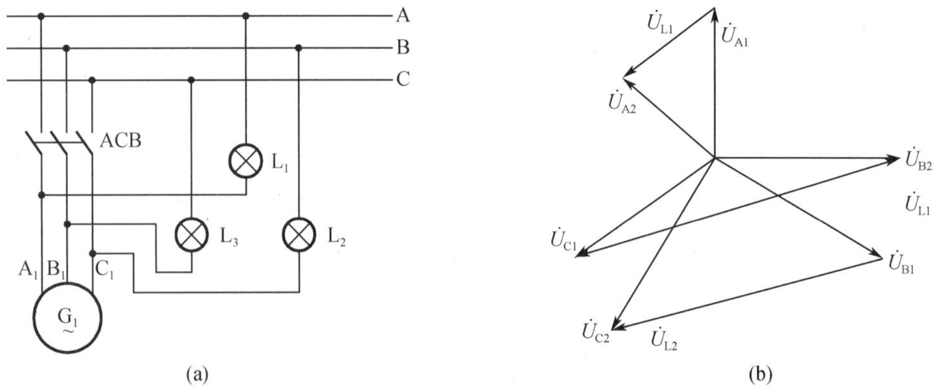

图 4－4　灯光旋转法接线及相量图

采用指示灯法进行并车操作，因为当电压降到灯泡额定电压的 30% ~50%，灯泡就已接近熄灭，故灯泡在熄灭状态下要停留一段时间，操作者要仔细观察指示灯，掌握其明暗变化规律，准确地捕捉住灯光熄灭过程中正中间稍前些的瞬间（考虑到主开关固有动作时间要有一个提前时间），果断合闸。

采用指示灯检测并车条件尽管简便易行，几乎所有的船舶电站全都设置，但因观察灯泡亮暗变化及旋转易使人眼花缭乱，而不易准确掌握，所以船舶电站都采用同步表来检测并车条件，同步指示灯法只是作为一种辅助并车的指示装置。

三、手动准同步并车操作注意事项

1. 允许频差不能太大也不可太小

频差大，同步表指针旋转快，不易捕捉合闸时刻，易造成较大电流冲击，使并车失败。但频差太小，指针转一周时间较长，拖延并车时间，频率完全相等，指针会静止不动，这种现象叫"呆滞"现象，也影响正常并车，所以频差周期调节到 3 ~5 s 为合适。

2. 避免逆功率

一般要求调整待并发电机转速，使同步表指针向"快"的方向转，合闸后待并发电机就能立即分担一点负荷，不易造成逆功率跳闸。

3. 按合闸按钮应有适当的提前时间或相角

比红色"同步点"提前一个角度（类似于时钟的"11 点"与"12 点"之间的位置）按下合闸按钮，减小合闸冲击电流。

4. 禁止 180°合闸

这时冲击电流最大，不仅造成合闸失败甚至可能导致全船失电。

5. 电网发生突然扰动时不应合闸

电网电压幅度或频率突然发生波动可能导致并车失败。

6. 并车完毕及时断开同步表

因为同步表为短时工作制（通电不允许超过 15 min），所以并车完毕应及时断开同步表。

总之，不论是由于操作不当还是由于外部扰动，只要是在较大的频差或相位差下合闸，都有可能造成并车失败。

四、手动准同步并车操作

手动准同步并车步骤流程如图 4 – 5 所示。

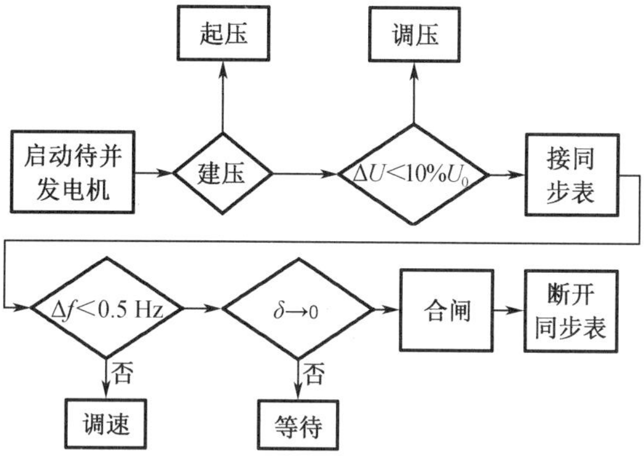

图 4 –5 手动准同步并车步骤流程图

①启动待并发电机组。先检查启动条件，包括冷却水、滑油、燃油、启动气源或电源，均正常，然后启动。

②启动后检查发电机的三相电压是否在允许范围内，是否缺相。

③进行频率预调。通过调速开关调整待并发电机转速，使待并发电机与电网的频率接近。

④观察同步表。接通同步表并将选择开关转向待并发电机，调整频差，使同步表指针旋转一周。

⑤合闸操作。待指针向“快”的方向转到接近红色“同步点”(相当于手表“11 点”与“12 点”之间的位置)时，果断按下合闸按钮。

⑥转移负荷。同时向相反方向调整两发电机组的调速开关，使新投入发电机“加速”、原运行发电机“减速”，直到两发电机功率表读数相等(对同容量发电机而言)。

⑦最后断开同步表，并车完毕。

五、自动并车操作

能够完成手动准同步并车操作的全部逻辑程序的自动装置就叫自动并车装置。

自动并车装置具有下列功能：

①检测待并发电机与电网电压的电压差、频率差和相位差，当任何一个条件不符合并车要求时，实现闭锁，不允许发出合闸指令；

②检测待并发电机与电网的频率差，并根据频差的大小与方向自动地对待并发电机组发出调频信号，进行频率预调，减小频差，创造合闸条件；

③当电压差、频率差在允许范围内时，要能计及发电机自动空气开关的固有动作时间，相应地提前发出合闸指令，实现自动准同步。

自动并车装置通常由三部分组成，即调压、调频和合闸三部分，其原理图如图 4－6 所示。因为船用自励恒压发电机的电压都能保证在并车的允许范围内，故一般均省去调压部分，只剩电压闭锁环节。

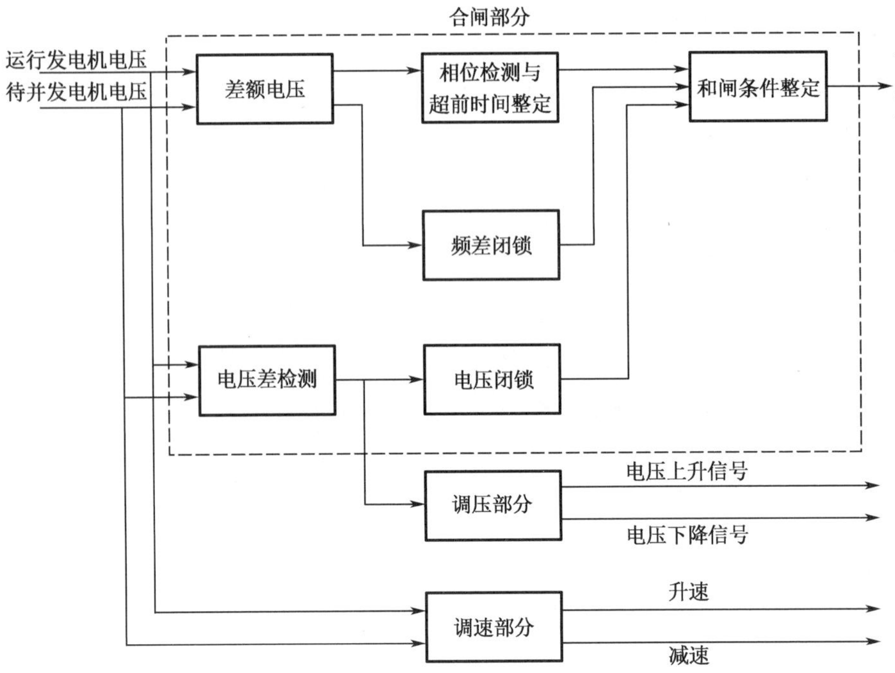

图 4－6　自动并车装置原理图

第三节　并联运行发电机的功率分配

众所周知，当两台并联运行发电机的电势不相等而频率、相位相等时，则在两机组之间将产生一个无功性质的环流，其结果将使电势较高的发电机输出无功功率增大，而电势较低的发电机输出的无功功率减少（发电机负载电流功率因数低的，无功功率大；功率因数高的，无功功率小）。当环流相差太大时，会引起发电机电流过载而烧坏。因此，需要自动调整发电机的励磁来改变环流，使无功电流的分配不均度保持在允许的范围内。另外无功电流不按比例分配会造成部分机组电流偏大，部分机组电流偏小，这样会使总的定子铜损加大，使效率降低。由此可见，当同步发电机并联运行时，需要对无功负荷进行合理的转移和分配。我国《钢质海船入级规范》对并联机组的无功分配提出了一定的要求。《钢质海船入级规范》规定："并联运行的交流发电机组，当负载在总额定功率的 20% ~100% 变化时，应能稳定运行，其功率与按发电机额定功率分配比例的计算值之差，应不超过最大发电机额定无功功率的 ±10%。"

一、无功功率分配的基本原理

1. 无功功率分配原理

并联运行的同步发电机组无功电流的分配与各发电机的电势及同步电抗的数值有关，

也与有功功率的分配有关。这里我们假设两机的容量相等,型号一样,总的输出电流、电压、功率因数、有功功率和无功功率在调整前后均不发生变化。两机的有功功率已均匀分配,机组的同步电抗相同,其等值电路如图 4 -7(a)所示。若 $\dot{E}_1 > \dot{E}_2$,其他参数相等。由图 4 -7(b)可知,由于有功功率相等($I_1\cos\varphi_1 = I_2\cos\varphi_2$),即 $E_1\sin\delta_1 = E_2\sin\delta_2$。当 $\dot{E}$ 不相等时,将导致两发电机组间无功电流也大。由上分析可见,要使同步发电机组间无功功率均匀分配,可以调整同步发电机的电势,即调整同步发电机的励磁电流。调整时应注意,在增加电势小的机组的励磁电流的同时,要减小电势大的机组的励磁电流。如果我们只改变一台发电机的励磁电流,另一台的励磁电流不变,这样将使发电机总的无功功率与负载的无功功率失去平衡,结果引起电网电压的波动。

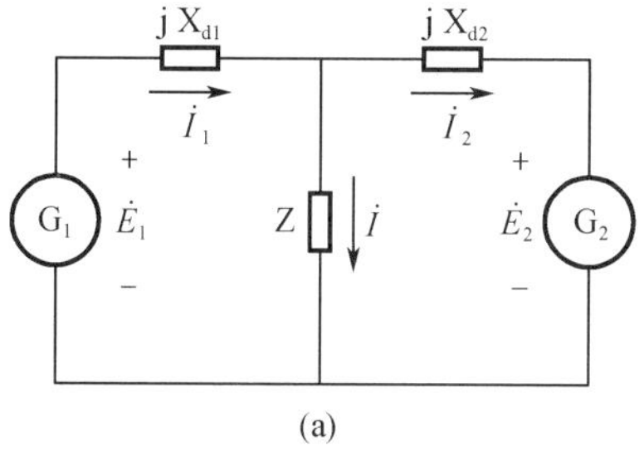

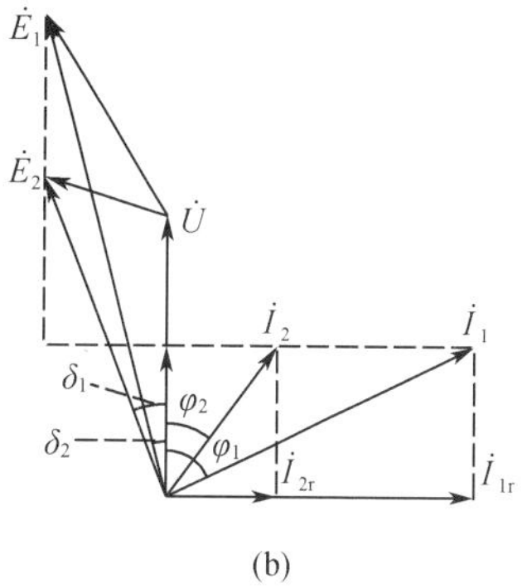

图 4 -7 并联机组无功功率分配原理图

2. 无功功率的分配

由于发电机间的无功功率的分配可以通过调节励磁电流来实现。因此,通过发电机的自动电压调整器来调整励磁电流,进行相位补偿,可以实现对无功功率的合理分配。这样一来,自动电压调整器不仅担负着自动调整电压的任务,而且还担负着自动合理分配无功功率的任务。

无功功率的分配情况通常可用同步发电机的电压调整特性来说明,如图 4 -8 所示,它有两种形式:有差调节特性(曲线 1 和曲线 2)及无差调节特性(曲线 3),当发电机无功电流 I 增加时,发电机端电压 U 随无功电流的增加而降低,发电机的电压调节特性曲线 1 是一条向下倾斜的直线。

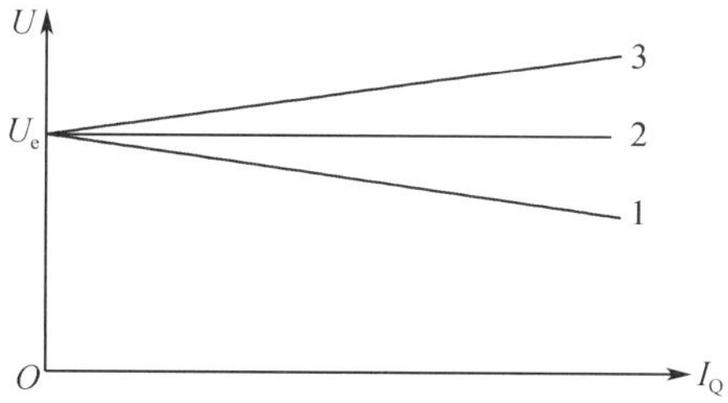

图 4 -8 发电机的电压调节特性

通常用调差系数 K_C 定量地表示电压调节特性曲线的斜率，并且习惯上规定向下倾斜的特性曲线的调差系数为正，调差系数的计算以发电机额定电压 U_e 为准，即

$$K_C = \frac{\Delta U/U_e}{\Delta I/I_e} \tag{4-1}$$

式中　$\Delta I/I_e$——负载电流变化值与额定值之比，即电流变化的相对值；

$\Delta U/U_e$——被调电压的差值与额定电压之比，即电压变化的相对值。

图4－8中曲线1向下倾斜，K_C 为正；曲线2向上倾斜，K_C 为负；曲线3的调差系数 K_C 为零（即无差特性）。

几台具有无差特性的机组是不能并联运行的，因为它们之间的无功功率分配不稳定。一台具有无差特性的机组与几台具有有差特性的机组，虽然可以并联运行并有确定的无功分配，但是电网的无功变量仅由这台具有无差特性的机组承担，这是不符合相关规定的。在实际中采用的是几台具有有差特性的机组并联，能实现无功功率在各机组间稳定合理的分配。

图4－9表示两台发电机间有差调节特性的无功负载分配曲线。

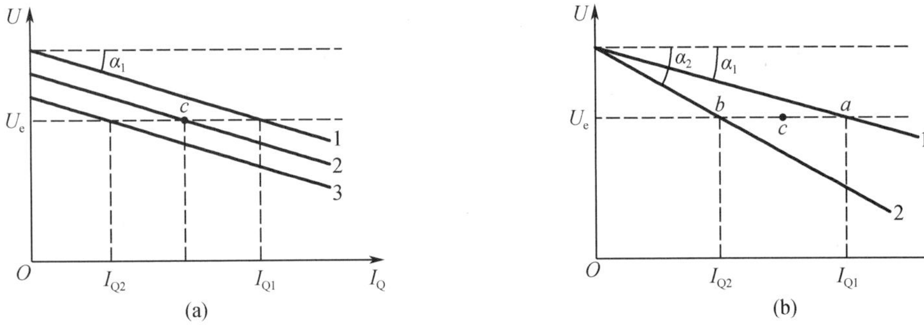

图4－9　有差调节特性的无功负载分配

设两台发电机的容量相同。图中4－9(a)表示两台发电机的电压调整器调差系数 $K_{C1}=K_{C2}$，因此曲线1（设为1号发电机）与曲线2（设为2号发电机）相互平行。为什么不重合呢？这是由于待并发电机并网以后，两机的电动势不相等造成的。所以它们各自承担的无功负载 $I_{Q1} \neq I_{Q2}$。为了使两发电机的无功负载平均分配，可以用人工操作的方法，首先增加2号发电机的励磁电流，使曲线2平移上升至曲线3位置时为止，则可增加无功负载的承担量；同时，应减小1号发电机的励磁电流，使曲线1也平移至曲线3位置时止，让两曲线自行重合，结果它们与 U_e 均交于 c 点，达到平均分配无功负载的目的。这样一来，无论用电设备的无功负载如何变化，两发电机的无功负载始终均分。

如果只调节曲线2至曲线3位置，而曲线1不调节，则两机的无功负载之和超过用电设备的无功负载，必将引起电网电压的上升，电网电压上升后，将使输出的无功负载略有增加，直至达到平衡为止。

图4－9(b)表示两台发电机的调差系数 $K_{C1} \neq K_{C2}$ 时情况，由于电压调整器的特性也不可能绝对一样，因此实际上各机的调差系数不可能相等。即使两发电机并联后，电动势相等，即空载电压相等，由于 $\alpha_1 \neq \alpha_2$，故它们承担的无功负载不可能相等。如果要求它们平均分配无功负载，则也应采用人工操作方法进行调整。由图4－9(b)可知，需增加2号发电机

的励磁电流，平移曲线 2 使其与 U_e 的交点也为 c 点，这样，它们即可达到平均分配无功负载的目的。但是，当外界无功负载发生变化后，两发电机的无功负载又会失去平衡，造成不能均分的局面。因此，这样发电机的电压调整特性曲线只能进行无功负载的自动分配，而自动均分必须经常通过人工操作来完成。因此在实际使用中，尚存在一定困难。

船用发电机的调压器为有差调节，由于各调压器存在一定差异，因此它们的调差系数不相等，难于实现无功负载自动均分。下面介绍几种无功分配装置。

二、无功负荷自动分配装置

要使并联运行的发电机间无功负荷分配自动地维持一定的关系，例如始终平均分配，如上所述，则必须使两台发电机的电压调整特性曲线为有差调压特性曲线，且斜率一致。一般按调压器类型的不同，采取不同的措施来实现稳定无功分配。

1. 开环调压器采用均压线法

不可控相复自励恒压装置具有有差调压特性。当两台发电机并联运行时，其调压特性曲线的斜率未必是一致的。为了保证其调压特性曲线斜率的一致，保证并联运行发电机组间无功功率分配均匀，通常采用连接均压线的办法来解决，均压线可连接在励磁整流器的直流侧或交流侧，如图 4－10 和图 4－11 所示。

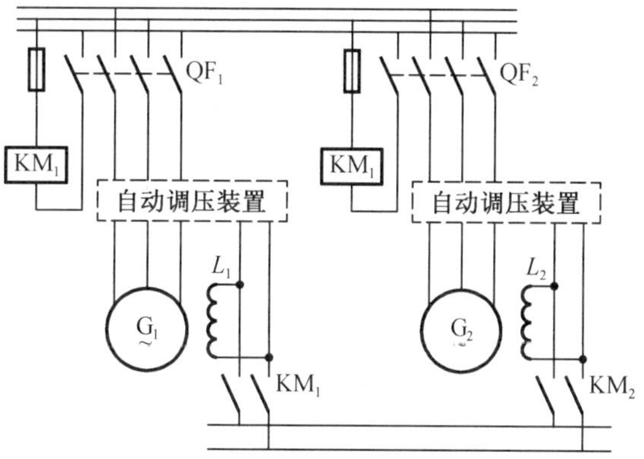

图 4－10　直流均压线原理

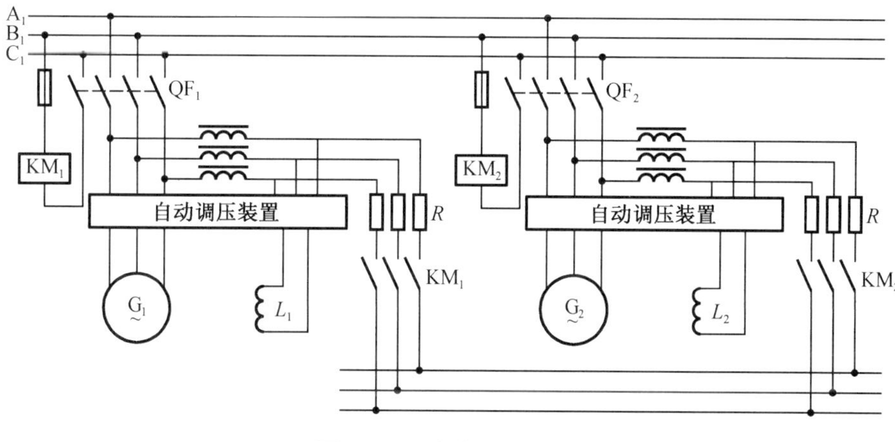

图 4－11　交流均压线原理

(1)直流均压线

对同型号、同容量的发电机的并联运行,可采用直流均压线法,它是使用最广泛的方法。直流均压线将并联机组的激磁绕组并联,迫使各机组的励磁电压一致,使各发电机的励磁电流在任何时候都接近一致,保证各发电机的无功负荷在任何时候都平均分配,如图4-10所示。当两台发电机励磁绕组的励磁电压不同时,均压线上将出现平衡电流,使两台发电机的励磁电流保持相等。

直流均压线的优点在于能排除并联运行发电机组间调压器特性差异带来的影响,无功分配仅与发电机本身励磁特性(励磁电流与发电机电势关系)有关。因此无功分配令人满意,并联运行时稳定性好,但均压线的电缆截面较大,均压接触器触点的容量也较大,且无功功率的转移不可控。

(2)交流均压线

对不同容量的发电机的并联运行,可采用交流均压线实现按比例分配无功功率,如图4-11所示,其作用原理与直流均压线连接基本相同,它是将两台发电机调压装置的移相电抗器通过均压线并联。当两台发电机出现电压差时,通过均压线使发电机输出电压均衡,以保持无功负荷分配均衡。

图4-10和图4-11电路中的均压线接触器KM与主开关设有联动关系,这是为了使单台发电机运行时不负担两台发电机的励磁电流,否则将使运行发电机的端电压大大下降。

采用均压线并联运行的发电机组,一旦均压连接中断将会导致无功分配严重不等。发电机组并联运行中,当出现两台功率表指示基本相同而电流表指示相差太大,或两台功率表指示基本相同而功率因数表指示相差较大,则说明均压连接可能发生中断,此时应检查均压接触器动、静触点是否接触良好以及均压接触器是否通电动作,以排除故障。

2. 闭环调压系统下倾调压特性

并联运行发电机间无功功率分配的关系,主要由电压调整特性曲线所决定。对于闭环调压系统,由于其调压精度高,调差系数 K_C 一般是很小的,甚至几乎接近零,这样,调压器的调压特性是接近无差的。这对于提高发电机的电压精度是有利的,但具有无差调压特性的两台发电机并联运行会使无功功率的分配不确定,造成船舶电力系统无法稳定运行。因此,这样的两台发电机不能并联运行。可见,从无功分配、系统稳定运行角度看,对于调压精度较高的闭环调压系统,也不得不在调压器上加装可以改变调差系数的装置,以增大调差系数 K_C,牺牲调压精度,换取船舶电力系统确定的无功分配,保证船舶电力系统的稳定运行。这个装置称为电流稳定装置。

电流稳定装置主要应用于可控相复励调压器、可控硅调压器等系统中。该环节实质是一个无功电流检测装置,测得的无功电流信号按比例变换成相应的控制信号,加到调压器上,调压器加装了这种装置后就可改变电压调整特性曲线的倾斜度,只要调整并联运行机组的调差系数基本一致,则并联时就可稳定地、均匀地分配无功功率,故称为电流稳定装置。电流稳定装置的原理及相量图如图4-12所示。调压器测量回路的测量变压器 B_C 原边接发电机电压 U_{AB} 上,副边回路串入电位器LH原边接C相,副边接在 R_{W1} 两端。这样接线的目的是使装置只反映发电机的无功功率。由 U_{AB} 和 I_C 在 R_{W1} 上产生的压降,方向是相反的。调压器测量环节测得的电压 U_{CL} 为

$$U_{CL}=U_{AB}+I_{AB}R_{W1}+I_CR_{W1} \tag{4-2}$$

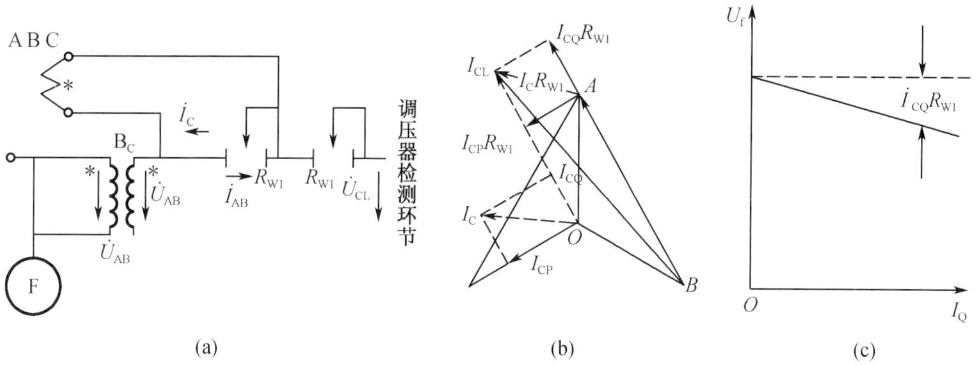

图 4－12　电流稳定装置的原理及相量图

因为 I_{AB} 是电压回路的电流，所以 I_{AB} 很小，故 $I_{AB}R_{W1}$ 可忽略，则有

$$U_{CL}=U_{AB}+I_CR_{W1} \tag{4-3}$$

根据式(4－3)，测量电压 U_{CL} 主要随无功负荷 I_{CQ} 而变化，因而通过调压器使发电机电压 U_f 也随无功负荷 I_{CQ} 而变化。用曲线表示时，如图 4－12(c)所示。由此可见，加电流稳定装置之后，可以做到把无差变为有差调压特性，所以可使无功负荷分配确定。

由以上分析可见，当具有电流稳定装置的两台发电机并联运行时，调整电位器 R_{W1} 可使两台发电机的调压特性曲线斜率一致，以平均分配无功负荷。在正常情况下，当无功负荷平均分配时，则 $U_{CL1}=U_{CL2}$，两台发电机的励磁电流和电压也都相等。当无功负荷分配不均衡时，例如一号比二号发电机多承担了无功负荷时，则 U_{CL1} 将比 U_{CL2} 的值大，因而通过调压器自动使一号发电机减小励磁电流，二号发电机增加励磁电流，直到使两台发电机间无功负荷重新平均分配为止。

①加电流稳定装置，可使调压特性曲线变为具有足够倾斜度的有差特性曲线，以保证并联运行机组间无功电流稳定的分配；

②调整电位器 R_{W1}，可改变调差系数 K_C，使并联发电机的 K_C 相等，以稳定且平均分配无功负荷。当然，调压特性曲线的倾斜度决定了系统的调压精度，因此 K_C 不能太大，应使发电机电压在允许范围之内。

三、有功功率的分配

发电机输出的有功功率是由原动机的机械功率转化来的，交流发电机要求原动机有几乎不变的转速，以保证频率恒定。

改变并联运行同步发电机有功功率的分配，是通过改变各台发电机原动机油门的大小，以改变单位时间内进入气缸的燃油量来实现的。由于柴油机喷油量的大小，既关系到柴油机在一定转速下输出功率，也关系到在一定负荷下转速的高低，因而也关系到电力系统频率的变化，所以，并联机组间有功功率的分配与电力系统的频率相关联。

船舶主电站通常都是由几台容量不太大，同容量、同型号的同步发电机组成的。当采用多台机组并联供电时，几乎都是将系统的总负荷(包括有功功率和无功功率)平均地分配给参与并联运行的各机组；当不同容量的发电机并联运行时，则是将系统的总负荷依照各台发电机的容量按同一百分比来进行分配，这样有利于发挥并联运行各机组的容量。否则，当一台机组的功率接近额定值，另一台机组的功率甚小时，若系统的负荷再增加，两机的负荷功率都将增加，这就可能使一台机组离满载还较远，这显然是不利的。另外，负荷分配不均匀也使运行不经济。

希望有功功率按比例分配，是为了充分利用并联运行的稳定性和经济性。

发电机频率与有功功率变化关系为：当船舶同步发电机组的角速度偏差甚小时，发电机功率平衡方程式可表示为

$$P_g = P_f + \Delta P + T_c \frac{d\Omega}{dt} \tag{4-4}$$

式中 P_g——机械功率；

P_f——发电机负荷功率；

ΔP——机电损耗功率；

T_c——机组的惯性时间常数。

机械功率 P_g 决定于柴油原动机的喷油量，当此功率与发电机负荷功率和机电损耗功率平衡时，$d\Omega/dt=0$，即船舶同步发电机原动机的转速（频率）恒定。若负荷变化，油门尚未来得及变化，P_g 不变，发电机负荷功率平衡被破坏。负荷增加，$d\Omega/dt<0$ 频率下降，负荷减少，$d\Omega/dt>0$，频率上升。若频率变化时，不相应增加（或减小）原动机的喷油量，则频率的变化将大（或小）到使电力系统不能正常运行的程度。

可见，负荷变化时，要保证频率恒定，必须相应调整原动机的油门，保持功率平衡。频率也是电能质量的重要指标之一，一般原动机总是设计在额定转速时具有最高的效率，维持原动机转速（或频率）在额定值不变，这部分工作由调速器完成。在船舶电力系统中，频率的调整及有功功率分配均依赖于原动机调速器的调节。

1. 调速器的基本类型

调速器因原理、结构和用途不同而有不同的类型。按执行机构分类，船舶柴油机所使用的调速器主要有以下类型。

（1）机械式（离心式）调速器

直接利用飞重产生的离心力去移动油量调节机构以调节柴油机的转速，如图 4－13 所示。

（2）液压（间接作用式）调速器

利用飞重产生的离心力控制一个功率放大元件（称伺服器），再利用其液压作用所产生的更大动力去移动油量调节机构来调节柴油机转速。

（3）电子调速器

信号监测或执行机构采用电气方式的调速器。

2. 离心式调速器基本工作原理及其特性

由上面介绍可知，同步发电机并联运行时的频率及并联同步发电机组间有功功率的均匀分配都取决于喷油量大小（即取决于原动机的调速器）。下面以柴油机常用的离心式调速器为例来说明其工作原理及特性。

（1）离心式调速器的结构

船用发电机组的柴油机调速器均为离心式调速器。它是根据飞铁的离心力与弹簧的压力相平衡的原理去控制油门开度的自动控制装置，如图 4－13 所示，它是一种“定速调速器”。

图4－13中操作手轮也可改由伺服电动机进行遥控。它的主要作用是调节弹簧的预紧力，使调速器的转速稳定在某一给定值。飞铁绕转轴旋转时，将产生离心力，由此而定名为离心式调速器。滑套承受弹簧的压力和飞铁的离心力而处于相对平衡的位置，同时通过杠杆输出控制油门开度的位移力。斜齿轮用来改变主轴的运转方位。油门杆位置受杠杆控制，当油门杆向上提时，表示增大油门开度，油门杆向下时，表示减小油门开度。

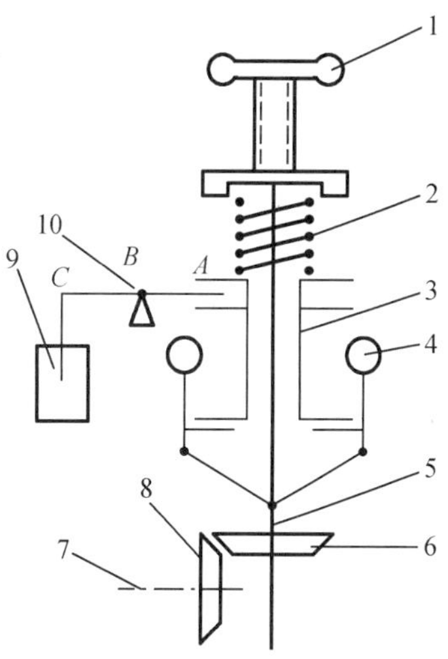

1—操作手轮；2—弹簧；3—滑套；4—飞铁；5—转轴；6，8—斜齿轮；7—主轴；9—油门杆；10—杠杆。

图4－13　离心式调速器

（2）离心式调速器的工作原理

柴油机的转速为额定转速时，发电机的频率为额定频率，对外输出一定的有功功率，此有功功率对应一定的柴油机油门开度，此时整个电力系统处于稳定运行状态。

如果发电机输出的有功功率突然减少，由于柴油机的机械功率此时大于实际有功功率，故柴油机加速，电网频率上升。此时主轴带动转轴一起加速，飞铁在离心力的作用下进一步向外张开，将滑套向上推动，通过杠杆使油门杆向下移动，而减小油门开度，减小机械功率输出，阻止柴油机转速进一步上升。当滑套向上推动时，压缩弹簧，同时也使弹簧的反作用力增加，至飞铁的离心力与弹簧压力重新平衡时，则滑块处于某一新的平衡位置，而对应了柴油机一定的油门开度和喷油量，使柴油机在一个新的转速下稳定运行。

必须指出，这个新的转速应略高于原额定转速。因为原来的油门开度同时对应额定转速和一定的有功功率。现输出的有功功率突然减少，则对应的油门开度必然减少才能实现新的功率平衡。由图4－13可看出，当油门杆向下移动减少喷油量时，则滑套的位置必须比原额定转速对应的位置要高一点，因此飞铁的转速必然比原额定转速要高一些，否则不能实现新的平衡。实质上这种离心式调速器也是一种比例调节器。

反之，如果发电机输出的有功功率突然增加，则通过此调速器的自动调节后，油门开度将增加，加大喷油量，以阻止转速进一步下降，最后在略低于额定转速的新转速下稳定运行。

如果要改变给定值的大小时，可以通过手轮来改变弹簧的预紧力。弹簧越向下压紧时，表示预紧力越大，通过滑套作用使油门开度增加，因此如果要求频率不变时，则可增加有功功率的输出，如果要求有功功率不变时，则可增加转速，即电网频率上升。反之，减小预紧力后，可以减少有功功率输出或减少电网频率。这种人工操作方法，在正常运行时不宜进行经常调节。

3. 电子调速器

电子调速器是一种电子控制系统。凡转速感测元件或执行机构采用电气方式的调速器习惯上通称为电子调速器。通常有以下三种电子调速器。

全电子调速器：信号感测与执行机构均采用电气方式者。如海因茨曼电子调速器、Woodward 8290电子调速器等，此种电子调速器工作能力较小，多用于小型柴油机。

电 – 液或电 – 气调速器:信号监测采用电子式,而执行机构采用液压式或气动式。此种调速器的液压伺服器工作能力较大,可满足各种柴油机的使用要求。如 Woodward 2301 电子调速器执行机构使用 EG3P 型液压伺服器,而 DGS – 8800 数字调速器则为电 – 气调速器。

液 – 电双脉冲调速器:在普通的液压调速器上加装电子式的负荷信号感测装置。该种调速器当电子部分发生故障时,可自动转为液压调速器工作。国产 YTD – 40 型调速器即为此种调速器。

电子调速器能够采用双脉冲调节,即将转速变化信号(称单脉冲)和负荷变化的电脉冲信号这两个单脉冲信号叠加起来调节燃油量,亦称频载调速器,这种双脉冲调速器能在负荷一有变动而转速尚未明确变化之前就开始调节燃油量,因而具有较高的调节精度,适用于对供电要求特别高的柴油发电机组。

电子调速器动作灵敏,响应速度快,响应时间只有液压调速器的 1/10 ~ 1/2;动态和静态精度很高;无调速器驱动机构,装置简单安装方便,便于实现遥控和自动控制,是近代发展起来的精密调速器。

(1)电子调速器的基本组成

双脉冲电子调速器的基本组成如图 4 – 14 所示。转速检测单元用于监测柴油机轴系转速的变化,并按比例产生直流电压输出;负荷检测单元监测柴油机负荷(如电压、电流、相位)的变化,并按比例转换成直流电压输出;速度控制单元是电子调速器的核心,它接收来自转速检测单元和负荷检测单元的输出电压信号,并按比例转换成直流电压后与转速给定单元的设定值(电压)进行比较,把比较后的差值作为控制信号送往执行机构。执行机构根据输入的控制信号以电力方式或液压方式拉动柴油机的油门进行调速。

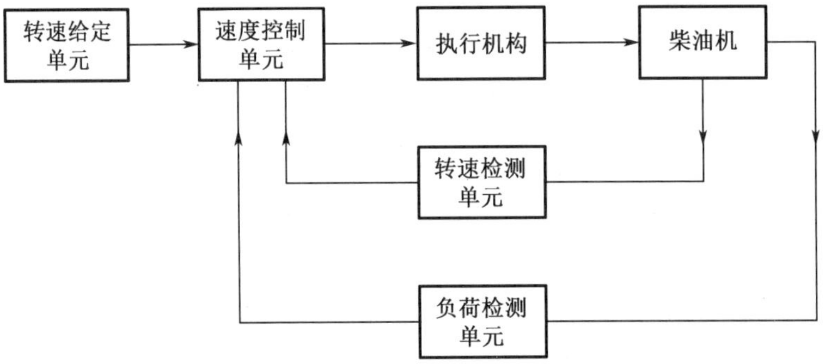

图 4 – 14　双脉冲电子调速器的基本组成框图

(2)工作原理

当柴油机在某一负荷下稳定运转时,其工作转速等于转速给定单元的设定转速。转速检测单元的输出电压作为负值信号在速度控制单元内与正值的设定转速电压信号相互抵消。速度控制单元输往执行机构的控制电压信号使执行机构的输出轴静止不动,柴油机油门固定转速稳定。

若柴油机负荷突然增加,负荷检测单元的输出电压首先发生变化,此后转速检测单元的输出电压也相应变化。这两种脉冲信号在速度控制单元内与设定转速(电压)比较,输出正值电压信号,在执行机构中使其输出轴向加油方向转动,增加柴油机的循环供油量。

反之,若柴油机负荷降低,转速升高,则转速检测单元的负值信号数值大于转速设定电压的正值信号数值,控制单元输出负值信号,执行机构输出轴向减油方向转动,降低柴油机的循环供油量。

4. 调速特性

调速特性是指柴油机转速 n(或频率 f)与柴油机输出功率的关系,如图 4-15 所示。如果转速(或频率)与输出功率大小无关,则称为无差调速特性,如图 4-15 曲线 1 所示。具有离心式调速器的柴油机其转速随柴油机输出功率增加而降低,故称为有差调速特性,如图 4-15 曲线 2 所示。

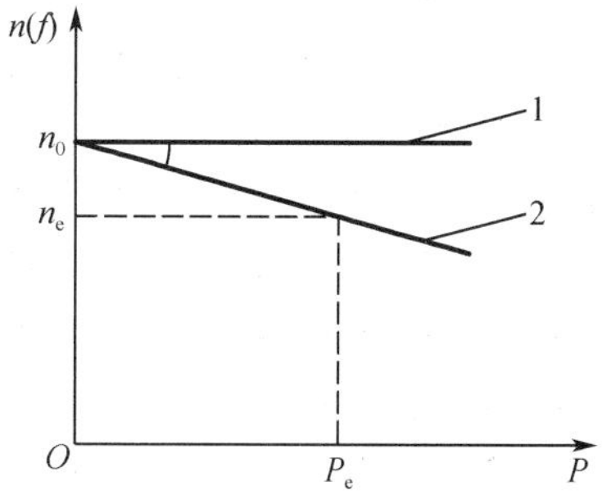

图 4-15　调速特性

调速特性一般用调差系数 K_C 来表示:

$$K_C = -\left(\frac{\Delta n}{\Delta P}\right) = -\left(\frac{\Delta f}{\Delta P}\right) = \frac{(n_0 - n_1)}{P_e} = \tan\alpha \qquad (4-5)$$

式中,$\tan\alpha$ 为调速特性斜率。

5. 单机运行时频率的调整

当柴油机输出功率(其所连接的发电机所带有功负荷)变化时,依靠调速器的固有调速特性自动改变油门的开度,实现转速与功率平衡的过程称为转速(或频率)的一次调节,如图 4-16 所示。

对有差调速特性的调速器来说,仅靠调速器的一次调节,并不能维持功率变化时频率保持不变,为此必须进行二次调节。

所谓调速器的二次调节是经由图 4-13 中套筒通过涡轮蜗杆由伺服电动机 M 进行控制的。转动伺服电动机 M,便可以改变套筒的上下位置,亦即改变弹簧对联接器压力的大小,就可实现调速特性上下平移。

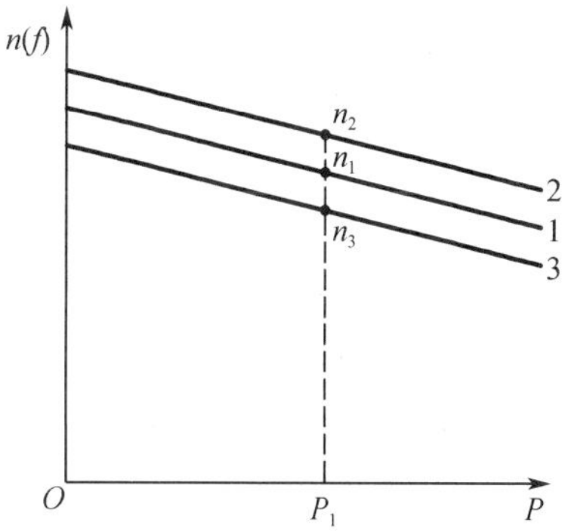

图 4-16　弹簧压力改变使调速特性平移

如果柴油机负荷 P_1 保持不变,对应的转速为 n_1,调速特性如图 4-16 曲线 1 所示。若需要提高转速时,可接通伺服电动机 M 的电源,使它朝一个方向转动(设这时为正向),它便通过涡轮蜗杆使套筒下移,弹簧压力增大,A 点下移,C 点上升,油压缸活塞下移,油门增大。但由于负荷没变,油门的增大使柴油机的转速升高,飞锤离心力增加,A 点又上移,C 点回到原来位置。这时 A 点与 B 点比原来都下移了一些,柴油机工作在新的稳定平衡状态。上述的动作过程使整个调速特性也相应上移,即从特性 1 移到特性 2,使负荷对应的转速上升为 n_2。

反之,为了降低发电机的转速(频率),则接通 M,使它朝另一个方向转动(与升速时相反),使套筒向上移动,减少弹簧的压力,调速特性向下移动,即从特性 1 移到特性 3,负荷对应的转速下降为 n_3。

二次调节实质上就是通过伺服电动机的正、反转控制使调速特性上下平移,从而实现转速(频率)的重新调整之目的。

5. 并联运行机组间有功功率的转移和分配

假设电力网上已有第一台发电机带负载 P 运行,频率为 f_e,第二台机组经准同步并入后,还只是处于空载状态。现在需要将有功负载转移一半给二号机,这个任务,调速器不能自动完成,若无"自动负荷分配装置"就必须手动操作。设电压和无功分配已由调压器保证了,这里只讨论如何实现有功功率的转移和保持频率的不变。

在上述情况下,可以加大二号机的油门,同时减小一号机的油门。当加大二号机油门时其输出功率加大,转子就有加速的趋势,但又不能脱离同步,因此只能使其功率角 θ_2 由零增加,相当于它的"弹性连接"开始拉紧,二号机开始承担有功负荷,因为船电系统容量较小,当二号机油门加大,一号机油门未变时,两台机组的总机械功率将大于在这一频率下电网总负载所吸收的功率,这就使得两机转速同时增加(保持同步)。频率将略有升高,电网的总负载所吸收的功率也略有增加,直到机-电功率达到平衡时,系统就会稳定在略高于 f_e 的频率下运行。为了保持 f_e,再适当减小第一台机组的油门,该机的转子就有减速的趋势。同样它也不能脱离同步单独减速,而只能使得其功率角 θ_1 减小,相当其弹性连接松了一些,一号机输出功率也就减少一些,系统的总机械功率也减少,形成了功率供不应求,由负荷平衡效应可知,频率就会下降,直到输出功率与负荷吸收的功率又达到平衡时,频率又会稳定下来。此时,θ_1 减小,θ_2 增加,这就实现了功率转移,其手动分配矢量图见图 4-17。

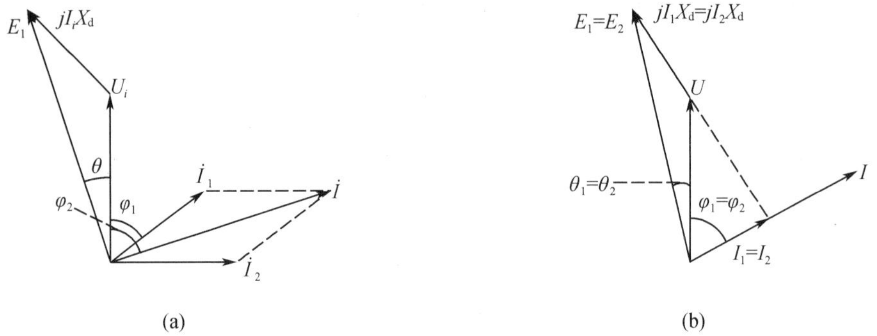

图 4-17　有功功率手动分配矢量图

所以,适当地增加一号机的油门,同时相应地减小二号机的油门,就可以实现在维持系统的频率不变的情况下转移有功功率。

上述功率转移的操作,也可以在坐标平面上用移动调速特性的分析方法来加以说明,如图 4-18 所示。

开始时:一号机运行于特性曲线 1′的 A 点,对应于 f_e 和 $P_1=P$,新并入的二号机空载运行于特性曲线 2′的 B 点,对应于 f_e 和 $P_2=0$。

手动转移:增大二号发电机的油门,使特性曲线 2′向上平移到特性曲线 2;减小一号发电机的油门,使特性曲线 1′向下平移到特性曲线 1,且与特性曲线 2 交于 C 点。两特性曲线 1 和 2 的交点 C 说明两台机组的频率均为 f_e,而各自分担的功率均为 $P/2$。以后就由调速器自动稳定功率分配，并调节电网频率。

采用带有差调速特性的机组并联，并实现功率分配和稳定电网频率是最简单的调频方法，称为“有差调节法”。现以两台具有有差调速特性的发电机组并联运行的系统为例，说明有差调节法的工作方式，如图 4－19 所示。

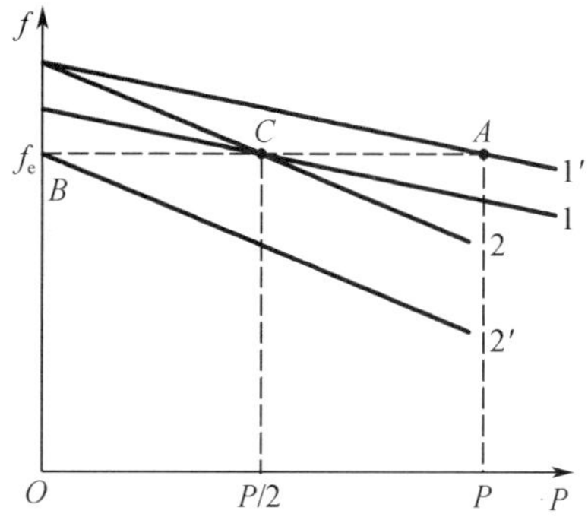

图 4－18　转移负荷图

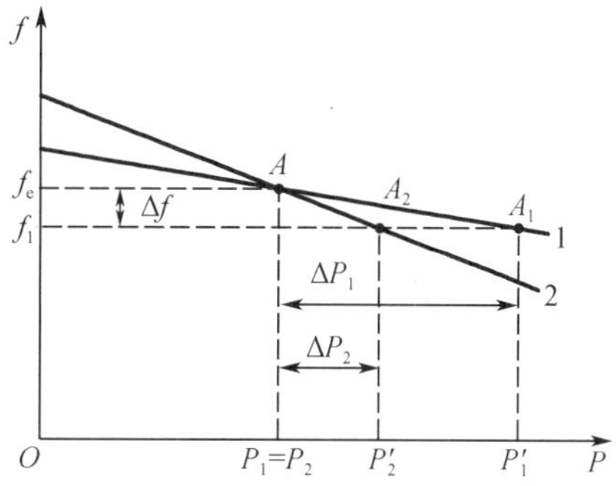

图 4－19　有差调节法

设特性曲线 1 和 2 分别表示两台发电机组的调速特性，其调差系数分别为 K_{C1} 和 K_{C2}。

开始时，系统运行于 A 点，即 $P_1=P_2=\frac{1}{2}P_{fe}$，$f=f_e$，当系统负荷增加 ΔP 时，电网的频率将下降，各机组的调节过程将沿各自的调速特性进行。当频率下降到 f_1，若各机组发出的功率总和增加到与电力系统的负载在这一频率 f_1 下吸收的功率相等时，则达到了平衡。这时，一号机工作于 A_1 点，二号机工作于 A_2 点，两机各自承担的功率分别为 P_1' 和 P_2'。

一号机组的功率增量为

$$\Delta P_1=\frac{-\Delta f}{K_{C1}} \tag{4-6}$$

二号机组的功率增量为

$$\Delta P_2=\frac{-\Delta f}{K_{C2}} \tag{4-7}$$

式中　Δf——电网频率变化量。

根据功率平衡关系有：

$$\Delta P=\Delta P_1+\Delta P_2=-\left(\frac{\Delta f}{K_{C1}}+\frac{\Delta f}{K_{C2}}\right)=\frac{\Delta f}{\dfrac{1}{\dfrac{1}{K_{C1}}+\dfrac{1}{K_{C2}}}}=\frac{\Delta f}{K_P} \tag{4-8}$$

或

$$\Delta f=-K_P\cdot\Delta P \tag{4-9}$$

式中　K_P——称为（两台机组）并联系统的平均调差系数，$K_P=\dfrac{1}{\dfrac{1}{K_{C1}}+\dfrac{1}{K_{C2}}}$。

各机组的功率增量可得到：

$$\Delta P_1=\Delta P\cdot\frac{K_P}{K_{C1}} \tag{4-10}$$

$$\Delta P_2 = \Delta P \cdot \frac{K_P}{K_{C2}} \tag{4-11}$$

由此可见，在有差调节法中，当系统负荷发生变化 ΔP 时，将引起系统频率的变化，Δf 由式(4-9)决定；当各机组的 K_C 值不同时，功率分配也会变化。

通常，船舶电站采用同容量、同型号的机组并联供电，所以要使各机组能自动平均承担系统的负荷，则应使各机组的速度调差系数 K_C 相等，即

$$K_{C1} = K_{C2} = \cdots\cdots = K_{Cn} \tag{4-12}$$

此时，各调速特性可以重合，如同一台机组一样。

当满足式(4-12)条件时，将有：

$$\Delta P_1 = \Delta P_2 = \cdots\cdots = \Delta P_n = \frac{1}{n}\Delta P \tag{4-13}$$

即能均分系统的负荷变化量。

实际上并联运行的各机组，当调速器的调差系数不可调时，要满足各个调差系数 K_C 一致是难以实现的。在选用调速器时，应尽可能使 K_C 值互相接近，而不应追求较小的调差系数，以利于并联运行的稳定性。

综上所述，当采用有差调速特性的机组并联运行时，各机组可以有确定的功率分配，频率也可以稳定在一定范围内。但是，当系统总负荷变化时，由于调差系数的分散性和燃油控制系统的不一致性，功率分配一般是不均匀的。在稳态时，功率分配的实际值与按平均分配原则所应有的功率之差称为功率分配的静态误差；电网的实际频率与额定频率之差，称为频率的静态误差。若调速器选配恰当，则在调速器的自动调节下，可以获得较满意的功率分配，频差也不会太大。这对于运行管理工作显然有利，否则，要保证功率均分、频率恒定，必须经常进行手动调节，或者依赖自动调频调载装置来自动调整。

四、调频调载装置

在具有多台发电机组的船舶交流电站中，当需要两台以上的发电机并联供电时，都需要进行并车、负荷转移和分配以及解列的操作。为了实现船舶电力系统自动化，“频率自动调整和有功功率的自动分配”装置是不可缺少的环节。它与自动并车装置一起，合称为自动并联运行控制器。

“频率自动调整和有功功率的自动分配”装置简称为自动调频调载装置，又称自动负荷分配器。它的基本功能如下：

(1)自动维持船舶电力系统频率为额定值；

(2)依并联运行各机组的容量按比例自动分配有功功率；

(3)接到“解列”指令时，能自动控制负荷转移，待其负荷接近零时(一般是小于发电机额定功率的5%)，才使其发电机主开关自动跳闸，与电网脱离。

应当指出，自动调频调载装置维持船舶电力系统的频率恒定和保证有功功率按比例自动分配的作用，就其实质，是对原动机调速器的弹簧预紧力做微量的调节，即在坐标图上上下平移并联运行各机组的静态调速特性曲线，以求获得恒定的频率和按比例自动分配负荷，或者说就是自动地进行二次调节。

自动调频调载装置是用来调整发电机组间的功率分配及电网频率的，因而需要检测机组的转速和负荷，并加以判别、放大，用于控制可控硅开关，使原动机的伺服电动机正反转。

因此自动调频调载装置常由测频器、测功器、功率分配器及调整器等组成。

1. 测频器

测频器又称频率变换器，它是反应频率对额定值的偏差 Δf，并给出与 Δf 成正比例的直流电压信号，测频器及其特性如图 4－20 所示。

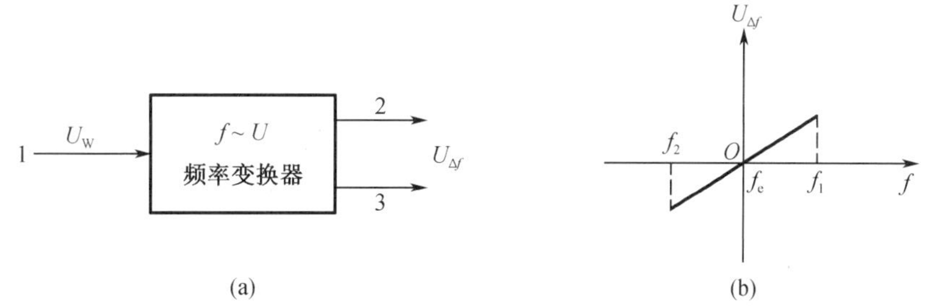

图 4－20　测频器及其特性

由其特性可知：

$$\Delta f = K_f \cdot \Delta f = K_f(f_{Sh} - f_e) \tag{4-14}$$

式中　$U_{\Delta f}$——测频器输出直流电压，V；

K_f——频率变换系数，V/Hz；

f_{Sh}——电网实际频率，Hz；

f_e——额定频率，Hz。

由于并联运行后，电网上只有一个共同频率，故船舶电站只设一个测频器，常用的测频器有谐振式和基于波形变换的测频器。

2. 测功器

测功器又称功率测量元件，用于测量发电机输出的有功功率。测功器输入发电机的有功功率，输出与功率值成比例的直流电压信号。

即

$$U_P = K_P \cdot P \tag{4-15}$$

式中　U_P——测功器输出直流电压，V；

K_P——功率变换系数，V/kW；

P——发电机实际输出之有功功率，kW。

测功器及其特性如图 4－21 所示，每台发电机均要配置一个测功器。

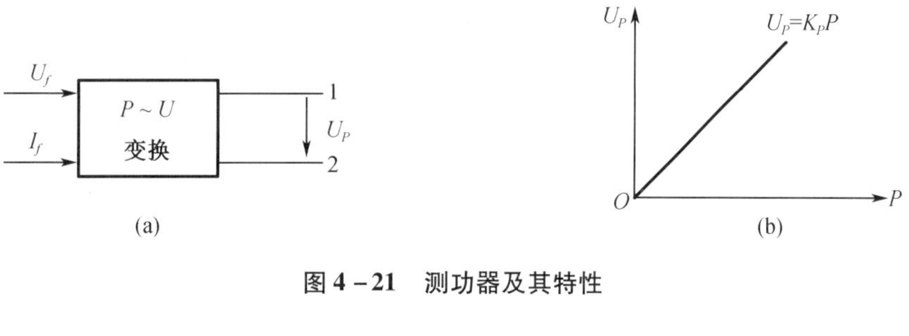

图 4－21　测功器及其特性

3. 功率分配器

功率分配器的功能是综合测功器和测频器的输出电压信号 U_P、$U_{\Delta f}$，经过比例鉴别，输出给各调整器，以对各机组进行调节。图 4－22 所示为具有运算环节的分配器示意图，它是由比较放大器和加法器组成的。

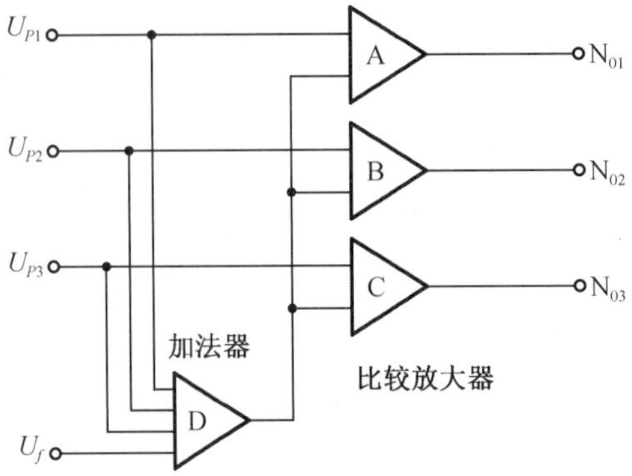

图 4－22　分配器示意图

加法器把来自各机组的有功功率信号及系统中频率的偏差信号相加后输出一个合成的基准电压 U_S，表达式为

$$U_S = K_1 U_{P1} + K_2 U_{P2} + K_3 U_{P3} + K_4 U_{\Delta f} \tag{4-16}$$

式中　U_{P1}、U_{P2}、U_{P3}——分别表达发电机的有功功率信号；

$U_{\Delta f}$——系统的频率偏差信号；

K_1、K_2、K_3、K_4——比例系数。

将基准信号 U_S 与各发电机测功器的输出信号 U_{Pi} 进行比较，比较结果经比较放大器送至各发电机组调整器，分别发出相应的信号，调整原动机进油量，使各机组功率分配均匀，并使系统的频率恒定。

4. 调整器

调整器又称执行元件，它根据频率偏差、发电机发出的功率和分配功率的偏差等信号，按照预定的调频准则给出控制电压，控制调速器的二次调节，实现频率和有功功率的自动调节。图 4－23 为调整器方框图。

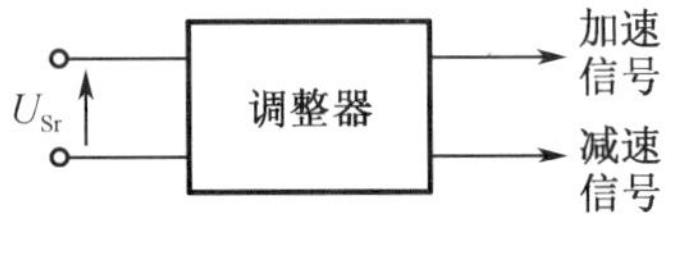

图 4－23　调整器方框图

当输入到调整器的频差与功差等综合信号为正时，则调整器输出减速脉冲信号，综合信号的绝对值越大时，则输出脉冲信号的脉冲频率越高（脉冲宽度一定时）或脉冲宽度越宽（脉冲频率一定时）；反之，当输入的信号为负时，则调整器输出相应频率或宽度的加速信号。

调整器还应使每个调节过程的第一个调整信号有适当的延时，以避开动态过程。

第四节 粗同步并车操作

一、粗同步并车

粗同步并车是利用电抗器进行并车的一种方法。它是指待并发电机基本满足电网所需的并联条件后,即可先行串联一个电抗器与电网并联,然后再合主开关的方法。因此,粗同步并车又叫电抗器并车,它放宽了对准同步并车的条件,提高了并车的成功率,因而深受船舶电站管理人员的欢迎。

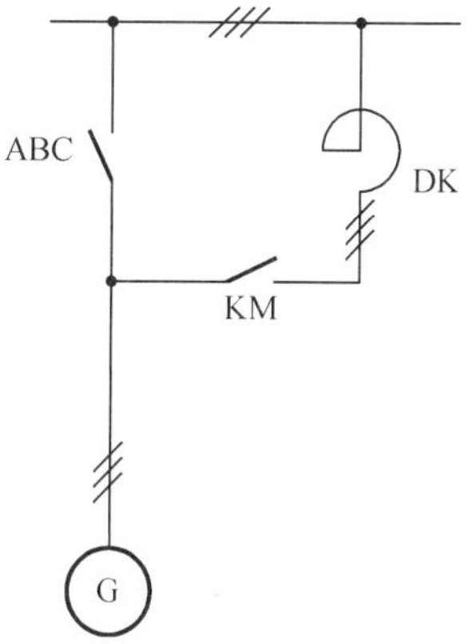

图 4-24 粗同步并车原理接线图

图 4-24 所示为粗同步并车原理接线图。当待并发电机 G 启动后,大致调节频率,观察一下电压差别不大,至于相位甚至可以不考虑,只要相位差不是 180°就可以接通接触器 KM,使发电机通过粗同步电抗器 DK 与电网并联。这时尽管电压差、频率差和相位差比起准同步的三个条件都要相差得多,但因为 DK 阻抗很大,它限制了并车时由于三个条件不满足所产生的冲击电流,使冲击电流数值不会超过发电机额定电流的 1.2~1.8 倍,发电机不会进行保护动作。当发电机 G 通过电抗器 DK 与电网并联后,由于机组间的自整步作用,很快就会被拉入同步。观察同步表,当指针固定在“同步”标记的位置时,就可以合上主开关 ACB,将电抗器短路,使发电机不再通过电抗器,而是直接与电网并联运行。因为机组此时已经与电网同步,所以合主开关时,不会产生冲击电流,然后再断开接触器 KM 将电抗器切除,粗同步并车就完成了。由于粗同步并车用电抗器是按短时工作制设计的,只在并车时使用,并车完毕后,一定要从电网上将其切除,否则电抗器就可能被烧毁。

粗同步并车过程如下(原理图如图 4-25 所示):

①待 G_1 建压正常后,调整它的调速开关,使其频率接近运行发电机 G_2 的频率。

②按下 SB_1 按钮,并车接触器 K_1 得电动作,其常开辅助触点闭合自保,主触点闭合使 G_1 通过 DK 与电网并联,同时时间继电器 KT_1 也得电开始计时,经一定延时(延时时间应能保证在此期间内,待并发电机 G_1 可被拉入同步,一般整定在 6~8 s),KT_1 常开辅助触点闭合。

③接通待并发电机主开关 ACB_1 的合闸线圈,ACB_1 立即合闸,合闸后 ACB_1 常闭辅助触点断开,K_1 失电,DK 电抗器自动切除,时间继电器 KT_1 也失电复位。

④增大刚并上电网发电机油门,同时减小原电网上发电机组的油门,进行负载转移,使电网上各发电机组合理分配负载,最后断开整步表或同步指示灯。

粗同步法并车操作步骤如下:

①检查并调整待并发电机的电压、频率,使之接近电网电压及频率。

②接通并车电抗器,使发电机经电抗器并入电网。

③发电机被拉入同步后,合上主开关,同时切断并车电抗器。

④增大刚并上电网发电机油门,同时减小原电网上发电机组的油门,进行负载转移,使电网上各发电机组合理分配负载,最后断开整步表或同步指示灯。

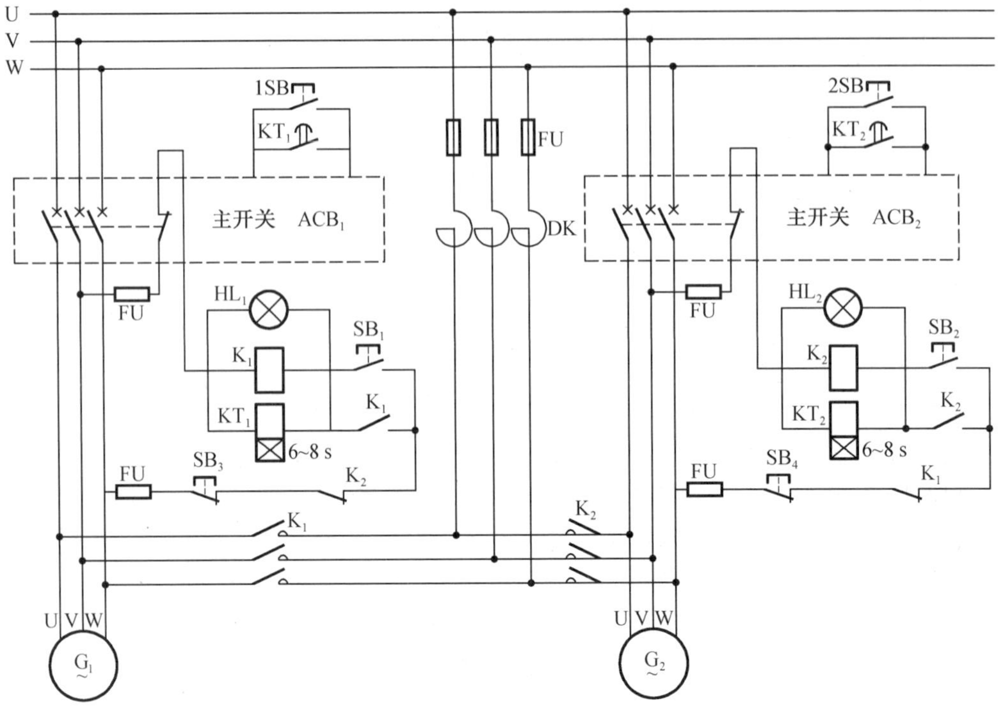

图 4-25 粗同步并车原理图

粗同步并车的电抗器切除又分为手动及自动两种。这种方法由于并车条件要求较宽，操作容易，因此大多船舶都用粗同步并车。

并车用电抗器是根据限制发电机冲击电流并保证能拉入同步的要求而进行设计的。为了减小铁芯损耗及防止短路时因铁芯的饱和而使感抗降低，并车用电抗器均采用空芯式结构。

第五节 发电机并车操作常见故障排查

一、发电机并车操作常见故障

并车时，只要按操作要求的步骤进行，一般都能成功，但有时也会发生并车失败，甚至引起跳闸，其原因可能有如下几点。

1. 电网参数波动太大

并车时，负载剧烈变动(如启动大功率负载时)，引起电网功率、频率、电压、电流大幅度波动，难以捕捉待并发电机与电网在频率、相位、电压上的一致时刻，并车时，常会因巨大冲击电流而使主开关跳闸，或因各台发电机因负载变化太大，瞬间无法合理分配，而使逆功率装置动作。因此，在并车操作时，应避开负载剧烈波动时刻或暂时关断剧烈波动的负载。

2. 操作不当，不满足并车条件

准同步并车时，不是在频差、相位差及电压差为零时刻操作，引起冲击电流较大而使并车失败。粗同步并车中，相位差大于 90°时，虽有电抗器限制电流，但过大的冲击电流仍可使主开关跳闸。因此，在粗同步并车时，频差和相位差也应分别限制在 0.5 Hz 和 90°之内，实际上是尽量使频差及相位差小些，最好使待并发电机的频率稍高于电网频率，其电压相位超前电网电压相位 30°之内合闸。

3. 轻载并车

两台并联发电机都处于轻载状态时，很难稳定工作，电网稍有波动，就会出现逆功率引起跳闸。一般来说，电网上运行的发电机应带 5% 以上的额定负载时，再并一台较好。

4. 并车装置或均压不正常

当并车装置或均压线有故障时，都会使并车失败。新建或经过大修的发电机，要重新检查相序及均压线极性的正确性，以及接线端子是否良好。对在使用的电站，应经常检查并车装置，如电抗器、电抗器接触器、均压线接触器的主辅触头接触是否良好。

比较常见的问题，是均压线接触器接触不良，接线头松动，电抗器因接触器未脱开而烧坏等。

5. 未及时转移负载

对于自动调频调载装置的船舶电站，发电机并入电网之后，应及时转移负载，否则会因电网波动而出现逆功率跳闸。

二、并车故障典型案例分析

实例 4－1　发电机单机运行正常，并联后，两台发电机的功率表读数相等且稳定，但两台发电机的电流表读数波动较大，电网电压也有波动，最终引起某台发电机主开关跳闸。

分析　由于发电机单机运行正常，说明故障是由于并联运行而引起的。

我们知道，船舶主配电板上的功率表是测量各台发电机有功功率的，而船舶主配电板上的电流表则是测量任意一相的负载线电流的，而且它是有功电流与无功电流合成的总电流，其有效值等于有功电流有效值的平方与无功电流有效值的平方和再开方。这样，无论是有功电流（或有功功率）还是无功电流（或无功功率）的变化，都将引起船舶主配电板上发电机电流表读数的变化。因此，准确判断出到底是有功电流（或有功功率）还是无功电流（或无功功率）引起的故障，对进一步分析问题意义重大。

上述故障中功率表读数相等且稳定，说明有功功率分配正常，初步判断船舶发电机调速器以及调速支路工作正常。

电流表读数波动较大，说明发电机的总电流波动，由于有功功率均分、稳定，显然引起上述现象一定是无功功率分配不正常造成的，可以断定无功电流波动引起了电流表读数波动。

查找引起发电机主开关跳闸故障的直接原因，发现是由于发电机过流保护单元动作而引起。因此，可以进一步断定上述故障是由于船舶发电机调压器故障而引起的。

检修船舶发电机调压器控制系统的无功分配环节，修复后，系统恢复正常。

实例 4－2　某发电机组单机运行还能正常带负载运行，但柴油机调速相对其他机组迟钝，并联后，电网电压稳定，但功率表、电流表读数波动均较大，最终引起发电机主开关跳闸。

分析　由于发电机组单机运行基本正常，说明故障是由于发电机并联运行而引起的。

电网电压稳定，可以初步判断船舶发电机调压器工作基本正常。

由于有功功率的变化，除了引起功率表读数变化外，还将引起船舶主配电板上的电流表读数的变化，这与上述故障现象功率表、电流表读数波动均较大相吻合，初步判断上述故障是引起主开关跳闸故障的直接原因，发现是由于逆功率继电器动作而引起的。

因此，可以进一步断定上述故障是由于船舶同步发电机调速器以及调速支路故障引起的。

经检修调速器以及调速支路，发现调速器内部伺服马达驱动的正方形轴老化磨损，咬合力减小，这与单机运行调速相对迟钝现象完全吻合。由于该机组调速器的故障，显然，该机组在并联运行后，无法正常承担有功负荷。由于该机组油门无法正常、及时调节，有功负荷很快会被另一台在网机组承担，直到该机组逆功率跳闸。修复后，系统恢复正常。

三、发电机并车时组合启动屏启动器接触器跳开问题分析

故障现象：当3号发电机并车瞬间时常会出现运行中启动器接触器跳开停止运行。

解决方法：经检查同步装置FAS113DG上1号发电机的电压取样线没有，将3号发电机的电压取样线接好，问题解决。

原因分析：配电板1号发电机出现的并车问题原因是用于判断同步并车条件的同步继电器FAS113DG取样信号线漏接，这是造成发电机错误并车、发电机开关逆功脱扣、负载优先卸载、启动器停机等一系列后果的直接原因。正常情况下，如果汇流排已经有电，备用发电机启动后向电网合闸供电时必须经过同步并车程序，即检测其待并发电机的电压、相位、频率与汇流排电压、相位、频率的差值在允许范围内才能合闸。如果汇流排无电，此时备用发电机启动达到额定转速运行后，发电机主开关可以直接合闸投入供电。

配电板发电机的同步并车功能和汇流排无电时主开关直接合闸的功能是由FAS113DG同步继电器完成的。无论汇流排是否有电，每台发电机开关在合闸前，该同步继电器都要对汇流排和发电机的电压、相位、频率取样信号进行检测。1号发电机出现的并车异常，正是由于汇流排的取样线缺失，造成同步继电器将本应是汇流排有电进行同步并车的操作误判为汇流排无电直接合主开关的操作。

因为发电机的电压正常情况都已设置在额定值，待并发电机与汇流排的电压差一般均在允许范围内，并车时可以不需要调节。为了满足并车时相位的一致，通常通过调节频率来寻求并车频率和相位的最佳时机。并车时如果频率相差较大就会出现逆功率现象，如果相位相差太大则会出现整个电站电压瞬时陡降现象。如果并车前未对频率进行调整，相位差和频率差是随机的，此时相位差和频率差若都不大，就不会对电网产生什么影响，也不易被发觉。如果相位或频率有一个相差较大或两个都相差较大，就会出现发电机开关逆功率脱扣、负载优先卸载、启动器停机等现象。这正是为什么1号发电机并车，有时正常有时不正常的原因。

第六节　发电机并车逆功率保护

逆功率保护：船舶同步发电机的逆功率运行，是指该同步发电机不是发出有功功率，而是从电网吸收有功功率。当几台同步发电机并联运行时，若其中一台发电机的原动机工作失常，例如，原动机燃油供给中断或发电机与原动机的联轴节损坏等，便使该发电机不但不能发出有功功率，反而要从系统吸收有功功率，即变为同步电动机运行。另外，并车不正确，比如当待并发电机组的频率小于运行发电机组（或电网）的频率时并车，也会造成待并

发电机组逆功率运行。

同步发电机在逆功率状态下运行，对系统是不利的。如果船舶同步发电机长期处于逆功率运行状态，对原动机不利，易损坏原动机。此外，还可能造成正在并联工作的另一台发电机过载，以致造成其过载跳闸，全船供电中断。因此，出现这种情况时，应采取保护措施。

当同步发电机变为同步电动机运行时，要从系统吸收有功功率，即其有功功率的流向发生了改变，称为逆功率。因此，可以利用出现有功功率方向改变的现象，采取保护措施，即进行逆功率保护。

逆功率保护的任务是将处于逆功率运行的发电机从系统切除。逆功率保护应具有一定的时限。

逆功率保护启动值和延时时间的整定，《钢质海船入级规范》规定，并联运行的交流发电机的逆功率（或逆电流）保护启动值可整定为发电机额定功率（电流）的 8% ~15%，延时时间为 3 ~10 s。当供电电压下降至额定电压的 50% 时，逆功率或逆电流保护不应失效，但其动作值可以有所改变。

这些整定值是靠调整逆功率继电器的动作值来达到的。逆功率保护的信号检测是由逆功率继电器来完成的。

船舶同步发电机逆功率保护用的逆功率继电器是一个有功功率方向元件。它反映同步发电机有功功率的方向和吸收有功功率的数值，当同步发电机出现逆功率并达启动值时，逆功率继电器动作，使发电机主开关跳闸，将该发电机从电网切除。其具体工作原理如第三章有关内容，此处不再赘述。

思考题

1. 简述船舶同步发电机并联运行的优点。
2. 试述船舶同步发电机并联运行的条件有哪些？
3. 试述船舶同步发电机并联运行的方法？
4. 什么是自动并车装置？自动并车装置有哪些功能？
5. 试述并联运行的同步发电机间无功功率自动分配的原理？
6. 试述用交流均压线法实现同步发电机并联运行无功功率分配的基本原理？
7. 分析实现同步发电机并联运行无功功率自动分配的装置有哪些，并说明其工作原理。
8. 简述同步发电机有功功率的自动调整原理。

第五章　船舶电站的调试与交验规范

【知识目标】

1. 能正确叙述船舶电气设备的安装与调试过程；
2. 能简单叙述船级社的常用规范及具体要求；
3. 能简单叙述船舶电站试验与交验通则。

【能力目标】

1. 基本掌握船舶相关电气设备的安装；
2. 基本掌握船舶电缆敷设的工艺和方法；
3. 基本掌握电机及其他主要电气设备的检测和试验方法。

第一节　船舶电气设备的安装与调试规范

《钢质海船入级规范》对新建造的或经大修后的船舶电站都有相关要求，需按规范进行检测、试验和调整。事关船舶电站质量、保证船舶安全航行，必须认真做好。

船舶规范是各国的政府验船机构或船级社为了船舶入级或维护船舶航行安全而公布的一系列关于船舶结构性能、系统、装置、设备和材料等在安全质量方面的技术规定。船舶规范是船舶设计、建造、维修和检验的主要依据，也是船舶入级所应达到的最低标准。各国验船机构的船舶规范尽管在内容和形式上各不相同，但基本上都符合国际有关海事公约，如国际海上人命安全公约、国际船舶载重线公约（见《1966 年国际船舶载重线公约》）、《1973 年国际防止船造成污染公约》等的要求。

一、船舶电气建造的通用规范

由于造船工业技术的发展，新材料的采用和新型船舶的出现，船舶规范也在不断地修订更新。较小的修订可以用修改通报形式发布；较大的修改则以新的规范来代替旧的规范，所以各种规范都标明公布年份。对于新型船舶，往往先以准则或指导性文件形式公布试行，待取得经验后再公布正式规范。

《钢质海船入级规范》（以下简称《规范》）是中国船级社所制订的最主要的规范，该规范涉及船舶的设计、材料，船用电器、焊接等全部制造过程，成为船舶及其产品设计、检验及使用的依据。该规范的制订是由船级社专家、船东及海上设施的业主保险商、制造业、设计单位和高等院校等多方面专家组成的船级社技术委员会进行审议的。在我国境内建造和入级的各类船舶必须严格满足中国船级社的各项规范的技术要求。

例如我国《钢质海船入级规范》2012 修订版就对主发电机的电气部分做出一般规定如下：

主发电机应配备足以供给为保持船舶处于正常操作状态和满足正常居住条件所必需

的所有设备用电的主电源,并应满足下列要求:

(1)主电源应至少由 2 台发电机组组成。

(2)这些发电机的台数和容量,应能在任一发电机组停止工作时,仍能继续对正常推进运行、船舶安全以及具有冷藏附加标志所必需的设备供电。同时最低舒适居住条件也应得到保证,至少应包括适当的炊事、取暖、食品冷冻、机械通风、卫生和淡水等设备的供电。

(3)发电机组应能在任一发电机或其原动机不工作时,其余发电机组仍能供应从瘫船状态启动主推进装置所必需的电力。

(4)如船舶推进和操纵必须依靠主电源,则船舶推进、操舵和保证船舶安全所必需设备的供电连续性,应符合下列要求:

①在正常由一台以上发电机并联运行同时供电的情况下,应设有包括将非重要设备自动卸去,必要时也可将保证居住条件的设备和次重要设备自动卸去等的保护措施,以确保当运行中任何一台发电机停止工作后,其余发电机能继续运行,并保持对推进、操舵和保证船舶安全所必需设备的供电。

②在正常由一台发电机供电的情况下,应提供措施,以能在失电后自动启动备用发电机并自动连接至主配电板。该备用发电机应具有足够的容量,以保证重要辅助设备的自动启动或自动顺序启动。备用发电机应尽快自动启动并连接至主配电板,最好在失电后 30 s 内完成,最长不超过 45 s。

(5)如船舶推进必须依靠主电源,则主汇流排应至少分成两个独立的分段,通常这些分段应由不带脱扣装置的断路器或可使汇流排能方便分开的隔离开关加以连接,并尽可能将发电机和其他双套设备均分地连接于这些分段上。

在交流系统中,当一台发电机停止工作时,其余机组应有足够的储备容量,以使当最大电动机启动时所导致的系统电压的大幅度降落,不会使任何电机失速或使任何其他设备失效。容量特大且非船舶安全航行必不可少的电动机,例如侧推器电动机,可以在所有发电机投入工作情况下启动,但不应导致任何重要设备停止工作。

主电源装置应是:不论推进机械和轴系的速度和旋转方向如何,均应能使为保持船舶处于正常操作状态和满足正常居住条件所必需的所有设备处于工作状态。

二、船舶电气设备与调试的一般规定

船用电气设备的安装质量直接关系到电气设备能否正常工作和船舶的航行安全。因此,船用电气设备的安装应遵循下列主要原则:

①安装时应特别考虑安全和便于管理维修;

②形式一定要与其安装处所的环境条件相适应;

③电气设备的安装不应破坏舱壁和甲板原有的防护性能和强度,也不能直接安装在船壳板上;

④在水密舱壁、甲板和甲板外围壁上,不能钻孔,应以螺钉紧固电气设备及电缆,电气设备也不能贴近油舱、油柜、双层底等外壁,若必要时,至少应离其表面 50 mm 的距离;

⑤工作时能产生高温的电气设备应尽量远离易燃物体,和其他设备安装必要时用绝缘材料隔开,设备外壳如果超过 80 ℃时,应采取适当措施防止工作人员偶尔触及灼伤;

⑥设备安装均应是可拆式,其紧固及连接应牢靠,并应有防止松脱和减震的措施;

⑦电气设备的非截流金属部件必须有效地接地,接地连接件必须用铜质和其他导电良

好的耐腐蚀材料制成。

三、电缆敷设的一般规定

①凡是船体结构应力集中之处严禁开孔。在允许开孔的地方一般开圆形或椭圆形孔。在超过《规范》允许开孔的位置或允许开孔尺寸时，在征得验船部门同意的情况下，还应采取相应的补强措施。

②敷设电缆用的紧固件、导板等应采取防腐措施。

③电缆敷设应保证电缆免受机械损伤及油、水、潮气和腐蚀性气体的损害，否则应采取相应的防护措施。

④按规定必须要穿管敷设的电缆，应不超过规定的穿管系数，并应有防止油水浸渍的措施。

⑤电缆的弯曲半径，敷设层应满足《规范》和有关标准要求。

⑥电缆的敷设应尽量远离热源。

⑦电缆严禁穿越油舱，一般也不穿越水舱，若必须时应采取相应的措施。

⑧不同用途、不同温度以及不同护套的电缆应分组敷设。

⑨采用单芯电缆替代多芯电缆时，按规定采取特殊措施。

⑩电缆敷设应排列平直，以利于检查，安装应紧固，支撑件距离应满足《规范》要求。

⑪电缆不应敷设在隔热层里。

⑫油漆间、蓄电池间、厨房、冷藏间等特殊处所的电缆敷设应满足《规范》的有关要求，原则上无关电缆不穿越该类处所。

四、船舶电气设备的安装

1. 电机

①发电机的轴线应与艏艉线平行，其他卧式电机的转轴也应尽量与艏艉线平行；

②机组应有共同的底座；

③机舱处所的电机均应安装在花铁板以上；

④电机安装必须牢固，并应便于检查和维修；

⑤非全封闭的电机的开启部分和联轴器应有用不燃材料制成的防护罩。

2. 配电板

①配电板前后应留有足够的检修通道，总长超过 2.5 m 的配电板后面设有通道时两边应配带锁的门；

②配电板前后有绝缘扶手，前后地面应铺有耐油防滑的绝缘地毡或经过处理的木格栅；

③配电板应有共同底座，应安装牢固，并有减震和防脱的措施；

④配电板上方不应设置油柜或其他液体容器，若不可避免时，则在该处不应有法兰接头，并应有防止水、油、蒸汽高温等不良影响的措施；

⑤配电板前后应有充足的照明；

⑥接地可靠。

3. 控制设备与分配电设备

①启动箱和分配电箱安装位置易于到达，其下缘离甲板花铁板的高度约为 1.3 m，主令

控制手柄转轴离操作平台的高度为1.2 m左右，以便于操作和维修保养；

②控制电器在安装时应使其操作手柄向左或操作手柄向前为抛锚、放缆、下降，反之为绞锚、收缆、上升；

③操舵台一般是在船舶首尾线上；

④控制设备应尽量靠近被控制设备安装，以便于操作和观察；

⑤风机和油泵的紧急切断装置应安装在驾驶室和机舱两舷出口处。

4. 照明系统

①各灯点的安装位置应与设计图纸相符，具体布置可适当均匀分布，保持工作面的必要照度，具有两个供电分路的处所其灯点应交叉布置；

②灯具的防护形式应与其安装处相适应；

③照明开关的安装高度一般为1.3～1.4 m；

④不同电源种类、不同电压等级的插座应采用不同的结构；

⑤分路接线盒和插座电压等级应有永久标志。

5. 通信和信号装置

①安装处所应便于使用、监视和维修，并有明显的标志；

②驾驶室电车钟手柄的操纵方向应与船舶的航向一致，机舱电车钟手柄的操纵方向应与主机正、倒车操纵手柄的方向一致；

③安装在同一舱室的不同信号应在声响上有不同的音调，以示区别。

6. 蓄电池

①蓄电池应安装在专用的电池室或箱内，对充电功率不大于0.2 kW的蓄电池组可敞开安装在通风良好的地方，但不能安装在居室舱内；

②酸、碱电池不可以安装在同一室内；

③蓄电池的安装应考虑空气的流通，以利于散热，每只电池周围应有不小于20 mm的间隙，若分层安装，上下层电池之间应有不小于300 mm的空间，但上层的最大高度（离甲板的距离）应不大于1.4 m，以利于维修保养；

④蓄电池的安装处所不得有排气管、蒸汽管等热源和产生火花的设备；

⑤蓄电池的安装应有防止移动的措施，蓄电池之间的连接线用冷压电缆连接，并用耐蚀绝缘材料包扎；

⑥安装蓄电池的舱室、箱和托架应有防腐蚀措施。

7. 电热器具

①安装位置不致使附近的可燃物质引起火灾；

②电热器具应固定安装，电热丝不能外露，其上方不允许设置衣帽钩和易燃物；

③电热器具不允许安装在易聚集可燃气体和尘埃的处所。

五、船舶电气设备的调试

在全船电器安装、电缆的接线和接地工作完成后，系统进行通电调试，全面检查各个系统的电气设备工作是否正常，性能是否符合要求，电缆敷设及设备安装的质量、接线是否正确等。

在通电调试前，必须事先熟悉系统的工作原理、试验要求。任何设备在通电前，应当首先检查其绝缘电阻是否符合要求，只有在绝缘良好的情况下才能通电，比较复杂的系统还应当逐级通电调试，以免造成不必要的损失。

下面将分别简述电气设备的调试步骤。

1. 交流电站的调试步骤

(1)建立电压

(2)建压后的辅助调整工作

①相序检查；

②电压表核对；

③频率表与伺服电动机的转向检查；

④主开关工作的可靠性检查。

(3)带负荷调试

①增加负荷；

②核对电流表；

③核对三相电流平衡度；

④核对功率因数表；

⑤检查功率表；

⑥调试静态电压调整率($\cos\varphi=1.0$)；

⑦调整原动机调速器。

(4)各种保护装置调试

①失压保护动作值的核对；

②过载保护动作值的核对；

③逆功率保护动作值的核对；

④短路保护动作值的核对。

(5)并联运行的调试

①核对同步指示装置；

②负荷转移调试。

2. 直流电站的调试步骤

(1)建压与充磁

(2)检查串联及绕组极性并调整原动机调速器

(3)调试发电机外特性和电压调整率

(4)调整各种保护装置动作值

①失压保护；

②过载延时保护；

③逆流保护；

④短路保护；

⑤调试并联运行。

3. 照明系统的调试

船上照明系统绝大多数属于二次网络，由照明分电箱供电。照明系统通电调试的目的是检查并排除线路上的故障、灯具上的缺陷，确保所有灯具、开关、插座工作正常。

其工作内容包括：

①线路错误的检查；

②绝缘检查；

③断路检查；

④短路检查；

⑤航行灯及信号灯系统的调试；

⑥电池充放电系统的调试。

六、船舶电气设备的检验

船舶电气设备的检验是保证全船电气设备正常工作的重要一环，它贯穿于船舶设计、建造、交付营运的全过程。

1. 船舶电气检验的主要任务

①确保船舶正常航行状态下动力系统和日常生活所必需的电力设备的供电和正常运行；

②确保船舶在应急状态下，为保证船舶安全所必需的电气设备的供电和运行；

③确保人员生命安全和设备安全；

④对船舶电气设备执行技术监督检验。

2. 船舶电气设备的检验

(1)受理检验

凡是新建造的船舶及船用产品必须由船舶建造厂或产品制造厂在建造前向验船部门申请对新建造船舶进行监督检验。建造厂应将书面申请单联同船舶技术设计图纸送船检部门审查。船检部门收到检验申请后，即指派验船师负责对图纸进行审查，并提出审图意见和做好船舶建造的各项准备工作。

(2)审图和编写审图意见书

①《规范》规定的送审图纸范围：

a. 全船电气设备说明书；

b. 电气设备明细表；

c. 电力负荷估算书；

d. 发电机输出端短路计算、主汇流排短路计算、应急配电板和分配电板汇流排短路计算、馈电变压器短路计算；

e. 主配电板和应急配电板原理图和布置图；

f. 电力推进装置电路原理图和操纵台的板面布置图；

g. 电力系统图；

h. 电力设备布置图；

i. 正常照明、应急照明和临时应急照明系统图和布置图；

j. 操舵装置控制系统图；

k. 船内通信及信号系统图；

l. 备件清单；

m. 系泊和航行试验大纲。

②审图：

审查船舶设计图纸是保证船舶建造质量和使船舶具备安全航行技术条件的重要环节，审图就是按照《规范》的要求对设计图纸进行逐条核查，特别是对船舶电站的设置、电力负荷估算书、短路电流计算书等进行仔细校核。对不符合《规范》要求的部分及错误要向设计方提出修改和处理意见。以下是审图的一般要求：

a. 指出图面上的错误；

b. 指出不满足《规范》之处和不符合安全使用原则等问题；

c. 指出各图纸中不一致的地方；

d. 协调各相关图纸中的问题；

e. 提供建设性意见。

③审图要点：

a. 全船电气设备说明书。

电气设备说明书是审查全船电气设计图纸的指南，通过说明书可以了解设计的意图，掌握下列基本情况：

(a)船舶按什么规范进行设计；

(b)船舶种类、主尺度和航区；

(c)船舶电制和配电系统；

(d)主要电气设备的选用情况。

b. 电气设备明细表：

(a)电气设备的形式、容量等参数选取是否符合要求；

(b)设备是否经船检部门认可或检验合格的产品。

c. 电力负荷估算书：

(a)核查各种系数的选取是否合理；

(b)各种工况下的使用是否有遗漏；

(c)负荷分类是否恰当；

(d)是否考虑5%的电网损耗；

(e)电站容量选取是否合理，即各种工况下的最大使用负荷应不超过所使用发电机容量的80% ~85%；

(f)审查电站发电机与原动机的功率匹配关系，其粗略估算配比一般为发电机容量1 kW时，其原动机的功率应为1.5 ~20 hp①；根据国产柴油机的特性，选2 hp的比较好。

同时，应主要考虑发电机台数选择的原则：

(a)应该满足全船在各种工况下的用电量；

(b)每台发电机的最高使用负荷仅考虑为其额定负荷的80% ~85%；

(c)备用发电机其容量应在最大容量的发电机组停止运行时仍满足航行和应急状态的用电量；

(d)若要求发电机并联运行时，最好选用同类型、同型号的发电机组，并联简单方便；

(e)考虑经济性和维修工作量，在满足《规范》要求和正常使用需要的前提下，发电机的台数越少越好。

d. 短路电流计算书：

(a)检查各项参数选取是否合理；

(b)检验主开关的容量及保护用电开关的短路分断能力和短路接通能力。

---

① 1 hp = 0.75 kW。

e. 电力系统图：

(a)系统设计是否符合《规范》要求；

(b)电缆截面积的选择与其负荷保护是否匹配，电缆型号选用是否适合船用环境要求；

(c)主、应急电源是否满足供电设备的要求；

(d)电路的电压降是否在允许范围内，特别注意应急动力系统的电压降。

f. 配电板原理图和布置图：

(a)板面布置应合理，线路原理正确；

(b)监测仪表型号、量程及种类符合要求；

(c)包括熔断器在内的保护系统、连锁装置是否齐全、合理，特别要注意保护系统的选择性和协调性；

(d)主开关及分路开关的分断能力和接通能力是否符合要求；

(e)主开关保护装置的整定值是否满足《规范》要求，在确定保护系统整定值和选择主开关容量时还应该考虑发电机与原动机功率匹配情况，使其与之相适应；

(f)汇流排截面积选取是否合理；

(g)三相四线制的零线不能装设熔断器以及与绝缘极不联动的开关；

(h)应设有监测对地绝缘电阻的装置；

(i)并联运行的交流发电机应在配电板上设置可以对原动机转速在额定转速的 ±10% 范围内进行遥控调节的调速装置以及充磁装置；

(j)互感器符合接地要求。

g. 照明系统布置图：

(a)正常照明和应急照明的布置是否合理；

(b)电源的供电范围是否符合《规范》要求；

(c)照明系统的控制设备和开关的安装位置是否符合要求；

(d)每一分路的灯点数包括风扇等小型日用电器、插座等应该满足《规范》要求；

(e)不同电压等级的插座有不同的结构；

(f)注意机舱、通道的照明灯具布置，应为两路电源，并且交叉布置；

(g)室外照明应能在驾驶室控制；

(h)应急照明或者临时应急照明应满足《规范》要求。

h. 电气设备布置图：

(a)主、应急配电板及有关的应急设备布置是否合理；

(b)蓄电池室、无线电室、集中控制室及油泵舱等的布置是否合理；

(c)设备的形式与安装处所是否相适应；

(d)应结合机舱布置图一起审查。

i. 通信及信号系统图、报警系统图：

(a)设备的设置应满足《规范》要求；

(b)安装的位置应符合要求；

(c)供电电源也能够满足要求；

(d)火警报警系统应示明控制探测器和火警按钮的位置和数量，声响应与其他警报有明显区别；

(e)二氧化碳施放与报警及控制锁、冷库误关闭警报是否设置齐全、合理；

(f)无线电室的布置应符合要求。

j. 舵机原理控制图：

(a)控制线路应满足《规范》要求；

(b)保护系统和报警系统装置应满足要求；

(c)电动操舵装置及由电磁阀控制的电动液压操舵应设置舵位限制装置。

k. 主要电动辅机原理控制图：

(a)线路原理正确；

(b)安全保护系统合理。

在进行电气设备图纸审查时还应结合其他专业有关的图纸进行审查，具体如：机舱布置图(电气设备的布置)、总布置图(无线电室及其设备布置、应急电源的布置、蓄电池室的布置、报警控制站布置)、防火控制图和防火结构图(探火系统、风机和油泵遥控切断布置等)、导航设备布置图。

(3)编写审图意见书

全船电气设备图纸审查完毕后应编写审图意见书。审图意见书应简洁明确，切忌模棱两可，语言表达力求规范化、标准化。

审图意见书的内容主要包括：

①指明被审查的图纸图号；

②明确指出图纸中的错误，并提出处理意见，意见分为规范要求和建设性意见两类；

③注明被审查图纸的审图批准号；

④明确提出应重新送审图纸的范围和有关要求。

3. 电气设备的产品检验

船用电气设备产品应按照中华人民共和国船舶检验局(简称船检局)公布的《船用产品检验规则》及《船用电工电子产品形式试验规程》进行。

(1)船用电气设备的环境条件

电气设备安装在船上使用，其所经受的条件与陆地上的大不相同，因此对船用设备就有特殊要求，主要有以下几方面：

①环境温度。船用电气产品总的来说应能在 −25 ℃至 +50 ℃的范围内正常工作，各电气设备的设计基础温度都有其规定，若环境温度超出其设计基础温度，则应考虑其温度校正系数的影响。

②相对湿度。《规范》规定用于船舶的电气设备在相对湿度为 95% 时应能正常工作(相对于 25 ℃时)。

③倾斜与摇摆。对于船舶来说，普遍存在着横倾、纵倾以及周期性横摇现象，《规范》对海船和河船都有具体的要求，电气设备在最恶劣的环境条件下应能正常工作。对于应急设备在船舶横倾 22.5°和纵倾 10°的情况下也应能有效地工作。

④电压和频率波动。船用电气设备应能在《规范》规定的电源电压和频率偏离额定值的波动下可靠工作。

⑤外壳防护形式。不同处所要求不同的形式，如防滴、防溅、防淋、防爆；而且在外壳强度上也有特殊的要求，需用铸钢材料，而不能用铸铁。此外还有防雾、防盐雾、防油雾和震动、电磁兼容等方面的要求。

4. 电气设备的系泊试验

电气设备在船上安装完成,并经过工厂全面检查调试合格后,再按照船检部门审批的系泊试验大纲进行系泊试验。系泊试验即是船舶停靠在码头进行的试验,其目的是检查电气设备的安装质量和工作情况,是保证船舶安全航行的重要检验阶段。系泊试验是船厂向检验部门提交检验,其主要项目有发电机保护装置试验(主要有过载保护、逆功率保护、欠电压保护、配电板连锁保护、船舶自动化电站的保护等试验);发电机负荷试验(主要有发电机原动机冷车启动试验、发电机空载运行试验)。

第二节　船舶电站的试验与交验通则

通过船舶电站试验要求、通电试验过程的介绍,以及船舶电站试验通则和船舶电站设备通电试验工艺细则的详细讲述,使同学们能够结合船舶试验的实际情况,了解船舶电站的试验与交验。

为确保船舶电站质量,必须对船舶电站在建造和各项修理工程的技术性能上进行检查、验收与试验。归纳起来一般包括以下几个主要阶段:施工中、完工后对项目的检查或检验与验收;完工后的系泊试验与航行试验;消除缺陷及扫尾工作;业务性账目核对;完工签证。其中系泊试验与航行试验是关键阶段,进行两项试验前,应事先由厂方根据所建造或维修的设备和工程项目拟定出试验大纲并报经船级社批准,同时厂方还应备妥必要的图纸、技术文件和试验报告单等。

一、船舶电站试验要求

1. 船舶电站试验的主要目的

船舶电站试验主要是检查、评价和调整设备与系统的安装质量和工作状况,以便确认新建船舶电站系统是否能够满足设计任务书和有关规范的要求,以期获得船舶检验机构签发的相关证书,保证船舶能够安全可靠地投入运营。

2. 船舶电站试验工作的组织

船舶电站试验工作,通常由船级社、船东和船厂三方参与完成。对于同一设计的首制船,还应有设计方参加。

在试验工作中,船级社负责制订规章制度、执行监督检查和签发船舶证书的组织实施;船东代表需首先申请接受某个船级社和验船机构规定的检查,并要求获得有关证件,船东通常还需技术人员到船厂负责合同船舶的检验和认可工作。航行试验阶段,将派接船队到船厂参加试航验收;船厂在航行试验阶段,从有关车间和部门抽调一些技术人员和工人组成交船队,负责最后的试验工作。

3. 试验阶段的工作内容及要求

试验准备:船用设备的启封、清洗、管路和系统的检查,电路通电,以及各种仪器设备的调试等工作。

系泊试验:检查船舶电站、机电设备、电气装置及动力装置的制造和安装情况,并鉴定其质量使船舶电气系统具备试航条件。

航行试验:根据船舶建造合同书和批准的技术设计,对建造船舶的电气技术性能指标进行全面考核。全面检查新设计船舶的各项电气性能指标及保护动作的快速性、准确性及可靠性。

设备拆检:对部分试验中有疑问的船电设备进行检查性拆卸,以进一步了解设备内部状况和有无隐患。

检查性航行试验:检查拆检后的设备运转情况。

4. 交船

在各方代表确认船舶的各项性能指标基本满足合同要求后,即可举行交船仪式。通常,交船并不是合同的结束,船厂在交船后的规定期限内仍负有船的保用责任。

二、通电试验

船上的所有电气设备安装结束以后,都应该进行通电试验。尽管各种设备在出厂时已经过各种试验,但是装船后,仍然要做试验。目的是检验设备在拆卸、运输、安装到船上后其性能的完好性。

检验的时间和程序,可以根据设备试验完成的程度决定。有些与船舶航行保障没有直接关系的设备,原则上可以在系泊试验时完成检验;有些设备在系泊试验后仍然需要在航行试验中做效用试验。

电气设备的试验一般有三个过程,就是外观检验、绝缘检验和性能检验。

1. 外观检验

控制的要素包括表面保护层的光洁度、所有指示牌指示的正确性、设备的外壳防护等级是否符合安装场所的要求。

外观检验的重点是检查防护形式和等级是否符合要求。对此,各国船级社都有具体的明确规定。中国船级社规定:“电气设备的外壳防护形式,应符合国际电工委员会(IEC)第529号出版物《外壳防护形式的分级》或与其等效的国家标准的规定”,并且标出外壳防护等级的最低要求。

2. 绝缘检验

绝缘检验是所有电气设备通电以前必须完成的工作。它既为了人身使用的安全,又为了设备的安全。所以,在做通电检验以前首先应做绝缘检验。对于检测中所使用的仪器,目前一般采用兆欧表。大致遵守的原则是:额定电压36 V以下的设备,使用100~250 V兆欧表测量;额定电压在36~500 V的设备,用500 V兆欧表测量;额定电压在500~1 000 V的设备,用1 000 V兆欧表测量;额定电压在1 000以上的设备,用2 500 V兆欧表测量。对于绝缘程度的标准,国际电工委员会(IEC)的标准中指出:“要订出最低限度的绝缘电阻值是不现实的,由于绝缘电阻值取决于进行试验的气候条件,但一般情况下应达到1 MΩ的最低限度”。所以,在检验中也要考虑到气候、温度、湿度对绝缘的影响,对于新设备来说,其测量的绝缘值应该越高越好。

3. 性能检验

由于各类设备在出厂前均有相应船级社颁发的证书,所以,检验时应按照技术规格书的要求进行试验。

三、船舶电站试验通则

船舶电站系统试验分为陆上联调试验、系泊试验和航行试验。电站系统装船前,如有必要应进行陆上联调试验。电站系统装船后,应进行系泊试验和航行试验,合格后才能交付使用。

通常设计单位应根据《规范》的要求编制试验大纲,并经订货单位认可。试验主持单位应将试验大纲及证明书簿等试验用文件于试验前三个月先行送交有关单位,并切实做好试验准备。试验后应及时提交试验报告。同时,航行试验结束后应对电站进行全面检查。必要时应对主要设备的零部件进行拆检和测量,以判断设备的受试效应情况。重新装复后应进行检查性试验,确认系统及设备的规定性能已经恢复。

1. 陆上联调试验

陆上联调试验是对组成电站系统的各主要设备之间在系统水平上进行的成套试验。

(1)陆上联调试验的目的

陆上联调试验可以提高电站设备系泊试验的成功率,保证电站在船舶航行试验时顺利达到设计规定的性能,以缩短系泊试验和航行试验的时间。

(2)陆上联调试验的主要任务

陆上联调试验可以在陆地试验条件下,对电站的主要设备按船上使用情况连接成系统,进行调整和试验,使其能够协调正常、稳定的工作;在客观试验条件允许的情况下,应尽可能地对电站的规定功能进行全面考核,试验应着重于系统各设备间的配合和参数协调。

2. 系泊试验

(1)系泊试验的概念

系泊试验是在机电设备和其系统安装结束的基础上进行的,通过对机电设备的调整及性能试验,验证机电设备是否达到原设计性能,是否满足船舶设计、船检规范和系泊试验大纲规定的要求。

(2)系泊试验目的

检查船体、机械设备、电器设备及动力装置的制造、安装的完整性和可靠性,以便对不符合要求的地方重新调整,使船舶具备试航条件。

(3)一般要求

电站系统在装船后,要检查系统总装后的完好程度,检验配套设备的适用性。系泊试验需在机电设备和其系统安装结束的基础上进行,通过对机电设备的调整及性能试验,以验证机电设备是否达到原设计性能,是否满足船舶设计、船检规范和系泊大纲规定的要求。

①系泊试验之前电站系统的各分系统、设备均应安装完整、正确,施工阶段的检查试验结束,所有电气设备的接地、绝缘情况良好。

②电站系统系泊试验中应利用船舶靠岸试验条件,对装船情况下电站电力输出能力等重要性能试验认可,确认各设备的性能参数与设计要求,技术状况符合《规范》及合同规格书的规定。若系统未曾进行陆上联调试验,还应进行对系统的性能、功能的全面检查和系统内部各设备之间的协调和参数配合检查。

(4)系泊试验要求。在首制船舶的电站系统系泊试验中应至少安排以下试验:

①电站发电机组启动性能试验。检查电气启动或空气启动系统成功工作情况。

②电站发电机组的安全保护及信号报警装置检查试验。检查各种原动机运行参数(如水温、滑油压力等)的声光报警、自动停车装置和超速停车保护是否有效和可靠。

③电站保护报警、控制、连锁装置检查试验。对配电板保护继电器及断路器的动作特性整定情况进行检验,确认逆功率保护配电板操作连锁及各种报警系统装置工作可靠。

④电站单机负载试验(额定工况 4 h,有公用底座者为 2 h),检查各单机性能指标,包括

静态及动态调速性能、空载电压整定范围、静态及动态调压性能以及大电动机启动检查等。

⑤机组过载试验。

⑥机组间并联运行及转移负载试验。检查手动及自动同期操作环节、并联运行的机组之间有功负载和无功负载均匀分配能力,以及各并联机组之间负载转移的灵活性和可靠性。

⑦船舶电站系统接岸电试验。

⑧应急电站的试验。除一般发电机组及配电板的常规检查试验外,还应检查应急电站汇流排供电电源自动转换,应急发电机组应急启动、突加满负载的能力和应急电站持续运行能力。

⑨自动化电站各项功能在电站试验中均应逐一试验,自动化装置在系泊试验中应尽可能参加运行。

⑩电站系统工作时系统内部电磁兼容性检查。检查电站系统有无内部彼此电磁干扰而工作失常的现象。

3. 航行试验

(1)航行试验的概念

航行试验是船舶在航行状态下,对船体、轮机、电气及其他设备按规定要求而做的一系列试验的统称。

(2)航行试验的目的

在系泊试验结束后,消除系泊试验中所发现的质量问题。如通过试验,对船舶进行最终验收。

(3)一般要求

①航行试验应按照规定的大纲进行,对船舶的航海性能、电气设备、导航设备和机械设备进行试验,验证船舶总体性能和设备的质量是否符合合同、政府法规;

②航行试验是在系泊试验结束后,消除系泊试验中发现的质量问题,在验船部门规定的各项设备符合试航条件后进行的。

(4)试验要求

电站系统在航行试验中应结合船体、轮机等部门的工作试验和全船电气部门的工作,检查全船各部门工作时电站系统运行的协调性、正确性和可靠性。

①电站系统各种运行工况运行检查,记录负载状况,核对电力负荷计算书,确认主电站、停泊电站以及应急电站、机组选择和布局以及基本网络安排的合理性。

②各台机组,均须进行实际运行试验,自动控制装置应投入对各控制对象的实际工作。

③电站系统中机组长期并联运行和负载转移的实际工作试验,考核运行的稳定性、有功与无功分配的均匀性和负载转移操作的灵活性和可靠性。

④电力系统电力品质监测:

a. 主电站单机组工作时电站汇流排上电压降落试验(船上容量最大的两台交流鼠笼式电动机直接启动时);

b. 应急电站发电机组及配电板效应试验,将应急配电板的两路主电站送电人为中断,检查应急发电机组自动启动并立即带大负载,以及当主电站恢复后应急发电机组自动停机的过程;

c. 对自动化电站配合配电网络的试验进行自动增减机、重载询问、自动卸载、分级投入等控制功能的逐项检查；

d. 自动化系统实船工作可靠性考核，在整个航行试验期间自动化装置应尽可能投入运行，每台设备的累积运行时间至少应为船舶出航累积时间的 50%；

e. 电站系统内部的电磁兼容性检查，检查系统有无因内部彼此电磁干扰而工作失常的现象。

（5）试验准备要求

进行电站系统的航行试验时，必须具备如下条件：

①航行试验之前电站系统设备的系泊试验均应完成，发现的缺陷已经消除；

②全船的用电设备及其供电系统的安装已经完成，可以为电站系统提供必要的负载。

四、船舶电站试验操作

1. 熟悉通电调试工艺

（1）通电调试前的准备

①认真仔细阅读试验大纲和提交要求，熟悉和掌握试验的步骤，制定验收方认可的切实可行的试验方法。

②熟悉该设备的相关图纸，理解该设备的工作原理，熟知各项技术数据和注意事项。

③需要其他工种共同参与的，做好协调工作。

④注意设备的周围环境，清理障碍物和杂物，保持道路畅通和清洁，消除安全隐患。

⑤准备好必需的工具、仪器仪表。

（2）通电调试前的检查

①检查该设备系统的完整性，缺损件及时修复或补装。

②检查各电气元件的可靠性。

③检查主要开关、接触器、热继电器的容量；电压表、电流表等仪表的型号、规格整定值；压力开关、温度开关等元器件的规格是否和图纸一致。

④检查设备的电缆型号、代号、数量是否与图纸一致，并认真核实接线和芯线标志的准确性。发现错误立即纠正，同时检查接线是否牢固，最好能再紧固一遍。

⑤检查该设备的电缆敷设、密封、切割接线及接地是否符合相应的工艺标准，若有不符必须返工，直至符合工艺标准。

⑥仔细清洁各电气设备的控制箱，可用毛刷、吸尘器清洁尘屑。开关和接触器触头，还需用无水酒精清洁。

⑦所有仪表的精度应满足提交所要求的精度范围，检查仪器仪表的合格证书及有效的验证书。

⑧在做电站试验前，根据电站容量和试验要求选择合适容量和数量的负载箱，并认真检查每个遥控箱上各按钮的工作情况及负载箱上主接触器和上、下限位开关的工作情况，准确无误后方可投入使用。

⑨除电气外，涉及轮机工作的部分，必须配合轮机做完整的系统检查。

⑩设备通电之前，必须进行绝缘检查，符合要求方可通电，否则必须排除故障后，方可通电。

对于 110 V 以上线路选用 500 V 兆欧表测量，24 V 线路选用 100 V 兆欧表测量；照明线路绝缘应不低于 1 MΩ，电力线路绝缘应不低于 5 MΩ；电子元件及有耐压要求的元器件，如电容等,不能用兆欧表测量。如被测回路中,有以上元器件,必须使它们完全脱离测量回路,以免被毁坏。

(3)仪器仪表的使用

仪器仪表的使用要符合仪器仪表的要求。

①电压表:在测电路电压时,应使电压表并联在被测电路的两端,根据被测电压的大小,选择适当的量程,如不知被测电压的大小时,先选择高量程一档测量,再选择合适的量程测量。在用磁电式电表测量直流电压时,还要注意"+""-"极性,不要接反。

②电流表:在测电路电流时,应使电流表串联在被测电路中,根据被测电流的大小,选择合适的量程,如不知被测电流的大小时,先选择高量程一档测量,再选择合适的量程测量。在用磁电式电表测量直流电流时,还要注意"+""-"极性,不要接反。

③钳形电流表:在使用时,注意避免外界磁场影响所测电流的大小,测量时,钳口要压紧,导线要处于中间位置,尽量使导线垂直通过钳口。

④兆欧表:使用前先将兆欧表自行短路,此时读数应为零,然后自行开路,其读数应为∝,符合这两点要求时,该兆欧表就可使用。使用时,因为有高电压,所以不能用手同时触及两根引线,以免受到电击。线路中若有电子元件,如低压电容时,在测量前需将这些元件切除,以免受到损坏。转动手柄应保持 120 r/min 左右平稳速度,不要忽快忽慢而影响测量精度。

(4)通电调试时应注意的事项

①接上必要的监测仪表。

②配好合适的熔丝。

③电源开关要进行若干次"合-断"操作,以检查其断开的可靠性。

④严格按试验大纲要求进行逐项试验,记录好必要的数据。

2. 熟悉船舶的系泊试验程序

(1)柴油发电机组及配电板试验

①试验条件。柴油发电机组及配电板试验应满足下列条件:

a. 发电机组和配电板的安装及有关电缆的敷设验收合格;

b. 柴油机在额定负荷下各缸的负荷均匀性调试合格;

c. 安全保护装置及报警装置调试合格(或有产品厂合格证件)。

②试验内容及程序:

a. 柴油发电机组启动试验:

(a)压缩空气启动试验,试验时辅空气瓶(若设有时)的空气应允至额定工作压力,且中途不补充气的情况下,柴油机从冷态开始连续启动直至空气压力不能启动柴油机为止,记录其启动次数及最小启动压力。

(b)电启动试验,先将启动蓄电池充足,在中途不补充充电的情况下,柴油机从冷态开始按规定的次数连续进行启动试验。

b. 柴油机安全报警装置试验:

(a)额定功率大于 220 kW 的柴油机超速保护器试验。当柴油机的转速达到超速保护动作值时,超速保护器应能可靠动作。

(b)柴油机滑油低压及冷却水高温报警保护装置进行模拟效用试验。效用试验时,报警器动作应准确可靠,淡水出口高温报警温度和滑油低压报警压力以及它的保护整定值按产品技术说明书进行调整。

c. 柴油发电机组负荷试验：

(a)柴油发电机组负荷试验工况及试验时间按表 5－1 规定。

表 5－1　柴油发电机组负荷试验工况及试验时间

工况序号	发电机负荷/%	试验时间/h	工况序号	发电机负荷/%	试验时间/h
1	25	0.25	4	100	2.00
2	50		5	110	0.50
3	75	0.5			

(b)负荷试验时柴油机的燃油滑油、冷却水的温度及压力、排气温度等，应做好测量记录。其中满负荷每隔 1 h 记录一次，其他工况在试验结束时即行记录。

电机部分则应将各种负荷下的电压、电流、功率因数、转速做好测量记录。试验后测量记录热态情况下的绝缘电阻值。

发电机于 100% 负荷试验结束后，应测量调压器及发电机各部分的温升，并做好记录。

(c)负荷试验时，检查柴油机及发电机的运转是否有异常敲击、高温、低压等现象，各轴承等运动部件是否有异常发热现象。直流发电机换向器、交流发电机的滑环及电刷的工作情况是否正常。

(d)复激直流发电机的静态调压特性试验：发电机组发热试验后，在额定负荷下调整柴油机转速至额定转速，然后以 20% 负荷为始点使发电机的电压偏差在额定电压的 1% 以内，再调整负荷分别为 50%、75%、100%，记录负荷点的电压偏差。

(e)交流发电机的静态调压特性试验：在额定负荷下，将电压和频率调至额定值，然后按顺序 100%→75%→50%→25%→50%→75%→100% 改变负载，同时测量各负荷点的电压和频率。

(f)直流发电机的手动电压调感器电压调节范围试验：在发电机允许工作温度范围内，当负载在空载和额定负荷之间变化时，对电压进行调整，测量并记录各负载点的电压。

d. 柴油发电机组的调速特性试验：

(a)测量柴油发电机组的原动机在额定负荷下突卸全负荷时的转速变化情况。

(b)测量柴油发电机组原动机在空负荷状态下突加 50% 额定负荷，稳定后再加上余下的 50% 负荷时的转速变化情况及稳定时间。

(c)进行并联运行的交流发电机组柴油机调速器遥控装置（若设有时）的效用试验，并记录调整柴油机的转速范围。

(d)在船舶电站正常运行工况下，进行启动机舱内最大功率电动机的试验，检查运行中的交流电动机是否失步、停转和电器自行脱扣。

e. 柴油发电机的并联运行试验：

(a)检查同步指示装置线路的正确性和功能的完整性。

(b)并联运行负载试验：试验时将发电机按设计所需长期并联运行的台数分别组合，并按各种并车操作方法进行并联运行试验。

每一负载点并联运行时间为 5～10 min，测量各负载点时、每台发电机的有功功率、电压功率因数、电流和频率。

(c)负载转移试验:将第二台发电机接入,与已在额定状态下运行的发电机并联,并转移负载检查发电机负载转移的可靠性。

f. 主配电板的试验检查:

(a)测量绝缘电阻如下:

分断配电板的所有外部连接电路,测量配电板的绝缘电阻;

对地绝缘的配电系统,应对安装在配电板上的对地绝缘检测、指示和报警装置的工作可靠性进行检查。

(b)检查主配电板、应急配电板、岸电开关之间相互连锁的可靠性。

(c)欠压保护试验:在主配电板上,对主发电机的欠压保护装置进行试验,测量动作的整定值和延时时间。

(d)过载保护试验:在主配电板上,对主发电机的过载保护装置进行试验,试验应在原动机不过载的情况下进行,每相通常以大电流(模拟方法)进行校验,测量动作的整定值和延时时间。

(e)发电机的逆功率和逆电流保护试验:在主配电板上并联两台发电机,然后转移负荷使一台发电机处于逆功率状态,测量并记录发电机逆功率保护整定值和延时时间,该试验对每台发电机应做两次。

(f)自动卸载试验:试验时增加发电机的负载直到自动卸载动作,测量并记录自动卸载的整定值和延时时间。该项试验每台发电机应做两次。

(g)检查三相三线及四线系统各相(或线)间负载的不平衡度。

(h)各发电机应进行充磁试验(若设有时)。

g. 轴带发电机试验。调整轴带发电机控制板上的各种保护,对设定值进行调整。

(2)应急柴油发电机组及应急配电板试验

①试验条件。应急柴油发电机组及应急配电板试验应满足下列条件:

a. 机组及应急配电板的安装和接线验收合格;

b. 报警及安全装置校验合格;

c. 柴油机各缸负荷均匀性符合要求;

d. 应急配电板的绝缘电阻测量合格。

②试验内容及程序:

a. 以压缩空气启动的柴油机冷态启动试验,测定辅空气瓶在额定工作压力下连续启动次数。

b. 用电启动的柴油机冷态启动试验,在启动蓄电池充足情况下,按规定的次数进行启动试验。

c. 柴油机自动启动试验,包括当主配电板失电时试验柴油机冷态自动启动的可能性及3次启动失败报警试验,并测量主配电板失电后至应急发电机开关自动合闸供电所需的时间,以及主发电机恢复运转后的自动分闸试验。

d. 应急发电机组进行第二能源的启动试验,启动次数应不少于3次。若应急发电机组是由手动启动的柴油机或其他有效的装置驱动时,则只进行启动效用试验。

e. 应急发电机组启动能源保持的监察或报警效用试验。

f. 应急发电机超速保护、进机滑油低压报警和冷却水出口高温报警以及在集控室的延迟报警试验，按产品说明书调整各报警和保护的整定值。

应急发电机组试验工况及试验时间按表5－2规定。

表5－2　应急发电机组试验工况及试验时间

工况序号	应急发电机负荷/%	试验时间/h
1	50	0.25
2	75	
3	100	1

g. 应急发电机组调速特性试验：在突加全负荷（或船级社《规范》规定的负荷）时，测定其转速变化情况及稳定时间。

h. 欠压保护试验：在应急配电板上，对应急发电机的欠压保护装置进行试验，测量动作的整定值和延时时间。

i. 过载保护试验：在应急配电板上，对应急发电机的过载保护装置进行试验，对每相的整定值进行校验，测量动作的整定值和延时时间。

（3）充放电板及蓄电池组试验

①试验条件。充放电板及蓄电池组试验应满足下列条件：

a. 充放电板的安装及电缆接线检验合格；

b. 充放电板上的各保护开关整定合格。

②试验内容及程序：

a. 进行充放电试验，检查充放电装置工作情况，记录最大充放电电流和电压调节范围；

b. 检查充放电板逆流保护装置的动作可靠性；

c. 检查应急蓄电池组自动接入各应急线路的可靠性，检查应急电源蓄电池组或临时应急电源蓄电池组正在放电的指示装置工作是否可靠；

d. 应急照明和临时应急照明蓄电池组在充足电的情况下，应进行规定时间的放电试验。

3. 熟悉船舶的航行试验程序

航行试验是在船舶进行完系泊试验、已经消除系泊试验中所发现的质量问题，并在验船部门规定的系泊试验项目符合试航条件后进行的海上航行试验，通过试验对船舶进行最终验收。航行试验主要包括发动机及主电网检查试验、柴油发电机组运行试验、其他辅助设备及系统运行试验、发电机并车及瘫船试验等项目。

4. 发电机试验

（1）船舶发电机并车试验

在船舶电装分厂，可根据现场生产情况，择机安排学生进行生产试验。由于船舶电气系统的运行工况随负载变化而变化，故要求船舶同步发电机建负载变化投入或退出电力系统并实现不间断的供电，船舶同步发电机投入电力系统并列运行的操作称为并列操作（简称并车），它是电力系统运行的重要操作，反之将同步发电机退出电力系统的操作称为解列操作（简称解列）。

进行并联运行试验时，应遵循以下步骤：

①同步指示装置核对(同步表,同步指示灯);

②同步并联运行试验;

③负荷转移试验;

④并联运行稳性和负荷均匀分配试验。

一般来讲,静态分配误差在±10%以内的话,动态分配误差肯定是符合要求的,动态并联分配试验更接近实际工况并能检查电网的动态稳定性,如果机组多于两台,也是同样的方法试验,几台机组的组合要求可根据试验大纲而定。

经过调整,分配误差始终达不到要求,须详细核查各原动机的外特性,让各台原动机外特性尽可能一致。调速率可以放宽到2.5 Hz(3 Hz),各台的发电机外特性力求一致。

(2)瘫船试验

瘫船一般是指船舶在停电的情况下,机舱、航行设备无法运转,居住舱没有照明、主机和发电机的启动空气也耗尽的状态。

瘫船试验指在这种状态下采取紧急措施使发电机启动船舶的所有能源能够正常供电,使主机能够重新启动,进行正常航行。

这个测试就是确认能否完成紧急启动措施和采取这种措施需要的时间。测试方法如下:

①应急配电板供电同时,应急照明应恢复、其他应急线路上设备要恢复供电;

②主配电板供电同时,正常照明应恢复、除主机外其他设备要恢复供电;

③整个试验过程要按照船级社及国际海上安全公约(SOLAS)的要求,必须在30 min以内完成。瘫船试验过程如图5-1所示。

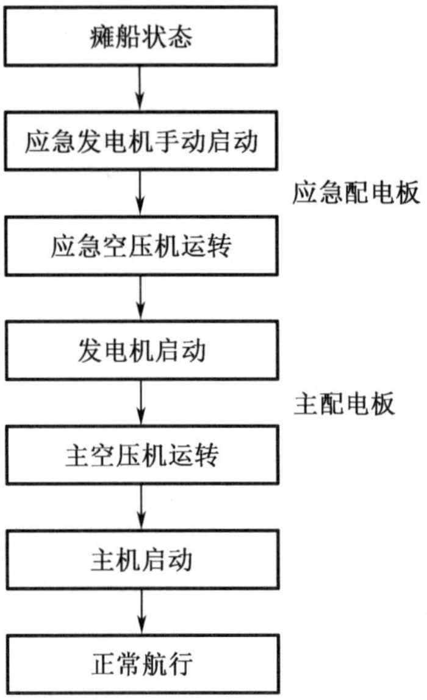

图5-1　瘫船试验过程方框图

④试验记录。瘫船试验结束后,瘫船启动试验记录见表5-3。

表5-3　瘫船启动试验记录

×××船舶修造有限公司 (×××shipbuilding co.,ltd)	瘫船启动试验记录 (dead ship starting test)	第　页 (page)
船号(hull no):	检验日期(inspection date):	
应急发电机操作(emergency generator operating)		
项目(item)	记录(record)	结果(result)
手动泵工作时间 (manual pump operating time)	1 min	Ok
泵的设定油压 (oil pressure set up by pump)	130 bar	Ok

启动时间 (time of starting)	2 s	Ok
启动次数 (number of times)	1	Ok

应急空压机及主发电机操作
emergency compressor and G/E start operating

项目(item)	记录(record)	结果(result)
充气时间 (time of air charging)	11.0 min	Ok
充气压力 (pressure for air charging)	18 bar	Ok
主发电机启动时间 (G/E starting)	2.86 s	Ok
配电板供电 (distribution panel power supply)	Ok	
配电板供电正常后,启动主机 (after distribution power supply normal start M/E)	Ok	
全船停电开始～主机启动时间 (the time from general vessel lost power to M/E start)	29.20 s	
备注 remark：		
质检员(inspector)：	船东代表(ship owner)：	验船师(surveyor)：

思考与练习：

1. 中国船级社所制订的最主要的规范是什么？关于主发电机有些什么内容？
2. 交流电站的调试有哪些步骤？
3. 船舶电气检验的主要任务有哪些？
4.《规范》规定的送审图纸范围有哪些？
5. 船用电气设备的环境条件有哪些？有哪三防？
6. 电气设备的试验有哪三个过程？主要有哪些具体内容？
7. 船舶电站设备通电调试前要做哪些准备？
8. 柴油发电机组试验工况及试验时间有什么规定？画表说明。
9. 正确使用兆欧表大致遵守什么原则？
10. 请绘出瘫船试验过程方框图。

第六章　船舶电站的系泊试验

【知识目标】

1. 能简单叙述船船电站的调试要求和试验内容；
2. 能正确理解和掌握船舶电站调试试验前的准备；
3. 能正确地描述船舶电站部分设备的调试过程；
4. 能简单叙述船舶应急发电机系统的调试与交验。

【能力目标】

1. 会进行船舶电站调试设备的检查与保养；
2. 会进行船舶电站的调试；
3. 会进行船舶电站调试常见故障的分析及排除。

第一节　船舶电站的试验与调试

通过对船用发电机组启动性能调试、船舶电站安全报警功能调试的介绍，主配电板报警功能调试、柴油发电机组运行试验的详细讲解，使同学们能够结合船舶电站的实际，了解并掌握船舶电站试验与调试过程。

一、船舶电站的总体技术要求

船舶电站由主配电板（包括发电机组控制屏、并车屏、负载屏及岸电屏等）、柴油发电机组、发电机组就地控制箱、报警保护装置控制部分和相应的系统组成。

每一台发电机具有一个独立的发电机控制屏，对发电机组的运行状态进行监测和控制。并车屏多台发电机可以共用 1 个。负载屏则由各种规格形式的空气开关组成，完成对各种电气设备和照明系统的配电。负载屏又分为动力负载屏和照明负载屏。岸电屏一般由大容量的空气开关、监测仪表、相序指示器、逆序保护装置及电度表组成。现在大多数船舶不设计岸电控制屏而独立设置一个岸电箱，其功能和作用与岸电屏是一样的，一般安装在居住舱室区域，便于与岸电进行连接和监测。

船舶电站系统是船上最重要的生产系统之一，因此在进行系泊试验前，应明确电站系统的总体技术要求。

①船舶电站一般应满足船舶在各种状态下的用电量的需要；

②每台发电机的所带最高负荷应为额定的 75% ~90%，要留有一定的储备容量；

③船舶电站发电机组的台数和容量要满足的条件为任一台发电机组停止工作，也依然能够保证推进系统、船舶安全所必需的重要设备的正常运行；

④如果需要发电机组之间并联运行，一般选用同类型的发电机组，以保证其并联运行稳定性及互为备用的需要；

⑤使用的发电机的台数要适当，一般选用 3 ~5 台发电机；

⑥发电机组具有调频及调压装置，以保证供电的频率偏差及电压变化率能满足船舶相关规范的有关要求；

⑦必须设有各种保护环节，以便在电站或电力系统故障时能及时切断故障部分，保证船舶电站的继续运行；

⑧船舶上要设置应急电站，以保证应急情况下的各种需求。

二、船舶电站试验内容

船舶电站的调试及船舶在系泊试验阶段对发电机组的调试以及主配电板的调试主要包括以下试验内容：

①柴油发电机组的报警装置的试验（柴油发电机组报警点的调试）、柴油发电机组启动性能试验；

②主配电板的保护装置（短路保护、长延时、优先脱扣、欠压保护、逆功率保护、岸电联锁等）；

③柴油发电机组负载特性试验；

④发电机组电压调整率的变化特性；

⑤柴油发电机组的负载突加突卸特性试验；

⑥发电机组的并联运行装置试验及发电机组的负载分配特性试验（有功功率分配与无功功率分配）。

三、船舶电站调试试验前的准备

1. 图纸、资料及工装仪表的准备

①船舶电站试验前首先进行图纸资料的准备工作。熟悉图纸，熟读电路图及其与各设备之间的联系。

②将设备的接线图与原理图对照，检查有无错误地方并将错误及时改正。

③准备好必备的工具螺丝刀、偏口钳（又称为“斜口钳”）、万用表、摇表等常用工具，试验发电机组的标准仪表及所用水电阻、电抗器等工装。

2. 调试设备的检查与保养

①根据原理图所标出的设备与实际设备进行对照，检查其安装、接线及其铭牌与原理图是否一致，核实电缆的准确性。

②进一步熟悉设备位置，检查安装接线是否结束并经过检验。接线复查核对工作结束。

③检查系统所属的设备外观是否有破损、接线松动等现象。如有上述现象要进行必要的处理，且满足正常工作的要求。

④对所需调试的设备进行清洁和保养，保证无安全隐患。

3. 电站调试前的绝缘电阻的测量

任何电气在通电以前都要进行绝缘电阻的测量，这是人身安全和设备的根本保证，也是试验过程中的必检项目。绝缘电阻分为冷态绝缘和热态绝缘电阻，测量冷态电阻时，设备处于静态，用于检验设备安装情况。热态绝缘电阻是指设备运行一定时间，并达到稳定温升后的绝缘电阻，此时设备处于工作状态，在动态与热态的情况下，用于检验设备绝缘材料的绝缘性能变化情况。

①冷态绝缘的测量，首先应断开配电板上所有外部线路开关，发电机组及配电板上的半导体元件线路处于隔离状态。

测量点包括：

a. 配电板汇流排对地绝缘电阻及相间绝缘电阻；

b. 发电机组电枢绕组对地绝缘电阻；

c. 发电机组励磁绕组对地绝缘电阻；

d. 发电机组空间加热器对地绝缘电阻；

e. 发电机组预供油泵电机绝缘电阻；

f. 调速电机对地绝缘电阻。

②测量时一般采用500 V兆欧表进行测量，在发电机组动机试验前测量设备的冷态绝缘电阻。对于设备的热态绝缘电阻则是在设备运行试验后立即进行测量，测量的方法不变。根据试验要求其最小绝缘电阻应大于1 MΩ，测量记录表格如表6-1所示。

表6-1　发电机及主配电板绝缘电阻测量记录表现

序号	项目	冷态绝缘/MΩ	热态绝缘/MΩ
1	配电板汇流排A相、B相、C相		
2	发电机组电枢绕组A相、B相、C相		
3	发电机组励磁绕组		
4	空间加热器		
5	调速电机		

四、船舶电站调试的常见故障分析及排除

船舶电站系统在船舶电气中是一个较大的系统，在调试过程中遇到的故障不尽相同，这里简单介绍几种在调试中经常遇到的故障现象与排除方法。

①在主配电板用调速开关手动进行调速，只能上升不能下降或者上升和下降方向相反。

这两种故障现象前者是因为公共点接的不对，后者是因为上升和下降两点接反，只需在配电板后接线端子板进行调线就可以解决。

②在调试发电机时发现频率正常而发电机电压超出额定值很多并且配电板上自动调压(AVR)上的调节电位器也不能进行调节。

遇到这种故障要停机对AVR外接线和发电机上的电压调节部分的接线点进行检查，这种故障是因为AVR自动调压控制线路开路造成。

③发电机在运行时通过主配电板电压转换开关发现三相电压很不平衡。

遇到这种现象，首先要用电压表对发电机实际输出电压进行检查，看三相电压是否相等。如相等就要检查配电板内电压互感器三相电压是否正常，这种现象大多是因为电压互感器缺相造成，检查熔断器及电压互感器三相电压是否正常。

④在调试配电板时会发现电流表或功率表指示不正常。遇到这种问题要进行以下检查：

a. 首先检查接线有无错误,如电流互感器、电压互感器的接线;

b. 检查电流互感器安装方向(同名端)是否正确;

c. 检查电压互感器输出电压是否正常。

⑤在调试发电机报警点时,PT100 传感器信号在调试中容易出现的故障是显示值不对。遇到这种问题首先检查传感器接线,大多都是传感器外接线的公共端接错。在调试发电机报警及控制设备时,对一些压力变送器尤其要注意其直流电源极性不能接错。

⑥并车后功率分配不均,分配差度超差现象。遇到这种问题一般要用标准电压表检测并调整电压值,由于发电机本身电压特性不一致,进行发电机特性微调可排除故障。

五、船舶电站设备的系泊试验

电气设备在船上安装完成,并经过工厂全面检查调试合格后,再按照船检部门审批的系泊试验大纲进行系泊试验。系泊试验即是船舶停靠在码头进行的试验,其目的是检查电气设备的安装质量和工作情况,是保证船舶安全航行的重要检验阶段。系泊试验是船厂向检验部门提交检验。

1. 发电机保护装置试验

船舶电站是船上的重要设备,配电板又是电站的核心,发电机保护装置为电站的正常工作提供安全保证。设置发电机保护装置的目的是防止发电机过载,以保护绝缘不受损伤,同时可切除故障的发电机及其电路,并可防止原动机损坏。因此保护系统应具备可靠性、选择性、快速性和灵敏性。

(1)过载保护

在设计船舶电站时要求在各种工况下至少保证发电机的功率留有 15% ~20% 的余量,因此电站在正常工作的情况下,发电机都不会出现过载。但在特殊情况下,可能会造成发电机过载。

《规范》规定:

①当发电机过载 10% ~15% 时,发电机主开关应能自动延时分断,延时时间不超过 2 min。发电机过载保护装置的整定值建议整定在过载 125% ~135% 时,延时 15 ~30 s 自动开关分断。

②当发电机过载超过 50% 时(但小于发电机稳态短路电流),断路器保护装置应能使自动开关短延时分断,并同时应与系统的选择性保护相协调。建议整定值为发电机额定电流的 200% ~250%(始动值),延时 0.2 s(直流)或 0.6 s(交流)自动开关分断。

③对 12 ~50 kW 的交流发电机的过载和短路保护,允许采用装置式空气开关(做短路保护)加过流继电器(做过载保护)做过载和短路保护装置,若采用接触器代替装置式或空气开关,则所用接触器的容量至少为发电机额定电流的两倍。

④对 50 kW 以下的直流发电机和 12 kW 以下的交流发电机,其过载保护装置允许采用多极联动开关,并在每一绝缘极上设置熔断器进行保护。

(2)逆功率(逆电流)保护装置的调试

《规范》规定:

并联运行的交流发电机应设有延时 3 ~10 s 的逆功率保护装置,并联运行的直流发电机应有瞬时或经过短暂延时(少于 1 s)动作的逆电流保护装置。当原动机为柴油机时,其保护整定值整定在 8% ~15% 额定输出功率范围内动作;当原动机为汽轮机时,其逆功率

(逆电流)可以调整在2% ~6%额定输出功率范围内动作。

(3)欠电压保护装置的调试

并联运行的发电机应设有欠电压保护装置,以防止在发电机不发电时闭合其主开关和在低电压状态时其主开关不能自动分断。对于欠电压保护,《规范》有两种不同的要求,当电压降低至额定电压的35% ~70%时主开关应能自动分断,且应有为选择性目的所需的延时;当前电压脱扣器用于防止开关自动闭合时,必须能瞬时分断。

(4)配电板连锁保护装置

一般船舶都设有船电和岸电连锁、主发电机和应急发电机之间的连锁保护装置,对此装置必须进行试验。试验方法很简单,当船用发电机供电时,强行接通岸电主开关,但终因岸电连锁装置的保护作用而无法接通,反之亦相同。主发电机和应急发电机之间的连锁保护装置的检验也是如此。

(5)船舶自动化电站的保护

对于船舶自动化电站,主要应检查和调试以下几个方面:

①当发电机过载时,能自动分级卸去非重要负荷,以保证电站正常工作。

②当运行发电机出现故障而自动停车时,备用发电机应能自动启动并能自动合闸供电;若几台主发电机都不能正常工作时,应急发电机应能自动启动并能自动合闸供电。

③当几台发电机均不能工作,在应急发电机没能供电之前,临时应急照明应能自动接通供电,待应急发电机供电后,临时应急照明应能自动停止供电,同样当主发电机恢复供电后,应急发电机组应能自动断开电路、自动停车。

④自动电站应设有连锁保护装置,以防止原动机在可能造成严重损坏的情况下启动。

⑤当电站自动控制失灵时应能迅速转为手动控制。

⑥应有各种自动保护装置和故障声光报警装置,且应有自检和记忆功能。

2. 发电机负荷试验

在配电板保护装置调试完成后就可以进行发电机负荷试验,试验前应对发电机的安装情况做进一步检查,并检查试验设备是否符合安全、可靠和易于操作的要求。在测量发电机的冷绝缘电阻不小于1 MΩ后即可进行试验。

(1)发电机原动机冷车启动试验

若发电机原动机由蓄电池启动时,应配合轮机验船师对柴油机组进行冷车启动试验。要求蓄电池在充足电以后不再进行补充充电的情况下,其容量足够连续启动发电机的原动机的次数不少于10次。此项试验必须让原动机处于冷态状态下,其目的一是考核蓄电池的容量,二是检查启动装置工作的可靠性。

(2)发电机空载运行

启动发电机组原动机,观察发电机组各部分的运转、温升和震动情况,检查发电机组运行的稳定性,接通发电机主开关后,核对配电板上仪表的准确性和指示灯、开关等设备工作的可靠性。

(3)发电机负荷试验

在进行负荷试验时应注意:

①记录各种工况下的三相电压、三相电流、功率、功率因素、频率以及转速等数据;

②检查发电机各部分的运行、震动及温升情况;

③检查励磁系统的工作情况及火花情况,火花等级不应超过1。

六、系泊试验一般规则

系泊试验是在机电设备和其系统安装结束的基础上进行的，通过对机电设备的调整及性能试验，验证机电设备是否达到原设计性能，是否满足船舶设计、船检规范和系泊试验大纲规定的要求。

系泊试验目的：检查船体、机械设备、电器设备及动力装置的制造、安装的完整性和可靠性，以便对不符合要求的地方重新调整，使船舶具备试航条件。

1. 一般要求

电站系统在装船后，要检查系统总装后的完好程度，检验配套设备的适用性。系泊试验需在机电设备和其系统安装结束的基础上进行，通过对机电设备的调整及性能试验，以验证机电设备是否达到原设计性能，是否满足船舶设计、船检规范和系泊大纲的规定。

①系泊试验之前电站系统的各分系统、设备均应安装完整、正确，施工阶段的检查试验结束，所有电气设备的接地、绝缘情况良好。

②电站系统系泊试验中应利用船舶靠岸试验条件，对装船情况下电站电力输出能力等重要性能试验认可，确认各设备的性能参数与设计要求，技术状况符合《规范》及合同规格书的规定。若系统未曾进行陆上联调试验，还应进行对系统的性能、功能和系统内部各设备之间的协调及参数进行检查。

2. 系泊试验要求

在首制船舶的电站系统系泊试验中应至少安排：

①电站发电机组启动性能试验。检查电气启动或空气启动系统成功工作情况。

②电站发电机组的安全保护及信号报警装置检查试验。检查各种原动机运行参数（如水温、滑油压力等）的声光报警、自动停车装置和超速停车保护是否有效和可靠。

③电站保护报警、控制、连锁装置检查试验。对配电板保护继电器及断路器的动作特性整定情况进行检验，确认逆功率保护配电板操作连锁及各种报警系统装置工作可靠。

④电站单机负载试验（额定工况 4 h，有公用底座者为 2 h），检查各单机性能指标，包括静态及动态调速性能、空载电压整定范围、静态及动态调压性能及电动机启动检查等。

⑤机组过载试验。

⑥机组间并联运行及转移负载试验。检查手动及自动同期操作环节、并联运行的机组之间有功负载和无功负载均匀分配能力，以及各并联机组之间负载转移的灵活性和可靠性。

⑦船舶电站系统接岸电试验。

⑧应急电站的试验。除一般发电机组及配电板的常规检查试验外，还应检查应急电站汇流排供电电源自动转换，应急发电机组应急启动、突加满负载的能力和应急电站持续运行能力。

⑨自动化电站各项功能在电站试验中均应逐一试验自动化装置在系泊试验应尽可能参加运行。

⑩电站系统工作时系统内部电磁兼容性检查。检查电站系统有无内部彼此电磁干扰而工作失常的现象。

七、熟悉系泊试验程序

1. 柴油发电机组及配电板试验

(1)试验条件

柴油发电机组及配电板试验应满足下列条件:

①发电机组和配电板的安装及有关电缆的敷设验收合格;

②柴油机在额定负荷下各缸的负荷均匀性调试合格;

③安全保护装置及报警装置调试合格(或有产品厂合格证件)。

(2)试验内容及程序

①柴油发电机组启动试验:

a. 压缩空气启动试验,试验时辅空气瓶(若设有时)的空气应充至额定工作压力,且中途不补充气的情况下,柴油机从冷态开始连续启动直至空气压力不能启动柴油机为止,记录其启动次数及最小启动压力。

b. 电启动试验,先将启动蓄电池充足,在中途不补充充电的情况下,柴油机从冷态开始按规定的次数连续进行启动试验。

②柴油机安全报警装置试验:

a. 额定功率大于220 kW的柴油机超速保护器试验。当柴油机的转速达到超速保护动作值时,超速保护器应能可靠动作。

b. 柴油机滑油低压及冷却水高温报警保护装置进行模拟效用试验。效用试验时,报警器动作应准确可靠,淡水出口高温报警温度及滑油低压报警压力以及它的保护整定值按产品技术说明书进行调整。

③柴油发电机组负荷试验:

a. 柴油发电机组负荷试验的工况及试验时间按表7-2规定。

表7-2 柴油发电机组试验工况及试验时间

工况序号	发电机负荷/%	试验时间/h	工况序号	发电机负荷/%	试验时间/h
1	25	0.25	4	100	2.00
2	50		5	110	0.50
3	75	0.5			

b. 负荷试验时柴油机的燃油滑油、冷却水的温度及压力、排气温度等,应做好测量记录。其中满负荷每隔1 h记录一次,其他工况在试验结束时即行记录。

电机部分则应将各种负荷下的电压、电流、功率因数、转速做好测量记录。试验后测量记录热态情况下的绝缘电阻值。

发电机于100%负荷试验结束后,应测量调压器及发电机各部分的温升,并做好记录。

c. 负荷试验时,检查柴油机及发电机的运转是否有异常敲击、高温、低压等现象,各轴承等运动部件是否有异常发热现象。直流发电机换向器及交流发电机的滑环及电刷的工作情况是否正常。

d. 复激直流发电机的静态调压特性试验:发电机组发热试验后,在额定负荷下调整柴油机转速至额定转速，然后以20%负荷为始点使发电机的电压偏差在额定电压的1%以内，再调整负荷分别为50%、75%、100%，记录负荷点的电压偏差。

e. 交流发电机的静态调压特性试验：在额定负荷下，将电压和频率调至额定值，然后按顺序100%→75%→50%→25%→50%→75%→100%改变负载，同时测量各负荷点的电压和频率。

f. 直流发电机的手动电压调感器电压调节范围试验：在发电机允许工作温度范围内，当负载在空载和额定负荷之间变化时，对电压进行调整，测量并记录各负载点的电压。

④柴油发电机组的调速特性试验：

a. 测量柴油发电机组的原动机在额定负荷下突卸全负荷时的转速变化情况。

b. 测量柴油发电机组原动机在空负荷状态下突加50%额定负荷，稳定后再加上余下的50%负荷时的转速变化情况及稳定时间。

c. 进行并联运行的交流发电机组柴油机调速器遥控装置（若设有时）的效用试验，并记录调整柴油机的转速范围。

d. 在船舶电站正常运行工况下，进行启动机舱内最大功率电动机的试验，检查运行中的交流电动机是否失步、停转和电器自行脱扣。

⑤柴油发电机的并联运行试验：

a. 检查同步指示装置的线路的正确性和功能的完整性。

b. 并联运行负载试验：试验时将发电机按设计所需长期并联运行的台数分别组合，并按各种并车操作方法进行并联运行试验。

每一负载点并联运行时间为5～10 min，测量各负载点时、每台发电机的有功功率、电压功率因数、电流和频率。

c. 负载转移试验：将第二台发电机接入与已在额定状态下运行的发电机并联，并转移负载检查发电机负载转移的可靠性。

⑥主配电板的试验检查：

a. 测量绝缘电阻：分断配电板的所有外部连接电路，测量配电板的绝缘电阻；对地绝缘的配电系统，应对安装在配电板上的对地绝缘检测、指示和报警装置的工作可靠性进行检查。

b. 检查主配电板、应急配电板、岸电开关之间相互连锁的可靠性。

c. 欠压保护试验：在主配电板上，对主发电机的欠压保护装置进行试验，测量动作的整定值和延时时间。

d. 过载保护试验：在主配电板上，对主发电机的过载保护装置进行试验，试验应在原动机不过载的情况下进行，每相通常以大电流（模拟方法）进行校验，测量动作的整定值和延时时间。

e. 发电机的逆功率和逆电流保护试验：在主配电板上并联两台发电机，然后转移负荷使一台发电机处于逆功状态，测量并记录发电机逆功率保护整定值和延时时间，该试验对每台发电机应做两次。

f. 自动卸载试验：试验时增加发电机的负载直到自动卸载动作，测量并记录自动卸载的整定值和延时时间。该项试验每台发电机应做两次。

g. 检查三相三线及四线系统各相（或线）间负载的不平衡度。

h. 各发电机应进行充磁试验（若设有时）。

⑦轴带发电机试验。调整轴带发电机控制板上的各种保护,对设定值进行调整。

2. 应急柴油发电机组及应急配电板试验

(1)试验条件

应急柴油发电机组及应急配电板试验应满足下列条件:

①机组及应急配电板的安装和接线验收合格;

②报警及安全装置校验合格;

③柴油机各缸负荷均匀性符合要求;

④应急配电板的绝缘电阻测量合格。

(2)试验内容及程序

①以压缩空气启动的柴油机冷态启动试验,测定辅空气瓶在额定工作压力下连续启动次数。

②用电启动的柴油机冷态启动试验,在启动蓄电池充足情况下,按规定的次数进行启动试验。

③柴油机自动启动试验,包括当主配电板失电时试验柴油机冷态自动启动的可能性及3次启动失败报警试验,并测量主配电板失电后至应急发电机开关自动合闸供电所需的时间,以及主发电机恢复运转后的自动分闸试验。

④应急发电机组进行第二能源的启动试验,启动次数应不少于3次。若应急发电机组是由手动启动的柴油机或其他有效的装置驱动时,则只进行启动效用试验。

⑤应急发电机组启动能源保持的监察或报警效用试验。

⑥应急发电机超速保护、进机滑油低压报警和冷却水出口高温报警以及在集控室的延迟报警试验,按产品说明书调整各报警和保护的整定值。

⑦应急发电机组的试验工况及试验时间如表7-3所示。

表7-3　应急发电机组试验工况及试验时间

工况序号	应急发电机负荷/%	试验时间/h
1	50	0.25
2	75	
3	100	1

⑧应急发电机组调速特性试验:在突加全负荷(或船级社规范规定的负荷)时,测定其转速变化情况及稳定时间。

⑨欠压保护试验:在应急配电板上,对应急发电机的欠压保护装置进行试验,测量动作的整定值和延时时间。

⑩过载保护试验:在应急配电板上,对应急发电机的过载保护装置进行试验,对每相的整定值进行校验,测量动作的整定值和延时时间。

3. 充放电板及蓄电池组试验

(1)试验条件

充放电板及蓄电池组试验应满足下列条件:

①充放电板的安装及电缆接线检验合格;

②充放电板上的各保护开关整定合格。

(2)试验内容及程序

①进行充放电试验,检查充放电装置工作情况,记录最大充放电电流和电压调节范围;

②检查充放电板逆流保护装置的动作可靠性;

③检查应急蓄电池组自动接入各应急线路的可靠性,检查应急电源蓄电池组或临时应急电源蓄电池组正在放电的指示装置工作是否可靠;

④应急照明和临时应急照明蓄电池组在充足电的情况下,应进行规定时间的放电试验。

八、案例分析

1. 发电机机组(柴油机组)启动性能调试

(1)发电机组原动机(柴油机组)的启动试验

发电机组原动机(柴油机组)的启动能源一般分为压缩空气启动和蓄电池组启动两种方式。调试时在柴油机冷态情况下进行调试,调试检查启动灵活性,记录启动时间和次数。调试时将一只启动空气瓶充满压缩空气至额定压力,开始进行启动试验,柴油机启动成功立即停车,然后进行第二次启动,启动次数大于6次满足试验要求。同时记录启动前后空气瓶的压力值及最低启动压力值。用蓄电池能源启动柴油发电机组时,在蓄电池组充足电源的状态、中途不进行充电的情况下进行,启动状态及要求同压缩空气启动工况。启动次数大于10次满足试验要求。

(2)柴油机预供油泵自动工况的调试

首先保证系统接线完成,在绝缘满足要求的情况下进行试验。图6－1为柴油机预供油泵控制原理图,检查电源电压正常后,合XE50NN电源开关,转换开关在“本地”位置,手动启动预供油泵,观察油泵转向及启动、运行电流正常后,调试遥控自动部分。调试一般采用模拟的方法进行,用手压泵接在预供油泵自启停压力继电器上,将预供油泵控制转换开关至“遥控自动”位置。柴油机控制联锁信号ZX处于工作位置。此时预供油泵自动启动运行,延时继电器88T开始工作,延时30 s后,88T延时闭合触点接通,如果30 s之后,手压泵的压力仍然没有达到设定值,滑油低压报警灯PL报警显示。如果在30 s之内,手压泵的压力达到设定值以上,机组自动运行以后联锁触电ZX处于运行位置,预供油泵自动停止工作。然后缓慢降低压力值到设定值以下,30 s之后滑油低压报警灯PL再次报警显示。按照工作实际情况调试启、停压力值,并进行试验。控制功能进行调试,结合滑油系统进行就地和遥控操纵。

(3)船舶电站应急发电机组的启动试验

应急发电机组的启动试验是在主电站失电的情况下进行的,调试从主电源断电到应急发电机组自动运行供电需要的时间必须满足《规范》要求值。同时试验应急发电机组0 ℃以下启动能力。试验调试时机组启动能源必须能够可靠连续启动3次,同时应保证两种能源启动,且具备30 min内启动3次的能力。

2. 船舶电站安全报警功能调试

柴油机一般设有滑油低压、冷却水低压、冷却水高温及滑油滤器压差过大等安全保护装置。

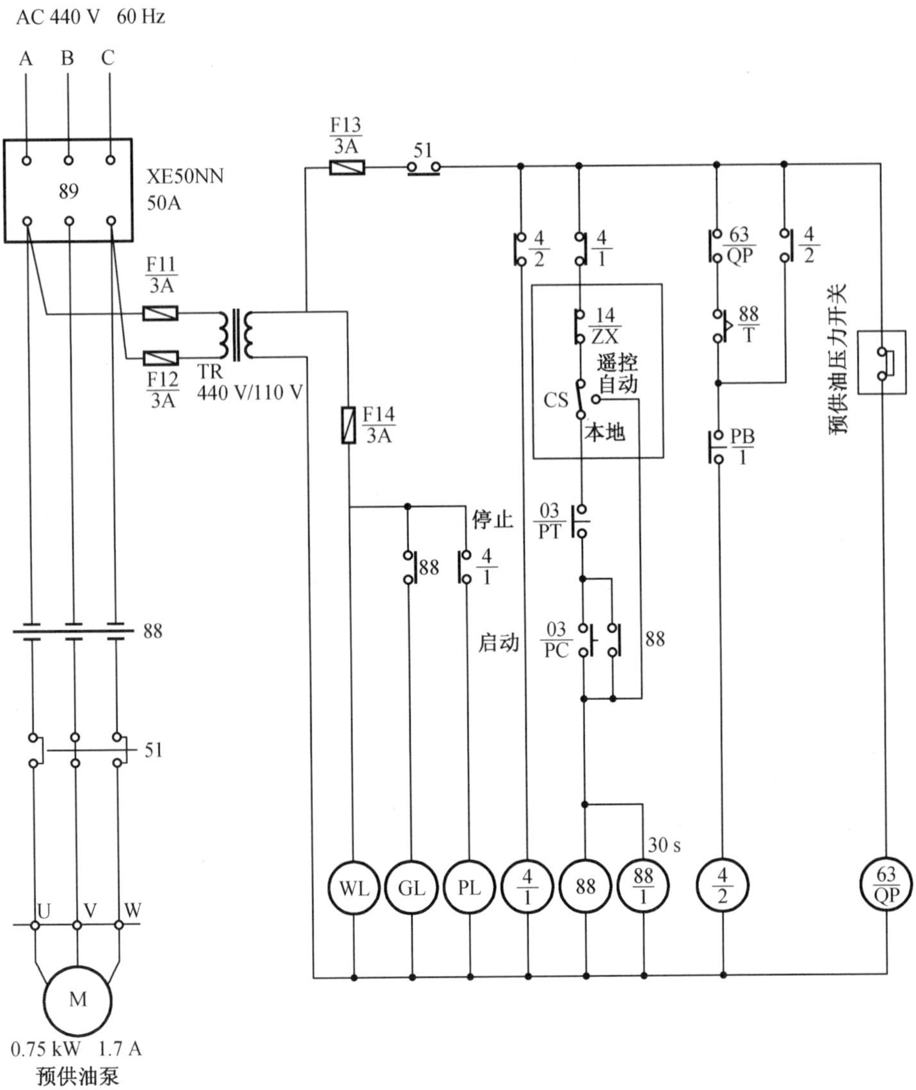

图 6－1 柴油机预供油泵控制原理图

当参数达到报警设定值时进行声光报警，达到极限值时柴油机组停车，冷却水低压、冷却水高温的报警采用模拟方法操作，观察相应报警装置的工作情况，当达到其设定值时，安全报警装置应该立即发出声光报警信号。

①滑油低压采用模拟方法试验，将滑油压力传感器从机上拆下接至手压泵，使手压泵滑油压力达到正常值以上，然后启动柴油机，并用手动泵控制滑油压力缓慢降低，当滑油压力降低到报警压力时，应发出滑油低压报警信号，记录报警压力值，继续降低一直到停车压力值时，柴油机滑油低压自动停车。校验试验大纲规定值与实际值是否在允许范围内，否则对压力传感器进行调整。

②冷却水高温停车装置采用模拟方法试验。将冷却水温度传感器从机上放到电热水壶中加热温度传感器进行试验，在加热前启动柴油机，一边加热一边缓慢进行搅拌电热水壶中的水，使水温度均匀，当温度达到传感器报警温度时，报警装置发出冷却水高温声光报

警信号。然后使温度继续上升一直到高温停车的温度时,柴油机因冷却水高温自动停车。一般进行两次试验,检验报警、停车的温度值和控制功能。超速停车调试,对于额定功率大于220 kW 的发电机组,一般具有超速保护装置。试验时在柴油机空载运转情况下进行,待柴油机运行正常以后,将柴油机转速从额定转速继续加速,当转速超过额定转速的10% ~ 15%时能够自动停车,调试超速停车功能。

3. 主配电板报警功能调试

主配电板保护装置是指用来控制主开关的装置,图6-2为某出口船型的柴油发电机主开关控制原理图。从图上不难看出,该保护装置主要由TC1主开关的脱扣装置、UVT欠压脱扣装置、主空气开关控制信号采集输出装置和合分闸控制指示部分组成。当电力系统出现负载加重或短路等不正常的情况时,保护装置立即开始动作,断开主开关,以避免发电机超负荷运行。

为保证柴油发电机组负荷试验正常进行,首先要调试主配电板上的保护装置。配电板保护装置由主配电板电路及电流互感器控制电路、运算电路和延时电路组成。当不正常的信号出现时,通过互感器产生的一个信号,经过运算电路分析送到不同的延时电路来控制保护装置的动作。试验的目的是检验整个保护装置动作的正确性。

(1)过载保护的调试

试验要求将保护装置的电流值整定在发电机额定电流的125% ~135%,延时时间整定在15~20 s。目前大多数船舶电站均采用电子控制保护装置或PLC控制,所以在调试发电机保护功能时,即可以采用加少量的有功功率,再用无功功率提高电流的方法作为发电机组的过载保护,电流值达到过载保护动作值时,主开关内部的过载保护装置延时15~20 s,主开关过电流分断,负载断开,使发电机组不在过载状态下运行。

下面我们再详细介绍一下广泛采用的二次电流试验的方法。调试电站的过载保护装置时,我们一般采用模拟的方法进行试验,如图6-3所示为过载保护试验电路,即根据所用发电机主开关(空气断路器)电流取样互感器变比换算出互感器二次电流值。由开关K1和变压电源及可调电阻器R和电流表A组成的电流调节试验装置,在空气断路器电流取样输入端ORC接入过载整定试验电流。电流调整到过载保护值时,快速断开电源开关K1,然后重新闭合可变电源开关K1,同时用秒表记录开关闭合到主开关分断的延时时间,并检查过载保护的报警及延时报警功能。通过这样的方法调试空气断路器的长延时(过载保护)可以使调试更加方便,且安全可靠。调试时一般连续试验2~3次,记录保护动作电流值和长延时时间。现在还有部分空气断路器自带过载保护试验装置,只要接通试验装置工作电源,通过断路器试验接口接入试验装置,同时调节试验电流值即可完成长延时的调试检验,并用秒表记录断路器过载保护动作时间。

(2)优先自动卸载的调试

这是利用空气断路器的长延时继电器的动作特性来完成的。同样采取前面图6-3过载保护试验电路的过载试验工装进行试验,只是电流输入整定值为发电机额定功率的100% ~110%,延时时间一般整定在10 s左右,当发电机过载到额定功率的100% ~110%时,优先脱扣线圈开始动作,应用优先脱扣功能实现发电机的自动卸载或分级卸载(即主配电板和组合启动屏上不重要的负载自动断电停止工作),起到保护发电机的作用,使之能正常工作。

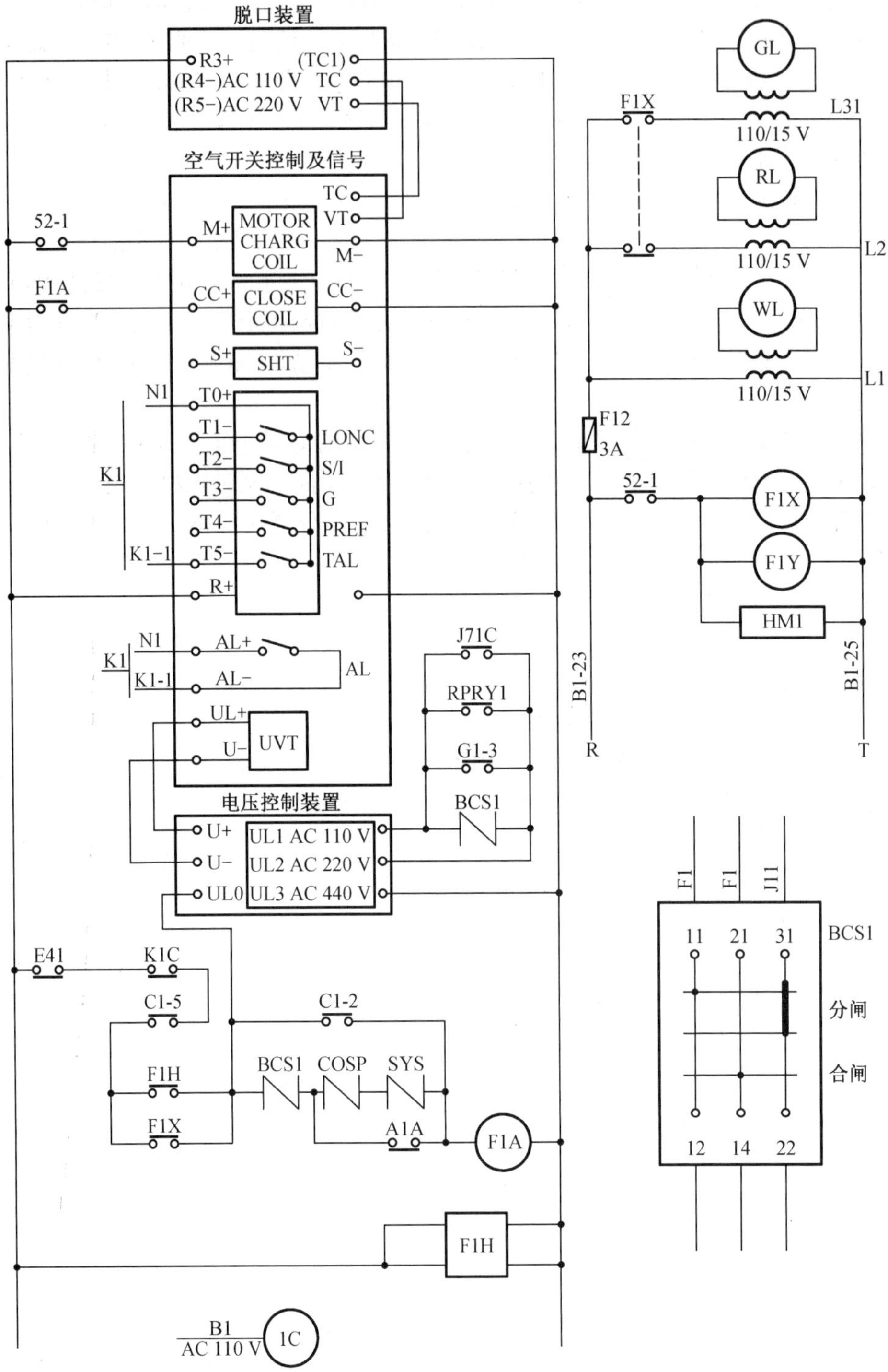

图 6-2 柴油发电机主开关控制原理图

(3)短路保护的调试

它是利用过电流脱扣特性的瞬时动作来实现发电机的短路保护,始动值为发电机额定电流的200% ~250%。由于动作时间太短,通常采用模拟的方法,也可以利用图6－3的工装进行试验和调试,这个试验一般是主开关出厂时进行调整,在系泊试验阶段只是功能性检查,不再重新进行调整。动作时间一般为0.12 ~0.43 s。

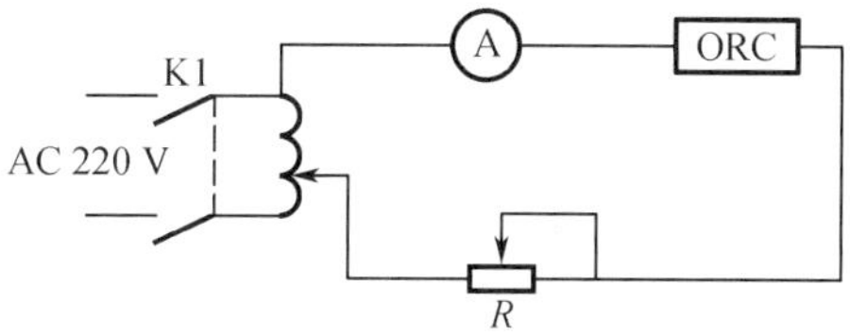

图6－3　过载保护试验电路

(4)欠压保护的调试

发电机不发电时,发电机主开关不能够电动合闸,只有发电机建压成功以后,主开关才可以合闸操作。当发电机电压低于额定电压的70%时应欠压保护。具体调试的方法一般是发电机运行成功建压后和主开关合闸成功后,停止柴油发电机组,观察配电板电压表,记录主开关脱扣时的电压值,对于额定电压为400 V的发电机组,欠压保护一般为200 V左右。试验一般做两次,记录欠压保护电压值。

(5)逆功率保护的调试

发电机组的逆功率保护,是对发电机组并联运行时的必要保护。两台以上发电机并联运行时,当出现负载很小或负载严重不均的情况下,其中的一台发电机机组可能出现逆功率时的最有效保护。

发电机逆功率保护是由逆功率保护继电器检测实现的。一般要求按照发电机额定功率的8% ~15%来整定,延时动作时间3 ~5 s。调试试验时采用模拟的方法进行检查。图6－4为发电机逆功率继电器接线图。

RPPY为逆功率继电器、KW1为有功功率表,逆功率继电器中的P1、P2、P3为电压取样,C1、C2为电流取样,a1、a11为主开关分闸触点。调试时要将C1、C2电流取样线互换,改变电流输入方向。发电机运行合闸后,调整发电机的有功负载至额定功率的10%左右,由于取样电流方向的改变,逆功率继电器采集到逆功信号,逆功指示灯亮,经3 ~5 s延时后a1、a11主开关分闸触点闭合,主开关逆功分闸保护。功率值大小及延时时间根据要求可调整。

4.柴油发电机组运行试验

柴油发电机组试验时,每台柴油发电机组必须先进行运转试验。试验时必须检验全负荷状态下柴油机的各缸热工参数(排气温度及爆炸压力)和各油水系统压力及温度是否在试验大纲规定的范围内。柴油机在100%负荷运转时,应平稳,无异常发热现象。

将试验用的工装电缆从主配电板发电机母排汇流排处拉放到码头水电阻(又称假负载或盐水桶)处。为准确控制水电阻负载的大小,使负载平稳,无突变及跳跃现象,水电阻极板的升降方式为涡轮蜗杆传动,升降连续平稳。水电阻一般设有一组海水泵及一组淡水冷却泵,海水泵用于调水电阻溶液的盐度大小,淡水冷却泵用于冷却水电阻溶液,保证溶液的温度在允许范围之内。靠水电极板进入溶液的多少及溶液中含盐度的多少来控制负载功率，如图 6－5 所示为调节极板在水中的位置实现调节负载电流示意图。

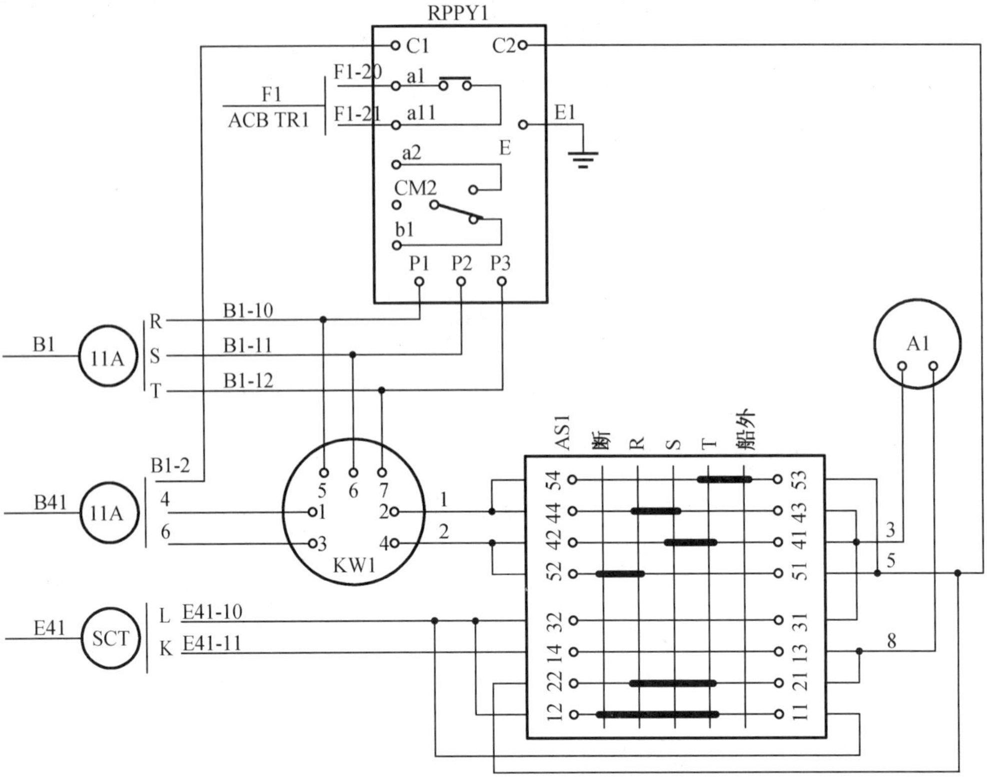

图 6－4　发电机逆功率继电器接线图

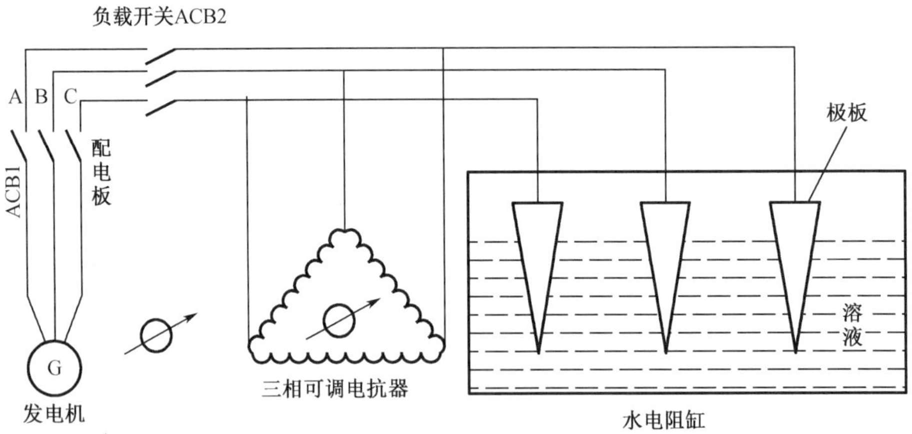

图 6－5　调节极板在水中的位置实现调节负载电流示意图

为保证负载调整准确方便，水电阻控制系统采用就地和遥控两种方式进行控制，在船舶集控室进行负载的遥控，可以方便观察船上仪表和机组的工作状态。同时设一组独立的电话系统或实时监控视频，用于保证水电阻及船上的通信联络。

图 6－6 为水电阻工装控制原理接线图。在水电阻控制室接上相应电压表和电流表，可监视负载电流的大小。

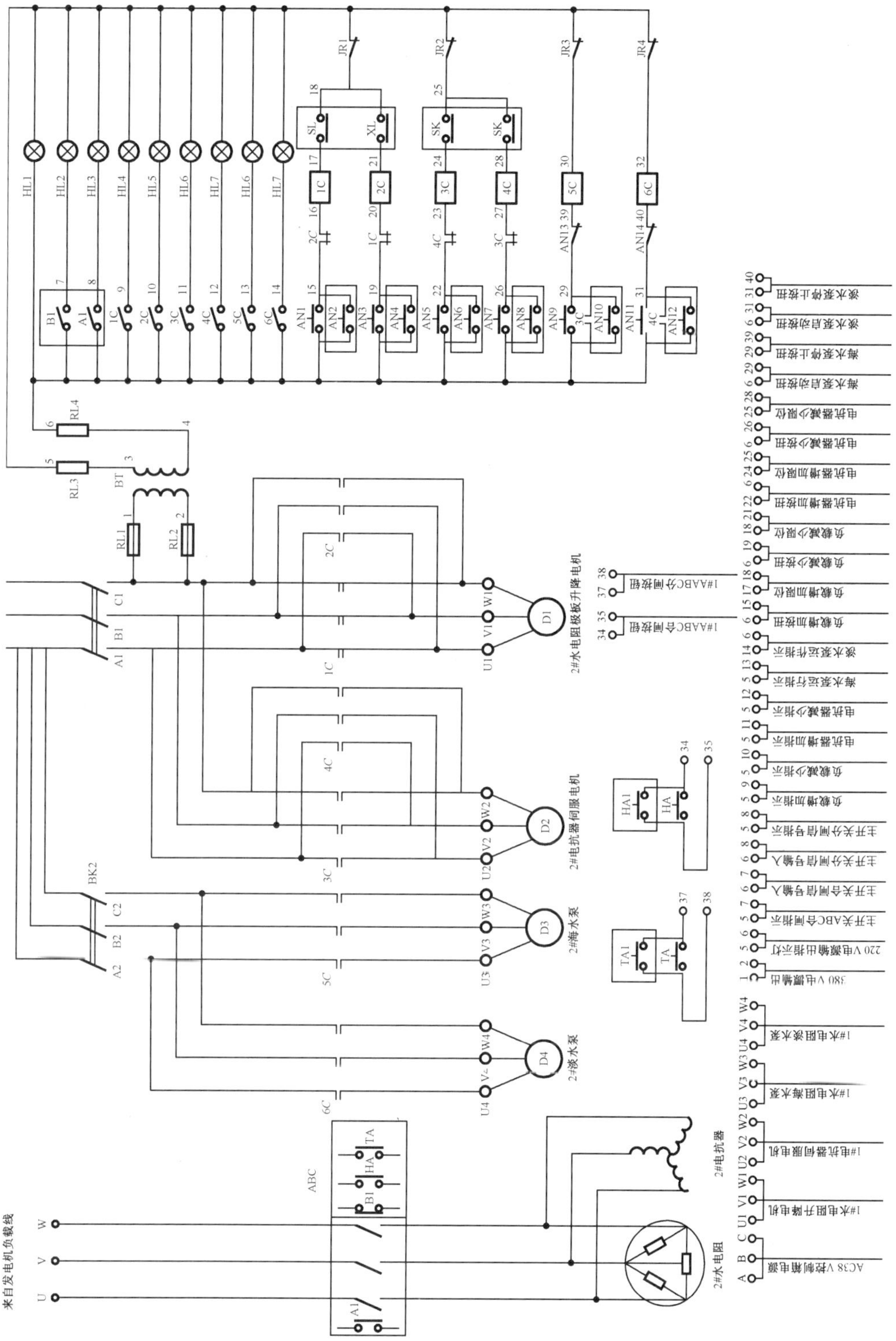

图 6-6 水电阻工装控制原理接线图

负载电流的稳定必须保证水电阻的溶液液面稳定，对水电阻筒内的溶液采取溢流来保证循环控制，使水的溢出和补充达到平衡状态，从而保证了负荷缸中的液面基本不变。现在船舶电站调试用的无功功率负载都采用可调旋转电抗器来调整实现。三相可调旋转电抗器采用一台三相异步电动机通过齿轮传动旋转电抗器铁芯来改变电抗值。使用时可调旋转电抗器的三相输出并联接在水电阻负载 A、B、C 三相上。电抗器旋转机构电动机接于 AC 380 V 交流电源上，并根据旋转机构电流增加和减小的方向确定好电机电源的相序。通过控制电机的转向实现无功电流的增减（电流最大和最小位置均设有限位开关来保护）。调整无功电流越大功率因数越低。当不需要无功功率的时候将旋转机构调整到电流最小限位位置即可（虽有一小部分感应电流可以忽略不计）。还可以采用饱和电抗器来调整交流电站试验时的无功功率。

图 6－7 为无功饱和电抗器工作原理图。试验时一般将饱和电抗器与水电阻有功负载并联连接，通过控制饱和电抗器的整流装置输出直流电源，通过电流调节装置改变直流绕组中电流的大小来控制铁芯磁路的饱和度，从而改变交流绕组的电抗值，即改变了交流电流，无功电流值越大，功率因数越低。

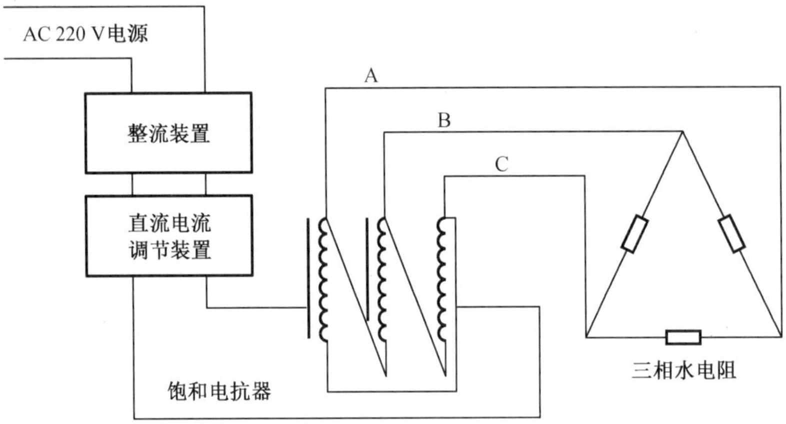

图 6－7　无功饱和电抗器工作原理图

5. 发电机负荷试验过程中的调试

发电机组负荷试验前首先要进行负载容量确认，应保证水电阻功率满足发电机组最大试验负荷的要求，且连续可调整，并有一定的余量。无功电抗器的选择应能保证可调饱和电抗器与负荷并联后提供的无功电流大小满足试验所需要的无功电流，保证电流连续可调无突变。负荷试验负载连接电缆的总截面积根据发电机试验要求的最大容量计算后确定，连接要规范合理，绝缘满足要求。发电机负载的典型连接方式如图 6－8 所示。

以上负荷试验前的准备工作结束以后便可以进行负荷试验。发电机组全负荷试验时柴油机热工参数的调整要求各缸参数应调整均匀，爆炸压力差一般不大于 4%，排气温度不能超过极限值，气缸爆炸压力不能超过规定值。发电机组运转时，检查柴油发电机组附属系统的工作参数必须在正常的工作压力及温度范围内。发电机组工作状态平稳，各活动部件无过热现象，机组运转试验的时间按系泊试验大纲规定进行。表 6－2 为某船舶负荷试验运行要求。

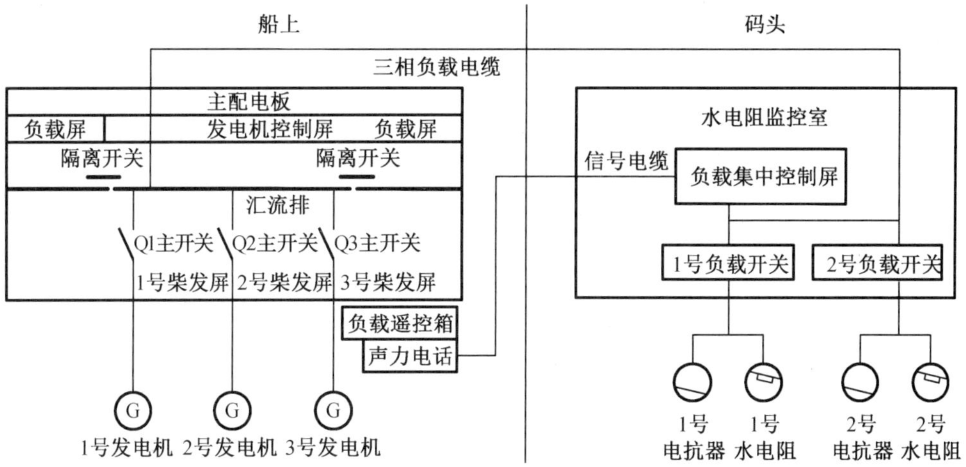

图 6－8　发电机负载的典型连接方式

表 6－2　某船舶负荷试验运行要求

工况序号	发电机负荷/%	负荷考核时间/h	工况序号	发电机负荷/%	负荷考核时间/h
1	25	0.25	4	100	2
2	50	0.25	5	110	0.5
3	75	0.5			

一般发电机组各种工况试验均由低负荷逐步增加负荷，在各负荷状态时测量发电机组各运行参数对所有仪表上的指数值按规定的时间间隔做好记录，并记录发电机各负荷（包括全负荷、超负荷）的试验状态。同时检验发电机组运转是否平稳，有无异常响声。在不同负荷下记录发电机的工作电流、电压和频率值。试验时除爆炸压力表外一般都采用设备上的仪表。负荷试验结束后立即停车，打开柴油机曲柄箱两侧的门盖，用点温计测量各缸连杆轴承的温度，并测量热态时的曲臂距，记录在试验表内。

6. 动态特性调试（调速器灵敏度试验）

由于船上的大功率电气设备的启动及停止运行，会对发电机的转速产生影响，导致电网电压的波动，所以要对柴油机调速器灵敏度进行试验。这项试验必须在发电机满负荷试验结束后进行。调速器灵敏度试验时，将两台水电阻负载减为空载。在配电板上检查外接标准仪表是否连接准确，同时连接动态数据采集装置结束且指示正常。这时开始利用一台水电阻负载进行缓慢加载，一直到额定负荷的 50% 时停止加载。然后利用第二台水电阻继续加载到额定负载，此时机组在 100% 负荷下运转。在加载的过程中转速、电压跟踪调整，电压为额定电压值，频率（转速）至额定值（50 Hz 或 60 Hz），调整结束。然后数据采集装置开始记录，同时辅助观察标准仪表。突然将两台水电阻负荷全部卸掉（即 100% →0），检查转速波动范围、稳定时间和稳定后的转速（数据采集装置可准确记录全过程），停止数据采集装置记录，此时发电机组在空负荷状态下运行，准备突加负荷试验。数据采集装置再次开始记录，先突加其中一台电阻的负载（50% 负荷），待稳定后突加另外一台水电阻负载（余下的 50%），检查转速的波动范围稳定时间和稳定后转速是否在规定范围内。一般要求柴油机从100%负荷状态下进行，突然卸去负载，瞬时调速率不大于10%，稳定调速率不大于5%，稳定时间不大于5 s(即转速恢复到波动率为1%的时间)。将结果记录在表格中，并附动态试验波形图。柴油机从空载突然加上50%额定负载，稳定后再加上余下的50%负载时，要求其瞬时调速率不大于10%，稳定调速率不大于5 s，(即从转速发生波动开始到转速稳定即波动率为1%的时间)特殊要求以试验大纲要求值为准。瞬时调速率，是指突加(或突卸)全负荷时，瞬时转速的最大变动范围与额定转速 n_N(铭牌上的标定转速)比值的百分数，瞬时调速的计算公式为

$$\delta_1(\text{突加}) = (n_0 - n_2)/n_N \times 100\% \tag{6-1}$$

$$\delta_2(\text{突卸}) = (n_3 - n_1)/n_N \times 100\% \tag{6-2}$$

式中 n_0——柴油机空负荷时的平均转速；

n_1——柴油机突加负荷后的平均转速；

n_2——柴油机突加负荷时的最小瞬时转速；

n_3——柴油机突卸负荷时最大瞬时转速；

n_N——柴油机标定的额定转速。

稳定调速率 δ_2 的计算公式为

$$\delta_2 = (n_0 - n_1)/n_N \times 100\% \tag{6-3}$$

式中 n_0——柴油机空负荷时的平均转速；

n_1——柴油机突加负荷后的平均转速；

n_N——柴油机标定的额定转速。

柴油机调速器灵敏度检验应与发电机的其他电气项目试验同时进行。记录发电机动态电压波动值即瞬态调压特性，发电机的负荷突加或突卸而使电压发生变化的瞬间的特性应在规定范围内，当柴油发电机负载突加或突卸时，电压恢复到最后稳定相差3%以内所需要的时间应不超过1.5 s。此试验同柴油机调速器特性试验一起进行，当电压下跌时，其瞬态电压值应不低于额定电压的85%，当电压上升时，其瞬态电压值应不超过电压的120%。

发电机瞬态电压调整率计算公式：

$$\triangle U = (U - U_{\text{瞬}})/U_N \times 100\% \tag{6-4}$$

式中 $U_{\text{瞬}}$——柴油发电机瞬时电压变化最大值；

U——柴油发电机电压变化以前的稳定值；

U_N——柴油发电机额定电压值。

试验结束后将数据及计算结果整理并填入记录表。

7. 发电机静态电压特性调试

柴油发电机电压特性是指每一台发电机所具有的不同电压调整率变化的特性，所谓静态电压特性是在功率因数额定情况下，因柴油发电机的负荷变化而使电压发生变化的特性。每台柴油发电机电压调整率的变化与发电机本身特性及柴油机和调速器的性能有关。在这项试验时，一般穿插进行发电机在配电板上用AVR进行电压调整范围试验(用配电板上的AVR调节电位器调整电压的最小值与最大值)、调速马达的频率调节范围试验(用配电板上的调速马达控制开关调节频率的最大值与最小值)等，并记录，为发电机的并联运行提供依据，为船东提供技术指标参数。

在做柴油发电机特性试验前应具备下列条件：柴油发电机组保护功能试验完成，具有安全可靠的性能；用于柴油发电机组特性试验的负载正常。根据《规范》要求发电机电压调

整率应不超过额定电压的2.5%,应急发电机的电压调整率不超过3.5%。

进行发电机静态电压特性试验时,首先将柴油机转速调整到额定转速,在柴油发电机的负载调整到额定负载的100%和功率因数调整到额定值后,调整发电机的频率到额定值,最后调整10%负载工况下电压值为额定电压值,并用试验标准电压表进行校正。然后调整负载按100%→75%→50%→25%→0→25%→50%→75%→100%额定功率负载缓慢变化,记录发电机各种负载工况下的功率、电流、电压、功率因数和频率值。保证各种负载工况下都应该使功率因数在额定值范围内。一般为保证记录准确,上述变化应反复试验两次。

柴油发电机稳定电压调整计算公式为

$$\Delta U = (U - U_N)/U_N \times 100\% \tag{6-5}$$

式中　U——柴油发电机各种负载工况下的稳定电压值中的最高或最低值;

U_N——柴油发电机额定电压值。

8. 发电机并联运行的调试

船舶在正常航行和进出港口过程中,经常出现负载接近或超过一台发电机的额定负载。在这种情况下就需要用两台发电机同时工作,特殊情况下需要三台同时并联运行。还有船舶在长时间的航行过程中,当发电机轮流工作转换时,不可能停下来转换,同样需要通过并联运行,将一台发电机的负载转移到另一台发电机上。因此当船上装有两台以上发电机时就需要做并联运行试验。

(1)柴油发电机并联运行的试验条件

柴油发电机(交流发电机)并联运行必须具备三个条件,即电压相同、频率相同和相序一致,具备了这三个条件达到了同步的要求,可以进行并联运行。船舶主配电板上设置并车屏,就是为了观察各发电机的运行情况、同步状态以及并车的控制等。柴油发电机并联运行试验前应具备的条件和技术要求:柴油发电机组的安全保护系统调试完成、主配电板保护系统试验完毕、发电机负荷试验结束、静态电压特性调试结束,在这些已完成的前提下进行发电机组的并联运行调试。

调试发电机组的并联运行功能时,必须重新确认每台发电机的相序,确保并联运行发电机组相序一致。启动一台发电机稳定运行,合闸成功后带额定功率的50%负载,频率调整到额定频率值(电压在静态电压特性试验时已经整定结束)。同步电压检测连接线路图如图6-9所示。

(2)柴油发电机并联运行的试验过程

①启动另外一台待并发电机,使其稳定运行,然后在发电机并车控制屏选择待并发电机组转换开关,同时将同步表(同步指示灯)投入。为了更安全可靠,可以在两台发电机控制屏中连接两块500型指针式万用表,具体连接方式如图6-9所示。观察两台机组的电压是否相同,调整待并发电机组的频率,同时观察同步表,使同步表顺时针方向旋转,速度为每分钟2周。这时观察两台500型万用表的电压趋势,当同步表趋近于“12”点时,两台电压表的电压值同时最小,同步指示灯(亮暗方式)最暗。过“12”点以后又开始逐步开始变大,同步指示灯(亮暗方式)亮。如此循环两次,正常以后可以进行手动并车试验。

②调整待并发电机频率,在同步表同步时手动合闸并车,并车成功以后,进行两台机组的负载均分,各带25%的负载,手动并车调试结束。解列时缓慢降低要解列机组的频率,使负载慢慢转移到另一台发电机上。在预解列发电机功率趋于0时,手动分闸解列。自动准

同步并车的调试过程是启动一台发电机稳定运行，合闸成功后带额定功率的50%负载，频率调整到额定频率值（电压在静态电压特性试验时已经整定结束）。启动另外一台待并发电机，使其稳定运行，待并发电机组空气断路器选择为“试验”位置（与主回路不连接的状态），打开并车控制屏的并车方式转换开关，将其选为“自动”，同时用并车选择开关选择待并发电机组，按下自动并车按钮，同步并车装置开始工作。此时用同步表进行监视，这时自动并车装置开始调整两台发电机的频率，使频率接近于额定值、同步表指示正向旋转。当自动同步装置检测到自动同步点（同步表接近“12”点）时，自动准同步合闸并车。

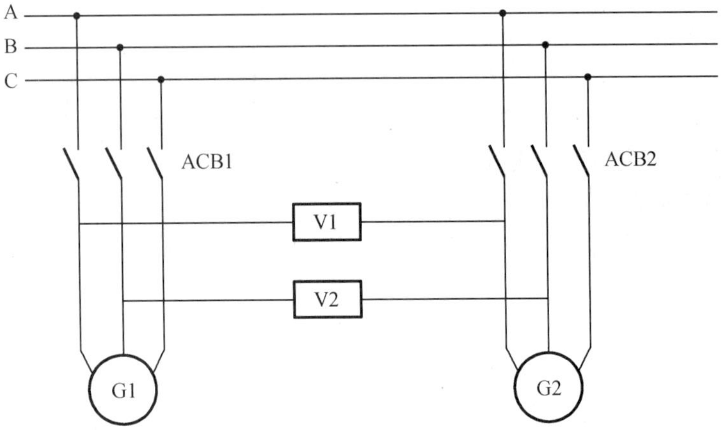

图6－9　同步电压检测连接线路图

③自动并车成功后，解列并车的发电机，然后恢复发电机的空气断路器（主开关）至“连接”位置。再次进行带负载自动并车的试验。

船舶全自动电站的控制管理监视调试步骤为：

自动备好三台柴油发电机，启动任意一台发电机发电运行。然后两台发电机组任意选择第一备用与第二备用，当负载大于机组额定负载的90%以上时，第一备用机组立即启动，自动延时合闸并网运行。如果第一备用机组故障，第二备用机组自动启动并网运行。当负载又减小为单机额定负载的70%时，自动电站的控制管理监视系统又使其中一台发电机经延时后自动解列。

④调试发电机并联运行负载分配时，并车成功以后两台机组各带50%额定功率负载进行功率、电流整定。然后用水电阻与无功电抗器进行负载调整，其负载变化范围按照50%→75%→100%→75%→50%→20%→50% P_N进行。当负载在20%→100% P_N范围内变化时，两台发电机应稳定运行。在并联运行负载试验时每一负载运行10 min，同时分别记录每台发电机各负载工况下的功率、电压、频率、电流、功率因数等参数，并进行发电机组并联运行有功功率分配差度及无功功率分配差度的计算，且满足一般有功功率分配差度为发电机额定功率的±15%，无功功率分配差度为发电机额定无功功率的±10%的要求，并车调试结束。

有功功率分配差度的计算公式：

$$\triangle P=(P_z-P_y)/P_N\times 10\% \tag{6-6}$$

式中　P_z——功率分配差度最大工况下，并联运行发电机实际承担的有功功率；

P_y——同一工况下同一发电机并联运行中按额定值应承担的有功功率；

P_e——发电机的额定有功功率。

无功功率分配差度的计算公式：

$$\Delta Q = (Q_z - Q_y)/Q_e \times 100\% \tag{6-7}$$

式中 Q_z——功率分配差度最大工况下，并联运行发电机实际承担的无功功率；

Q_y——同一工况下同一发电机并联运行中按额定值应承担的无功功率；

Q_e——发电机的额定无功功率。

⑤负载转移的操作调试，对船上的三台发电机组，将待并发电机中两台已经在额定状态下并联运行的发电机并联，利用手动进行负载转移（对负载的增加和减少，用配电板的调速马达转换开关对发电机进行减速或者加速，从而改变发电机所承担负载的减小或增加），将原并联运行的两台机组的任意一台的负载转移到后并联的发电机上，当减载的发电机负载小于额定负载的15%时，这时可以分断此发电机的主开关，然后继续调整并联的两台机组的负载分配，使并联运行稳定。

9. 船舶电站的配电板联锁调试

试验前要对联锁的系统进行确认，主配电板和应急配电板的保护装置调试结束；应急发电机组、主发电机组调试交验完；发电机空间电加热器正常投入工作；岸电箱安装接线完成且相序正确，发电机组的系泊试验结束。

联锁分别为发电机与岸电之间的联锁、发电机空间电加热器与发电机主开关之间的联锁、应急发电机自动启停装置与主配电板汇流排失电的联锁。

（1）发电机与岸电之间的联锁

这是为了有效地防止发电机组和岸电同时向主配电板供电而出现不同电源间的电源短路和环流故障而设计的联锁。图6－10为岸电开关控制原理图。UVC为岸电开关欠压线圈，TB－S为发电机试验用连接接线端子，52－1，52－2，52－3为三台发电机主开关辅助触点，E41为发电机主开关联锁继电器。从图6－10中可以看出，只有三台发电机组均未合闸的情况下，欠压线圈有电，岸电开关才能合闸供电。在岸电开关合闸的情况下E41主开关联锁继电器得电动作，串接在三台发电机主闸回路中的常闭触点断开，三台发电机主开关不能合闸。反之当三台发电机任意一台合闸供电，岸电开关都会因欠压线失电不能合闸，从而实现主开关与岸电之间的控制联锁。而TB－S接线端子是为了方便发电机组试验时，主配电板由岸电供电给柴油机辅助系统，同时也是为了保证发电机组的负载试验，只要短接3，4号端子，拆除1，2号端子的连接，就可以保证发电机的试验。试验完成后恢复为如图6－10所示的连接方式即可。

（2）发电机空间电加热器与发电机主开关之间的联锁

这是为防止发电机内部潮湿而设计的发电机绕组电加热器。当主开关断开时自动投入对发电机绕组加热，发电机合闸供电之后自动切除联锁。图6－11为发电机空间加热器工作原理图。SH为发电机内部电加热器，SW4为加热器电源开关，52－1为发电机主开关辅助触点。OL为加热器工作指示灯。由原理图可以看出，当电源开关闭合送电后，加热器投入工作。主开关一旦合闸，由于主开关常闭辅助触点断开，加热器停止工作，反之又投入，如此循环实现联锁功能。

（3）应急发电机自动启停装置与主配电板汇流排失电的联锁

图6－12为应急发电机联络开关自动控制原理图。从图中可以看出当应急配电板和应急发电机置于“自动”位置时，主配电板汇流排断电，联络开关BT－E由于失压而断开，应急

配电板与主配电板隔离。应急发电机自动启动运行,建压成功后应急配电板发电机开关延时合闸向应急配电板供电。当主配电板再次恢复供电,继电器 K1A 得电工作,其辅助触点给出应急发电机开关分闸信号。应急发电机停止供电。应急发电机联锁触点 F1X 闭合,经 J1F 时间继电器延时后,联络开关自动合闸恢复向应急配电板供电。经时间继电器 J1E 延时后应急发电机停车,电站联锁试验完成。此项试验可以将 SW5 开关转换到“试验”位置进行联锁功能试验,效果是一样的。成功后只要再做一次断电即可完成。

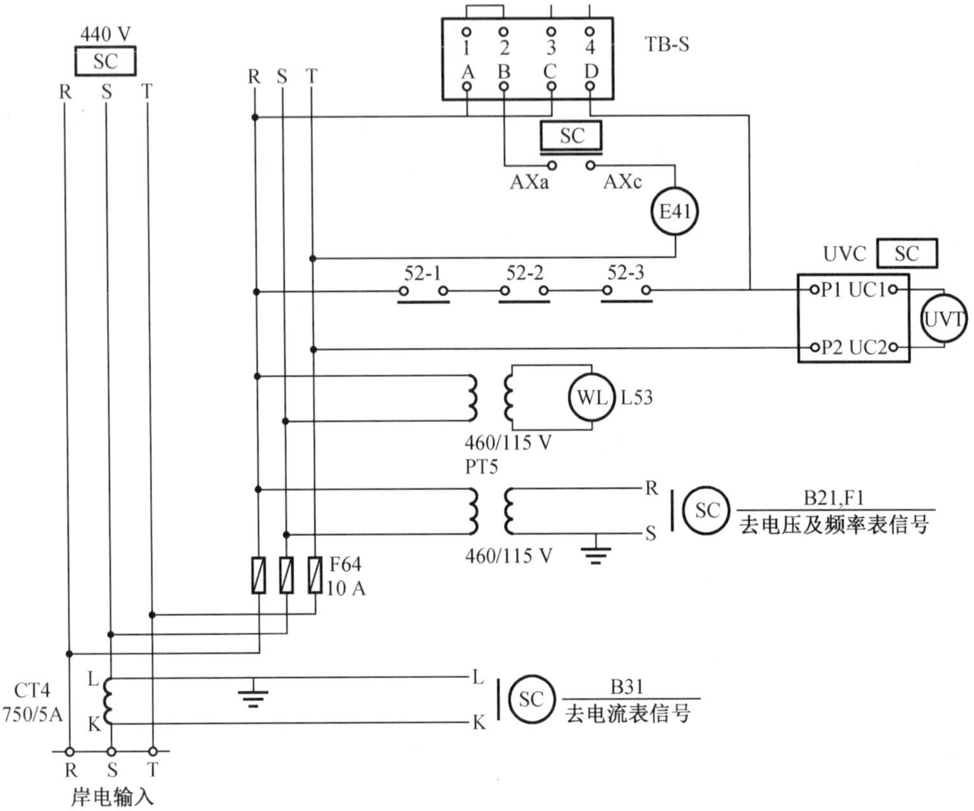

图 6-10 岸电开关控制原理图

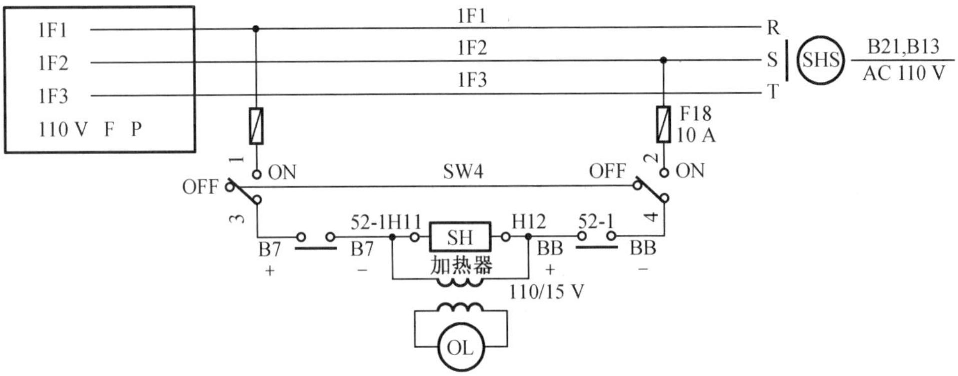

图 6-11 发电机空间加热器工作原理图

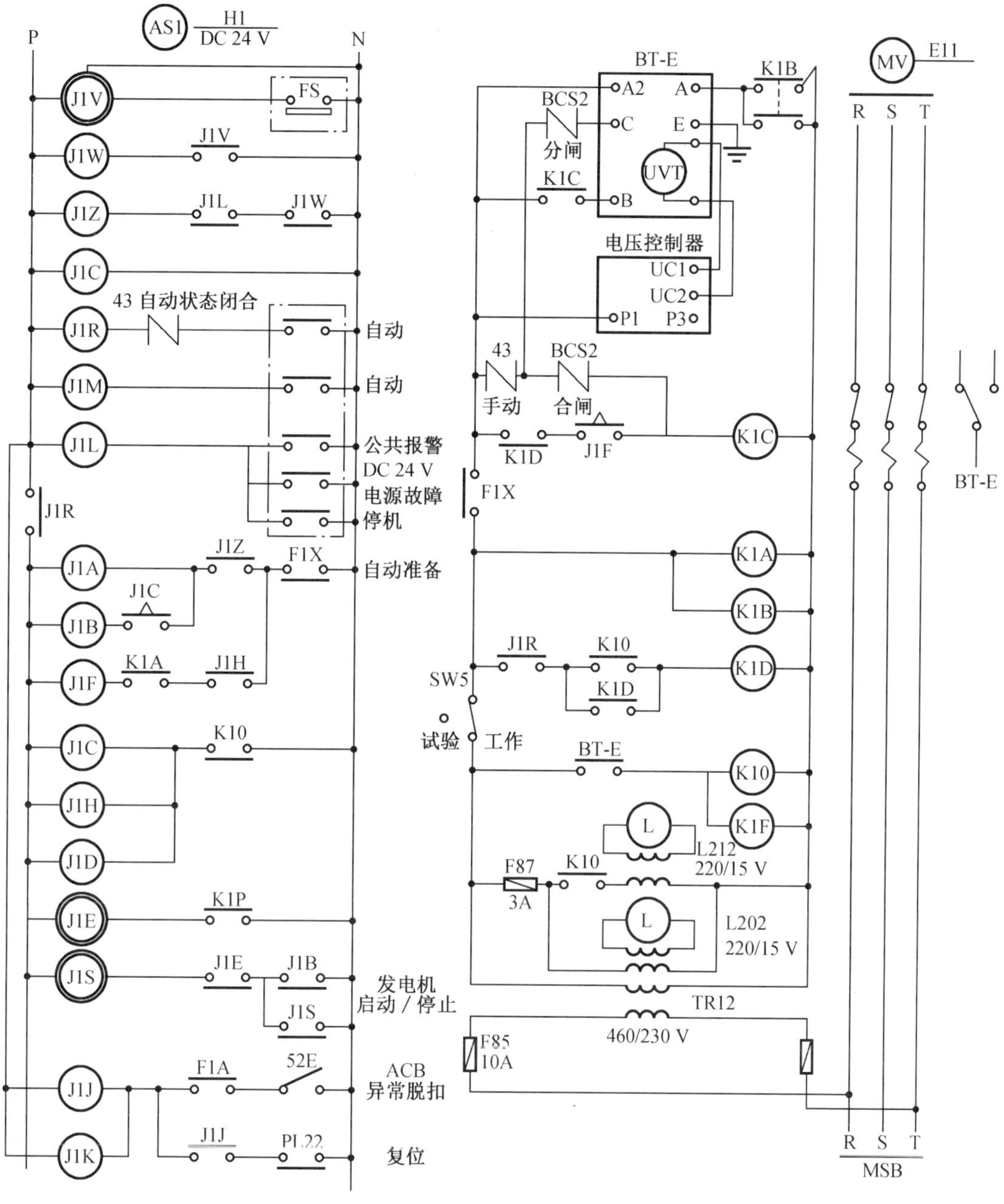

图 6 - 12　应急发电机联络开关自动控制原理图

七、有关记录内容

①对于新建造的或经大修后的船舶电站，必须按照《钢质海船入级规范》的要求进行检测、试验和调整。船舶电站在试验、调试前要做好准备工作，例如发电机及主配电板绝缘电阻测量的记录（表 6 - 3），以便调试顺利进行记录。

表 6-3　绝缘电阻测量记录

机组	测量项目	相位	冷态/MΩ	热态/MΩ
No. 1	发电机定子绕组	R		
		S		
		T		
	空间加热器			
No. 2	发电机定子绕组	R		
		S		
		T		
	空间加热器			
No. 3	发电机定子绕组	R		
		S		
		T		
	空间加热器			

②大型船舶一般都装有两至三台发电机并联运行，所以每台发电机组的参数都要相互适应，由于船用配电板都安装在集控室内，直接控制发电机的运转，所以一般在进行柴油发电机组系泊试验的同时，还要进行主发电机稳态调压特性试验和配电板试验，见表 6-4 和表 6-5。

表 6-4　主发电机稳态调压特性试验记录表

船名:________________　　　　检验日期:________________

柴油机型号:________________　　　　发电机型号:________________

发电机组	负荷/%	输出功率/kW	输出电压/V	输出电流/A	频率/Hz
No. 1	100	400			
	75	300			
	50	200			
	25	100			
	0	0			
	25	100			
	50	200			
	75	300			
	100	400			

表 6－4(续)

发电机组	负荷/%	输出功率/kW	输出电压/V	输出电流/A	频率/Hz
No. 2	100	400			
	75	300			
	50	200			
	25	100			
	0	0			
	25	100			
	50	200			
	75	300			
	100	400			
电压变化率：±2.5%					

结论：

试验员：______________ 检验员：______________

船东代表：______________ 验船师：______________

表 6－5 主配电板保护报警及连锁试验记录表

船名：______________ 检验日期：______________

柴油机型号：______________ 发电机型号：______________

<table>
<tr><td colspan="11">主配电板保护报警试验</td></tr>
<tr><td rowspan="3">试验项目</td><td rowspan="3">开关型号和脱扣器编号</td><td colspan="6">过载保护</td><td>欠压保护</td><td colspan="2">逆功率保护</td></tr>
<tr><td colspan="2">选择性卸载</td><td colspan="2">长延时</td><td colspan="2"></td><td rowspan="2">电压/V</td><td rowspan="2">逆功率/kW</td><td rowspan="2">时间/s</td></tr>
<tr><td>电流/A</td><td>延时时间/s</td><td>电流/A</td><td>延时时间/s</td><td></td><td></td></tr>
<tr><td></td><td></td><td></td><td></td><td></td><td></td><td></td><td></td><td></td><td></td><td></td></tr>
<tr><td></td><td></td><td></td><td></td><td></td><td></td><td></td><td></td><td></td><td></td><td></td></tr>
</table>

<table>
<tr><td colspan="4">主配电板联锁试验</td></tr>
<tr><td rowspan="2">名称</td><td colspan="2">结果</td><td rowspan="2">备注</td></tr>
<tr><td>1#</td><td>2#</td></tr>
<tr><td>发电机主空气断路器与空间加热器</td><td></td><td></td><td></td></tr>
<tr><td>发电机主空气断路器与岸电空气断路器</td><td></td><td></td><td></td></tr>
</table>

结论：

试验员：______________ 检验员：______________

船东代表：______________ 验船师：______________

第二节　船舶应急电站的试验与交验

通过对船舶主配电板与应急配电板间切换及应急发电机自动启动控制的介绍，使同学们能够结合船舶应急电站系统的实际情况，了解并掌握船舶应急发电机的调试与交验过程。

现代大型船舶上大都配有应急发电机组（emergency generator），一般位于防撞舱壁以后，舱壁甲板以上和机舱以外的艇甲板上专用的应急发电机间内，其功率应根据应急供电设备的总装置功率来确定。根据《钢质海船入级规范》要求，应急发电机由具有独立的冷却装置和燃料供给系统的柴油机驱动，原动机的自动启动系统及原动机的特性均能使应急发电机在安全、实际、可行的前提下，尽快地承载额定负荷（最长不超过45 s）。

应急发电机组通过应急配电板（emergency switch board）把电能分配给各应急负载。应急配电板由应急发电机控制屏、动力和照明负载屏、应急汇流排（emergency bus）组成。应急发电机间内还布置有应急照明变压器、应急发电机启动用蓄电池，应急发电机都有一套用于自动启/停、供电切换的控制装置，此装置有采用继电器控制电路的，也有采用微机或可编程逻辑控制器（PLC）控制装置的，近年来新建造的船舶大多采用微机或PLC控制装置，其主要是通过控制程序来实现各种控制功能，外部电路比较简单。

一、主配电板与应急配电板间关系

应急发电机是在主配电板（main switch board）失电的情况下使用的电源。正常情况下，应急发电机不运转，应急配电板由主配电板供电；主电网电失时，应急发电机启动，建立电压后向应急配电板供电；主配电板恢复正常供电后，应急配电板转换回由主配电板供电。

大多数船舶，主配电板向应急配电板供电具有单向性，即只能由主配电板向应急配电板供电，而不能由应急配电板向主配电板供电。个别船舶设有能迅速地转换至应急运行的转换装置，在符合船级社相关要求并经船级社认可的情况下，应急发电机可在船舶停泊港内期间向主电网供电。

1. 主电源与应急发电机的供电切换

主配电板与应急配电板间关系如图6－13所示。图中，G_1、G_2、G_3表示主电站的三台发电机，ACB_1、ACB_2、ACB_3分别是三台发电机的主开关。G_E是应急发电机，ACB_E是应急发电机的主开关，MSB和ESB分别表示主配电板和应急配电板。配电开关MCCB位于主配电板上，用于给应急配电板供电和提供短路保护。开关EACB（或$MCCB_E$）位于应急配电板上，带有失压脱扣器（under－voltage tripper），用于主配电板与应急配电板之间的联络，称为联络开关。应急发电机主开关一般为框架式自动空气断路器（automatic air breaker）。联络开关可以采用框架式自动空气断路器，也可采用塑壳式自动空气断路器（moulded case circuit breaker），实船上多为塑壳式，由于联络开关必须具有自动合闸的功能，因此若采用塑壳式，必须加装一套电动合闸操作机构。

开关MCCB平时一直处于闭合状态，在主发电机正常供电时，联络开关（interconnection switch）闭合，应急配电板由主配电板供电；当主电网失电时，联络开关EACB因失压脱扣器线圈断电而脱扣跳闸，应急发电机自动启动，其主开关ACB_E自动闭合对应急配电板供电。此时，由于联络开关已经断开，应急发电机的电能供不到主配电板。当主电网恢复供电后，控制系统检测到主电网有电,应急发电机主开关先跳闸,接着联络开关合闸,应急配电板恢复到由主配电板供电状态。应急发电机的联络开关和主开关互为联锁,不能同时合闸,该互锁(inter - lock)一般是通过将各自开关的一副常闭辅触点串入对方失压脱扣器线圈回路里,或将各自开关的一副常开辅触点并联在对方失压脱扣器线圈两端来实现的。

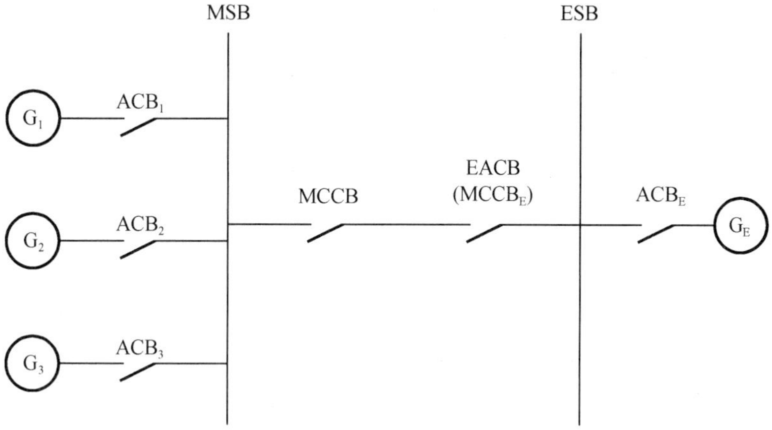

图 6 - 13 主配电板与应急配电板间关系(单线图)

为确保应急发电机处于良好的状态,一般每周应对其原动机进行一次启动试验:先把应急发电机控制状态转到手动位,手动启动发电机组并空载运行,即主开关不合闸。试验完毕停止发电机组,控制状态转回自动位。为了试验整个应急供电系统的自动功能,还应定期进行应急发电机自动启动和自动合闸的效应试验。试验时无须船舶电网断电,而是将应急配电板上自动试验开关从 0 位(或从正常位)打到试验位,则联络开关的失压脱扣器线圈断电而跳闸,应急配电板即失电,接着处在备用状态的应急发电机组自动启动。启动成功,电压建立后应急发电机主开关立即合闸向应急电网供电。此时船舶处在主电站、应急电站同时供电状态,只不过现在这两个电网没有电的直接联系。当要结束试验时,只需将试验开关扳回 0 位(或正常位),解除试验状态,同样控制系统检测到主电网有电时,应急发电机主开关先跳闸,接着联络开关合闸,应急配电板恢复由主配电板供电。

二、应急发电机组的自动启动控制

用于应急电站的柴油发电机组(diesel generating set)大多数时间是处于不运行状态的,一般只有在主电站断电时才投入使用。其对机组自动启/停控制要求较简单,通常只要求尽快启动达到额定转速、建立电压,投入使用。

柴油发电机组启动能源有压缩空气或蓄电池,用于应急电站的一般都是采用蓄电池;也有采用压缩空气的,若采用压缩空气启动,则需要备一台小型手摇启动的柴油机拖动空气压缩机。现在,具有自动启/停控制装置的应急柴油发电机组,都是把调速器置于额定转速位置启动。柴油机启动即升至额定转速,发电机建立电压后即投入供电运行。对于启动的控制一般设置为可进行三次启动,并具有故障报警功能。启动工作操作流程如图 6 - 14 所示。

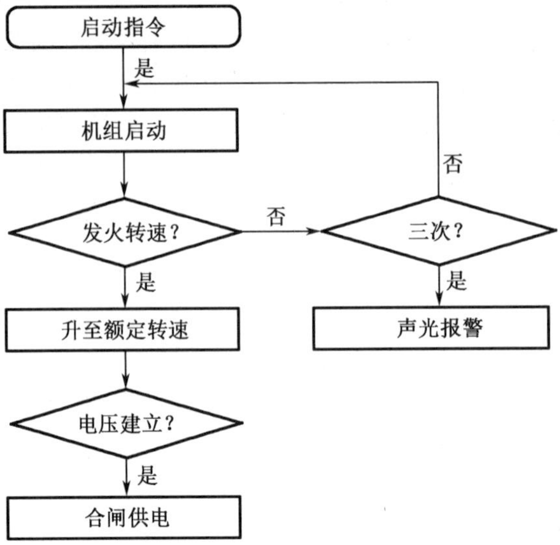

图6-14　启动工作操作流程

早期的自动控制装置只有自动启动功能,停机由人工操作,自动控制电路设置在应急配电板内。现在是独立的自动启/停控制装置,既能自动启动,也能自动停止,控制装置设置在柴油机的机旁控制箱内。

第三节　主电源与应急发电机的供电切换案例分析

在船舶电站实训室及船厂进行实地参观,了解船舶系泊试验和航海试验过程,并根据所在船厂提供的船舶电站实训机会,熟悉船舶主配电板与应急配电板间切换及应急发电机自动启/停控制,并能够结合船舶应急电站系统的实际情况,完成船舶应急发电机的调试与交验。

图6-15是一实船使用的主电源与应急发电机的供电切换控制电路。图中,Q1为应急配电板上的联络开关,Q2为应急发电机主开关。Q1和Q2均采用了塑壳式开关,带有失压脱扣器,并安装了电动合闸装置(图中虚线框1和2),可实现自动合、分操作。

无论分闸或合闸操作,电动机都是朝同一方向转动的。c为合闸限位开关,在分闸位置闭合电动机转到合闸位置断开;d为分闸限位开关,在合闸位置闭合,电动机转到分闸位置断开。触点16-18在开关脱扣位置闭合,用于控制开关脱扣跳闸后的自动“再扣”(reset)。开关总是在合闸位置脱扣,因此脱扣时,限位开关c和d还保持合闸时的位置状态。这样,当开关脱扣后接着就可以进行自动“再扣”。自动“再扣”实际上是使电动机转动再进行一次分闸操作。

根据实际使用要求,供电转换需要有三种工作状态:手动、自动和试验。控制系统设置有两个选择开关:手动/自动(manual/auto)选择开关和正常/试验(manual/test)选择开关。

手动状态:机组的启动、停机和供电转换都只能由人工来完成。

自动状态:机组处于备用状态,主电源失电,机组立即自动启动,给应急配电板供电。

试验状态:在主电源供电的状态下,对应急发电机进行自动启动、供电的效应试验。

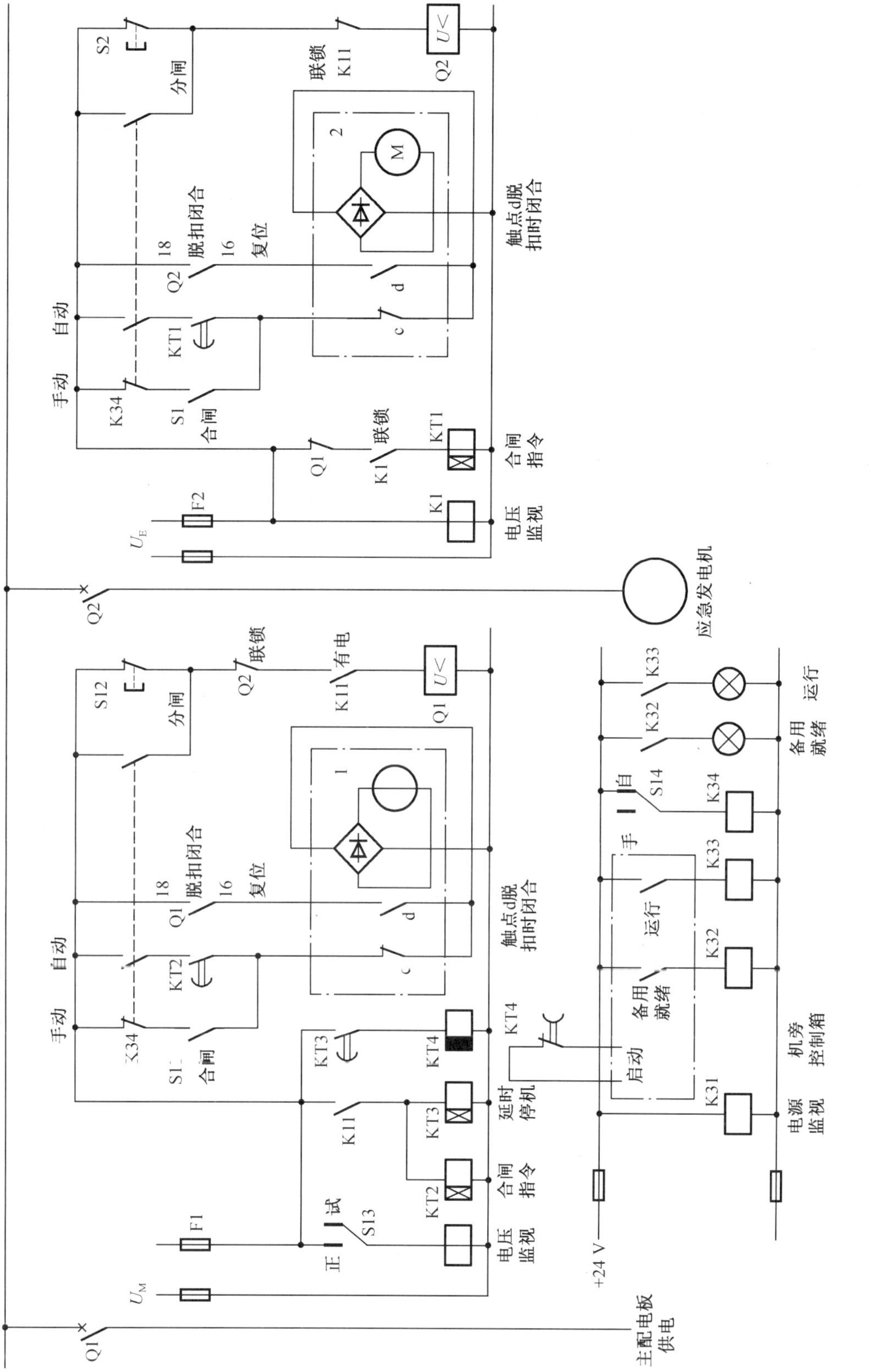

图 6－15　主电源与应急发电机的供电切换控制电路

柴油机的自动启动和停止控制由机旁控制箱内的自动控制装置执行。在主配电板正常供电的情况下,把机旁控制箱上的控制开关置于“自动”位,继电器 K32 通电,应急配电板上的“备用就绪”灯亮,表示应急发电机已处于可用状态。应急发电机运行时,继电器 K33 通电,应急配电板上的“运行”灯亮。柴油机的启动与停止由时间继电器 KT4 控制,当 KT4 断电,其常闭触头闭合时,柴油机启动;当 KT4 通电,其常闭触头延时断开时,柴油机停止。

1. 手动/自动选择

手动/自动选择由开关 S14 设定。S14 置手动位,K34 不动作,其常开触点(normally open contact)断开,常闭触点(normally contact)闭合,分别接入联络开关 Q1 和应急发电机主开关 Q2 的合、分闸控制回路。S11、S12 分别是 Q1 的手动合、分闸按钮;S1、S2 分别是 Q2 的手动合、分闸按钮。这样,在手动位 Q1 和 Q2 能手动合、分闸操作。S14 置自动位,K34 通电动作,其常开触点闭合,常闭触点断开,接通 Q1 和 Q2 的自动合闸控制回路,并且切除了手动合、分闸功能。

2. 供电切换

平时 S14 置自动位,试验开关 S13 正常位。U_M是主配电板电压,正常情况下,主配电板有电,监视主电网的继电器 K11 动作,其常开触头闭合,一方面使 Q1 的失压脱扣器线圈(under voltage tripper coil)通电,允许合闸,另一方面使时间继电器 KT2、KT3、KT14 均通电。KT2 通电,其触头延时闭合发出 Q1 合网指令,使 Q1 合闸,由主配电板给应急配电板供电。KT4 通电,使机组处于停机状态。

当主电网失电时,K11 断电释放,使 Q1 的失压脱扣器线圈断电而脱扣跳闸(trip),Q2 的失压脱扣器线圈回路接通,为通电做准备;KT3 断电,其常开触头延时断开,使 KT4 断电,其常闭触点延时闭合,发出应急发电机启动指令。U_E是应急发电机电压,应急发电机启动成功,电压建立,Q2 的失压脱扣器通电吸合,允许合闸;U_E建立同时,监视应急发电机电压的 K11 继电器通电动作,使时间继电器 KT1 通电,经延时其常开触头闭合,使 Q2 合闸,由应急发电机给应急电网供电。当主电网恢复供电时,K11 通电动作,其常闭触头断开,使应急发电机主开关 Q2 的失压脱扣器线圈断电而脱扣跳闸;同时,其常开触头闭合,一方面使联络开关 Q1 的失压脱扣器线圈通电,允许合闸;另一方面使时间继电器 KT2、KT3 通电开始延时。KT2 延时时间到,其常开触头闭合发出 Q1 合闸指令,Q1 闭合,应急配电板又恢复到由主配电板供电状态。KT3 延时时间到,其常开触头闭合,时间继电器(time relay)KT4 通电,其常闭触头断开,实现延时停机。

联络开关 Q1 与应急发电机主开关 Q2 之间通过失压脱扣器进行电气联锁,防止两者同时给主电网应急配电板供电时,联络开关 Q1 闭合,同时 K11 通电,其与 Q2 的失压脱扣器线圈串联的靠闭触头断开,Q2 的失压脱扣器线圈不能通电,防止 Q2 误合闸。当应急发电机给应急配电板供电时,Q2 闭合,其一副常闭辅触点串联入 Q1 的失压脱扣器线圈回路中,使 Q1 的失压脱扣线圈不能通电,Q1 不能合闸。

3. 试验应急发电机

当机组控制方式在“自动”位时,把试验开关 S1 转到“试验”位,则监视主电网的继电器 K11 断电,相当于控制系统监测到主电网失电,则 Q1 失压脱扣跳闸,应急配电板失电,同时应急发电机启动给应急配电板供电。试验结束后,把试验开关 S1 转到“正常”位,因 U_M 正常,K11 通电,即控制系统监测到主电网有电,则 Q2 脱扣跳闸,然后 Q1 合闸,应急配电板又恢复由主电网供电,应急发电机延时停机。

思考与练习

1. 船舶电站的总体技术要求有哪些?
2. 船舶电站试验内容是什么?
3. 在调试配电板时会发现电流表或功率表指示不正常,遇到这种问题要如何检查?
4. 冷却水高温停车装置采用什么模拟方法试验?
5. 发电机及主配电板绝缘电阻要测量哪些? 合格标准是多少?
6. 绘制水电阻工装控制原理接线图并说明原理。
7. 无功饱和电抗器是什么作用? 如何与水电阻配合使用?
8. 主配电板报警功能有哪些? 如何调试?
9. 主配电板与应急配电板间如何协调?
10. 介绍柴油发电机并联运行的试验过程。

第七章　船舶电站综合自动化系统

【知识目标】

1. 船舶电站自动化主要内容；
2. 船舶电站自动化的系统构成；
3. 船舶电站自动化系统各重要环节的基本工作原理或工作过程；
4. 船舶电站自动化系统主要器件的组成及功能要求；
5. 熟悉计算机技术在自动控制系统中的运用。

【能力目标】

1. 能识别船舶电站自动化系统的主要器件；
2. 了解有关规范对船舶电站自动化系统的要求；
3. 熟悉通过主控界面对电站设备进行实际控制的操作。

第一节　概　　述

前面几章介绍了发电机并车、自动调压及无功分配、自动调频调载及继电器保护等方面的内容，都属电站自动化范畴。随着船舶自动化程度的不断提高，电站自动化由局部的、就地的控制必然发展到综合的、集中的自动电站。

电站自动化从属于轮机自动化，轮机自动化通常也叫机舱自动化。我国《钢质海船入级规范》对船舶的轮机自动化分为四个级别：

BRC 标志级：它是指推进装置由驾驶室控制站遥控（通常叫主机遥控），机器处所（机舱）有人值班。

MCC 标志级：它是指机舱集控站（室）有人值班，对机电设备进行监控。

AUT－1 标志级：它是指推进装置由驾驶室控制站遥控，机舱集控站（室）至少有一人值班，对机电设备进行监控。

AUT－0 标志级：它是指推进装置由驾驶室控制站遥控，机器处所包括机舱集控站（室）周期内无人值班，周期通常有 16 h、24 h、36 h、48 h 等几种。AUT－0 标志级是机舱自动化最高级别，通常也叫无人机舱。其要求电站保证在无人值班的周期内连续正常运行，即：

①若由一台发电机组运行供电，在该机组发生故障时，备用发电机组应能在 45 s 内自动启动合闸，向重要负载供电。

②若由两台以上的发电机组并联供电，在其中一台机组出故障时，应有措施保证对重要负载的连续供电。

③因短路故障停电后，备用机组的自动合闸只允许进行一次，合闸失败后应报警。

④当运行发电机组超负荷时，应能自动卸除非重要负载，保证对重要负载供电；或自动启动备用的发电机组并网供电。

⑤自动电站应显示电压、频率及应急蓄电池组向临时应急照明供电的指示。

⑥自动电站应实现电压过高或过低报警、频率过低报警、自动卸载动作时报警、自动合闸失败报警、主开关脱扣报警、对地绝缘电阻低报警、应急蓄电池组向临时应急照明供电时报警等。

二、电站自动化系统的基本构成

电站自动化系统一般由电站自动控制系统、自动监测报警系统和安全系统三个互相独立又互相关联的系统组成。

(1)自动控制系统

能够完成电站功率的自动管理以及电压、频率的恒定和柴油发电机组的自启动、并车、解列等各项控制功能。当系统发生一般故障时,控制系统可自动地使处于备用状态的发电机组立即启动,自动准同步投入电网运行;并网成功后,发生故障的机组将负荷降低至不大于额定功率的10%时,自动脱离电网。

(2)自动监测报警系统

自动监测报警系统的任务:首先,是自动实时监测电站各设备运行参数和运行状态,这些设备包括机组原动机、发电机、配电系统的机械参数、电气参数和运行状态,监测量可以是模拟量,也可以是开关量。其次,自动监测报警系统将监测量的监测结果实时与事先设定的限定值进行比较,当被测量越限时,将会发出相应的声光报警信号,并设有相应的报警应答装置。最后,监测报警系统的另一个任务是对监测结果打印、记录,并对被测参数的越限情况进行登记。

(3)安全系统

对自动化电站应设置安全系统,任务是当电站控制系统和监测系统在运行过程中发生危及电站系统内各主要设备安全的严重故障时,安全停机。

三、船舶电站自动化的技术特征

①自动化装置采用计算机技术,包括可编程序控制器(PLC),使控制部分的体积质量大大减小,工作可靠性大大提高,控制方式也由硬件控制变为以软件控制为主,使功能的组合、扩展或修改变得容易。维护方便,模块通用性好。

②计算机控制由大型机集中控制方式发展到多微机分散控制方式,使工作可靠性大大提高;进而出现由多级计算机构成的分布式控制系统,以及应用光纤通信和网络技术。

③信号处理由模拟量信号处理发展到尽可能多的数字量信号处理和通信。

④由就地人工分散控制发展到集中控制,特别是由驾驶室控制站对机舱的遥控,实现了无人值班机舱。

⑤机电一体化。自动电站属于自动机舱的一部分。就机舱自动化的内容来说,除了自动电站外,还有机舱参数的集中监测报警、主机遥控(由驾驶室遥控),辅助设备如辅锅炉、分油机、泵、空压机、油水分离机和焚烧炉等的控制,一些重要工况参数如温度、压力、液位、流量、黏度和转速等的自动调节,火灾自动报警等。自动机舱又属于自动船舶的一部分。全船自动化除了自动机舱以外,还有装卸和船舶状态的自动控制、航行自动化(包括自动驾驶系统、自动定位和导航系统及自动通信系统)、舾装自动化(包括绞缆、防火和救生等)、船舶管理系统和专家系统。

⑥从提高运行的经济性和可靠性出发,目前更注重保障供电的连续性和使用电能的经济性。

第二节　系统的基本功能和重要环节的工作原理

船舶电站自动化的提高带来了众多的好处:能够提高电站供电的连续性和极高的可靠性,增强船舶的生命力,提高电站供电的品质;改善船员的工作条件,减轻值班强度。

一、系统基本功能

①对有关的电气参数和动作信号自动监测、报警、记录、显示,并有逻辑判断功能去控制发电机组。

②发电机组自动启动。多台发电机组应装有启动控制程序,在某机组启动失灵或不能合闸时,应能自动地将启动指令转移给另一台机组。船舶电站的备用发电机组应能随时(不超过 45 s)自动启动,并自动投入电网供电(有两台机并联工作时,应能自动同步投入)。

③在汇流排不带电的状态下,对发电机组自动接入电网,要限制在该状态下有两台机组或更多的机组同时接入及短路后多次接入的尝试。

④发电机组自动准同步并车。若电网上有机组供电,则机组自启动成功后,即由自动准同步装置与自动调频调载装置配合工作,将新启动机组自动投入电网并联运行。

⑤自动恒压及无功功率自动分配。无论单机还是并联运行,自动调整励磁装置能保持电网电压维持恒定,误差不大于 $\pm 2.5\% U_N$。同时能调整并联运行发电机组的无功分配,使之合理分担。

⑥自动恒频及有功功率自动分配。当两台机组并联运行时,自动调频调载装置与原动机调速器配合工作,使电网维持恒定频率,偏差不大于 ±0.25 Hz,并使各机组承担的有功功率按机组容量成比例分配。

⑦自动分级卸载。自动分级卸载是指电站超负荷时,自动卸除一些非重要负载,可以实现多次卸载,以适应不同程度的过载条件,保证对重要负载的连续供电。

⑧负载自动分级启动。负载自动分级启动有两种含义:一是指电网从断电状态恢复供电时,为限制过大的启动冲击电流,使负载自动分级启动,重要负载先启动;二是指自动分级卸载后,被卸去的负载在保证不引起发电机组重新过载的前提下再次投入运行。

⑨电气及机械故障时自动保护。

⑩发电机组自动解列。发电机组并联运行且处于轻载状态下,按确定顺序使运行发电机组逐台退出电网,直到其余运行发电机组脱离轻载状态为止。解列时应将其负载自动转移至运行发电机组后,才自动停止解列机组。

⑪发电机组自动停机。停机是指发电机组原动机的停机,分正常停机控制和紧急停机控制。

⑫主电站与应急电站供电的自动转换。

⑬自动无功补偿。自动无功补偿是指通过控制投/切电容器组,使负载的功率因数保持在较高的状态。

⑭重载询问。重载询问是指在启动大容量用电设备(一般指大于发电机单机额定功率 15% 的负载)之前,自动检查电站中正在运行的发电机组是否能满足它的用电及启动要求。

若能，则允许它立即启动，否则，应先启动一台备用发电机，使之并网，然后再允许它启动。

⑮具备模拟试验的功能，可以模拟方式检测自动电站的各项功能。如图 7－1 所示为系统原理框图。

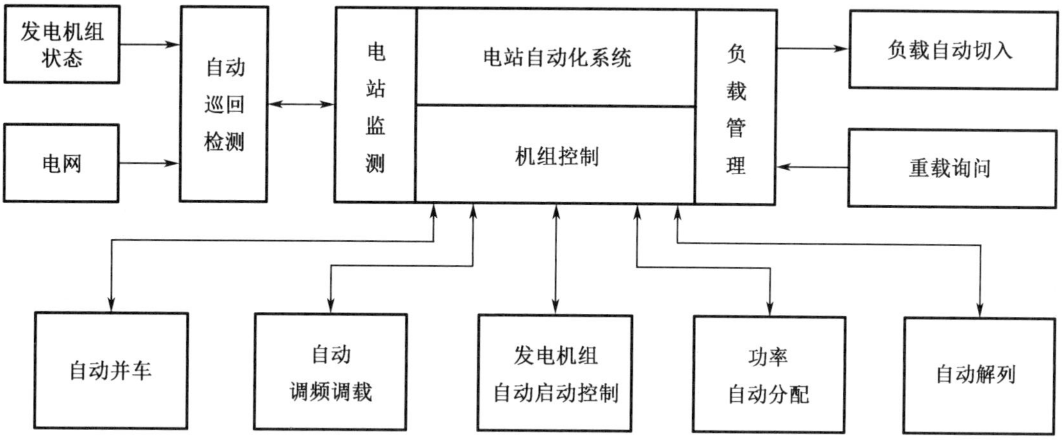

图 7－1　系统原理框图

二、系统重要环节的工作原理

1. 自动启动和停车

系统支持自动启动功能，当主电网失电、电站的储备功率不足而需要增加机组时、电站出现故障机组需要进行故障换机时，系统会自动形成增机指令（只要系统有增加机组的要求，增机指令就会一直保持，这样会使启动成功的机组在增机要求下进行并网操作）。

当电站有增机要求时（电网有电），则根据电站的情况进行启动备用机组，在规定时间内发出三次启动信号，启动成功后，进行并车入网的操作。

当电站失电时，系统延时 6 s 之后，发出增机要求，同时启动电站两套机组，最先启动成功的机组，直接合闸，另外一套机组，若启动正常，由停机程序正常停机。

机组的停机有两种方式，第一种是直接方式，即机组解列后，自行停机，当并联运行的两台机组负荷均低于 20% 额定负荷时，对其中一台机组进行解列工作，首先把解列机组负荷转移至低于 10% 额定负荷，然后正常停机。第二种方式用于故障换机、故障解列和比较严重的机械方面的故障，为了保护机器不至于损坏，应予以“紧急停机”。

2. 发电机并联运行

现代船舶电站大多使用交流电站，随着船舶吨位、电气化、自动化程度的提高，电站的容量日益增加。为了满足船舶供电的可靠性和经济性，一般的船舶自动电站均装设有两台以上的同步发电机组做主电源，并且这两台以上的发电机可以同时通过公用母线向全船负荷供电，这就是通常所说的并联运行。

电站在许多工况下需要投入机组，增加电站的容量，这个新投入的机组就要通过并车装置并到汇流排上，与在网机并联工作。一般说来，同步发电机的并联操作分为两类：准确同期法和自同期法。前者是目前船舶上普遍采用的一种并车方法，要求待并发电机组和运行发电机组两者的电压、频率、相位都调整到十分接近的时候，才允许待并发电机组合上主开关，并到电网上。通过准确同期法并车引起的冲击电流、冲击转矩和母线电压的下降都很小,对电力系统不会产生什么不良影响。另外,考虑到主开关的故有动作时间,主开关在合闸时有一定的延时,所以在送出合闸脉冲时应该提前一些时间,好让主开关合上闸时刚好满足并车的三个基本条件,目前有两种方法可以完成这一任务,恒定越前时间并车和恒定越前相角并车。在并车装置中,恒定越前时间并车的方法使用得比较多,但采用恒定越前相角的并车方法相对较少,这是因为它决定于并车时的角频差,而且,如果合闸时间很长,角频差与某一个计算值的差别将会在发电机投入并联运行时引起不可允许的平衡电流和平衡功率,因此,采用恒定越前相角的并车方法在理论上是不能保证完全准确地实现准同步并车的条件的。

船舶同步发电机并联运行时,待并发电机组与运行发电机组之间必须满足如下四个条件:

①待并发电机的电压与运行发电机的电压相等。

②待并发电机的频率与运行发电机的频率相等。

③待并发电机电压的相位与运行发电机电压的相位一致。

④待并发电机电压的相序与运行发电机的相序相同。

由于船舶发电机在安装时已经对发电机的相序及电网的相序进行了测定,保证了相序一致的条件,通常船舶发电机并联运行时,并不检测相序条件。并联运行时就是要检测和调整待并发电机的参数,使之在基本满足上述电压相等、频率相等和相位一致的瞬间合上断路器(ACB),使发电机投入电网运行。若满足以上条件,则待并发电机的电压相量与运行发电机的电压相量完全重合,在此时并联运行,冲击电流最小,这是准确同步的理想情况。如果任一条件不满足,发电机必将产生冲击电流,企图使发电机拉入同步或使发电机端电压相等,可是过大的冲击电流将导致并联运行失败,供电中断,严重者甚至可能造成机组的损坏。因为冲击电流过大,即使不失步也可能在发电机绕组和发电机弹性联轴器上产生强大的电动力,引发发电机绕组变形和机轴损伤。同时,电网电压瞬时大幅度跌落,会影响负载的运行或使保护装置动作。实际上,由于船舶电站负载的频繁变化及并联运行操作人员的熟练程度不同,要做到完全满足上述条件,达到理想的同步是不可能的,因此只能要求电压差、频率差和相位差都在一定的允许范围之内即可合闸并联运行。

准确同期法的三个必要条件是在保证相序一致的前提下电压、频率、相位要一致。根据《规范》的要求"并车操作中电压差不得大于10%,频率差不得超过额定频率的1%,相位角之差应小于15°"。三个条件中若有一条不满足,将会禁止系统并车。另外为了使刚并网的发电机不至于因逆功造成系统保护,还应使待并发电机的频率稍高于在网机的频率,等并网之后,并联的机组自然会拉入同步的。

本套系统由于采用PLC作为中央控制器,故有一定的局限性,因此在控制程序中,采用了一种全新的控制方法,即PLC系统实时采集差频三角波电压,以PLC的平均扫描周期作为差频电压采样周期的计时单位,根据相似三角形原理,对合闸超前时间进行计算,快速、准确的捕捉合闸时机,实现发电机的并网操作。

3. 电压及无功功率的自动调整

各种电气设备,必须保持在额定电压下运行,因此保持一定的电压水平,是供电质量的重要指标之一。但是,实际上电压总是经常变动的,船舶同步发电机端电压的变动尤为严重,故研究船舶同步发电机电压自动调整,是交流船舶电站的重要部分,目前主要采用同步发电机自带的自动电压调整器(调压器)来实现电压的恒定。由同步发电机的电枢反应原理可知，同步发电机电压的变化，主要是由无功负荷的变化而引起的，因此在发电机单机运行时，可调整发电机励磁以调整电压。而当两台机组并联运行时，同步发电机间无功功率分配保持恒定关系，是同步发电机稳定并联运行的必要条件之一。因此，《规范》在基于PLC的船舶电站综合监控系统的设计中规定："并联运行的交流发电机组均应能稳定运行。当负载在总额定负载的20% ~100%变化时，其负载分配应符合下列要求，即各机组所承担的无功负载与总无功负载按机组定额比例分配值之差，应不超过下列数值中的较小者：①最大机组额定无功功率的 ±10%；②最小机组额定功率的 ±25%。"

并联运行发电机间无功功率分配的关系，主要由调压器的电压调整特性曲线所决定。也就是说，同步发电机间无功功率的自动分配，实际是通过自动电压调整器自动调整励磁电流，以调整发电机电压的办法来实现的。因此，自动电压调整器不仅担负着自动调整电压的任务，同时还担负着自动调整分配无功功率的任务。

4. 频率及有功功率的自动调整

频率是衡量电能质量的主要指标之一。船舶电力系统的频率波动，会对电力系统运行的可靠性和经济性带来严重的影响。它不仅影响无线电通信、航海仪器等电子设备的正常工作，而且更严重的是使电动机运行恶化。当频率降低时，在电动机端电压不变的情况下，由公式 $E=4.44\omega f\varphi$ 可知，磁通和产生磁通的磁化电流将增加。由于磁化曲线的饱和特性，磁化电流的增加要比磁通增加得多。由此可见，频率低将会引起铁芯和绕组发热。另一方面，由于异步电动机的转速是与频率成正比的，所以，当频率降低时，又会使转速下降，轴上输出功率和效率都降低。当系统的频率增加时，在端电压不变的情况下，磁通必然减少。由于电动机的启动转矩与磁通成正比，所以使电动机启动转矩减小。另外，频率增加，电动机转速升高，对于转矩不变的机械负载，其输出功率必然增加，使电动机过载，对于离心式的泵与通风机，其输出功率与转速的三次方成正比，这将造成电动机严重过载，引起电动机过热，当然，启动器和接触器等电器也会受到不利影响。频率波动的另一个不良影响是使电力系统运行不经济，众所周知，原动机在额定转速（即发电机在额定频率）时，其运行最经济，在偏离额定转速时，会使原动机效率降低和零件磨损加剧。如果电网上同时有几台发电机并联运行时，当各机组的频率波动时，将引起各机组有功负载分配不均匀，甚至使有的机组过载，有的机组转入电动机状态工作，即发生逆功率的情况，最终导致保护装置动作，使主开关跳闸。

由于交流电路中的功率包括有功功率和无功功率两个部分，发电机输出的有功功率是由原动机的机械功率转化来的，交流发电机要求原动机有几乎不变的转速，以保证频率的恒定。希望有功功率按比例分配是为了充分利用并联各台发电机组原动机的功率，增强并联运行的稳定性和经济性。改变并联运行同步发电机有功功率的分配，是通过改变各台发电机原动机油门的大小，以改变单位时间内进入气缸的燃油量来实现的。由于柴油机喷油量的大小，关系到柴油机在一定转速下的输出功率，也关系到在一定负荷下机组转速的高低，因而也就关系到电力系统频率的变化。所以，并联机组间有功功率的分配与电力系统的频率相关联。船舶主电站通常都是由几台容量不太大的同容量、同型号的同步发电机组成的。当采用多台机组并联供电时，几乎都是将系统的总负荷（包括有功功率和无功功率）平均地分配给参与并联运行的各台机组；当不同容量的发电机并联运行时，则是将系统的负荷依照各台发电机的容量按同一百分比来进行分配。这样有利于发挥并联运行各机组的容量。否则，当一台机组的功率接近额定值，另一台机组的功率甚小时，若系统的负荷再增加，两机的负荷功率都将增加，这就可能使一台机组过载，而另一台机组离满载还较远，显然这是不利的。

《规范》规定：并联运行的各交流发电机组应能稳定运行，且负载分配应符合下列要求：

①各机组所承担的有功负载与总负载按机组定额比例分配值之差应不超过下列值的最小者：

最大机组额定有功功率 ±15%；

各机组额定有功功率的 ±25%。

②各机组所承担的无功负载与总无功负载按机组定额比例分配之差应该不超过下列数值中的较小者：

①最大机组额定无功功率的 ±10%；

②最小机组额定无功功率的 ±25%。

③《规范》中对静态指标的规定为：带动发电机的柴油机所装调速器的调速特性应符合“当突然卸去额定负荷时，其瞬时调速率不大于额定转速的 10%，稳定调速率不大于额定转速的 5%；当在空负荷状态下，突然加上 50% 额定负荷，基于 PLC 的船舶电站综合监控系统的设计稳定后再加上余下的 50% 负荷时，其瞬时调速率不大于额定转速的 10%，稳定调速率不大于额定转速的 5%，稳定时间（即转速恢复到波动为 1% 范围的时间）应不超过 5 s”。

调频调载又叫自动负荷分配，它的基本功能是自动维持电网的频率为额定值；按参与并联运行各机组的容量以既定的比例或其他的既定方式控制负荷分配；当接收到“解列”指令时，能自动控制负荷转移，待其负荷接近 5% 额定功率后，使其主开关跳闸脱网。

在船舶上是利用调速器通过改变原动机油门的大小来进行调频调载的。调速器是反映实际转速与给定值之间的偏差，从而对转速实行调整的自动调节器。

发电机负荷的变化将导致频率的变化，由于调速器的作用，能自动地调节油门的大小，使发电机的转速（频率）稳定在一定的范围内（此过程称为一次调节），但由于有差特性，所以稳定后的频率并不是额定值。若希望维持额定频率，还必须适当地调节调速器的油门，这种人为的调节称为二次调节。图 7－2 为单机调速过程，绘出了单机运行时一次调节和二次调节的动态过程。

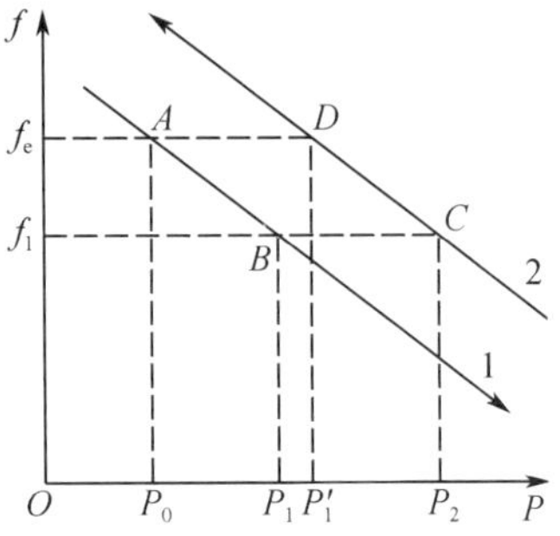

图 7－2　单机调速过程

假设发电机运行于特性曲线 1 中的 A 点，负载功率为 P_0，此时频率为额定值 f_e。若负载增加到 P_1，在调速器作用下，机组将沿特性曲线 1 中的 A 点变化到 B 点，这时，对应的频率将为 f_1（$f_1 < f_e$）。为了保持频率恒定，通过二次调节增加调速器弹簧的预紧力，加大油门，将特性曲线平移抬高到特性曲线 2；当机组频率还没有来得及改变时，其频率仍为 f_1，但此时已运行于特性曲线 2 上的 C 点，对应的机组输出功率为 P_2（$P_2 > P_1$），剩余的功率使机组沿曲线 2 加速，即频率由 f_1 上升，剩余功率逐渐减少，最后将达到功率平衡点 D 对应于频率 f_e。

频率和有功功率自动调节的方法有四种，即有差调整法、虚有差调整法、主调发电机法和积差调整法。在虚有差调频调载方案中，调节的最终结果是实现恒频、均功，但在实际的系统中，都设置了不灵敏区——死区。这虽然会产生一定的静差，但却是完全必要的，而且《规范》中也允许有一定的偏差。死区的设置可以防止系统频繁动作而形成振荡，影响二次调节的稳定性。频率的死区浮动值为±0.25 Hz,功率的死区浮动值为额定功率的±5%。

5. 综合继电保护

船舶电站能够提供优质的电能是船舶安全航行的首要条件,故保护发电机组不损坏是在设计船舶自动电站中需要重点考虑的问题。电力系统在运行中,可能发生各种各样的故障和不正常运行状态,最常见同时也是最危险的故障是发生各种形式的短路、过载、欠压、过电压、逆功、欠频、绝缘低等故障。故障和不正常运行状态,都可能引起电力系统事故,小则停机,大则造成电气设备损坏和人身伤亡。在电力系统中,除应加强对设备的定期维护和检修,采取各项积极措施消除或减少发生故障的可能性外,万一故障发生,电站必须迅速而有选择性地切除故障元件,这是保证电力系统安全运行的最有效方法,同时也要考虑供电的连续性。为实现船舶电力系统能安全、可靠、优质地供电,必须装设相应的保护装置。与陆上电力系统中发电机保护不同的是,船舶发电机内部一般不设专门保护。这是因为船舶发电机电压大多在500 V以下,又有定期的绝缘检查和日常维护,其内部产生的故障如定子的相间、匝间短路,接地及转子的匝间短路和接地等故障出现的概率十分小。只是中压船舶发电机需装设保护其内部故障的纵联差动保护,一般发电机则不再考虑装设其内部故障的专门保护。关于运行发电机的过电压情况,对于不可控自励恒压发电机,几乎不会发生;对于带AVR(自动电压调节器)的发电机,在衔铁卡住、可控硅失控等情况下则有可能发生。过电压故障情况较少,所以目前船舶一般不设过电压保护,仅设过压监视报警环节。

作为现代化的自动船舶电站,它应该能够分析故障点,做出相应的判断,机组故障判别后,发出报警,使其阻塞。由于机组故障的发生原因复杂,并且互相关联也比较大,所以在设计保护计划时,一定要做到认真细致,全局考虑,并且在技术上满足选择性、速动性、灵敏性和可靠性的要求。

根据《规范》规定,对船舶低压同步发电机,只针对其不正常运行情况,主要设有如下继电保护:过载保护、外部短路的过电流保护、欠压保护、逆功率保护、发电机并联运行时的电流速断保护等。

6. 重载增机以及轻载解列

投入电网运行的发电机台数由负载功率决定,当负载较大时,系统自动启用备用机组以增加电站的总功率。如果并联运行时出现单机负荷超过整定值,系统会在决定启用备用机组之前,判断负荷的增加是否与某一台机组逆功有关,如果与逆功有关,就需要先采取逆功保护措施。轻载解列这一功能只存在于"自动模式"下。当电站所承受的负荷降低时,而此时电网上有两台或两台以上的发电机组在做并联运行,结果导致系统功率富余,使每台在网机组均处于低负荷运转状态。长时间的低负荷工作影响柴油机的经济性能。因此,应该避免机组在低负荷率下持续运行。在并联运行时,如果单机功率低于额定功率的20%且持续30 min后,系统根据运行时间的长短自动地解列掉其中的一台机组。解列前,进行负荷转移,待被解列机组的负荷小于等于10%额定功率时,发出脱扣指令,并使其正常停机。

第三节　系统的主要器件构成和功能要求

目前国外电站控制系统基本采用专用控制器来控制。国内的船舶电站自动化系统有的全部采用控制器来管理,或者使用专用控制器等控制单元进行二次开发,其稳定性虽然比国产的要高,但其价格昂贵,且维修十分不便,所以并不能在国内的普通船舶上推广。

国内自动化系统有的采用单片机微处理器自己搭建硬件和编写软件来控制,由于中央处理器(CPU)所提供的资源限制,所以它的控制功能相对较少,并且系统要求完成的功能也相对较多,这样就降低了系统工作的可靠性。有的电站各台机组分别采用一台单片机来控制,很大程度上完成了电站的自动化功能,但是仍属于分散控制,缺少上位机的集中管理。所以搭建一套功能完善、工作可靠、价格合理、规模适宜的分布式电站控制系统(DCS)具有很大的实际意义。而且随着 PLC、触摸屏等技术的日趋完善,这样的系统应采用图形化界面以增加电站控制、管理的直观效果;采用现场总线通信技术,允许系统与其他网络系统互通有无,协同工作。

正是在这样的背景下,在认真研究和参考了当今先进电站控制系统的基础上,考虑电站控制系统的特点及最新发展动态,本教材以西门子 S7 系列 PLC 和并能与保护装置(DEIF PPU)为电站控制器的系统为例,分析如何实现船舶电站管理系统的自动化,同时提高船舶运行的经济指标。

一、电站自动化系统的主要器件

1. 可编程控制器

随着计算机技术的飞速发展,可编程控制器(programmable logical controller,PLC)软硬件水平与规模也发生了质与量的变化,其控制技术也朝着智能化方向不断发展,同时推动了先进制造技术的相应发展,现代 PLC 已经成为真正的工业控制设备。

船舶电站控制的最大特点是动作复杂、频繁,且有较多的执行元件(如接触器)。在这种场合使用继电器控制逻辑需要大量的中间继电器,而这些中间继电器在用 PLC 控制的情况下,就可以对其内部的辅助继电器进行编程后来取代。

SIMATIC S7 - 300 是德国西门子公司生产的 PLC 系列产品之一。其模块化结构、易于实现分布式的配置以及性价比高、电磁兼容性强、抗震动冲击性能好,使其在广泛的工业控制领域中,成为一种既经济又切合实际的解决方案。通用控制器是专门用于制造行业,特别是船舶行业的创新性系统解决方案。这种模块化控制器可作为理想的集中和分散配置通用自动化系统。安全技术和运动控制也可与标准自动化一起被集成进该通用控制器中。

SIMATIC S7 - 300 在西门子的 PLC 产品类里属于大中型 PLC 系统,适合的控制对象一般都在 256 点以上,1024 点以下。S7 - 300 系列的编程语言有五种语句表(STL)、梯形图(LAD)、功能块图(FBD)、结构化控制语言(SCL)和图形语言(S7 graph)。其中 SCL 就是一种高级语言,高级语言可以更加方便地解决客户的专有问题,提高了程序执行效率,缩短了程序执行时间。

通信处理器用于把 SIMATIC S7 - 300 连接到不同的总线系统或通信网络上,以及进行点到点连接。根据应用情况和模块的不同协议,可以提供不同的总线系统,如 PROFIBUS DP 或工业以太网。

点到点连接：

通过处理器(CP)进行点到点连接是一种强大而低成本的中线系统替代方案。相对于总线系统，点到点链接的优点在只有较少(RS485)设备需要连接到 SIMATIC S7 - 300 上时非常明显。

CP 可以方便地把第三方系统连接到 SIMATIC S7 - 300 上。由于 CP 具有极高的灵活性，可以实现多种不同的物理传输介质、传输速率，甚至可以自定义传输协议。

对于每个 CP，西门子公司 CD 光盘提供了组态软件包和电子手册，以及用于实现 CPU 和 CP 之间通信的参数化屏幕形式和标准的功能块。

组态的数据会存储到 CPU 的系统块中并备份，因此更换模块时新模块可以立即投入使用。SIMATIC S7 - 300 的接口模块现有三种版本，每个都带有用于不同物理传输介质的接口。SIMATIC S7 - 300 PLC 实物如图 7 - 3 所示。

图 7 - 3 SIMATIC S7 - 300 PLC 实物

从物理介质方面来讲，继电器控制系统用具体的电气元件来组合，而 PLC 控制系统只需用 PLC 的内部寄存器，在 PLC 编程容量许可的范围内，可以不花费额外的费用来实现复杂的控制逻辑。一般的 PLC 都有上百个内部辅助继电器，甚至更多，且还有多种专用的内部继电器，足可以应付一般的控制要求，唯一需要做的工作就是对 PLC 进行编程。同时考虑到船舶电站的抗干扰能力，PLC 在这方面也有其极大的优越性。当然我们不能忽视了 PLC 的另一个优点，那就是其运行速度及可靠性和寿命远远高于继电器控制方式，从上述意义上来讲，PLC 最适合于需要大量中间继电器的场合，且 PLC 与其他工业控制系统比较具有许多优点：

①更改控制逻辑只需修改软件，无需对硬件做改动；

②程序可以复制，批量生产很容易；

③电气硬件设计大大简化；

④由于 PLC 除有继电器功能外，尚有多种其他功能，可以实现继电器无法实现的控制功能，实现某种程度上的智能化，并有可能使机构简化；

⑤可靠性高；

⑥具有扩展单元或扩展模块，当需要较多输入/输出(I/O)时可以方便地扩展。

通过对各种控制系统的分析比较，我们决定采用 PLC 作为下位机实现对船舶电站发电机的控制，完成船舶电站的控制任务。

2. 并联与保护装置(PPU)

基于微处理技术的发电机管理模块,PPU 是专门开发来控制船舶电力网络的电力分配。它同样利用各发电机的 PPU 模块的网络连接进行通信,完美无缺的进行自动电力分配。它以多种方式来监视保护、控制和调节发电机及电网,也可对柴油发电机和轴带发电机进行控制。PPU 实物图如图 7 -4 所示。

图 7 -4　PPU 实物图

其主要功能如下:

①标准控制功能;

②静态同步;

③动态同步;

④频率比较;

⑤电压检测;

⑥主开关延时时间补偿;

⑦相序检测;

⑧发电机固定负荷、基本负荷运行;

⑨单机固定频率运行;

⑩通过功率和频率控制进行发电机间的负荷分配;

⑪调速器继电器控制输出;

⑫继电器输出控制主开关分、合闸;

⑬可调发电机负荷上升、下降垂线;

⑭发电机保护功能、逆功、过流(2 级),如图 7 -5 PPU 与发电机的接线所示。

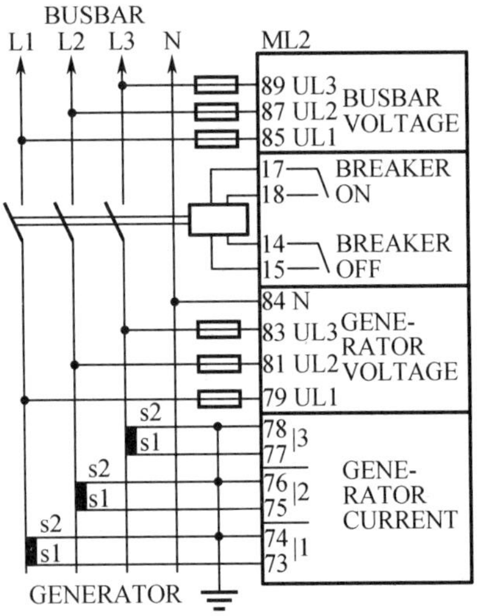

图 7 -5　PPU 与发电机的接线

与汇流排连接(3 相);

负荷分配线(GPC/PPU)(图中未画出);

如距离超过 5 m 请用屏蔽线,如图 7 -6 中 PC 接口电缆所示;

标准计算机 RS232 电缆可被选用(9 - 针插孔/插孔接头);

显示面板由九针插孔得到工作电源,此插孔可与控制器直接配合,故显示面板可直接安装在控制器上;

如果显示面板与控制器分离安装，可用两端分别为阴/阳插头的标准九芯计算机延伸线进行连接。

根据使用的显示窗口，显示内容有不同功能，系统提供了 VIEW 和 SETUP 窗口，如图 7－7 所示。图 7－8 所示为 PPU＋PLC 船舶电站的总体框图。

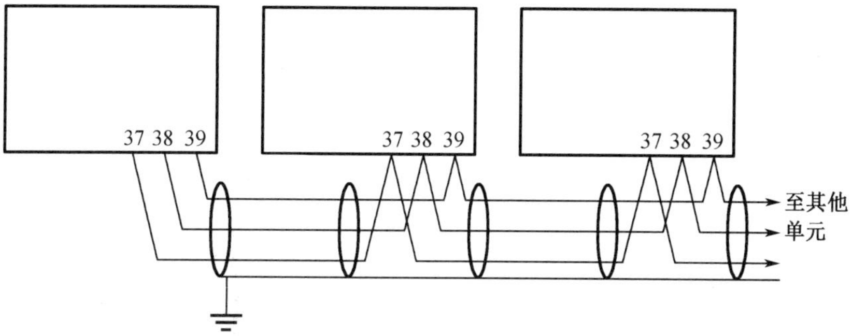

图 7－6　PC 接口电缆(可选项 J3)

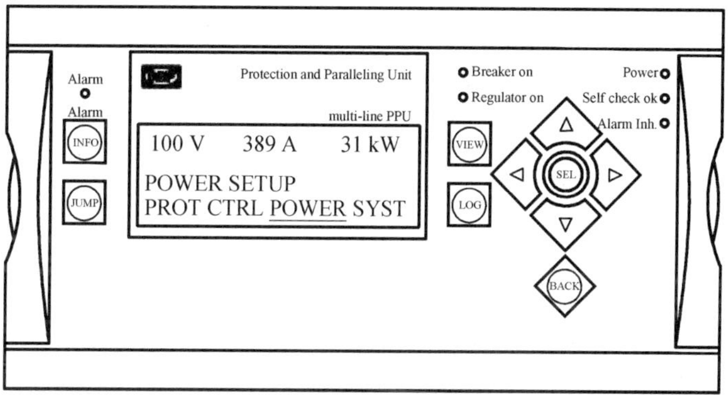

图 7－7　PPU 外形图

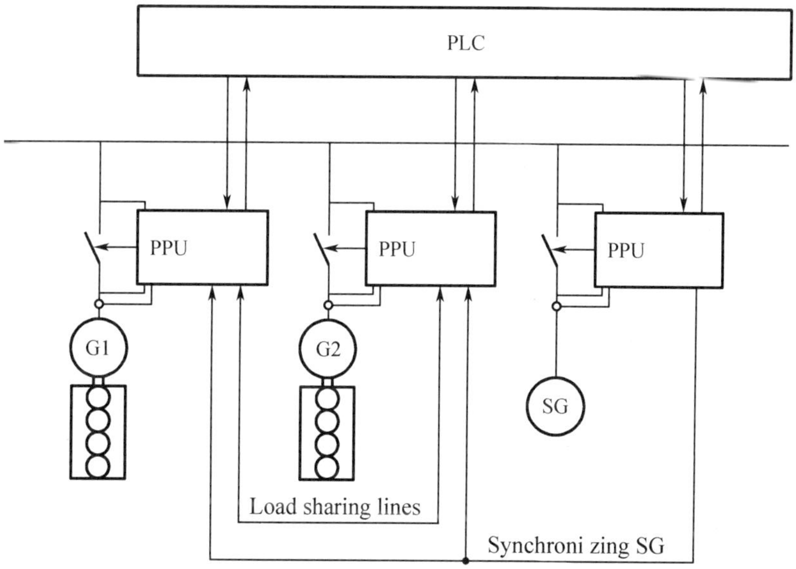

图 7－8　PPU＋PLC 船舶电站的总体框图

二、PPU电站自动化系统的主要功能

(1)系统构成

系统采用西门子 SIMATIC S7－300 系列 PLC 与 DEIF PPU 构成。

DEIF PPU 具有强大的发电机保护与控制功能,已获得多家船级社的认可,支持丰富的通信接口,所有功能参数均可通过通信第三方设备读出,也可方便与第三方设备集成。

(2)控制功能

装置设有自动、手动选择开关,并且机旁操作优于遥控。

用顺序选择功能,通过手动－自动选择开关将发电机的备用顺序输入工程生产管理系统(PMS)。

(3)机组自动启动

电站启用时,正确进入备用顺序的发电机按需启动。

①当电站负荷增大到某一数值时,或根据使用要求,按备用顺序启动机组。

②当电网失电时,并应满足从备用机组自动启动到其投网恢复供电的时间不超过 45 s。

③当运行的机组发生故障时,例如电压超出允许值、频率过低、热工参数超过允许值等启动备用机组。

④重载问询需要增机时启动备用机组。

机组在自动启动时,如果机组启动未成功,则本系统自动形成下一次的启动指令,三次启动失败后启动指令自动地转移到下一台机组。

(4)自动投网与运行

当电网失电时,启动成功的机组在频率和电压达到一定数值以后,立即自动投网运行,并维持电站的调频精度在下列规定范围内,可根据使用要求选择其中的一种。

①调频精度为 ±0.6%;

②调频精度为 ±1%。

(5)功率分配

当电网有电(不是岸电)且机组处于自动时,启动成功的机组在频率和电压要求时,待并发电机组自动并网,实现并联运行,并维持电站的调频精度和并联运行发电机组间的有功功率分配差度在下列规定范围内,用户可根据使用要求选择其中的一种。

①调频精度为 ±0.6%,无功分配差度在 10% 以内,有功功率分配差度在 5% 以内(Ⅰ级精度)。

②调频精度为 ±1%,无功分配差度在 10% 以内,有功功率分配差度在 10% 以内(Ⅱ级精度)。

(6)机组的自动解列与停机

①当电站的负荷减少到一定数值时,或根据使用要求,在平滑地自动转移负荷后,按照备用顺序逆序自动解列、停机。

②当运行的机组发生一般故障时,在平滑地自动转移负荷后,自动解列、停机。

③具有(手动－自动)取消轻负荷解列功能。

④手动输入解列信号,在平滑地自动转移负荷后,自动解列、停机。

(7)具有分级卸载的功能

(8)具有重载投入自动控制的功能,可有多级重载问询功能

(9)具有逆功保护能力

(10)半自动并车、解列功能

在机组处于备用顺序下可手动输入并车或解列信号实现半自动并车或解列。

(11)停泊发电机与主发电机的半自动换车功能

(12)装置的安全功能

①按故障安全的原则进行设计。

②装置失电时,不影响机组和主配电板的安全运行,不影响手动操作。

③当电力系统短路引起发电机断路器跳闸时,本系统将进行可靠的自动闭锁。

④如主开关在 30 s 内连续两次异常脱扣,则 PMS 不进行任何动作,直到手动复位。

(13)报警时声音与闪光信号同时发出

人工消音后闪光变平光,当故障消除时按下复位,报警指示灯熄灭;报警应答后,在原故障尚未消除又发生新故障时,声光报警再次动作。

系统可监视汇流排与发电机如下运行参数与状态:

①汇流排三相电压、三相电流、有功功率、频率,发电机有功功率、无功功率、三相电压、三相电流、功率因素、频率。

②发电机启动、运行、停止。

③报警功能:

a. 电站报警内容:每台发电机逆功、过载、三段电流保护、机组故障、启动故障、ACB 电源故障、合闸失败等故障。汇流排高压、低压、高频、低频、有功差值大、无功差值大、PMS 故障、PMS 失电等。

b. 其他故障报警:440 V 绝缘低、220 V 绝缘低、24 V 电源故障、隔离开关跳闸等。

PMS 自身可记录 1 024 条报警信息,所有报警与监视参数均可通过通信输出。

④图形化显示界面,采用西门子触摸显示屏,能直观地显示监视参数、报警信息、汇流排状态、发电机运行状态、主开关状态,PMS 自身记录 1 024 条报警信息均可通过触摸屏翻看。

第四节 无人值守电站系统的构成与主要功能

在具有要求多台机组并联供电的电站中,若要船舶满足“无人机舱”等要求,实现电站自动化,就必须将各个自动环节有机地联系起来,组成一个总的系统。这就需要有一个“主脑”部门——“总体控制系统”,用来收集来自各台柴油机、发电机、断路器、汇流排以及各主要负载的必要的信息及参数,加以分析、判断,在一定的条件下,自动地采取符合逻辑的措施,以应付电站运行中可能出现的各种情况,确保电力系统安全、可靠、优质、经济地运行。

“总体控制系统”一般设置在集控室,安装在主配电板或专门的控制箱中,如图 7－9 所示。

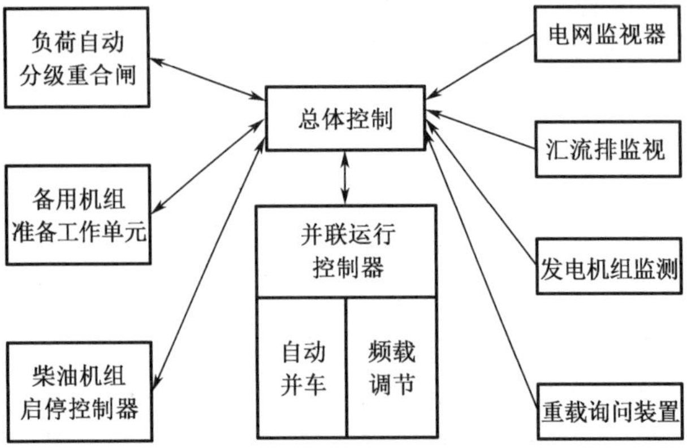

图7-9　总体控制系统方框图

系统的主要功能如下：

1. 发电机组操作方式的选择

自动电站中，每一台发电机组应有三种可供选择的操作方式："机旁""半自动""自动"，并且按次序前者应优先于后者。仅当某机确定为"自动"方式时，它才纳入总体控制系统的范围。在机组发生故障的情况下，应能自行"退出自动"（即所谓"阻塞"），非经管理人员排除故障并手动控制"复位"，不得自行恢复"自动"功能。

2. 判断是否需要启动备用机组

这是一组"或门"条件，即当出现下述条件时，就应发出"增机"指令，启动备用机组。

①经延时判断，确认运行发电机组重载；

②运行发电机组的滑油压力太低；

③运行发电机组冷却水出口温度高；

④电网突然断电；

⑤经重载询问，储备容量不够；

⑥正要启动的备用机组阻塞（启动指令应递续）；

⑦备用机组启动失败或合闸失败。

3. 发电机组备用的条件及备用机组顺序的安排

（1）备用机组的条件

船舶电站中各发电机组一般都是互为备用，因此发电机可供备用的条件应当是：燃油、压缩空气备好，有预热和预润滑，无阻塞，操作选择开关置"自动"位置。当同时满足上述条件时，认为机组已进入"备好"状态。

（2）备用机组顺序选择

对于备用机组的启动必须安排一个顺序，通常是按机组的编号依次循环。例如一个具有三台发电机组的自动电站按1-2-3-1的循环来决定备用机组。只要在电网上已有一台机组在运行，即可按负荷的需要或按运行发电机组的技术状态产生的"增机"指令，顺序启动下一台机组。这种情况下，增机条件大约有：

①单机运行不正常或重载，要求增机，按顺序启动下一台；

②单机运行，突然跳闸，电网失电，启动下一台；

③单机运行，要求增机，但第一备用机组“阻塞”或启动、合闸失败，“增机指令”应递续给下一台。

④并联运行，要求增机，则启动最后一台备用机组。

上述情况发生时，则是系统的机组“已经用完”，故自动电站还应设置监视“系统用完”的信号指示灯电路，以便引起管理人员注意。

4. 空气断路器的合闸

(1) 直接自动合闸

当电网无电时，则启动成功的发电机组建压后，其主开关可直接合闸。

(2) 自动准同步合闸

电网有电时，备用发电机组启动成功并建压后，应经过自动开关并车装置，使待并发电机组经自动整步之后投入。并车后，利用自动空气断路器的辅助触头，接通均压线及自动调频调载装置，实现无功及有功功率的分配及电压、频率的自动调整。

(3) 自动重合闸

自动电站可设计成具有重合闸功能，也可以不设置这一功能。若有重合闸的功能，应保证只有一次重合闸，以免多次重合闸在永久性短路上，同时防止在这种情况下一连启动两台以上的机组去做合闸尝试。

不论哪一种合闸方式，都有“成功”或“不成功”两种可能。这两种情况的信号都应设法取得，因为它作为“指示”和“控制”功能都是不可缺少的信号。

5. 解列

当两台及以上机组并联运行，若因电网负荷降低到可以停掉一台时，应自动发出“解列”指令。或者，运行中的某机组因发生运行不正常(例如冷却水出口温度偏高)时，自动控制系统可以先启动备用机组，并车后再转移负载，解列指令发出后，通过自动调频调载装置，将待停机组的负载转移给其他运行发电机组后，再将该机主开关跳闸，这就是解列操作。

对于因电力系统负荷降低而形成的解列指令，为了使电站中各台机组累计的运行时数趋于一致，最好做到总是解列先投入运行的机组为好。

对于第二种情况当然是运行不正常的机组属于解列对象。在这种情况下，为了尽可能地不断电，对于“运行不正常”现象的识别信号，可以分为两级，一级作为预报，一级作为保护装置的动作极限。预报级信号可以用来要求启动备用机，以便赢得时间，等待备用机组启动和并车后再取代“不正常”的机组。当然，这种期望是建立在不正常的机组还可以坚持运行一段时间的基础上。显然，这段时间决定于两方面：一方面是备用机组的启动、加速、并车所需的总时间，当然越短越好；另一方面是不正常现象发展的速度，当它发展到保护装置的动作极限时，如果并车尚未成功，则会造成因保护系统动作而停电。

6. 空气断路器的分断和停机

发电机自动空气断路器的分断有“正常分段”与“保护动作分断”。前者指手控分断或经自动解列，负荷转移完毕后的分断，后者指因各种发电机保护动作而引起的自动跳闸。

机组的停机也可分为“正常停机”与“紧急停车”，前者一般都是在自动空气断路器“正常分断”后，按正常停机程序进行；后者一般是当柴油机发生滑油压力低或超速时，为了保护机器不至于损坏，控制柴油机直接断油而实现停机，此时，自动空气断路器可能是逆功率脱扣（并联运行时），也可能是失压脱扣（单机运行时）。

7. 重载询问

当欲启动大负荷时，应先询问运行发电机功率贮备是否满足其用电和启动要求，若不能满足时，则应先启动备用机组、并车后才允许该负荷接入电网。

根据发电机功率变换器的功率变化比，在电位器的动触头上取一电压信号，使之相当于准备投入的大负载功率（应考虑到启动时冲击），即所谓“模拟负载”。经按钮接到运算放大器，与发电机测功器的输出信号（它对应发电机的实际负载功率）相加，再由鉴幅器来检测求和的结果，鉴幅器的鉴幅电平，可以设定在相当于发电机容量的某一百分值（例如85%），当鉴幅器动作时，表明贮备容量不够，即可发生“要求增机”信号；若鉴幅器未动作，则表明贮备够用，大负载可以启动。

8. 重要负载分级启动

当船舶电网因故障失电又获电时，为避免因负载同时启动造成的电流冲击，甚至使发电机主开关再次跳闸，自动电站能够对重负荷进行分级启动，按照在紧急情况下各负荷的重要性排好先后次序，并按其启动电流大小分级，然后按程序逐级启动，每两级启动之间的间隔为3～6 s。

9. 监视、报警和打印记录

为了取出自动电站作为适时控制所需的信号，也为了对系统运行情况做必要的了解，通常的发电系统需做如下的检测与监视。

①对于柴油机：转速（零转速、中转速、额定转速）、润滑油压力（低和过低）、冷却水出口温度（高和过高）、各缸排烟温度、柴油机运行时数累计等；

②对于发电机：电压、频率、电流、功率因数；

③对于断路器：储能状态、合闸状态；

④对于电网：汇流排电压、短路绝缘监视；

⑤对于系统状态及工作过程的监视与指示：机组的预热、预润滑、启动空气压力、各机组控制方式选择、正在启动、启动成功或失败、正在停机、停机成功或失败、机组用完以及控制系统的工作电源等。

为了便于检查某些逻辑功能，最好能使控制系统的各主要部分可以进行模拟实验。

10. 自动电站控制功能

综上所述，自动电站的功能较多，其中每一部分都有相对的独立性，由总体控制将各部分工作有机地协调起来，组合成一个系统。在系统的安排上，应充分利用各单元的独立性，使系统运用起来更加灵活。例如，当某部分出现故障时，仍可利用其他单元实现局部自动化或半自动化。图7－10为发电机组的自动电站功能流程图。

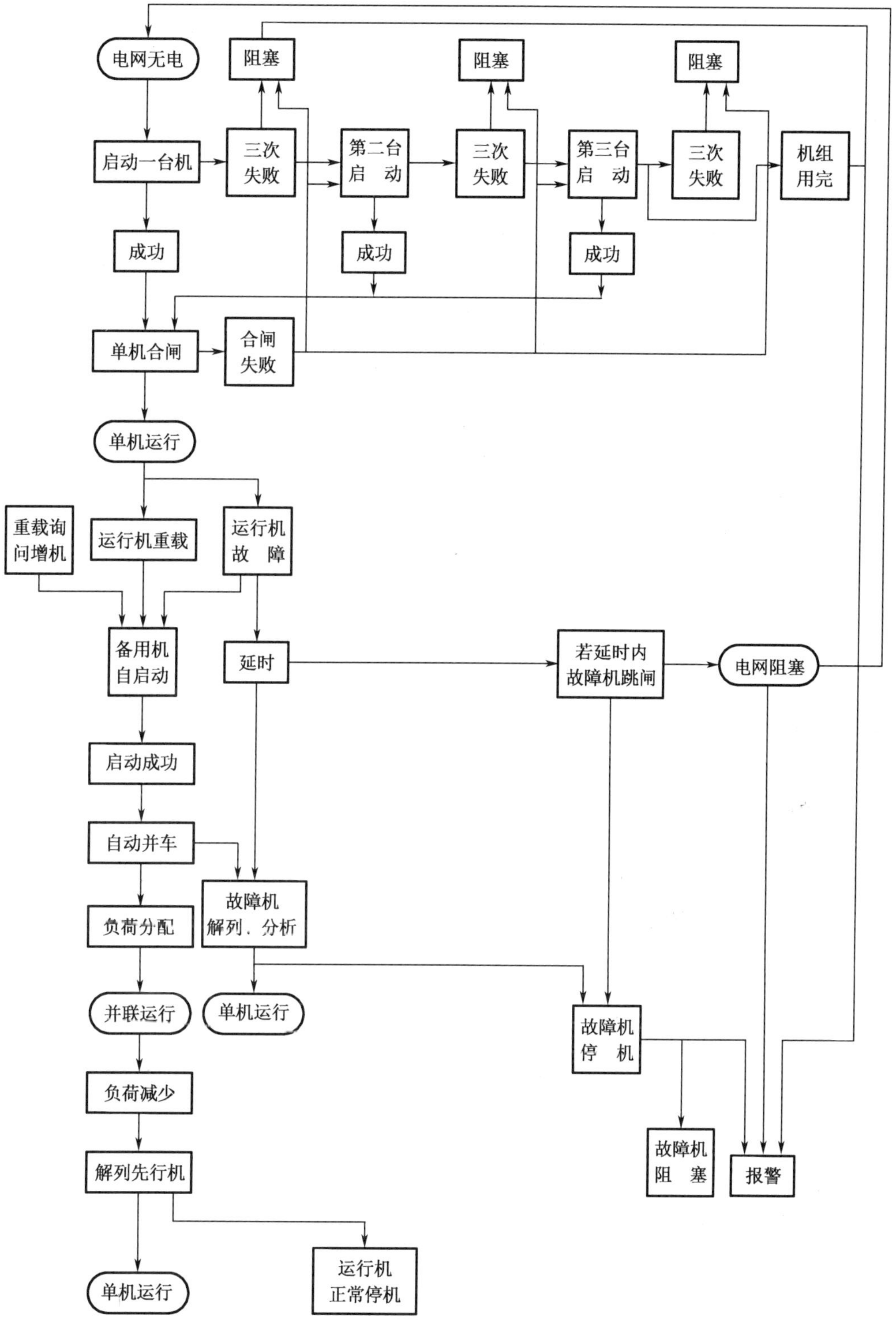

图 7-10 发电机组的自动电站功能流程图

第五节　船舶电站管理系统的软件设计

系统软件由 PLC 下位机软件和上位机软件共同设计而成。

1. PLC 程序设计

本系统的下位机 PLC 软件设计主要采用功能模块子程序结构,在对船舶电站管理系统的功能进行研究的基础上,进行模块的划分。各模块之间由主模块链接,共同实现船舶电站的控制,使整个程序层次分明、结构清晰。各主要功能模块有:自动启动模块、频率调节模块、并联运行模块、调频调载模块、重载询问模块、综合保护功能模块、自动解列模块、自动停机模块等。PLC 控制程序主框架图如图 7-11 所示。

系统主程序自动循环检测电站的工作状态,针对不同的状态做出综合计算和逻辑分析,判断当前需要完成什么样的工作,从而决定调用哪一个功能子程序来完成该工作;被调用的功能子程序一旦执行完毕,又返回主程序中继续循环检测,整个系统就如此反复地运行。通过上位机控制界面中的自动/手动转换开关完成控制方式的切换。在自动方式下,自动增机、自动并联运行、自动调频调载、自动解列和停机等控制工作由下位机程序自动执行,在手动方式下,操作员可以在配电板的控制面板上完成电站的操作过程(如启动、并联运行、解列和停机等操作)。

自动并联运行分系统具有自动分析和判断当前电站所处状态的功能,因此在分系统中设置了一些状态变量,在并联运行主模块程序中,STMATIC S7-300 PLC 不停地对设置的这些状态变量进行循环读取、综合分析,并根据判断的结果决定调用哪个子程序模块,被调用子程序模块一旦执行完毕,又回到并联运行主程序中继续循环检测状态变量,控制装置便这样连续循环工作下去。下面以 1 号发电机组为例分析并联运行的程序设计。

2. 并联运行的程序设计

并联运行主模块程序框图如图 7-12 所示。

自动并联运行分系统的主程序工作流程如下:

①系统初始化后,首先检测电压条件,当电压差小于 10% 时进入下一流程,否则输出电压异常报警;

②检测电网频率,若频率偏离额定值,则将其调节到额定值;

③当需要并联运行时,则进行待并发电机的频率检测,若待并发电机的频率不在限定值范围之内,则进行频率调整;

④最后检测相位差条件,按前述相位条件检测的实现方法获取合闸提前量,并在适当的时机发出合闸指令。

3. 系统的监控单元设计

在船舶的整个系统中,监控系统与控制系统一起同步工作,它们之间的数据实现共享,监控系统为控制系统提供了友好的人机界面,通过文字、图形图像、声音、动画等效果形象地描述了控制系统的工作情况和被控对象的一些信息,同时也提供了强大的数据统计功能,为电站操作人员的操作、维护等提供了方便。监控系统的显示可以采用专用控制面板、触摸屏或者工控机。信号传输图如图 7-13 所示。

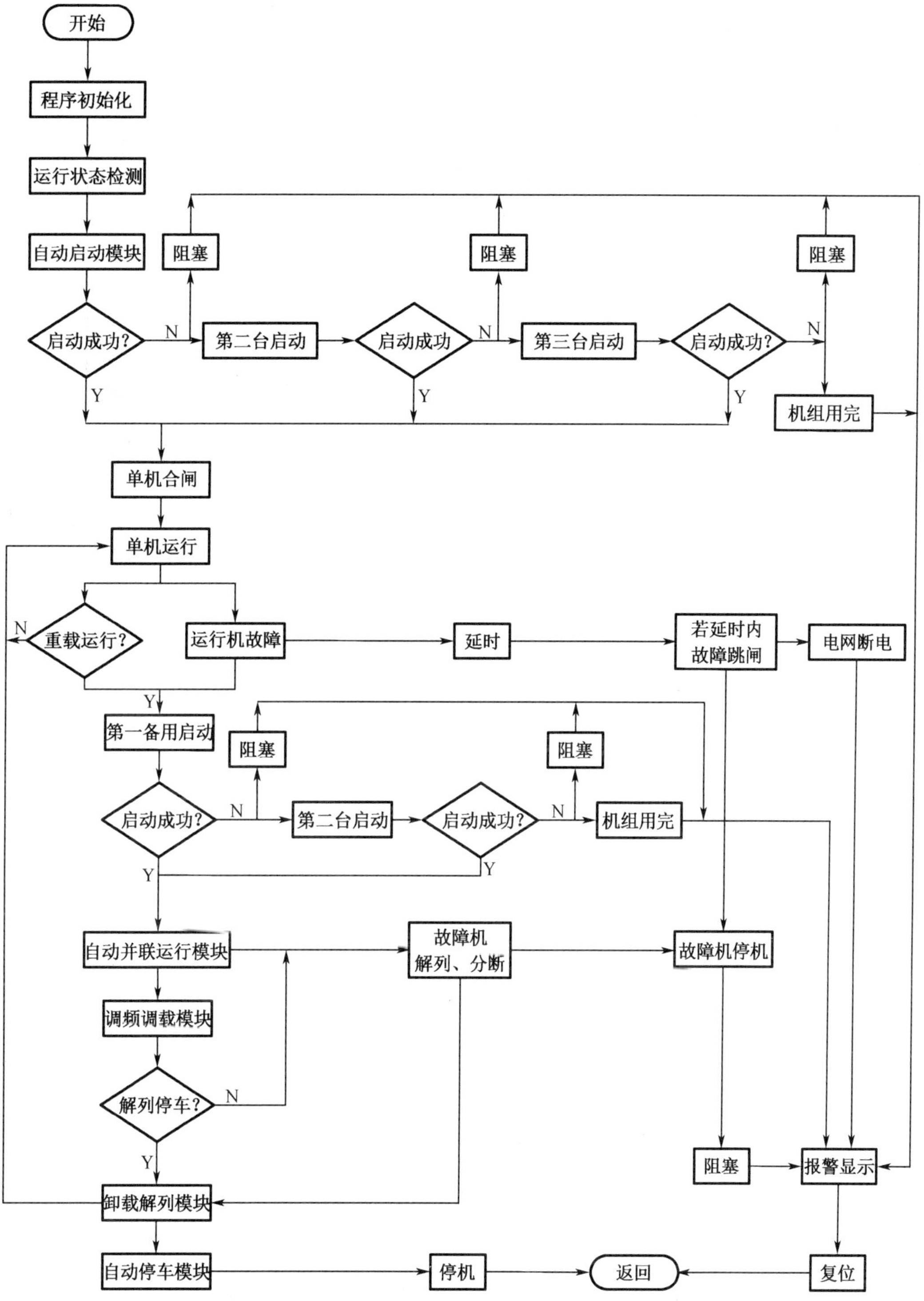

图 7－11 PLC 控制系统程序主框架图

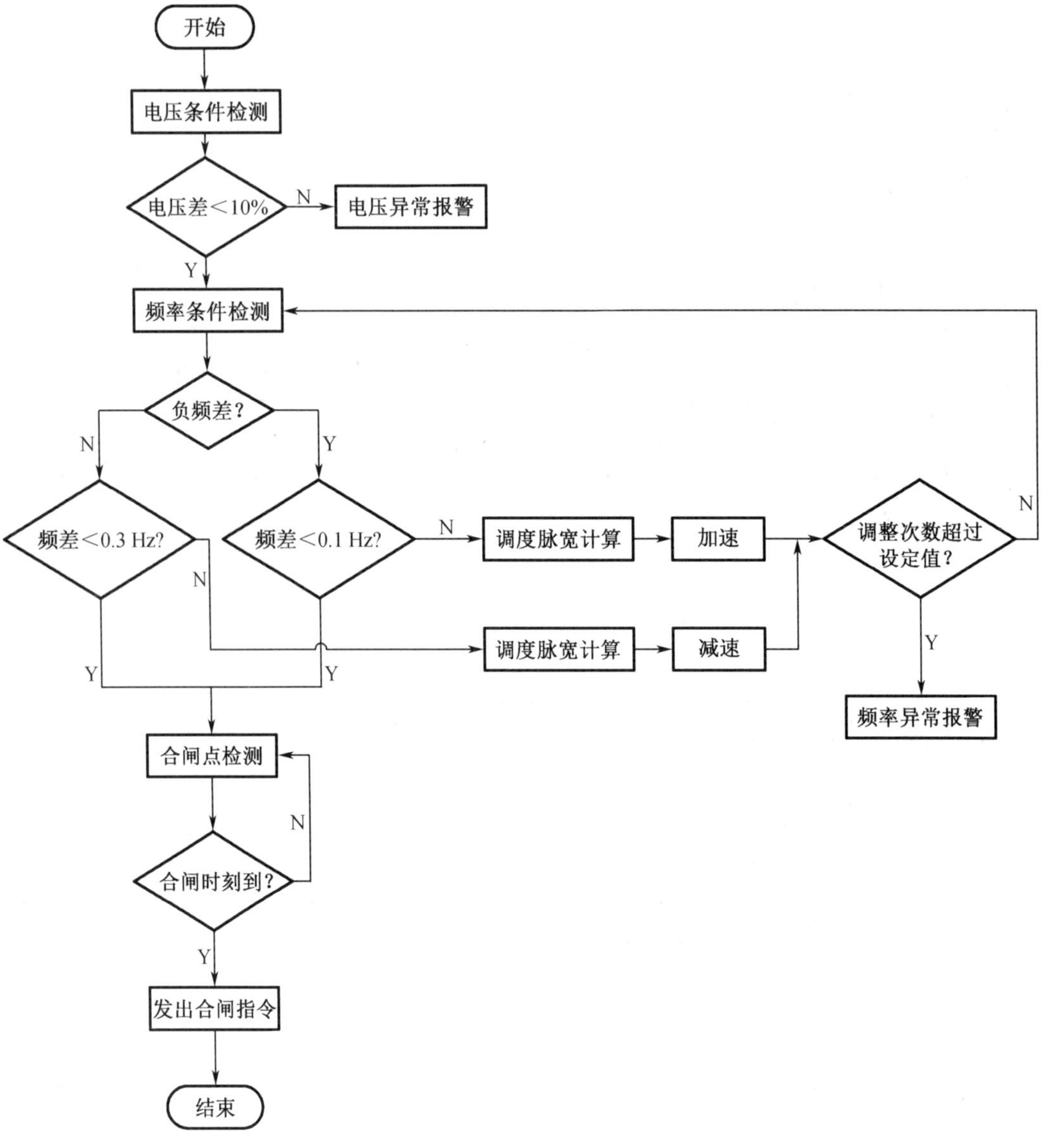

图 7-12 并联运行主模块程序框图

船舶电站管理系统中,监控系统可采用工业工控机或触摸屏机做上位机,实现系统运行过程的监视和控制。SIMATIC S7-300 PLC 做下位机,通过 PROFIBUS-DP 通信接口与上位机实现数据交换,其系统框图如图 7-14 所示。

船舶电站管理系统控制柜图如图 7-15 所示。

4. 组态软件的选择

在设计船舶电站管理系统的监控系统时我们必须选择合适的工具,此工具必须能与 PLC 通信而且能提供友好的界面。PLC 与上位机的通信可以利用高级语言编程实现,但用户必须熟悉互连的 PLC 及 PLC 网络采用的通信协议,严格按照通信协议规定为计算机编写通信程序,所以对用户的要求比较高。如果选用专业工业控制组态软件实现 PLC 与上位计算机的通信则相对比较简单,因为工控组态软件一般都提供不同设备的通信驱动程序,用户可以不必熟悉 PLC 网络的通信协议,另外工控组态软件提供的强大工具使用户开发应用程序也变得非常简单。本次设计中,技术人员选用了西门子公司的工控组态软件 WinCC Flexible 来进行监控系统的设计。

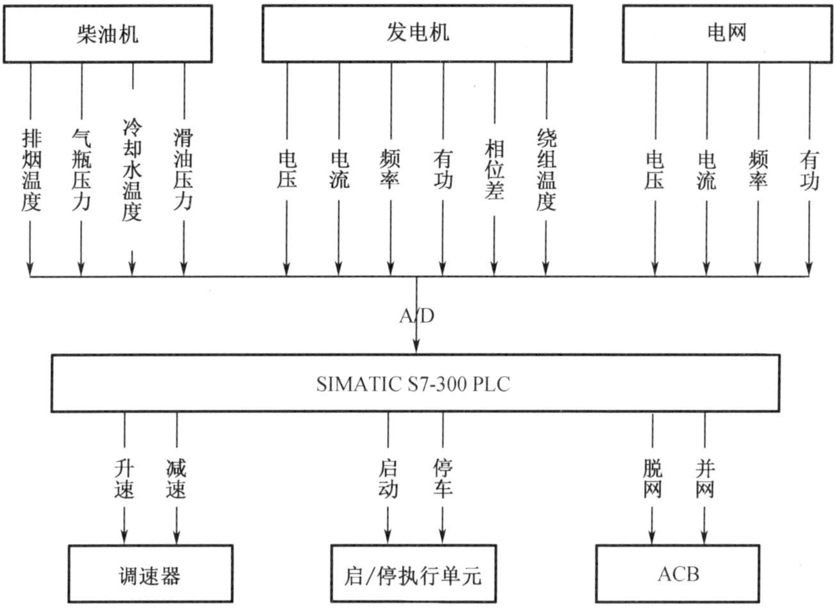

图 7－13 信号传输图

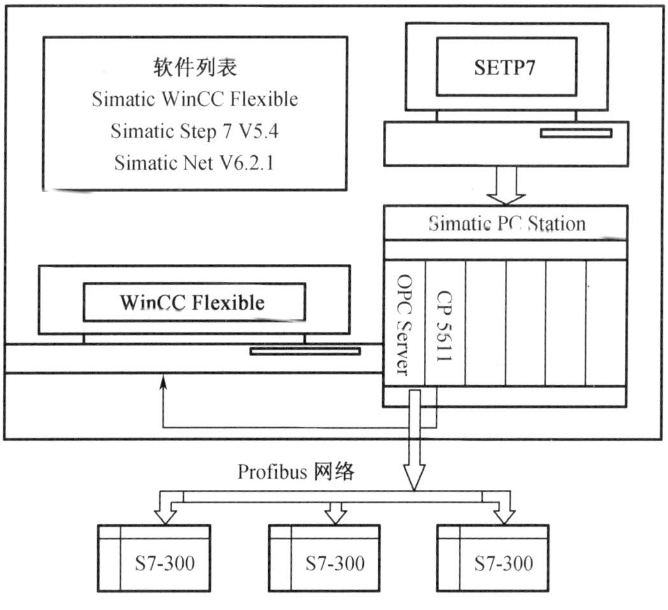

图 7－14 船舶电站管理系统框图

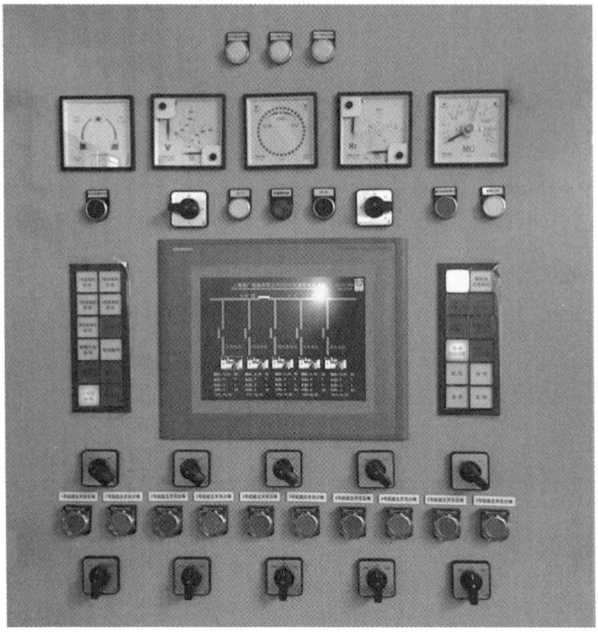

图 7－15　船舶电站管理系统控制柜图

5. 主监控界面

船舶电站管理系统主监控界面如图 7－16 所示。该界面主要是用来监控显示电网的各项参数,并设有各分界面进入按钮。

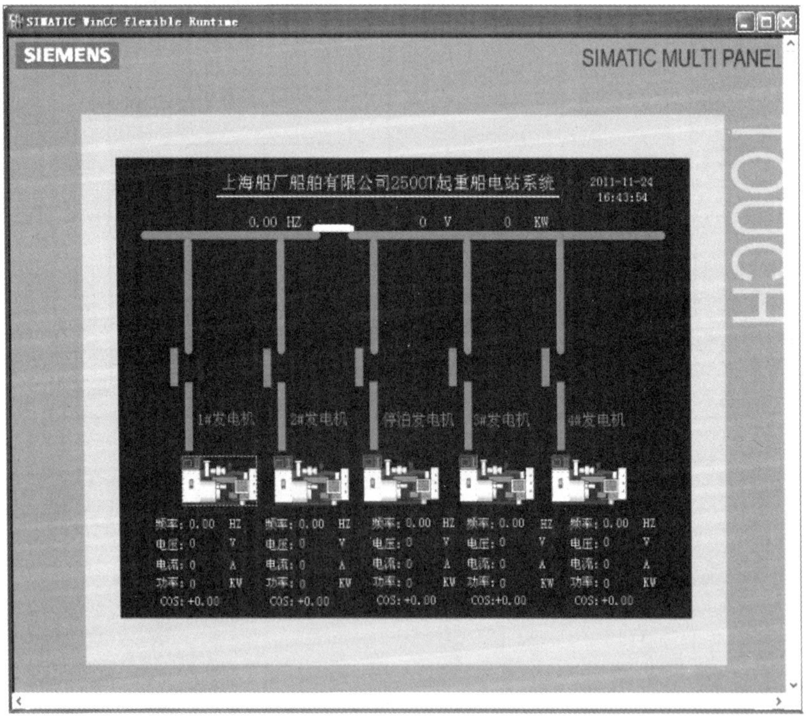

图 7－16　船舶电站管理系统主监控界面

其中总开关控制电站总闸，在开启前，将各种参数设置完成，当开启后，电站随即进入自动控制模式，在没有报警的前提下，无须手动操作；船电/岸电接入开关，如接有岸电，开启岸电开关，则将岸电送入电网，如开启船电，则将船电送入电网，最多只可开启一个，如果全部关闭，则立即启用蓄电池向电网供电；中间部分的各种按钮，可以进入分界面，进行参数设置、状态查看。

思考与练习

1. 我国《钢质海船入级规范》对船舶的轮机自动化分为哪四个级别？
2. 介绍船舶电站自动控制系统的主要组成。
3. 船舶电站自动控制各系统的基本功能？
4. 船舶电站自动控制系统的主要技术特征有哪些？
5. 电站自动控制系统的自动启动和停车的系统有什么作用？基本工作原理是什么？
6. 简述电站发电机自动控制系统中，自动并联系统的作用及基本原理。
7. 有关规范对于电站发电机的自动并联系统有哪些规定的要求？
8. 简述电站综合继电保护系统的作用及有关规范的要求。
9. 简述船舶电站自动控制系统中主要器件构成及技术要求。
10. 简述船舶电站自动控制系统中，计算机控制部分的系统构成。
11. 简述 PPU（并联与保护装置）的构成和主要功能。
12. 简述船舶电站无人值守系统的主要构成。
13. 简述船舶电站无人值守系统的主要功能。
14. 船舶电站发电机主开关（空气断路器）有哪几种主要的合闸方式？
15. 简述什么是重载询问，系统是如何实现自动重载询问的？
16. 简要分析电站发电机自动并联系统的软件主要流程。
17. 简要分析电站自动控制系统中，监控单元的主要构成及监控内容。
18. 请查阅资料，简述什么是工控系统的组态软件，其主要作用以及在船舶电站自控系统中的应用有哪些？

第八章　船舶电站的航行试验

【知识目标】

1. 能简单叙述航行试验的准备工作内容；
2. 能正确理解和掌握航行试验的基本内容和要求；
3. 能简单叙述船舶自动化系统航行试验的工作内容。

【技能目标】

1. 会进行船舶航行试验的准备工作；
2. 会进行船舶自动化系统航行试验。

第一节　航行试验的技术准备

航行试验首先要明确试验的项目、要满足的有关规定，以及试验所必须参加的部门和单位。

一、航行试验的目的

每艘船舶在建造的最后阶段，都要进行航行试验。航行试验是船舶的船体、轮机装置和电气设备经系泊试验达到正常以后，同时消防及救生等安全设备装船完工，已经过必要的试验，船舶具备安全航行的条件下，所进行的海上航行试验。

航行试验又分为轻载试验与重载试验两种。航行试验对电气设备而言，主要配合船体轮机部分做相应的运行试验，并检查各电气设备在航行中，靠、离码头，起、抛锚时的运行情况；同时对系泊试验中无法试验的设备和项目进行试验，如舵机、锚机、导航仪器仪表、对外通信装置与电气设备等。

在系泊试验中已经提交的验收项目，航行试验中一般不再重复试验，仅按实际使用效用，观察其运行工况和检查其工作可靠性即可。在航行试验中，电机员要带领电工密切配合厂方做试验。要加强巡视值班，观察新设备在连续运行中所暴露的毛病并及时处理，注意积累管理该船的经验。

航行试验应按规定的大纲进行，对船舶的航海性能、电气设备、导航设备和机械设备进行试验，验证船舶总体性能和设备的质量是否符合合同图样、相关公约及规范等的要求，航行试验的目的是通过试验，对船舶进行最终验收。

航行试验是在船舶进行完系泊试验、已经消除系泊试验中所发现的质量问题，并在验船部门规定的系泊试验项目符合试航条件后方可进行。规定的系泊试验项目有主辅机械设备、救生设备、消防设备、锚设备、舵设备、航行设备、信号设备、通信设备、舱底排水系统及防止油污设备、压载水装置、水密装置、倾斜试验、载重线标志勘划、吨位丈量、警报及安全设备等。

参加航行试验的人员有验船师、船东代表，船厂质量检验部门、设计或技术部门、生产管理部门以及有关车间的人员，并各司其职。

二、进行航行试验必备的条件

进行航行试验必备以下几点条件：

①必须在完成全船性的船体、轮机、电气等项目的系泊试验，将试验中所发现的缺陷消除，并在工厂检查人员、船舶检验机关的专业人员等的检验后，航行试验方可进行。

②由设计单位编制的航行试验大纲，必须经有关技术人员统一认定，并做好试验准备后才能执行。

③航行试验计划编好后，必须经有关部门和人员协调统一，如海区选择、保航要求、试验项目、配合舰船的各种台或站。有关协助计划及各种补给计划等必须经有关部门批准。

④新造船舶在航行试验前必须完成倾斜试验，并配备好各种安全器材和设施。

在系泊试验和航行试验的过程中，电气管理人员还要做好下列工作：

①把全船电气线路图纸和实际电气线路进行认真的核对，如发现问题与差错，应立即与厂方交涉。

②检查电气备件、备品、物料、工具等和账单是否相符合，建立好有关账目并填写电机、电器原始数据记录表。

③船舶的试航中应该详细记录好工作日志。各种仪表指示的数据，在航行、机动、停泊状态时都要认真记录下来，这是将来检修、维护的重要原始参考资料。

三、航行试验计划的编制

航行试验是船舶建造中的最后一个工程阶段（首制或特殊要求的船舶例外），同时又是极其重要的一个阶段，它是对船舶设计质量、建造质量、配套质量的总体检验。因为各方面造成的问题在航行试验中都容易暴露出来，所以试验工作十分复杂。

电气设备的航行试验计划是整个船舶试验计划的重要组成部分之一。电气设备试验具有项目多、试验过程复杂、协作面广（各种测量仪器，有时还需舰船、飞机配合）、需要较强的技术力量等特点。因此电气试验计划的制订必须与全船试验计划相协调。

在电气航行试验计划中，不少航次需要全速运行，如计程仪试验、电气转速表试验等。还有不少项目（如锚设备、消磁设备、声呐、雷达试验）需到特定试验区进行。为提高试验经济性，计划人员必须统筹兼顾，准备好预备试验项目，以便及时调整。

要求在执行试验计划前，对将进行试验的设备做好技术准备，对设备的工作可靠性、参数精度、系泊试验中可能出现的故障、指标现实性、设备的质量和互相的联协情况都应充分掌握，力争一次试验成功。

在组织各项目的试验中，必须明确职责，分工负责，坚守岗位，服从命令听指挥，发现问题及时进行协商解决。

综上所述，编制好电气航行试验计划是非常重要的。

1. 编制电气航行试验计划

①根据船舶电气试验大纲拟定航行试验项目。

②根据试验的特点分为电气单独试验项目和需其他专业配合的项目两类。

③根据试验大纲和仪器、设备的技术说明书要求，选定每个项目的试验海区、海情、配合舰船等。

④指出各项目试验所需的仪表、仪器、专用工具。

⑤要从试验顺利和不顺利两方面考虑，制订出各项目的相应安全保证及应变措施。

⑥指出各项目所需技术力量和岗位，拟订劳动力安排。

⑦制订某些项目的协调配合计划和联络信号及方式。

⑧估计每项目的试验时间，供编制全船航行试验计划用。

⑨编制电气航行试验计划草案时，应以每航次为单位，并采用列表形式指明试验项目、内容、技术指标和要求、对海区与海情的要求、参加单位等。

⑩计划草案制订后，由建造师召开讨论会，请设计师和技术部、检验部、验船单位等部门人员参加讨论，对计划进行修改补充，然后送交产品总建造师审批汇总。

2. 电气航行试验计划的协调

①由产品总建造师召开计划协调会，对试验海区、驾驶航向、速度和具体试验方法进行统一部署，提出每航次的具体执行方案（日期、出航时间、会合地点、试验指挥和执行人员等）。计划协调会应邀请船东代表、验船机构代表参加。

②由专业建造师召开本专业各大试验项目的技术协调会，如某雷达或声呐，在试验中需空军飞机或海军潜艇配合时，则必须编制好详细的双方航行计划（或飞行计划），明确汇合海区、具体经纬度、时间、联络信号等，并做出航线图。

③由总建造师召开试航计划会，对试航前的工作进行统一布置。

四、航行试验的准备工作

1. 组织机构的准备

①建立试航领导小组，分工负责试航的各项工作，包括试航人员的生活服务工作准备。

②执行试验任务的技术力量（工艺、技术、检验人员）和劳动力配备。

③做好上级检察机关和专职技术指导力量的组织。若船上装有刚研制成功首次试装的设备或仪器，还需请制造厂有关人员参加。

2. 图纸资料的准备

航行试验可能远离工厂，为解决试验中可能发生的技术问题，应准备好设计部门编制的航行试验大纲、技术说明书、安装工艺资料与图纸及相关记录表格报告等，经验船部门和船东代表确认后，作为船舶进行试验和检验的依据。

（1）试验大纲

①电气试验大纲；

②特殊电气设备试验大纲；

③无线电通信试验大纲；

④各种雷达试验大纲；

⑤导航仪器试验大纲；

⑥各种水声仪器试验大纲；

⑦特殊电子设备试验大纲；

⑧无线电干扰试验大纲。

（2）技术说明书

①发电机调压器说明书；

②自动舵说明书；

③电话(包括自动电话)说明书;
④各种雷达、导航、声呐设备说明书;
⑤各种无线电说明书;
⑥各种电子设备说明书;
⑦各种工程电器说明书。
(3)安装工艺与资料图纸
①电气设备安装工艺说明书;
②电气设备配套表;
③全船电缆册;
④各专业及综合导电系统图;
⑤各系统电气设备接线图;
⑥各专业系统图和原理图;
⑦电缆铭牌清册;
⑧各舱室电气设备布置图;
⑨修改通知单和联系单;
⑩船舶电气安装与调试规程。
(4)其他技术文件
①试验计划和方案;
②专业协调会纪要;
③仪表、仪器和专用工具清单;
④按试验要求,准备必要的记录表格和报告样式。
3. 船舶浮态、供应品准备及救生浮具的准备
①按试验大纲要求,调整船的吃水和纵横倾,记录艏、舯、艉吃水。
②准备足够的试验用的燃油、滑油。应对燃油、滑油进行取样化验,试验结束后留做比较。
③准备好充足的生活用水及生活用品,以满足船上人员日常生活的需要。
④船厂应为试航人员每人备一件救生衣。
4. 仪器、仪表及工具的准备
试验用的仪器仪表应具备计量部门签发的有效的合格证书。
①常用工具和仪表的准备。万用表、高阻针、钳形表、螺丝刀、扳手、套管、电烙铁、清洁工具、电吹风等,一般每个作业班次都应有一定数量的配置。
②专用工具、装备和仪器的准备。对一些特殊用途的专用工具、设备、精密仪器或仪表,需按试验大纲要求进行准备。船舶航行试验前需准备的工具清单见表 8-1。
根据试验大纲及常见故障排除的需要,应准备的仪器、仪表清单见表 8-2。
表 8-1 和表 8-2 中的工具或仪器、仪表清单仅供参考,各试验船舶可根据实际情况有所增减。
5. 电工材料的准备
船舶试航阶段,工程建造已初步完成,故所用电工材料较少,仅在加装工程时才需一定的电工材料。试航中常用电工辅助材料清单见表 8-3。

表 8-1 工具清单

序号	工具仪表名称	序号	工具仪表名称
1	大截面冷压钳	11	电罗经配液工具
2	300 ~ 500 W 电烙铁	12	12 件绘图仪
3	电炉、电水壶	13	装有弱电工具的备品箱
4	电焊机	14	300 mm 三角板
5	气割、气焊工具	15	微型计算机及相应耗材、计算器
6	水银式 0 ~ 150 ℃、0 ~ 300 ℃温度计	16	对讲机(无线电话)
7	晶体管点温计、数字温度计	17	电源拖线板
8	酸、碱性电液比重计	18	秒表
9	数字、英文字母的钢字码	19	仪表插座板
10	手电钻及钻头	20	……

表 8-2 仪器、仪表清单

序号	工具仪表名称	序号	工具仪表名称
1	交、直流电压表	6	低频示波器
2	交、直流电流表	7	验电器
3	钳形电流表	8	模拟式万用表
4	兆欧表	9	数字式万用表
5	相序指示器	10	功率表及相应互感器

表 8-3 试航中常用电工辅助材料清单

序号	材料名称	用途	序号	材料名称	用途
1	各种规格和形式的螺钉	补充被震落的螺钉	8	棉纱	清洁设备
2	各种绝缘管和黄蜡管	修复设备的接线包扎线头	9	蒸馏水、硼砂、硫酸	配蓄电池电解液
3	绝缘胶带	包扎线头	10	砂纸(00 号或 0 号)	清洁触头
4	橡皮及聚酯薄膜	修复水密和绝缘	11	轴承油、汽油	保养电机轴承
5	水密填料	加强水密	12	松香、焊锡	加工接头
6	白布和绸布	清洁精密仪器	13	导线、电缆	供临时使用
7	酒精或四氯化碳	清洗触头及仪器	14		

6. 易损耗元件及器材准备

船上安装的电气设备种类规格极多,对每个系统的设备易损耗元件和器材的品种、规格、数量要做好统计工作,并做好这些元件、器材的准备工作,以便试航中备用。试航电气的易损耗元件及器材清单见表 8-4。

表 8-4　易损耗元件及器材清单

系统	序号	易耗元件的名称	型号	数量
照明系统	1	各种规格的白炽灯泡		
	2	各种规格的灯管		
	3	各种型号灯具的灯罩		
	4	各种型号规格的插座		
	5	各种规格的开关		
	6	日光灯起辉器		
	7	日光灯镇流器		
	8	各种规格的白炽灯头		
	9	各种灯具固定配件		
供配电系统	1	主开关的脱扣线圈		
	2	调压器中的低频放大晶体管		
	3	调压器中的低频稳压管		
	4	各种规格的熔断器芯		
	5	各种规格的指示灯泡		
	6	红、绿、黄指示灯罩		
	7	熔断器夹		
电力拖动系统	1	常用接触器线圈		
	2	常用继电器线圈		
	3	各种规格指示灯泡		
	4	各种规格指示灯罩		
	5	各种接触器、继电器触头		
	6	限位开关		
	7	熔断器芯		
电话系统	1	耳机和送话器芯		
	2	氖泡		
	3	晶体管元件		
	4	0.1 A、0.5 A、1 A、2 A 玻璃管保险丝		
自动控制系统	1	干簧继电器		
	2	控制继电器		
	3	各种熔断器芯		
其他	1	各种规格接线冷压接头		
	2	各种规格塑料套管		

船舶上安装的电气设备的易损耗元件及器材一般是以专业类别来进行划分的，通常分强电和弱电两大类。

①对弱电系统中各专业设备，如导航仪器、无线电通信仪器、雷达等，通常要求把该类设备的航行备品箱在试航前装上船，并在航行前进行清点，以防止遗漏。在试验中发现元件损坏时，及时从备品箱中取出使用。

②对于强电设备中的易损耗元件，一般按不同系统来储备，如按照明系统、配电系统、电力拖动系统、电话系统、自动控制和测量系统等进行储备。有些半成品（如部分常用线圈）可由工厂自行加工。

五、填写航行证书申请

一般而言，船厂在确定试航日期后，都要由质量检验部门向验船部门申请船舶试航证书，得到批复后，航行试验方可实施。

经验船部门审核，对已具备试航条件的船舶签发船舶试航证书。如果验船部门提出意见，质量检验部门应尽快向有关车间或部门反馈，以便落实解决。

申请书格式及主要内容如下：

中国船级社

CHINA CLASSIFICATION SOCIETY

船舶试航申请书

工作控制号：____________

船名	________	船旗国	________
船舶种类	________	船籍港	________
主尺度	________	船舶呼号	________
总吨位	________	船检登记号	________
船舶所有人	________	船舶登记号	________
制造厂	________	船厂编号	________
船体材料	________	主推进形式	________
建造/改装/修理	________	主推进功率	________
试航日期	________	参加试航人数	________
试航区域	________	试航证书记事	________
试航目的	________	证书有效期	________

中国船级社________国内船舶检验中心：

兹证明本船下述项目均已符合有关规定的要求，具备试航条件，申请签发试航证书。

负责对本船进行建造检验的单位是：☒ CCS；

☐ ________，已填写附件内容。

1. 船舶船体结构及强度满足相应的认可图纸和规范要求
2. 船舶的水密、风雨密完整性满足相应的规范和有关法定要求
3. 主、辅机械设备（包括主机启动、换向）
4. 救生设备包括救生艇、筏、救生浮具、抛绳设备和遇难信号等
救生衣数量＿＿＿＿＿＿＿＿
救生圈数量＿＿＿＿＿＿＿＿
救生筏数量及容纳人数＿＿＿＿＿＿
救生艇数量及容纳人数＿＿＿＿＿＿
5. 消防设备
6. 锚设备
7. 舵设备
8. 航行设备
9. 信号设备
10. 通信设备
11. 舱底排水系统及防止油污设备
12. 压载水系统
13. 水密装置
14. 倾斜试验或空船质量测定及船舶稳性
15. 载重线勘划
16. 吨位丈量
17. 报警及安全设备

说明：
1. 上述救生设备的布置和数量除了满足认可的救生设备布置外还包括为了试航而增加的救生设备如下：
救生艇：　　　　艘；救生筏：　　　　只；
救生衣：　　　　件；救生圈：　　　　只；其他：
2. 上述消防设备的布置和数量除了满足认可的消防设备布置图外还包括为了试航而增加的消防设备如下：
手提式灭火机：　　　　只；水枪和水带：　　　　只；其他：

备注：
兹声明，上述内容本申请人确认无讹，并愿承担由此引起的一切法律责任。

×××船业有限公司
质量科

申请日期＿＿＿＿＿＿＿＿　　　　申请人（签章）＿＿＿＿＿＿＿＿

第二节　船舶电站及自动化系统的航行试验

由于航行试验一般是在指定的水（海）域里进行的实效试验，试验的条件和环境均比系泊试验要恶劣得多，为确保试验的安全顺利进行应做好充分的准备工作，了解航行试验的基本内容及要求。

船舶电站及自动化系统，主要指船舶电气及动力方面的自动控制设备和系统。随着自动化技术的发展，船上的自动控制系统功能要求越来越高，各种类型计算机广泛应用到各个控制系统中，使机舱逐步实现“无人管理”。不同等级的自动化船舶的控制内容一般包括

以下几种:主机以及辅机集中监控装置和遥控装置;燃油、滑油、冷却水的自动温度控制和液位监控;船舶电站自动控制系统;自动记录机器运转参数的各种装置。船舶的自动化程度越高,包括的自动化控制系统的种类越多,其控制功能及内容也越多,因而也对控制系统提出更高的要求。

采用自动化系统的最大的优点就是可以使设备经常处于最佳运行状态,出现异常时及时发现和排除,而不影响正常航行,并对控制系统能自动检测,从而提高工作效率,降低成本。

自动化系统的构成一般包括控制部分、安全部分和报警显示部分三个方面。

控制部分是指控制的方法和位置,用程序管理的方法来进行局部控制、集中控制和驾驶室遥控;安全部分是指根据出现故障的危害程度,以自动或手动进行保护性动作,降转或降速、转入备用设备或者自动停止运行;报警和显示系统是指设备运转中出现故障时,以某种方式显示记录下来,并根据需要发出视觉和声响信号提醒工作人员,使工作人员可以根据提示采取有效的解决办法。

一、电气系统的初步检查

在船舶航行试验中,对电气设备还应做一般性检查及运行试验。

①在船舶航行试验的每次出航前和试验后,均应测量电网的绝缘电阻,同时还要定期检查配电装置、电力拖动装置和其他电气设备的绝缘电阻。

②在各种工况航行状态中,检查和观察各设备、系统的工作情况,是否满足设计要求,并具有需要的功能。

③观察船舶在全速航行和全负荷作业的状态下,各系统工作的可靠性,在此期间,不应产生中断和不正常现象。

二、需要进行航行试验的系统及设备

①蓄电池充、放电系统;

②全船舱室机械电力拖动,如泵、通风机、冷藏机等系统;

③各种照明系统,包括航行灯、信号灯、电风扇等;

④各种电话系统;

⑤各种警铃系统;

⑥各种警钟系统;

⑦各种信号报警系统;

⑧各种传令钟系统;

⑨各种转速表系统;

⑩舵角指示系统;

⑪广播系统;

⑫电站;

⑬电力网;

⑭其他。

三、航行试验强电设备指标和要求

航行试验的强电设备指标和要求见表 8－5。

表 8－5　航行试验强电设备指标和要求

设备名称	试验项目	内容	要求
电站与电网试验	供电可靠性	船舶在停泊、进出港、航行作业(战斗)等工况下观察电站容量、供电电压、频率、功率因数的波动范围是否符合要求	
	发电机并联运行的可靠性	有功与无功功率分配差度应符合《规范》要求； 并联工作后启动一台大容量的电动机，不应引起失步、停顿或跳闸	
	发电机转移负载	将正在运行的发电机负载转移到另一台发电机上，不应引起停电	
	工作可靠性	通过观察，测量绝缘电阻、温升及其他参数，进一步检查在各种航行状态时的可靠性	
舵机装置试验	舵机系统电器工作可靠性	检查各种航行工况下电机及控制系统工作可靠性	海区的大小可根据船的航速而定，并可考虑一旦舵失灵时仍有回转余地
	操舵试验	船舶以高、中、低三种航速和倒车中速航行时，测量电机电流、电压等参数及操舵速度，从一舷 35°至另一舷 30°的时间不超过 28 s，如装备双机时应不超过 15 s	
	操舵方式的转换试验	自动操舵运行试验 1 h，检查工作可靠性； 随动舵试验，要求正确可靠； 人力舵试验，要求正确可靠	
锚机系统试验	浅水抛锚试验	观察船舶上锚机电气设备的工作情况，记录电流、起锚速度及起锚时间，配合船体和轮机专业做锚机系统安装调试试验	要求水深为 30～50 m，海情 2～3 级
	深水抛锚试验	进行抛、起双锚试验，自海底依次拔起单锚(一锚破土，另一锚停止不动)，然后同时起双锚，记录破土时电流、每档起升锚速度及时间	要求水深为 50～200 m，海情 2～3 级
航行灯与信号灯试验	航行灯控制器效用试验，航行灯、信号灯可见距离和视角检查	开和闭各路航行灯，检查工作性能和报警装置的可靠性； 派交通船观测各灯的可见距离和视角，测试时带通信工具并与本船雷达配合测定	在锚泊条件下进行，一般安排在晚上 7 时以后进行

表 8－5(续)

设备名称	试验项目	内容	要求
配合船机专业做好消摆装置试验	摇摆试验	在 3～4 级海情下进行; 按专用技术试验大纲指标进行	
	稳定试验	在 3～4 级海情下进行; 要求横摇不超过 5 度	
消磁装置调整	消磁站无绕组消磁; 抗干扰调整	按专用技术指标试验	

四、航行试验一般规则及主要程序

航行试验是船舶在航行状态下,对船体、轮机、电气及其他设备按规定要求而做的一系列试验的统称。

航行试验的目的是在系泊试验结束后,消除系泊试验中所发现的质量问题。如通过试验,对船舶进行最终验收。

1. 一般要求

①航行试验应按照规定的大纲进行,对船舶的航海性能、电气设备、导航设备和机械设备进行试验,验证船舶总体性能和设备的质量是否符合合同规定和政府法规;

②航行试验是在系泊试验结束后,消除系泊试验中发现的质量问题,在验船部门规定的各项设备符合试航条件后进行的。

2. 试验要求

电站系统在航行试验中应结合船体、轮机等部门的工作试验和全船电气部门的工作,检查全船各部门工作时电站系统运行的协调性、正确性和可靠性。至少包括:

①电站系统各种运行工况检查,记录负载状况,核对电力负荷计算书,确认主电站、停泊电站、应急电站、机组选择和布局以及基本网络安排的合理性。

②各台机组,均须进行实际运行试验,自动控制装置应投入对各控制对象的实际工作。

③电站系统中机组长期并联运行和负载转移的实际工作试验,考核运行的稳定性、有功与无功功率分配的均匀性和负载转移操作的灵活性和可靠性。

④电力系统电力品质监测:

a. 主电站单机组工作时电站汇流排上电压降落试验(船上容量最大的两台交流鼠笼式电动机直接启动时);

b. 应急电站发电机组及配电板效应试验,将应急配电板的两路主电站送电人为中断,检查应急发电机组自动启动并立即带大负载,以及当主电站恢复后应急发电机组自动停机的过程;

c. 对自动化电站配合配电网络的试验进行自动增减机、重载询问、自动卸载、分级投入等控制功能的逐项检查;

d. 自动化系统实船工作可靠性考核,在整个航行试验期间自动化装置应尽可能投入运行,每台设备的累积运行时间至少应为船舶出航累积时间的 50%;

e.电站系统内部的电磁兼容性检查,检查系统有无因内部彼此电磁干扰而工作失常的现象。

⑤试验准备要求。进行电站系统的航行试验时,必须具备如下条件:

a.航行试验之前电站系统设备的系泊试验均应完成,发现的缺陷已经消除;

b.全船的用电设备及其供电系统的安装已经完成,可以为电站系统提供必要的负载。

3.主要程序

(1)航行试验的条件

航行试验按规定的大纲进行,对船舶的航海性能、电气设备、导航设备和机械设备进行试验,验证船舶总体性能和设备的质量是否符合合同、政府法规、法令、国际有关公约、规范和图纸的要求。

(2)航行试验的目的

通过试验对船舶进行最终验收。

(3)参加试航的人员

船级社验船师、船东代表、持证的船舶驾驶人员、设备服务商、船厂相关人员(质检、技术生产、车间),有时代理商也会参加试航。

(4)发动机及主电网检查试验

①检查发动机运行及电站对全船用电设备馈电情况。

②观察电站控制、检测及报警装置功能和动作的准确可靠性。

③观察电站在自动状态下的工作情况。每台发电机交替工作。

④做启动最大负荷的试验,在双机并网条件下,启动最大电动机,此时应不使运行中的交流电动机失步、停转和电器自行脱扣。

⑤试航结束后,应拆除船东指定的任意一只柴油机汽缸,拆检完毕后重新装复,并进行运行试验。

(5)柴油发电机组运行试验

①试验内容及程序:

a.船舶进行航行试验时,各柴油发电机组互相替换配合主机工作。

b.电站的自动控制系统包括监测、控制及报警在试航时检查其功能和动作是否准确可靠。

c.检查三相三线及四线系统(220 V)各相(或线)间负载的不平衡度。

d.做启动船上最大功率电动机试验。

e.轴带发电机在额定负荷下试验2 h。轴带发电机由改变转速的主机驱动,应进行如下试验:使轴带发电机的转速下降至不能正常供电时,试验独立于主机推进装置的一台发电机组的自动启动和自动供电功能;在驾驶室启动独立于主推进装置的一台发电机组并自动供电(若设有时)。

②试验记录:在各种工况下测量和记录电站的各种有关数据及柴油机的油、水、气的温度和压力。

(6)其他辅助设备及系统运行试验

①试验内容及程序。在船舶航行试验时,按照需要投入工作。

②试验记录。航行试验结束后,测量记录主配电板及应急配电板的热态绝缘电阻值。

(7)发电机试验(详见前面有关章节)

第三节　船舶电力系统的航行试验任务实施

一、机舱集控台检测报警点航行试验

集控台检测报警点是自动化系统的重要组成部分,它能对被监控的机、电设备及其安全和控制系统运行的工况实行检测,对所出现的故障发出声光报警,并根据自动化技术的要求将报警信号延伸到工作人员滞留处,使值班人员随时可以了解设备运转的情况,并且根据监测情况采取相应的措施。对于被监控的设备工况可以由数字、图形和模拟状态的方法显示,并且可以自动记录下来。

集控台的报警信号应该同时发出声响和视觉信号,视觉信号一般以红色表示,清晰可见;声响信号应该具有足够的响度,并与火警、电话延伸铃及其他声响信号有明显的区别。

1. 试验前应具备的条件和内容

进行检测点检验的首要条件是线路安装结束。这里要考虑两个因素,一是对设备试验运行有影响的检测点应该先分批做检验,例如,发电机的燃油柜液位检测点等;二是全封闭设备的检测点,应该在安装之后封闭之前进行检验,以免以后无法进行实际检验。对于系统运行的综合报警点,允许放在系统试验中去做。所以,这个检验的时间往往很长。

在做检测点检验之前,集控台监测系统的自检程序应该先运行结束,以保证对设备的监控检测的正确性。

检测点包括的内容一般有几个方面:一是压力方面的检测和控制;二是温度变化的检测和控制;三是液位方面的检测;四是工况运行方面的检测。这里较复杂的是工况运行方面的检测,有些必须实际运行后才可以检测,是无法用模拟手段进行试验的检测点,包括:主机系统、锅炉系统、发电机系统、艏侧推系统,以及机舱一切与动力运行有关的船用设备,例如污水处理装置、各类油水柜等。

2. 试验的实施和方法

当进行集控台检测报警点检验时,应该注意检测元件动作参数的准确数值、安装在设备上的位置和报警状态。对于可以调整的检测点,试验结束后应该立即锁住,以免因误操作而改变。对检测中有疑问的数据,应及时汇集设备人员、船东、验船师的意见进行修改。修改后应有文字依据,以备后查。对于试验中出现的较小的误差,允许征得船东、验船师的意见当场进行调整,调整后重新进行试验。

如果集控台检测报警系统是由计算机系统控制的,应做到硬件尽可能模块化,以便于检测和更换;操作指令的输入方式应尽可能地简单方便;软件程序经试验合格后,不得随意更改。

为保证数据程序不因失电而丢失,应配有不中断电源作为保护的措施。

(1)报警系统的试验

①报警系统的供电方式应该是双套电源。当主电源失电后,能自动转接到独立的备用蓄电池组,并同时发出报警,蓄电池组的容量应该至少能维持供电 15 min。为保证应急供电,平时应对蓄电池组实行监控,当24 V 失电时,也可以发出声光报警。

②报警系统的自我检测。当报警系统自身发生故障时,应及时发出报警。较先进的自检系统能及时指出故障部位,较简易的至少对线路的短路、开路或保险丝熔断等进行报警。

③报警的声响和视觉信号均应符合船级社的规范要求。当报警应答后，应可以消音，但光信号必须一直保留到故障消除为止。报警应答消音后，闪光可以转为平光信号。

④报警信号应发送到值班轮机员居住室、驾驶室和轮机员常滞留的场所，例如餐厅、休息室等。报警信号应与集控台检测报警点一致，当轮机员应答后，机舱应有显示。较先进的显示方法是当呼叫后轮机员未应答，能将报警信号自动转到驾驶室或轮机长室。

⑤集控台的绝缘应符合技术要求。若工作电压大于 100 V 时，绝缘电阻值不小于 1 MΩ；工作电压小于 100 V 时，绝缘电阻不小于 0.5 MΩ。

(2) 对压力报警点的试验

实现压力报警可以通过压力开关、压差开关及压力传感器等来完成。试验时，一般使用手动液压泵对被检测的压力传感器进行测试，通过试验泵对该设备进行增压或减压，对其控制点进行调整，通过压力表观察达到所需监控显示报警的设定值检查显示报警，应达到正确无误。

(3) 对温度测量点的试验

温度测量通常是利用热膨胀、热电变换、电阻变化等方法进行测量的。

①100 ℃以下温度传感器的检验一般采用实际加热的方法。将温度传感器插入试验装置中，调节温度调节器，使温度箱中的介质的温度升高或下降，通过标准温度计观察达到所需的设定值，检查报警显示状况，应达到正确无误。

②100 ℃以上热电阻式传感器的试验方法。它是利用导体或半导体的电阻值随温度变化的特性来测温的，表 8－6 所列的是我国常用热电阻的基本参数。试验时将接线盒中的温度传感器的接线断开，在该处接上可调电阻，根据温度所对应的电阻值标准图表册查出所需设定的温度值所对应的电阻值，调节可调电阻达到所需电阻值，检查显示与报警，应正确无误。

③100 ℃以上热电偶式传感器试验方法。热电偶的结构简单，尺寸小，热惰性小、输出为电信号（热电势）。通常使用精度较高的毫伏计精确测量热电偶产生的热电势的毫伏数。检验时，在接线盒中将温度传感器的接线断开，在该处接上毫伏表，根据温度所对应的电压（毫伏）值标准图表册，查出所需设备的温度值对应的毫伏值，调节毫伏计达到所需的值，检查显示与报警状况，应正确无误。

表 8－6　我国常用热电阻的基本参数

名称	代号	分度	温度测量范围/℃	0°时的电阻值 R_0 及其允许差值/Ω	电阻比 W100 及其允许差值
铂热电阻	WZP	P11/P12	－200 ~ ＋650	46 ± 0.046/100 ＋ 0.1	1.3910 ＋ 0.0010
铜热电阻	WZC	Cu50/Cu100	－60 ~ ＋150	50 ± 0.05/100 ± 0.1	1.428 ± 0.002
镍热电阻	WAN	Ni50/Ni100	－60 ~ ＋180	50 ± 0.05/100 ± 0.1	1.617 ± 0.007

(4) 对于液位报警的检验

液位报警点一般都是以浮子的形式出现，检验时应用手动的方法进行实际检测。检验中应该重点注意浮漂安装的位置和延时的时间选择。这是为了防止由于摇摆或者液面处于临界状态时所产生的误报警而采取的延时措施，延时的时间一般都是可以调整的。

(5)工况检测报警点的检验

这种报警点一般以两种形式出现。一种是重要故障,另一种是保护系统动作的单独报警点,首先要搞清楚几种状态的报警,然后按功能逐一进行测试,以保证每种状态的报警的传递均正确无误。

3. 试验结果的记录

试验过程中,对于各检测点的数值变化都应该有详细的记录。表8－7是某船的监控检测点记录表,以供参考。

表8－7　监控检测点记录表

序号	通道	检测点	单位	设计值		试验结果		结论
				下限	上限	指示	音响	
1	M101	主机1号缸排气高温	℃	390	420			
2	M102	1号发电机超速停车	r/min		2 070			
3	M103	T500公共报警						
4	M104	污水处理装置故障						
5	M105	集控台24 V电源故障						

二、自动电站试验

电站自动化的任务是要保证供电的安全可靠和提高运行的经济性,尤其是在无人值班或一人值班的机舱,由于整个程序的自动化,减少了人为的误操作,可使整个电站处于最佳运行状态。

对自动电站的一般要求有:能够随时迅速地自动启动发电机组并自动投入电网运行;能自动准同步并车和进行功率分配;能自动地识别和调整负载的均衡和分配;必要时启动备用机组投入电网;瞬态条件反应所产生的大电流信号不应使发电机组产生不必要的自动启动;具有能自动卸载、程序启动等一系列保护发电机组的措施;故障断电后又恢复供电时能自动合闸。

由于自动电站具有很多优点,所以目前即使有些自动化程度并不是很高的船舶也选用自动电站。

1. 试验前应具备的条件

由于自动电站的运行正常与否直接影响到机舱大部分动力设备的工作情况,而对自动电站的考核就是检查对机舱大部分主要动力设备工况运行的影响。所以试验前应具备下列条件。

①柴油发电机组和配电板试验完毕。柴油发电机组和配电板的各种试验,如启动试验、柴油发电机报警装置试验(包括安全保护装置试验)、主配电板保护装置试验、柴油发电机负荷试验、柴油发电机特性试验、柴油发电机并联运行试验及配电板联锁试验等均应满足试验要求,控制及运行可靠。

②为发电机服务的各辅机试验均满足要求,控制及运行可靠。

③船舶上安装的大功率负载(如消防泵、压载泵等)试验完毕,满足试验要求,控制及运行可靠。

④发电机燃油单元试验完毕,且其重燃油自动转换柴油试验完毕(若设有时)。试验满足要求,控制及运行可靠。

⑤机舱具有顺序启动的各辅机单机试验完毕。其结果满足要求,控制及运行可靠。

⑥检查自动电站各有关的控制线路接线正确、可靠,各有关的电气元件应完好且清扫干净,其绝缘电阻大于 1 MΩ。

2. 试验的内容和实施方法

自动电站试验一般具有下列内容:

(1)自动电站报警试验

自动电站的报警板一般设有下列报警:发电机主开关闭合输入信号不正常:汇流排电压输入信号不正常(电压高/低,频率高/低);发电机主开关不正常脱扣;发电机主开关不能闭合;发电机电压/频率不能建立;发电机自动同步故障;发电机自动电路不正常;发电机主开关断开电路故障;发电机自动负载转移电路故障;发电机优先脱扣等。在试验过程中要逐项进行试验,观察并记录报警动作顺序及动作情况,确保准确无误。

(2)检验和判断自动启动状况

一般具有三台发电机的自动电站都采用 1 号机组—2 号机组—3 号机组—1 号机组的循环启动指令来控制机组。当出现下列任何状态时,发出“增机”指令后应能自动启动机组并自动并入电网。

①运行机组重载;

②运行机组故障,例如滑油压力低,冷却水出口温度高;

③外负载引起的电网断电(可利用机械脱扣进行试验);

④大功率询问,当大功率、设备需要投入工作,而运行机组储备容量不够;

⑤正要启动的备用机组故障,启动指令续递。

(3)正在运行中的发电机组自动解列的试验

当两台发电机并联运行时,产生的解列信号一般有两种状态:一种是轻负载状态,即负载总容量已小于单机容量的 80% 时,自动电站能否发出解列信号,应解列的机组自动将负载转移到运行机组后,主开关跳闸;另外一种解列状态是当并联运行的机组中某一台发出不正常或故障报警,需即刻退出运行。此时自动电站具有两种处理功能:负载轻时,自动单机解列;负载重时,应能够自动启动第三台备用机组投入运行,取代不正常机组,然后故障机组自动解列。上述试验均可以利用手动负载转移或模拟的方法来进行试验,以检验自动电站的程序是否正确。

(4)大功率询问试验(即重载问询)

一般当运行试验的机组的负载接近 85% 时,如需要启动一台大负载设备时,设备的启动按钮与自动电站的大功率询问相连接。这时,自动电站应立即发出“增机”指令,并启动备用机组与电网并联运行后,方允许该负载接入电网。当大负载退出电网后,自动电站可以根据负载情况进行自动转负载解列。

(5)运行机组自动并联运行试验

当机组根据指令自动并联运行后,各种工况负载的运行时间应该在 10 min 左右,并将运行时的工况负载变化所引起的电压、电流、频率、功率变化记录下来,填入表 8-8 内。

表 8-8　自动电站并联运行记录表

负载/%	电压/V	频率/Hz	________发电机		________发电机		________发电机	
			功率/kW	电流/A	功率/kW	电流/A	功率/kW	电流/A
100								
75								
50								
25								
50								
75								
100								

(6)自动分级卸载和分级启动的试验

当电站运行机组的负载超过了额定负载时,可自动分一级、二级将次要负载自动卸掉,以免影响机组运行。当断电后恢复供电时,自动电站应能自动合闸供电,为避免因负载同时启动造成的电流冲击,甚至使发电机主开关再次跳闸,自动电站能够对重要的负荷进行分级启动,每两级启动间隔 3~6 s。

3. 试验结果的记录

在自动电站的试验过程中,应加强监测,如备有打印设备应该将试验经过打印出来,对于试验中出现的问题,要做具体分析,允许对人工的误操作忽略不计。对于错误程序指令,应立即进行修改,并重新进行试验。表 8-9 是某船自动电站试验记录表,仅供参考。

表 8-9　自动电站试验记录表

船名:__________________　　　　试验时间:________年________月________日

序号	试验项目	试验内容(简略)	结论
1	自动电站报警	绝缘低报警、关电报警	
2	优先程序试验		
3	失电/故障停机	油/水高、低温等	
4	故障换机	发现故障自动换、停机	
5	汇流排异常换机		
6	重载增机		
7	轻载减机		
8	汇流排短路故障	失电修复后自动合闸	
9	大功率询问	自动增机、并车、分配	

思考与练习

1. 航行试验的目的是什么?
2. 进行航行试验必备的条件有哪些?
3. 航行试验的准备工作组织机构由几部分组成?
4. 船舶航行试验大纲主要包括哪些内容?
5. 根据试验大纲及常见故障排除的需要,应准备的仪器有哪些?
6. 根据试验大纲及常见故障排除的需要,应准备的仪表有哪些?
7. 试写一张 CCS 船舶试航申请书。
8. 在船舶航行试验中电气系统的初步检查有哪些内容?
9. 需要进行航行试验的系统及设备有哪些?
10. 航行试验中 100 ℃以上热电阻式传感器的试验方法是什么?
11. 自动电站试验一般有哪些内容?

附　　录

船级社及在中国业务介绍

一、船级社及其组织

1. 船级社

船级社(Classification society),或称验船协会,有时统称为验船机构,是一个建立与维护船舶和离岸设施的建造及操作的相关技术标准的机构,通常为民间组织。船级社主要业务是对新造船舶进行技术检验,合格者给予相应证书;根据检验业务的需要,制定相应的技术规范和标准;受本国或他国政府委托,代表其参与海事活动。有的船级社也接受陆上工程设施的检验业务。

船级社最早产生于260多年前的英国。18世纪中期,英国伦敦泰晤士河畔设有若干的咖啡馆,从事船舶生意的人们常在此聚谈,其中营业最盛者是爱德华·劳埃德,所有船舶和货物保险,大部分均在该咖啡馆办理,于是形成了海上保险的中心。由于保险需要了解船舶的技术状况,遂于1760年成立了劳埃德船级社(简称劳氏船级社),并开始实施船舶检验和登记入级的规范。初期的验船师大多是退休的船长和船上的木匠,他们经验丰富,能一验便知船舶优劣(那时都是木帆船)。他们最初把船体技术状况划分为五类:A(最好)、E(较好)、I(中等)、O(较坏)、U(最坏);又将所备帆、锚等分为三类:G(好)、M(中)、B(坏)。后来逐步根据需要,变革到现在的入级符号。Classification一词原是分级的意思,现在表示入级,不再对船舶划分等级。只要船舶建造符合船级社的建造规范,并经检验合格,该船即在该船级社入级。劳氏船级社成立以后,鉴于船级社的作用和实际需要,各航运发达国家以及有些发展中国家,也相继成立了自己的船级机构,以便发展航运事业和增强国际竞争能力。迄今世界上已有近50家船级社。

从法律意义上讲,船级社是出于保险或其他目的根据船舶的状况对船舶进行检验和分类的组织。其主要作用是对船舶在建造时和建造后进行定期检验,目的是设定和维持船舶及其设备的建造和维修标准。每个船级社都有一套规则规定检验要求,对船舶来说,要保持其级别就必须遵守这些规则。在多数国家,船东并无义务使其船舶分等级,但通常这是船舶保险的一个条件,也是多数租船人和发货人的要求,因此如果船舶没有分等级的话,在贸易上就有相当多的困难。船级社也监督和批准集装箱的建造。这个组织在多数海运国家都存在。

2. 国际船级社协会

国际船级社协会(international association of classification societies,IACS)是于1968年在奥斯陆举行的主要船级社讨论会上正式成立的。IACS成立的目标是促进海上安全标准的提高,与有关的国际组织和海事组织进行合作,与世界海运业保持紧密合作。中国船级社(CCS)于1988年加入IACS。IACS由理事会领导制定总政策,理事会设立一些工作组去执行协会的具体任务。IACS 设有下列工作组:集装箱、发动机、防火、液化气船和化学品船、内河船舶、海上防污染、材料和焊接、系泊和锚泊、船舶强度、稳性和载重线等工作组。IACS 目前有 12 家正式会员,IACS 的正式会员见附表 1。

附表 1　IACS 的正式会员

英文名称	中文名称	缩写
American Bureau of Shipping	美国船级社	ABS
Bureau Veritas	法国船级社	BV
China Classification Society	中国船级社	CCS
Det Norske Veritas Germanischer Lloyd	挪威船级社与德国劳氏船级社	DNV. GL
Korean Register of Shipping	韩国船级社	KR
Lloyd's Register of Shipping	英国劳埃德船级社(英国劳氏船级社)	LR
Nippon Kaiji Kyokai	日本船级社(日本海事协会)	NK
Registro Italiano Navale	意大利船级社	RINA
Polish Register of Shipping	波兰船舶登记局(波兰船级社)	PRS
Russian Maritime Register of Shipping	俄罗斯船舶登记局(俄罗斯船级社)	RS
India Register of Shipping	印度船级社	IRS
Croatian Register of Shipping	克罗地亚船舶登记局(克罗地亚船级社)	CRS

二、船级社的业务种类和服务

随着船级社的逐步发展,其业务也有所变化。成立之初,船级社为保险商提供的入级服务完全是自愿的,保险公司可以委托船级社进行船级划分,也可以不委托。而现在的入级服务已不仅是为保险商服务,而且政府希望通过入级服务,代替政府执行有关国际公约的要求,以保障船舶的质量和安全。因此,各国政府均赋予船级社更大的权利,并从法律法规上给予保障。船舶从设计、建造、营运和维修的各个阶段都要受到船级社的监督。不通过船级社的检验和发证,船舶不能营运。在近几年的国际公约中,出现了船舶必须达到某些入级规范标准的要求,正是这种具体技术要求的一致性,使得入级检验也具有了一定的法定特征。

船级社的业务范围也从航运领域扩大到相关的工业领域。船级社 200 多年发展历程当中,一直是作为公益性而非营利性的机构发展起来的,随着国际船级社间竞争的加剧,经营成本的增大,各个船级社在纷纷寻找出路,传统的理念受到了挑战。意大利船级社是欧盟当中最小的船级社,准备改之为有限公司,由基金会来管理,以实现经营者和所有者的分离,政府不再具体的管理;传言法国船级社正准备收购瑞典公正行,一旦成功将成为世界上最大的工业服务性机构,法国船级社曾对外宣布,准备上市,1998 年它的总收入为 7.4 亿美金,船舶检验部分所占比例仅为 17%,业内人士预测法国船级社的船舶检验部分的走向是出售或是被兼并,最终甚至脱离国际船级社协会;美国船级社也收购了软件公司,实行了大规模的结构性和战略性的调整;英国劳氏船级社始终坚持非营利机构的性质,但去年近 600

万英镑的首次赤字，外界批评它体系庞大，管理陈旧，英国劳氏船级社的未来面临调整。激烈的市场竞争将迫使船级社将注意力从有限的航运服务市场转向工业服务市场。

船级社的业务具有法律意义的分类，可以分为入级服务、法定服务和工业服务三大类。

1. 入级服务

入级服务包括船舶、海上设施、集装箱及相关工业产品的入级检验和发证工作。

入级检验是船东由于保险和船舶登记的需要而自愿申请，接受船级社的检验，使自己的船舶或海上设施取得某种船级。入级检验合格后，由船级社发给证书，授予船级符号及附加标志，并登入船级社出版的船舶名录内。船级符号的作用在于说明此船或海上设施是在该船级社的监督下建成或建成后由该船级社进行全面的初次入级检验，证明符合或等效于此船级社的规范或规定。附加标志是根据船舶及设备的具体条件，在船级符号后面附加一个或数个标志，如船舶类型、货物装载、特种任务、航区限制、冰区加强等。

入级检验是船级社最传统的业务。随着船级社的发展，现代的入级检验已较船级社产生之初有所变化。现代的入级检验已不仅是为保险商服务，而且通过入级检验保证船舶的质量和航行安全，并能代替政府执行有关国际公约的要求。没有入级证书，船舶将无法正常营运，因为入级是船舶登记和投保的前提。

2. 法定服务

法定服务是按照船旗国政府有关法令及船旗国政府缔结的国际公约的规定，由政府主管部门或政府授权的有资格的组织所指派的验船师进行的强制性的检验或审核。目前船级社进行的法定服务包括法定检验和《国际船舶安全营运和防止污染管理规则》（简称国际安全管理规则，ISM 规则）认证。

法定检验是随着最近 40 年来航运国际公约的不断增多，政府对船舶状况进行监督越来越必要的情况下产生的。政府以法令的形式明确规定哪些船级社可以代表政府按照《国际海上人命安全公约》（SOLAS 公约）、《1966 年国际载重线公约》《国际防止船舶造成污染公约》（MARPOL 公约）及《海员培训、发证和值班标准国际公约》（STCW 公约）等国际公约的要求实施检验后发证。

国际安全管理规则审核是指按照 ISM 规则的要求对船舶和船公司的质量体系状况进行审核，为船舶和船公司分别颁发船舶安全管理证书（SMC 证书）和安全符合证书（DOC 证书）。

20 世纪 80 年代以来，全球船队船龄呈增长势头，船舶海难事故不断发生，而其中 80% 是人为因素造成的。由于认识到了人为因素在保障海上安全和防止海洋环境污染方面所起到的重要作用，国际海事组织（IMO）采取了一系列的行动来控制人为因素。在 1994 年召开的 SOLAS 公约缔约国第二次外交大会上，通过了 SOLAS 公约的三个新的章节，将 ISM 规则完全纳入，成为公约强制性的规定。此后，国际各主要船级社均经船旗国政府授权对船东提供 ISM 体系的咨询和审核工作。

3. 工业服务

由于船级社之间的激烈竞争，为了寻求发展，各船级社已经开始把自己的市场从传统的不以营利为目的的船级检验有关的业务，转向以营利为目的的工业领域。船级社提供的工业服务包括质量体系认证、工程检验、货物检验、船舶和海上设施的公证检验、技术咨询、计算和评估及其他服务。

质量体系认证是一项新兴的业务，具有广阔的市场前景。现在主要的船级社对船公司、船厂和船机服务公司提供质量管理体系标准(ISO 9000)系列和其他质量保证体系的咨询和认证服务。

公证检验是受委托站在公证的立场上对某种情况进行鉴定,出具证明的一种检验。如船舶发生海损或机器事故后,受船东或保险公司等的委托进行原因分析,确定损坏部位、范围和程度,以及损坏修理工程项目内容等。船级社担任公证检验所出具的检验报告可作为交接、计费、理算、索赔及海事仲裁的行为的有效凭证。另外,船舶的起、退租检验,保修项目检验,船舶买卖核价及核定废钢船钢铁质量等均属公证检验。

船级社提供的技术咨询服务包括国际公约和国内的规定,船舶操纵性,船体及其性能监控,应急计划,海上拖航、系泊和锚泊。

现在,一些世界主要的船级社已经将自己的服务领域拓展到化工、电子、能源、农产品及环保等行业。

船级社在工业领域的服务,并没有改变船级社传统的"促进海上人命、财产安全和防止海域污染"的使命。但是,工业领域服务的营利性可能会引起船级社内部利益的潜在冲突。船级社对经济利益的追求可能影响到船级社对传统业务标准的放松。船级社可能给顾客提供"买一送一"服务,如顾客接受了船级社以营利为目的分析和设计的服务,会同时轻易地取得入级和法定证书。船级社已经意识到了非营利性业务和营利性业务之间的冲突。IACS 成员已经同意从事入级服务有关业务的人员不同时向客户提供其他营利性服务。

三、主要船级社及在我国的业务简介

1. 英国劳埃德船级社(Lloyd's Register of Shipping,LR)又称劳氏船级社,是以劳埃德命名的国际性船级社之一。劳埃德船级社从维护保险商的海上保险利益开始,逐步发展为保障船舶和海上生命财产安全的社会公益性机构。

1760 年劳埃德船级社为编辑保险人船舶名录而设立机构。最高决策机构是总委员会,由主席、副主席、船体总验船师、轮机总验船师、船级委员会主席、技术委员会主席、国家或地区委员会主席、劳埃德保险公司代表、伦敦保险协会代表、利物浦保险商协会代表、英国造船公司代表、英国航运总会代表,以及离任的主席、副主席等约 100 名成员组成。下设行政理事会、管理委员会负责日常工作;在一些国家或地区还设有地区委员会等分支机构,承办有关船舶航运、海事动态及联络和咨询等工作。

该社职能主要是:船舶检验,船舶定级,船舶名录的编辑与发行,有关造船的用料标准、技术监督和统计,发放"100AI"或"B. S."标识。该社编印的《劳埃德船舶登记册(Lloyd's Register of ships)》每年定期出版,包括世界 100 t 以上的商船以及其船名、吨位、制造年份、船级社、制造地、船壳和船机类型等内容,成为国际保险业、航运业不可缺少的重要文献。

劳埃德船级社是历史最悠久、规模最大的船级社。其由船东、海运保险业承保人、造船业、钢铁制造业和发动机制造业等各方面委员会组成并管理,主要职责是为商船分类定级。西方航海发达国家仿效英国做法,先后成立了法国船级社、挪威船级社、美国船级社、德国劳氏船级社等。

目前,劳埃德船级社在我国上海、北京、南通、大连、青岛、天津、江阴、南京、舟山、广州、武汉、厦门、香港、台北设有分支机构。

2. 美国船级社(American Bureau of Shipping,ABS)成立于 1862 年,属于非政府组织,主要致力于为公共利益和客户需求服务,通过开发和验证海洋相关设施的设计、建造和操作标准,保护人命、财产和自然环境的安全。美国船级社的突出特点是开展了美国海军中小型战斗舰及军辅舰的检验业务。

迄今为止,ABS 的业务范围涉及船舶、海洋工程、锅炉及压力容器、石油化工工业、电站动力设施、铁路与港口设施、船用设备与集装箱等检验业务,同时还开展了围绕着质量管理体系标准(ISO 9000)、环境管理系列标准(ISO 14000)、职业健康安全管理体系标准(ISO 18000)、社会责任标准(SA 8000)、商业社会标准认证(BSCI)等方面的认证工作。据美国船级社公布的 2009 年的入级船舶创新高,达到了 1.595 亿总吨。2010 年一季度美国船级社入级船舶继续强势增长,到 3 月底达到了 1.62 亿总吨。在造船市场大萧条期间,美国船级社入级船舶超过了 1 000 万总吨,同比只减少了 5%。

美国船级社在我国有上海、大连、广州三个大的站,其他的小站分属三个大站管理。其中国的站点均归香港管理,审图由横滨总管,整个亚太区总部在新加坡,ABS 认证即是由美国船级社(ABS)颁发的证书。

目前,美国船级社在我国上海、南通、福州、大连、青岛、天津、南京、烟台、广州、宁波、泰州设有分支机构。

3. 法国船级社(Bureau Veritas,BV,包括必维国际检验集团、法国国际检验局、法国国际检验集团、法国国际验船协会),1828 年成立,总部位于法国巴黎,是国际船级社协会正式会员之一,世界领先的检验认证集团之一。

法国船级社的业务已经拓展到质量、健康与安全、环境和社会责任多个领域,在船舶入级与检验、体系认证、国际进出口商检、社会责任审核、消费品测试、工业建筑与基础设施、核安全等多个领域,且均处于世界领先地位。

目前,法国船级社在我国上海、北京、广州、大连、青岛设有代表处。

4. 挪威船级社(DNV)与德国劳氏船级社(GL)2012 年 12 月 20 日签署合并协议,成立新公司 DNV. GL。挪威船级社将拥有新公司 63.5% 的股份,而德国劳氏船级社将拥有 36.5% 的股份。DNV. GL 将注册成为一家总部设在奥斯陆的挪威公司,而公司主要海事业务的负责部门将设在汉堡。DNV. GL 是世界第三大船级社,业务涉及船舶、能源咨询等领域,在全球 100 多个国家拥有 1.7 万员工,预计年营运收入达 180 亿挪威克朗(约合 32 亿美元)。

目前,DNV. GL 在我国大连、青岛、天津、烟台、南京、上海、南通、广州设有分公司。

5. 中国船级社(China Classification Society,CCS)成立于 1956 年,总部设在北京。中国船级社作为中华人民共和国交通运输部直属事业单位,实行企业化管理。中国船级社是国家的船舶技术检验机构,是中国唯一从事船舶入级检验业务的专业机构,国际船级社协会的正式会员。

原中华人民共和国船舶登记局于 1956 年 8 月 1 日正式成立,开始了我国以保障船舶安全为宗旨的船舶检验和监督工作,1958 年 6 月 1 日改为现名:中华人民共和国船舶检验局。1986 年 8 月 1 日,出于船舶入级和检验发证的需要,经原中华人民共和国交通部批准,中国船级社与中华人民共和国船舶检验局“一个机构、两块牌子”,共同对外开展各项业务。1986 年以后,中国船级社开始以社团法人身份进入国内外市场,在大力推进各项业务发展的同时,开始在国外主要港口增设驻外办事机构,建立世界范围内的检验服务网络,面向世界加快发展。1988 年,中国船级社加入国际船级社协会,直接成为该协会第 11 家正式会员,同年得到苏伊士运河管理局承认,过运河免受检验。1992 年,依据《NCS 质量体系认证计划》(QSCS),建立起了符合 ISO 9001 标准的 QSCS 质量体系,并于 1994 年获得了国际船级社协会颁发的质量体系合格证书,从而使中国船级社的技术和服务质量得到国际社会承认。

中国船级社受中国政府委托定期出席国际海事组织各有关会议,并将其通过的国际公约和更新的技术标准及时在其相应规范中予以执行。1994 年,中国船级社最高船级被列入伦敦保险协会的船级条款,中国船级社获得了与世界知名船级社同等的保险优惠待遇。目前,中国船级社已接受了包括中国政府在内的 52 个国际上主要航运国家或地区的政府授权,为悬挂这些国家或地区旗帜的船舶代行法定检验,并接受了 14 个国家或地区的政府授权,代行 ISM 规则认证,同时还与境外 19 家验船机构签订了相互代理检验的合作协议。1996 年至 1997 年间,中国船级社出任国际船级社协会主席,成功地处理了一些重大海事难题,为国家赢得了荣誉。1998 年,伴随着我国水运管理体制的改革,实施了“局、社分开”管理,中国船级社成为我国唯一办理船舶入级业务的国家船舶检验机构和船舶检验的主力军。

中国船级社依据国家有关法规和国际公约、规则,为国内外船舶、海上设施、集装箱及其相关工业产品的入级服务、鉴证检验、公证检验,以及经中国政府、外国(地区)政府主管机关授权执行法定服务等具体业务,还有经有关主管机关核准的其他业务。通过中国船级社独立、公正和诚实的入级、认证和技术服务,为交通运输、海上开发及相关的制造业和保险业服务,为促进水上人命和财产的安全与保护海洋及其他环境服务。

中国船级社设有 80 多个分支机构(现有国内检验网点 57 个,国外网点 19 个),4 000 多名工作人员,覆盖国内外主要港口,形成了遍布亚洲、欧洲、美洲、非洲、大洋洲的全球服务网络。中国船级社还是国际独立油轮船东协会(NTERTANKO)和国际干散货船东协会(NCARGO)的联系会员。秉承“安全、环保,为客户和社会创造价值”的宗旨,中国船级社依托其遍布全球的 120 个网点,形成了覆盖全球的服务网络。

中国船级社不仅在船舶、海上设施、集装箱以及相关工业产品领域提供检验业务,还在可再生能源、交通运输、基础设施、大型钢结构等领域广泛开展认证、审核、监理、检测、评估、试验、咨询、培训等服务。

中国船级社的主要业务如下:

(1) 船舶与海上设施及其产品(包括集装箱)入级服务:规范制定与维护、审图、检验与发证;

(2) 船舶与海上设施及其产品受权法定服务:法定检验技术规则制定、审图、检验与发证;

(3) 受理其他验船机构委托的检验与发证、船舶与海上设施公正检验和安全评估、船舶与海上设施鉴证检验和发证、重大海上安全事故调查;

(4) 相关陆上工业设施与产品认证、检验及发证,外国验船机构委托船用与相关陆上工业设施和产品代理检验及发证;

(5) 船舶安全管理体系(ISM)审核与发证;

(6) 船舶保安体系(ISPS)审核与发证;

(7) 船舶技术状况勘验与技术状况鉴定;

(8) ISO 9000 与 ISO 14000 等系列质量体系与环境管理体系认证;

(9) 船舶与海上设施入级技术研究、水上安全与环境保护技术研究、船用与相关陆上

工业设施和产品检验技术研究、相关信息技术应用研究;

(10) 其他服务。

中国船级社坚持“技术立社、诚信为本、与众不同、国际一流”的建社方针,秉承“客户第一、优质服务”的价值理念,牢牢把握服务国家水运安全、维护国家海事权益、推进造船强国建设的根本要求,努力建设与海洋强国相适应的国际一流船级社。

6. 意大利船级社(Registro Italiano Navale,RINA)1861 年成立于热那亚,由一群船东和海上保险商发起成立,至今已有 150 多年的历史,是世界上最老的船级社之一,也是国际船级社协会的创建者之一。经过 150 多年的发展,意大利船级社的业务范围不断扩大。

意大利船级社海上业务有两类:一类是传统的船舶检验业务,即依法对船舶、海洋工程、船用产品进行检验;另一类是现有船状态评估与工业服务业务,服务范围包括为相关各方(船东、海上保险商、租船者)提供船舶符合性检验,维护海上安全及防止海上污染。此外,意大利船级社还将其在船舶入级方面的技术应用于能源、基础设施、物流、环境评估、工业服务等领域。

现今,意大利船级社已获得意大利政府和其他 70 多个国旗国政府的授权,依据欧洲联盟(欧盟)有关规定代其行使职责。作为一家船级社,意大利船级社依据其规范进行设计并对其监督建造的船只进行全面的质量和安全认定。另外,在对悬挂意大利国旗的船只的建造进行检验及监督的同时,意大利船级社也直接代表意大利政府行使职责,自其成立以来就与意大利政府建立了直接且紧密的联系。

意大利船级社还在质量、环境认证领域具有丰富的经验,尤其对中小企业开展上述领域的认证方面处于领先地位。

其中国总部设在上海,目前在广州、大连、天津、青岛设有办公室。

7. 日本船级社(Nippon Kaiji Kyokai,NK)。根据日本船级社年度入级数据和克拉克森最新统计数据显示,2015 年日本船级社再次成为全球入级船舶运力最多的船级社。

此外,日本船级社还与各个行业的合作伙伴在亚洲、欧洲和美洲联合研发项目,重点研发船舶海上安全和海洋环境保护。作为一个独立非营利组织,日本船级社致力于将所有营利投入到改善服务质量上,为航运业提供创新解决方案。

日本船级社(中国)有限公司于 2009 年 1 月 5 日在上海市工商局登记成立。法定代表人成泽平,公司经营范围包括依据船旗国政府授权,对悬挂该国国旗及拟悬挂该国国旗的船舶进行认证等。

其中国总部设在上海,目前在天津、大连、青岛、南通、舟山、广州设有分公司。

8. 韩国船级社(Korean Register of Shipping,KR)是一家不以营利为目的船级社,它提供船舶检验和认证服务。其成立于 1960 年,1988 年成为国际船级社协会正式会员,总部设于韩国釜山,通过韩国国内及全球 65 个分社或办事处可即时提供高质量的服务。

其中国总部设在上海,目前在大连、青岛、南京、宁波设有支部。

9. 俄罗斯船级社(Russian Maritime Register of Shipping,RS)。其使命是促进安全的船舶、海上设施和海上固定平台,维护海上人命安全、货物安全,防止污染。俄罗斯船级社成立于 1913 年 12 月 31 日,1969 年加入国际船级社协会。在航运业复杂的结构技术检验中已经积累了百年的经验,有 1 500 多名高度熟练的专业人士(其中超过 850 人是现场验船师),在世界各地有 50 多个办事处,在任何地区都能迅速、可靠和高质量地提供全方位的服务。它是世界上唯一的拥有商用核船队的船级社。1959 年 12 月 3 日俄罗斯船级社向世界上第一艘核动力破冰船“列宁”号颁发证书。目前,其正在建造拥有 RS 级的世界上第一个浮动核电站。在不久的将来计划建造最新功率达 60 MW 的多用途破冰船。

其在中国天津、上海设有船舶入级服务公司。

附图 1 至附图 5 为主要船级社的标志。

附图 1　英国船级社标志

附图 2　法国船级社标志

(a)

(b)

附图 3　**DNV. GL** 新、旧标志

(a)

(b)

附图 4　中国船级社标志

另附:以中国船级社为例,填写“建造入级船舶审图/检验申请”资料如下:

中国船级社
CHINA CLASSIFICATION SOCIETY
建造入级船舶审图/检验申请
APPLICATION FOR NEWBUILDING SHIP' S SERVICES

兹申请中国船级社对下述船舶进行

We hereby apply China Classification Society

船级图纸审批 ☐ Plan approval for classification	☐ 建造中入级检验 Classification survey during construction
☐ 法定图纸审批 Plan approval for statutory requirements	☐ 建造中法定检验 Statutory survey during construction

建造厂 Builder 联系人/电话/传真 Contact/Tel No. /Fax No.	
设计单位 Designer 联系人/电话/传真 Contact/Tel No. /Fax No.	
预期船东/船舶营运人 Prospective owner/operator	

船旗 Flag		船籍港 Port of register	
船型 Type of ship		船长 Length(Overall)	
船(两柱间) 长 Length(B. P.)		型宽 Breadth(Mld.)	
设计吃水 Draft designed		型深 Depth(Mld.)	
1969 总吨位(预估) 1969 Gross tonnage(Approx.)		载重吨 Deadweight	

<table>
<tr><td colspan="2">载运集装箱量(TEU) Capacity of carrying containers (TEU)</td><td colspan="2"></td><td>载客量 Capacity of carrying passengers</td><td></td></tr>
<tr><td colspan="2">船舶航区/专用航线
Service area/Special route</td><td colspan="2"></td><td>冰区加强
Ice class</td><td></td></tr>
<tr><td colspan="2">申请授予的船级符号和附加标志
Class characters and class notations:</td><td colspan="4">★ CSA
★ CSM</td></tr>
<tr><td colspan="2" rowspan="2">船舶或系列船舶 A
(单一建造合同、没有选择权船舶)
Ship or series ships
(a single contract without optional ship)</td><td>船名/船舶编号
Ship name/
Hull No.</td><td></td><td rowspan="2">合同中其余船舶的船舶编号
Hull No. of the other ships in the same contract</td><td rowspan="2"></td></tr>
<tr><td>建造合同签署日期
Date of contract for construction</td><td></td></tr>
<tr><td colspan="2" rowspan="2">船舶或系列船舶 B
(具有选择权船舶的单一建造合同)
Ship or series ships
(a single contract with optional ships)</td><td>船名/船舶编号
Ship name/
Hull No.</td><td></td><td rowspan="2">合同签署生效的其他船舶编号
Hull No. of the other ships in the same contract</td><td rowspan="2"></td></tr>
<tr><td>建造合同签署日期
Date of contract for construction</td><td></td></tr>
<tr><td colspan="2" rowspan="2">“选择权”船舶 C
(单一建造合同的选择权船舶)
Optional ships
(optional ships signed in a single contract)</td><td>船名/船舶编号
Ship name/
Hull No.</td><td></td><td rowspan="2">合同中其余“选择权”船舶的船舶编号
Hull No. of the other optional ships in the same contract</td><td rowspan="2"></td></tr>
<tr><td>选择权生效日期
Date on which the option is exercised</td><td></td></tr>
<tr><td rowspan="2">建造计划
Construction Schedule:</td><td>图纸送审
Dwg. submitting</td><td>开工
Steel cutting</td><td>安放龙骨
Keel laying</td><td>下水
Launching</td><td>交船
Delivery</td></tr>
<tr><td></td><td></td><td></td><td></td><td></td></tr>
<tr><td colspan="2">CCS 项目标识号 CCS project ID No</td><td></td><td colspan="2">船舶登记号 Class No</td><td></td></tr>
</table>

（1）建造合同日期定义 Definition of date of “Contract for Construction” as per IACS PR 29（Rev. 2）：

The date of “Contract for Construction” of a vessel is the date on which the contract to build the vessel is signed between prospective owner and the shipbuilder. This date and construction numbers（i e Hull Numbers）of all vessels include the contract are to be declared to the classification by the party applying assignment of class for a new building.

建造合同日期是由预期的船东和船厂之间签署一艘船舶的建造合同日期。其合同（涉及所有船舶）日期和船舶建造工程号（如船厂编号）应由申请建造入级的申请方向入级船级社提出书面声明。

（2）系列姐妹船（a series of sister vessels）：

“a series of sister vessels” is a series of vessels built to the same approved plans for classification purpose, under a single contract for construction.

系列姐妹船是在一个单一合同中标明的按照相同图纸批准建造的船舶。

（3）选择权船舶（Optional ships）：

Optional ships will be considered part of same series of sister vessels if the option is exercised not later than 1 year after the contract to build the series was signed.

选择权船舶属于系列姐妹船的一部分，其选择权在系列船舶合同签署之后 1 年内生效。

（4）填写说明（Instruction for filling）：

a. 如果签署一个建造合同包括实际船舶艘数，没有选择权船舶，填写 A 项。

A single contract for construction is signed without any optional vessels, write in item A.

b. 如果签署一个建造合同包括实际船舶艘数和选择权船舶，如 5 + 5，则填写 B 项（前 5 艘船舶）。

A single contract for construction is signed with optional vessels, i. e. 5 + 5 vessels, first 5 vessels to be writed in item B.

c. 上述合同中说明的选择权船舶且在 1 年中生效，如 + 5 船舶，则填写 B + C 项。

Optional vessels exercised within 1 year after the single contract for construction a series of sister vessels i. e. + 5 vessels, write in item B + C.

d. 申请方填写建造入级申请并签署、盖章，认为属于（1）的书面声明。

Application for New Building Ship's Service with signature and seal by applicant is regard as declaration from applicant as mentioned in（1）

e. 对图纸审批，本申请适用于系列姐妹船；对建造检验，本申请适用于 1 艘建造入级船舶。

For plan approval, this application applies to a series of sister vessels; for survey during construction, this application applies to only 1 vessel.

本船舶设计应满足下述现行有效的规范、规则和公约：（下表内容可自行增加）

The vessel（s）is（are）designed in compliance with the current Rules, Regulations and Conventions applicable to the vessel（s）as follows:（Additional items to be added if necessary）

1	□CCS 2001 钢质海船入级与建造规范 The rules and regulations for the construction and classification of sea – going steel ships 2001, CCS 及其 and its
1.1	□2002 修改通报 2002 Amendments
1.2	□2003 修改通报 2003 Amendments
1.3	□2004 修改通报 2004 Amendments
1.4	□2005 修改通报 2005 Amendments
1.5	□2006 钢质海船入级规范 The rules and regulations for classification of sea – going steel ships 2006
	□
	□
2	□CCS 1998 材料与焊接规范 The rules and regulations for materials and welding 1998, CCS 及其 and its
2.1	□2001 修改通报 2001 Amendments
2.2	□2003 修改通报 2003 Amendments
2.3	□2004 修改通报 2004 Amendments
2.4	□材料与焊接规范(2006) The rules and regulations for materials and welding 2006
	□
	□

3	☐ CCS 2001 船舶与海上设施起重设备规范 The rules for lifting appliances of ships and offshore installations 2001, CCS
	☐
	☐
4	☐ CCS 1996 海上高速船入级与建造规范 The rules and regulations for the construction and classification of sea – going high speed craft 1996,CCS
4.1	☐ 1997 修改通报 1997 Amendments
4.2	☐ 2002 修改通报 2002 Amendments
4.3	☐ CCS 2005 海上高速船入级与建造规范 The rules and regulations for the construction and classification of sea – going high speed craft 2005,CCS
	☐
	☐
5	☐ CCS 1996 散装运输危险化学品船舶构造与设备规范 The rules for the construction and equipment of ships carrying dangerous chemicals in bulk 1996,CCS
5.1	☐ CCS 2005 散装运输危险化学品船舶构造与设备规范 The rules for the construction and equipment of ships carrying dangerous chemicals in bulk 2005
	☐
	☐
6	☐ CCS 1996 散装运输液化气体船舶构造与设备规范 The rules for the construction and equipment of ships carrying liquefied gases in bulk 1996,CCS
6.1	☐ CCS 2005 散装运输液化气体船舶构造与设备规范 The rules for the construction and equipment of ships carrying liquefied gases in bulk 2005

6.2	□ 2006 修改通报 2006 Amendments
	□
	□
7	□ CCS 1992 浮船坞入级与建造规范 Rules and regulations for the construction and classification of floating docks 1992,CCS
8	□ 中华人民共和国船舶检验局 1999 国际航行海船法定检验技术规则 The technical regulations for statutory survey of international seagoing ships 1999, Register of shipping of the P. R. China and its
8.1	□ 2003 修改通报 2003 Amendments
8.2	□ 2004 修改通报 2004 Amendments
8.3	□ 2005 修改通报 2005 Amendments
	□
	□
9	□ 中华人民共和国船舶检验局 1999 起重设备法定检验技术规则 The technical regulations for statutory survey of lifting appliances of ships 1999,Register of shipping of the P. R. China
	□
	□
10	□ IMO 国际海上人命安全公约 2004 综合文本 International convention for the safety of life at sea consolidated edition 2004

	□
	□
11	□ IMO 1966 年国际载重线公约和经 1988 年议定书修订的 1966 年国际载重线公约 The international convention on load lines, 1966and as modified by the protocol of 1988,IMO
	□
	□
12	□ IMO 1972 年国际海上避碰规则 The international regulations for preventing collisions at Sea 1972,IMO and its
12.1	□ 1981 修正案 1981 Amendments
12.2	□ 1987 修正案 1987 Amendments
12.3	□ 1989 修正案 1989 Amendments
12.4	□ 1993 修正案 1993 Amendments
12.5	□ 2001 修正案(以 A.910(22)通过) 2001 Amendments (by A.910(22))
	□
	□
13	□ IMO 2000 年国际高速船安全规则(以 MSC.97(73)通过) International code of safety for high - speed craft 2000,IMO (by MSC.97(73))
	□

	□
14	□ 关于 IMO 文件包括的所有船舶的完整稳性规则(以 A.749(18)通过) Code on intact stability for all types of ships covered by IMO instruments (by A.749(18)) and its
14.1	□ 经 MSC.75(69)决议修正的修正案 Amendments by MSC.75(69)
	□
	□
15	□ IMO 国际特种用途船舶安全规则 Code on safety of special purpose ships(IMO. A.534(13)) and its
15.1	□ 1986 修正案(以 MSC/Circ.446 修改) 1986 Amendments (by MSC/Circ.446)
15.2	□ 1987 修正案(以 MSC/Circ.478 修改) 1987 Amendments (by MSC/Circ.478)
15.3	□ 1996 修正案(以 MSC/Circ.739 修改) 1996 Amendments (by MSC/Circ.739)
	□
	□
16	□ IMO MARPOL 73/78 防污公约 2002 综合文本 International convention for the prevention of pollution from ships 1973, as modified by the protocol of 1978 relating thereto consolidated edition 2002 and its
16.1	□ 附则 I 防止油类污染规则 Annex I Regulations for the prevention of pollution by oil
16.2	□ 附则 II 控制散装有毒液体物质污染规则 Annex II Regulations for the control of pollution by noxious liquid substances in bulk

16.3	□ 附则Ⅲ防止海运包装有害物质污染规则 Annex Ⅲ Regulations for the prevention of pollution by harmful substances carried by sea in packaged form
16.4	□ 附则Ⅳ防止船舶生活污水污染规则 Annex Ⅳ Regulations for the prevention of pollution by sewage from ships
16.5	□ 附则Ⅴ防止船舶垃圾污染规则 Annex Ⅴ Regulations for the prevention of pollution by garbage from ships
16.6	□ 附则Ⅵ防止船舶造成空气污染规则 Annex Ⅵ Regulations for the prevention of air pollution from ships
	□
	□
17	□ IMO 国际散装运输危险化学品船舶构造与设备规则(以 MSC.4(48)通过) International code for the construction and equipment of ships carrying dangerous chemical in bulk, IMO (by MSC.4(48)) and its
17.1	□ 1987 修正案 1987 Amendments
17.2	□ 1989 修正案 1989 Amendments
17.3	□ 1990 修正案 1990 Amendments
17.4	□ 1992 修正案 1992 Amendments
17.5	□ 1996 修正案 1996 Amendments
17.6	□ 2000 修正案 2000 Amendments
	□

	□
18	□ IMO 国际散装运输液化气体船舶构造与设备规则(以 MSC.5(48)通过) International code for the construction and equipment of ships carrying liquefied gases in bulk, IMO (by MSC.5(48)) and its
18.1	□ 1990 修正案 1990 Amendments
18.2	□ 1992 修正案 1992 Amendments
18.3	□ 1994 修正案 1994 Amendments
18.4	□ 1996 修正案 1996 Amendments
18.5	□ 2000 修正案 2000 Amendments
	□
	□
19	□ IMO 国际控制船舶有害防污底系统公约 International convention on the control of harmful anti – fouling system on ships
	□
	□
20	□ IMO1994 固体散装底物安全操作规则 Code of safe practice for solid bulk cargoes 1994, IMO
	□
	□

21	□ ILO 船员舱室设备公约 ILO Convention concerning crew accommodation on board ship
21.1	□ 公约第 92 号 Convention No. 92
21.2	□ 公约第 133 号 Convention No. 133
	□
	□
22	□ 其他 Others
	□
	□
	□
	□
	□
	□
	□

申请中国船级社签发下列船级证书及代表船旗国政府签发下列法定证书及批准有关技术文件。

In addition, we apply that the following classification certificates are to be issued by China Classification Society, and the following statutory certificates & relevant technical documents are to be issued and/or approved by China Classification Society on behalf of the Government of the State whose flag the ship is entitled to fly.

□ 入级证书 Classification certificate	□ 69 国际吨位证书 International tonnage certificate (1969)
□	□ 巴拿马运河吨位文件 Panama canal PC/UMS documentation (Form CPCT)
□ 货物冷藏装置入级证书 Classification certificate of refrigerating cargo installation	□ 苏伊士运河吨位证书 Suez canal tonnage
□ 国际载重线证书 International load line certificate	□ 国际防止油污证书 International oil pollution prevention certificate
□ 货船构造安全证书 Cargo ship safety construction certificate	□ 国际防止生活污水污染证书 International sewage pollution prevention certificate
□ 货船设备安全证书 Cargo ship safety equipment certificate	□ 国际防止空气污染证书 International air pollution prevention certificate
□ 货船无线电安全证书 Cargo ship safety radio certificate	□ 船舶装运危险货物适装证书 Fitness for dangerous goods
□ 客船安全证书 Passenger ship safety certificate	□ 特种用途船安全证书 Special purpose ship safety certificate
□ 起货设备证书 Certificate for cargo gear	□ 高速船安全证书 High – speed craft safety certificate
□ 完整稳性资料批准书 Documents for intact stability	□ 高速船营运许可证书 Permit to operate high speed craft
□ 破舱稳性资料批准书 Documents for damage stability	□ 船舶装载手册批准书 Loading manual
□ 国际散装运输危险化学品适装证书 International certificate of fitness for the carriage of dangerous chemicals in bulk	□ 防止船舶垃圾污染检验证明 Statement of garbage pollution prevention from ships

□ 散装固体货物证书 Certificate of compliance for the carriage of solid bulk cargoes	□ 国际防止散装运输有毒液体物质污染证书 International pollution prevention certificate for the carriage of noxious liquid substances in bulk
□ 国际散装运输液化气体适装证书 International certificate of fitness for the carriage of liquefied gases in bulk	□ 防污底系统符合证明 Statement of compliance under the on international convention onthe control of harmful anti – fouling systems on ship
□	□
□	□
□	□
□	□
□	□
□	□

需要说明的问题 Remarks：（如部分图纸由供方提供时，请说明内容及联系办法）

下面签名者（申请方）确认知悉了本申请书中的重要提示和 CCS 最新颁布的《钢质海船入级规范》中有关条款，包括但不限于总则部分的所有条款的内容，并同意接受这些条款的约束。

The undersigned party (the Applicant) acknowledge all the articles in the Important Notice contained herein and the relevant terms in the latest edition of Rules and Regulations for the Construction and Classification of Seagoing Steel Ships of CCS, including, but not limited to, the General Part of above mentioned rules and regulations have been reviewed, and agree to be governed by those articles and terms.

我们保证按规定支付入级检验费，包括检验费和验船师为执行检验工作所必需的差旅费和其他开支。即使此项检验未能由船级社完成，我们也同意根据已进行的工作按比例向中国船级社支付相应的费用。

We agree to pay the fee for the specified service and, in addition, any traveling and other expenses incurred by the surveyor related to the services. In the event of this project not being completed under the Society's services, we also agree to pay on a proportion rata basis for the services provided.

<table>
<tr><td>申请方
Applicant</td><td colspan="2"></td></tr>
<tr><td>代表签字
Representative's signature</td><td colspan="2"></td></tr>
<tr><td>职务
Title</td><td colspan="2"></td></tr>
<tr><td>电话
Tel.</td><td></td><td rowspan="5">（申请单位盖章）
Stamp of applicant</td></tr>
<tr><td>传真
Fax</td><td></td></tr>
<tr><td>邮箱地址
E－mail</td><td></td></tr>
<tr><td>文件寄送地址
Full address to post</td><td></td></tr>
<tr><td>邮政编码
Post code</td><td></td><td>日期
Date</td></tr>
</table>

重要提示：

1. 本申请一经申请方签署和盖章并被中国船级社（以下简称“本社”）受理，即构成本社与申请方之间的合同的证明。除非另有约定，下列条款和本社最新颁布的《钢质海船入级规范》（以下简称规范）中的有关条款，包括但不限于规范中总则部分的条款，构成本社与申请方之间合同的内容，并调整与本申请有关的一切服务。如下述条款与本社规范中的条款规定有不一致的内容，以下列条款为准。

2. 申请方保证在本申请表中所填写的内容和所提供的图纸、资料均属实。如查有不实之处，申请方应负法律责任，承担由此造成的一切后果。

3. 如申请检验的船舶是转级船舶，本社有权从原船级社获得所有有关的资料文件。

4. 责任限定

4.1 本社按照合同提供服务，在任何情况下本社均不对与本社无直接合同关系方的任何损失承担责任。

4.2 本社仅仅对由于自身疏忽行为而直接造成的损失或损害承担责任，在任何情况下本社均不对间接损失或随后引发附加损失或损害承担责任。

4.3 如经证明合同关系方所遭受的损失或损害是由于本社或本社雇员、代理人或本社其他代表方的疏忽行为造成的，本社将承担责任，并将支付赔偿。但此赔偿的数额不超过该项服务收费的2倍，且最大不超过人民币80万元。但如该损失或损害是由如下行为所造成，本社将不承担任何责任：

（1）本社雇员超越其受雇权限的行为；

（2）本社的代理人或其他代表方超越本社对其书面授权范围的行为。

4.4 对本社承担责任的损失或损害的索赔，必须以书面形式在损害最初被发现或损失形成的6个月内提出，否则将被视为彻底放弃索赔权。

5. 法律适用和仲裁

中华人民共和国法律适用。除与本社另有约定外，所有由本社提供的服务引起的，或与本社提供的服务有关的任何争议，均应提交中国海事仲裁委员会，按照申请仲裁时该会现行有效的仲裁规则进行仲裁。仲裁裁决是终局的，对双方均有约束力。

机电设备概况表
DESCRIPTION OF MACHINERY AND EQUIPMENTS

（该内容为本社参考资料，请大力协助 This form is for information only and without prejudice. Your Cooperation in completing it would be appreciated）（共 2 页 total pages 2）

1. 推进机械 PROPULSION MACHINERY

轴系数量 Number of shaft lines		主机形式和数量 Type & number of M. E	
主机制造厂 Manufacturer of M. E.			
主机额定功率和转速 Rated power & speed of M. E.	kW(　　BHP)； r/min		
艏侧推装置 Bow thrust unit	☐ 有 Yes ☐ 无 No	减速装置 Gear cases	☐ 有 Yes ☐ 无 No
螺旋桨制造厂 Manufacturer of propeller		螺旋桨类型 Type of propeller	

2. 发电机组 GENERATOR SETS

辅机形式和数量 No. & Type of Aux. engine			
额定功率和转速 Rated power & Speed	kW(BHP)； r/min		
制造厂 Manufacturer			
发电机形式 Type of generator		功率 Power	kW(kVA)
应急发电机形式 Type of emergency generator		功率 Power	kW(kVA)
轴带发电机 Shaft－driven generator	☐ 有 Yes ☐ 无 No	功率 Power	kW(kVA)

3. 锅炉 BOILERS

辅锅炉形式 Type of Aux. boiler		蒸发量 Evaporate rate	t/h
设计压力 Design pressure	MPa	受热面积 Heating surface	m^2
辅锅炉制造厂 Manufacturer of Aux. boiler			
废气锅炉形式 Type of Exh. gas boiler		蒸发量 Evaporate rate	t/h
设计压力 Design pressure	MPa	受热面积 Heating surface	m^2
废气锅炉制造厂 Manufacturer of Exh. gas boiler			

4. 冷藏装置 REFRIGERATING INSTALLATION

冷藏舱总容积 Total vol. of refrigerant chambers	m^3	制冷剂 Refrigerant	

5. 设备 EQUIPMENTS

舵机形式 Type of steering gear		制造厂 Manufacturer	
起货设备的安全负荷 SWL of cargo gear	□吊杆 Single derrick 吨 Tons; □起重机 Crane 吨 Tons		

参 考 文 献

[1] 林华峰. 船舶电站[M]. 哈尔滨:哈尔滨工程大学出版社,1998.

[2] 王文义. 船舶电站组建与调试[M]. 哈尔滨:哈尔滨工程大学出版社,2009.

[3] 陈胜林,陈国民,林华峰. 船舶电工[M]. 北京:国防工业出版社,2008.

[4] 杨庆堂,赵群. 船舶电工识图[M]. 哈尔滨:哈尔滨工程大学出版社,2011.

[6] 许翏. 电机与电气控制技术[M]. 2 版. 北京:机械工业出版社,2010.

[7] 廖兆荣. 数控机床电气控制[M]. 3 版. 北京:高等教育出版社,2006.

[8] 徐慧,卢艳军. 数控机床电气及 PLC 控制技术[M]. 北京:国防工业出版社,2006.

[9] 宋运伟. 船舶电站调试与交验[M]. 2 版. 北京:人民交通出版社,2014.

[10] 中国船级社. 钢质海船入级与建造规范[S]. 北京:人民交通出版社,1996.

[11] 中华人民共和国船舶检验局. 内河钢船建造规范[S]. 北京:人民交通出版社,1991.

[12] 中国船级社. 钢质海船入级与建造规范修改通报(1993、1992、1991)[M]. 北京:人民交通出版社,2002.

[13] 中华人民共和国船舶检验局. 海船法定检验技术规则[S]. 北京:人民交通出版社,1992.

[14] 刘宗德,陈定先. 船舶电站及自动化装置[M]. 北京:科学技术文献出版社,1992.

[15] 无线电导航研究会. 双曲线导航[M]. 姚仲良,译. 北京:国防工业出版社,1986.

[16] 国际海事组织. 散装船和油船检验期间加强检验程序指南[M]. 北京:人民交通出版社,1995.

[17] 丛培亭. 船舶电站[M]. 1 版. 北京:人民交通出版社,2006.

[18] 中国船级社. 钢质海船入级规范修改通报 2017[M]. 北京:人民交通出版社,2017.

[19] 中国船级社. 钢质海船入级规范修改通报 2019[M]. 北京:人民交通出版社,2019.

[20] 中国船级社. 钢质海船入级规范修改通报 2020[M]. 北京:人民交通出版社,2020.